普通高等教育“十四五”规划教材

循环经济与可持续发展型企业

（第二版）

Circular Economy and Sustainable Development Enterprises

（Second Edition）

毛建素　徐琳瑜　李春晖　裴元生　李　巍　李　阳　编著

中国环境出版集团·北京

图书在版编目（CIP）数据

循环经济与可持续发展型企业 / 毛建素等编著. —2 版.
—北京：中国环境出版集团，2023.9
普通高等教育“十四五”规划教材
ISBN 978-7-5111-5615-0

Ⅰ. ①循… Ⅱ. ①毛… Ⅲ. ①自然资源—资源经济学—高等学校—教材②企业经济—经济可持续发展—高等学校—教材 Ⅳ. ①F062.1②F272-0

中国国家版本馆 CIP 数据核字（2023）第 175034 号

出 版 人 武德凯
责任编辑 宋慧敏
封面设计 彭 杉

出版发行 中国环境出版集团
（100062 北京市东城区广渠门内大街 16 号）
网 址：http：//www.cesp.com.cn
电子邮箱：bjgl@cesp.com.cn
联系电话：010-67112765（编辑管理部）
发行热线：010-67125803，010-67113405（传真）
印 刷 北京建宏印刷有限公司
经 销 各地新华书店
版 次 2016 年 12 月第 1 版 2023 年 9 月第 2 版
印 次 2023 年 9 月第 1 次印刷
开 本 787×1092 1/16
印 张 18.75
字 数 418 千字
定 价 65.00 元

教材修订前言

党的十八大以来，循环经济作为应对资源短缺和环境质量恶化的重要措施，从理论研究到实践应用都得到了迅猛发展，坚实推进了环境污染源头防治，有力促进了生态环境保护全局性历史性转变。与此同时，这些转变也为循环经济注入了新活力。特别是党的二十大提出了第二个百年奋斗目标，明确了“推动绿色发展，促进人与自然和谐共生”的美好愿景，更对循环经济纵深升级提出了新要求。这些都为融合循环经济新成果、探求循环经济新议题而修订教材提供了重要契机。

教材《循环经济与可持续发展型企业》以其显著的文理工多学科交叉特色、研讨式教学方法特色、“苹果树状”教学内容结构特色、教学研用管一体特色，被评为2020年北京高校“优质本科教材课件”。教材所支撑的同名课程相继被评为“国家精品在线开放课程”（2019 年）、“国家级一流本科课程（线上线下混合式）”（2020 年）、“北京市课程思政示范课程”（2022 年），为推动循环经济健康发展、促进创新型人才培养起到良好作用。

本教材基于教材第一版的建设经验，重点在以下几个方面作了修订：①面向党的二十大提出的生态文明建设新目标，将绿色、低碳等新的时政要素融入各章议题研讨，力图实现各章内容与我国生态文明建设同向同力；②结合现阶段循环经济发展进展，增补“碳达峰、碳中和”管理、碳的人为流动案例、能量人为流动的环境效应、循环经济中的物质-能量-价值复合流动、废弃物资源何时盈缺等新内容，引导学生更好地服务低碳发展；③基于社会经济与资源环境现状，更新重要数据、研究方法、管理技术与标准、应用案例等，帮助学生更加了解现实，弥补实践应用的短板；④体现教育现代化技术在教学中的应用，补充主要线上资源获取方法，并使线上资源与线下教学之间互助共融，更好地落实“以人为本”，满足各类学生的学习需求。

本教材修订工作得到了北京师范大学“十四五”高等教育教材建设项目的资金支持，在此表示衷心感谢！

尽管本教材编著者们努力与时俱进，但发展的脚步永不停歇，也深受认知水平的限制，书中难免存在诸多错误与不足，真诚欢迎广大同仁斧正。

编著者

2023 年 5 月于北京

前　言

循环经济是以物质在人类社会经济系统中的循环流动为核心内容的经济形式，近些年来成为应对资源短缺和环境质量恶化的重要措施。在此背景下，循环经济理论不断深入，实践应用也日益广泛。然而，循环经济运行又交织着人为因素与自然因素间的复杂作用关系，涉及资源学、社会学、经济学、环境学、工程技术等多种学科，仍有诸多科学议题有待探索，特别是循环经济实施过程中暴露出社会消费、经济运行等方面的问题，困扰和制约着循环经济的健康发展，这就为系统梳理循环经济诸多议题，并思考、探求其解决策略提供了重要契机。

本教材是响应《教育部关于全面提高高等教育质量的若干意见》(教高〔2012〕4号)，创新教育教学方法，促进人才适应社会需要，在北京师范大学教学改革项目新生研讨课“循环经济与可持续发展型企业”(13-10-10)的课程建设基础上编写的。教材围绕循环经济专题，从问题提出到理论研究再到实践应用，设定了可持续发展战略推进模式、循环经济基本理论与保障体系、可持续发展型企业的构建与管理等基本内容。在循环经济基本理论部分，着重展示了物质在人类社会经济系统中的流动过程和基本规律，旨在为开展循环经济提供理论指导；在循环经济实施保障部分则较多地介绍我国循环经济相关法律，以帮助学生了解循环经济管理现状。各章节均以科研议题为导向，既注重相关概念、基本规律和原理的知识模块讲授，也注重将科研工作中的选题、立项依据、研究内容与方案、研究成果表达等主要环节融入小组讨论和作业分享中，试图培养学生积极探索、勇于开拓的科研品质，同时也探索交叉学科发展模式和具有多学科知识背景的复合型人才培养模式。

物质人为循环流动、产业生态规划是循环经济的核心内容之一。相关研究曾得到东北大学陆钟武院士、美国耶鲁大学 Thomas E. Graedel 院士、北京师范大学杨志峰院士的悉心指导，也获得美国 Henry Luce Foundation、国家“973”项目、科技支撑项目等的支持，在此表示衷心感谢！也感谢教材编写中姜畔、孙梦瀛等同学的鼎力支持，以及北京师范大学教材建设项目的支持！

尽管本书作者希望能从多角度系统地展示循环经济的多学科属性，并对管理实践有所借鉴，但由于水平所限，书中仍难免存在诸多错误与不足之处，真诚欢迎广大读者提出宝贵意见。

编著者

2016 年 12 月于北京

目　录

第一章　绪 论

本讲重点：开设本课程的必要性。课程选题、内容、研讨式教学与课程育人的基本关系。

基本要求：明确为新生开设专题研讨式教学课程的背景和教学目的、学习方法和要求；理解循环经济与可持续发展型企业在可持续发展战略中的地位和作用；熟悉研讨式教学与传统教学之间的异同，引导学生主动思考、积极参与，将个人兴趣与专业特色融入应对资源环境挑战的共性问题。

第一节　课程背景

一、为什么开设研讨式教学课程？

首先，开设研讨式教学课程是时代的需要。进入 21 世纪以来，人类活动对生态环境的影响日趋明显，诸多资源环境问题呈现出明显的交互性、阶段性、复杂性特征。为应对这一挑战，新一代既需要具有扎实而丰富的跨领域、多学科专业基础知识，又需要善于观察、积极思索、勇于创新、不断突破，形成解决问题的新思路、新方法、新理论，这些都是科研人员应当具备的基本科学研究素养。

其次，开设研讨式教学课程是国家人才培养的需要。《国家中长期教育改革和发展规划纲要（2010—2020 年）》明确了“把改革创新作为教育发展的强大动力”。《教育部关于全面提高高等教育质量的若干意见》中也明确提出要“把促进人的全面发展和适应社会需要作为衡量人才培养水平的根本标准”“创新教育教学方法，倡导启发式、探究式、讨论式、参与式教学。促进科研与教学互动，及时把科研成果转化为教学内容”。作为学术型人才培养的重要基地，北京师范大学于 2013 年 10 月启动了“新生研讨课建设项目”（师教通〔2013〕115 号），“循环经济与可持续发展型企业”成为北京师范大学第一批获批的新生研讨课建设项目。该项目要求以探索和研究为导向，采用专题研究性的教学模式，通过师生就某一专题的研究互动、学术讨论和科研写作训练，培养学生认知和研究能力。同时要求新生研讨课面向全校一年级本科生开设，选课人数限定为 12～30 人。在选题方面，鼓励学科交叉，在多学科方法和知识体系基础上创新方法、丰富理论体系。2015 年，“循环经济与可持续发展型企业”被纳入北京师范大学通识课程。伴随教育现代化技术日臻成熟，该课程教学团队于 2016 年开展了本科在线课程建设，并于 2017 年完成在爱课程（中国大学 MOOC）、学堂在线等平台的在线开放，为线上师生、生生互动交流，以及线下开展更深入的议题研讨奠定了坚实基础。

2018 年，习近平总书记在全国教育大会上强调坚持中国特色社会主义教育发展道路，培养德智体美劳全面发展的社会主义建设者和接班人。为进一步贯彻落实到课程建设中，2019 年，《教育部关于一流本科课程建设的实施意见》发布，提出了一流本科课程建设目标，明确了如下建设一流课程的“两性一度”基本原则。①提升高阶性：课程目标坚持知识、能力、素质有机融合，培养学生解决复杂问题的综合能力和高级思维；课程内容强调广度和深度，突破习惯性的认知模式，培养学生深度分析、大胆质疑、勇于创新的精神和能力。②突出创新性：教学内容体现前沿性与时代性，及时将学术研究、科技发展前沿成果引入课程；教学方法体现先进性与互动性，大力推进现代信息技术与教学的深度融合，积极引导学生进行探究式与个性化学习。③增加挑战度：课程设计增加研究性、创新性、综合性内容，加大学生学习投入，科学“增负”，让学生体验“跳一跳才能够得着”的学习挑战；严格考核考试评价，增强学生经过刻苦学习收获能力和提高素质的成就感，为开展研讨式教学提供应用氛围。

再次，开设研讨式教学课程是科研人员职业生涯的需要。事实表明，环境问题表现多样，区域分布各异，成因复杂，演变过程深奥，呈现着人类与自然间交互作用的复杂性、动态性。这使得任何人依据现在拥有的知识，或现有的任何一门专业或学科，都难以“包治百病”地给出因地而异、因时而异的各种环境问题的答案，这为多学科交叉、共融并促生出新学科提供了契机，也为培养具有多学科背景的复合型人才提供了广阔需求空间。此外，从学术论文、学位论文和各类研究项目评审的体会来看，现有科研人员中普遍地存在关键科学问题凝练不足，内容设置松散甚至偏离主题，论文结构混乱，章节、段落、语句间逻辑性差甚至语法错误百出等现象，希望借助研讨课程提高学生的逻辑思维和表达能力，有效避免在以后的科研工作中出现类似错误。

最后，教学过程不仅是师德、师风的传承，还是人类追求美好未来的接力。这里借鉴陆钟武院士对学生学识要求的十六字谏言，即“德才兼备、文武双全、博古通今、中西合璧”，与大家共勉。希望同学们能为人类可持续发展做出应有的贡献。

二、开设本课程具有怎样的意义？

开设“循环经济与可持续发展型企业”新生研讨课，具有以下意义：

（1）“循环经济与可持续发展型企业”涉及环境科学、资源科学、经济学、社会学、工程技术、管理学等多种学科，集理、工、文于一体。因此，开设本课程，有利于形成多学科、跨领域的交叉学科体系，探索培养具有多学科知识背景的复合型人才教育模式，补充现有教学体系学科隔离的不足。

（2）“循环经济与可持续发展型企业”将采用讨论式教学法，对进一步探索专题研讨式课程的教学与研究，培养学生积极探索、勇于开拓的科研品质，提高学生独立思考能力和创新能力具有重要现实意义。同时，本课程将理论分析与实践应用融入教学，提高学生对循环经济的整体认识，弥补现有理论与实践脱离的不足，提高学生服务祖国需求的能力。

第二节　教与学的总体设想

一、为什么选择“循环经济与可持续发展型企业”作为研究专题?

选择“循环经济与可持续发展型企业”作为本课程研究专题，主要有以下理由：一方面，可持续发展战略的背景是全球范围内资源短缺和环境质量恶化，而循环经济是以物质循环流动为核心的经济形式，实施循环经济可起到节约自然资源、减少环境废物排放的效果，成为推进可持续发展战略的重要模式。企业作为经济实体基本单元，在实施循环经济过程中，不断向可持续发展型企业升级改进也成为开展循环经济的重要内容。另一方面，近些年循环经济实施中也频频出现诸多不尽如人意的问题，比如 2014 年 1 月 21 日央视《焦点访谈》以“‘掺假管’真得管”为题报道了江苏某厂的掺假水管黑色产业链。该厂利用回收的含有有毒有害物质的废旧塑料，特别是采用大量明令禁止的医疗废塑料等，制作给水管道，造成饮用水污染影响人体健康的恶劣事件。此外，有些公司收集即将报废的汽车，转销到农村或偏远地区进行“再使用”，造成车辆使用中的安全隐患。这些行为虽然也似乎在实施循环经济，但是其结果却与循环经济的初衷背道而驰，必须借助管理政策和保障机制坚决禁止。由此可见，循环经济实施中仍存在许多问题有待解决，这也为借助本课程开展相关议题的研讨提供了重要契机。

除此之外，循环经济以物质的人为循环流动为核心，而物质的人为循环流动是为满足人类需要所发生的物质在人类社会经济系统中的循环流动过程。在这一流动过程中，物质将发生一系列物质形态、服务功能等的转变，以及空间区域的转移，需要能源作为动力来驱动这些转变和转移，而物质的价值也将不断变化，从而引发能量、价值等也在人类社会经济系统中流动。这使得“循环经济与可持续发展型企业”将涉及资源科学、环境科学、经济学、管理学多个领域，具有跨学科、多学科、交叉学科特征（如图 1-1 所示），可为不同专业领域科研人员从多角度开展相关研究提供学科基础。

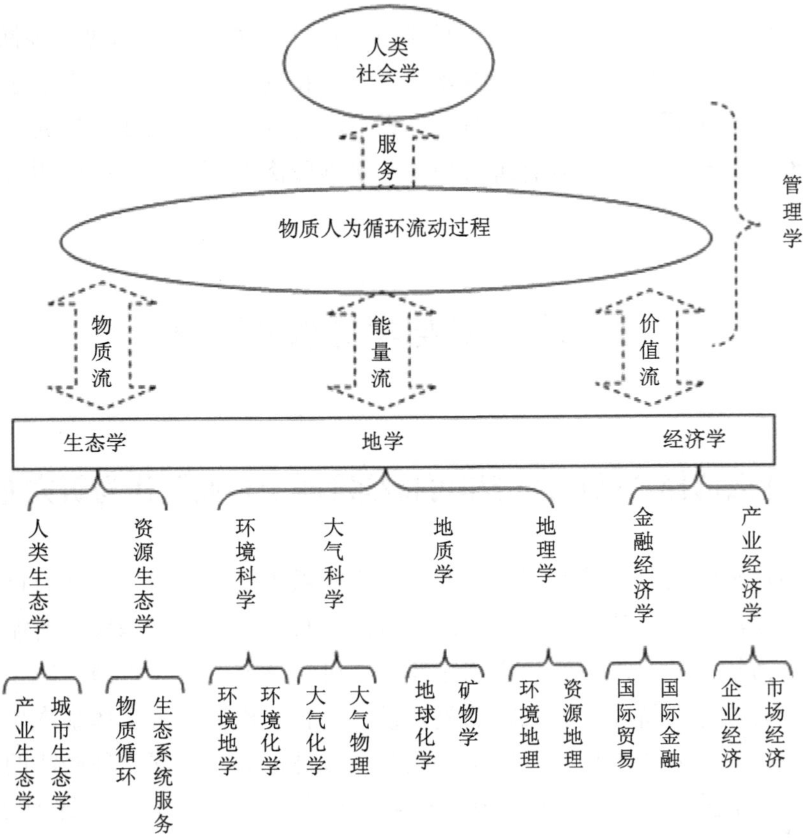

图 1-1　物质人为循环流动过程涉及的各学科间关系

资料来源：毛建素等，2013。

二、如何体现课程思政育人?

深刻领会习近平总书记在全国高校思想政治工作会议、全国教育大会等的重要讲话精神，学习教育部《高等学校课程思政建设指导纲要》等重要文件，围绕“培养什么人，怎样培养人，为谁培养人”高校课程思政建设的根本问题，针对“育人”本质，将课程服务目标抽象、凝练、升华为“人”的形象，不断将文明传承、立德树人的思政要素融入课程育人。从课程选题上，立足资源环境条件和社会经济发展水平，结合循环经济发展阶段和所遇到的现实问题，多方位提升学生服务祖国需求的思想意识（灵魂）；从课程内容上，以物质在社会经济系统中的循环流动为核心，横向扩展至能量流动、价值流动，纵向辐射问题提出、理论分析、实践应用，以内在逻辑关系连接各知识模块、形成有机整体，打造多学科复合知识体系（肌体）；从教学模式上，采用研讨式教学方法，以科研热点引导学生观察发现问题、探究谋求答案，激发学生思考力，以对现有研究方法弊端的分析来抛砖引玉，鼓励学生发散思维、从多学科角度思辨，启迪学生创新力，以线上资源自学自测和线下科研实践与汇报带动学生执行力，整体促进学生思考力、创造力、执行力“三力合一”，形成强大的科研活力；从现实应用上，以资源环境和社会经济地域差异诠释人与人、地与地、人与自然间的内在联系，构建全球视野下的生态文明格局（心智）。“循环经济与可持续发展型企业”思政育人概念框架如图 1-2 所示。

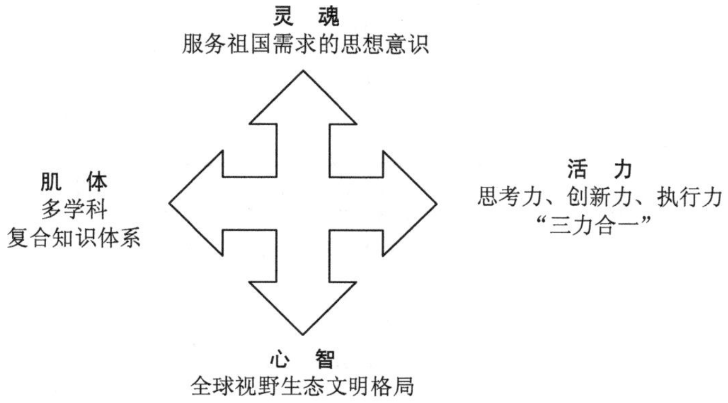

图 1-2 “循环经济与可持续发展型企业”思政育人概念框架

三、将设置哪些内容?

由于“循环经济与可持续发展型企业”课程基于当今严峻的环境问题和可持续发展战略背景，在内容设置上将面向资源短缺和环境质量恶化重大问题，以可持续发展战略为导向，在诸多应对措施中，选择其中“一树”与“一枝”，即“循环经济”与其中的“可持续发展型企业”作为研讨主题。“循环经济与可持续发展型企业”研讨主题与可持续发展间的关系如图 1-3 所示。

在课程内容构成方面，将设计为从关键科学问题提出，到循环经济基本理论与保障，再到循环经济实践中的基本单元——可持续发展型企业的构建与管理 3 层结构，共设 13 章正文内容，分别对应具有内在逻辑关系的 11 项课程主题，其中第 3 项课程主题“物质如何流动”针对物质流动的概念与分类、两种经典分析方法，分为 3 个专题（对应 3 章）进行研讨，同时每个课程主题下分设供学生研讨的科研议题。为形象表达各课程主题、学生研讨议题之间的基本关系，将其抽象为图 1-4 中的“苹果树状”。以“苹果树”之“果”表征课程主题，融知识点于科研过程分享中；以“叶”表征学生研讨议题，延伸学生的专业异质和兴趣偏好。还借助“苹果树”中“果”与“叶”、“枝”与“干”、“树木”与“森林”和外部“环境”之间的关系，比拟各课程主题、学生研讨议题、知识点、相邻学科之间的内在关系，彰显课程内容的有机整体性和生命活力。

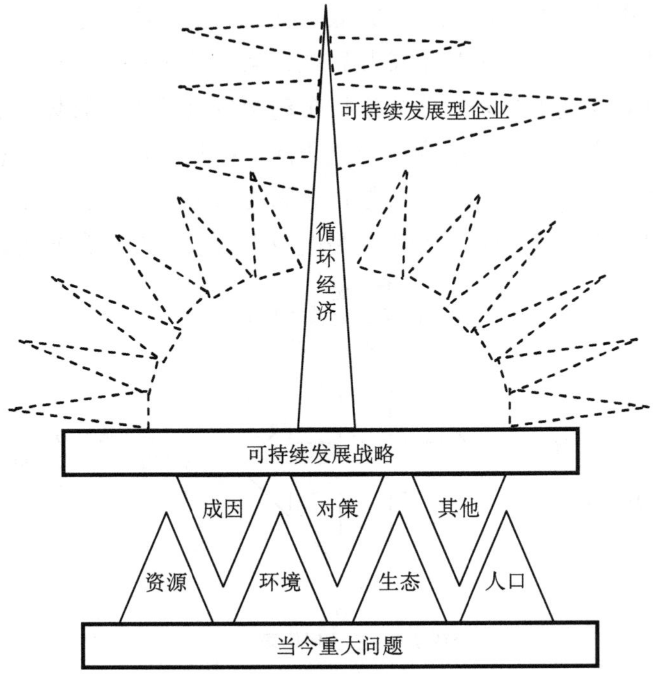

图 1-3 “循环经济与可持续发展型企业”研讨主题与可持续发展之间的关系

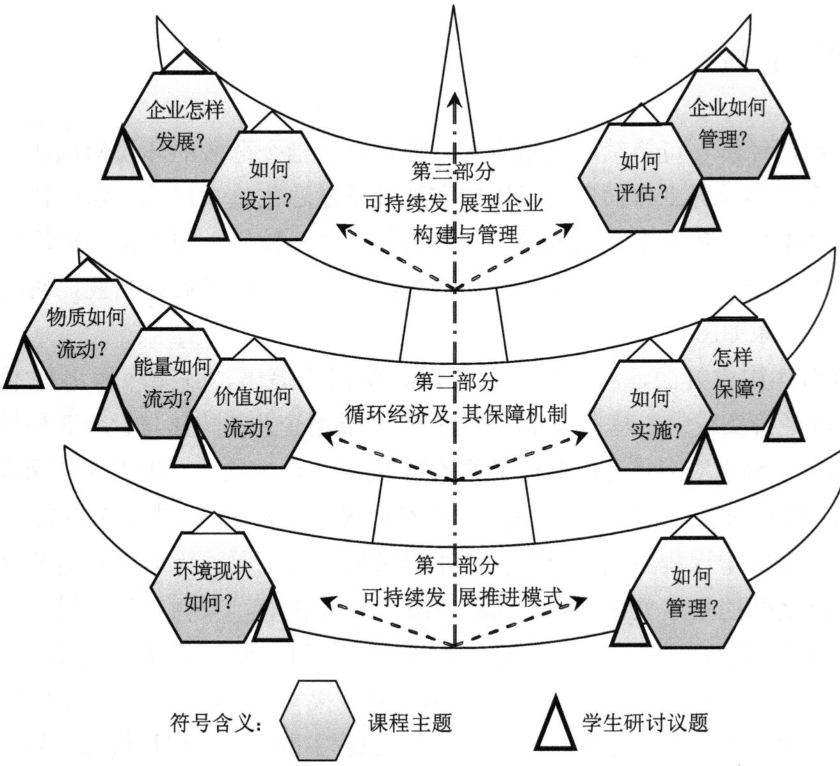

图 1-4 “循环经济与可持续发展型企业”课程主题、学生研讨议题及内容设置

四、如何开展教、学、研、用活动？

“循环经济与可持续发展型企业”的教学过程包括课堂讲授、议题讨论和课后小组作业三部分。

课堂讲授主要包括两方面内容：①提出课程主题，引出本章内容。②知识模块讲授，一方面讲授各章主题下的基本知识，包括基本概念、基本原理、基本研究方法、基本规律等；另一方面演示与示范如何提出拟解决的核心问题、有哪些研究方法、怎样设定研究方案、如何开展研究、怎样展示研究成果、如何描述整个科学研究过程。在此基础上，提出供学生研讨的议题。

议题讨论是把课堂讲授知识用于科研实践的初步环节。由学生科研小组通过课堂讨论完成。讨论内容主要包括议题筛选和科研过程分析两部分，如图 1-5 所示。其中议题筛选是围绕学生研讨议题，各学生小组根据其科研兴趣或专业擅长，聚焦到合适的研究范围，并筛选出某一具体的典型议题。如图 1-5 所示，针对“资源是否短缺”议题，从土地资源、矿产资源、生物资源等诸多资源中聚焦到“金属资源”上，而空间范围也锁定为“中国”，从而选定“中国金属资源盈缺分析”这一研讨议题。科研过程分析则是学生围绕选定的议题，讨论出研究中拟采用的研究方案和方法、主要研究内容以及可能的研究结果或结论。

课后小组作业则是学生针对课堂选定的研讨议题进行科研实践、兑现课堂讨论所得科研过程的环节，又是检验研究方案可行性以及进一步修正与完善科研工作的过程。课后小组作业要以 PPT 和论文两种形式呈现，用于课堂分享。

议题讨论和课后小组作业均以小组为活动单位，每次由不同组员负责组织课堂讨论、开展课后研究和汇报等工作。借助这个过程，每个学生既参与小组讨论，又都有机会组织和代表小组汇报，从而使学生的思考能力、组织能力、表达能力、协作能力等科研综合能力得到全面提高。

最后，还将通过师生共同参与的点评环节，纠正和改善课堂议题讨论结果和课后小组研究结果中存在的问题。教与学各环节间的对应关系如图 1-6 所示。

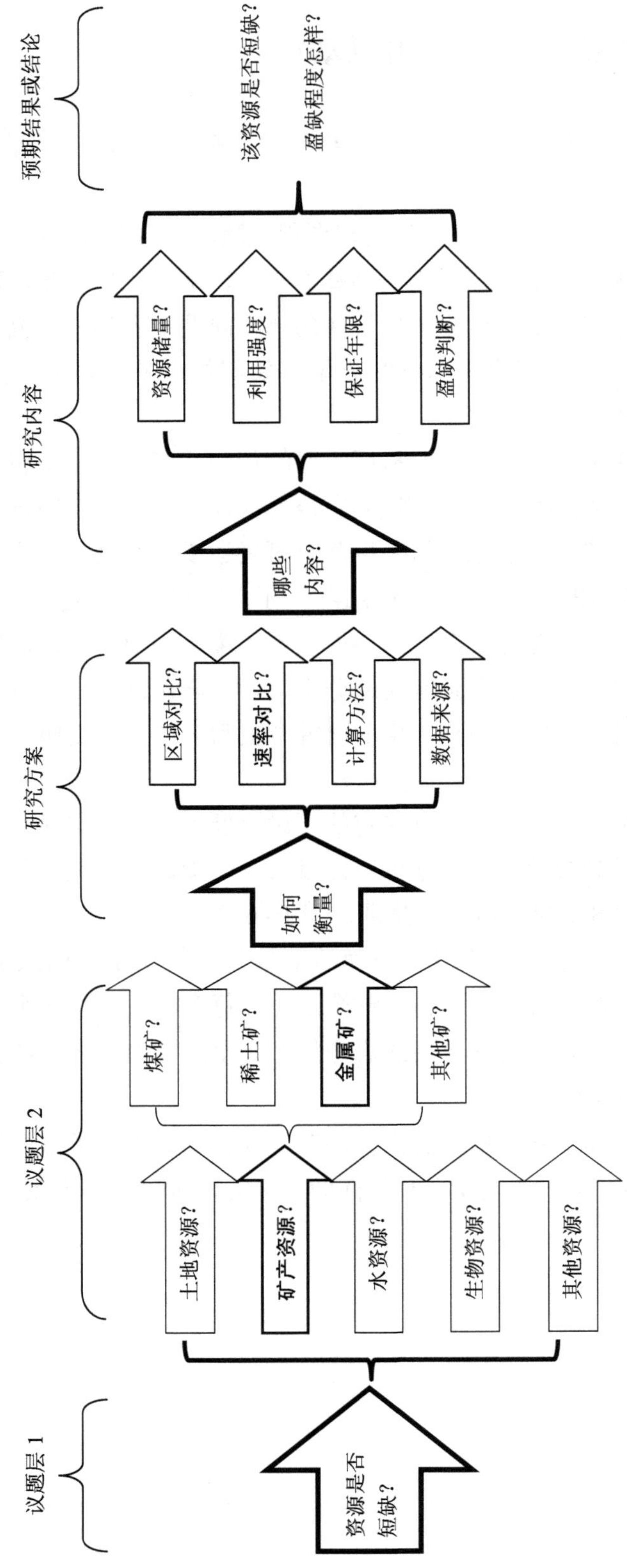

图 1-5 课堂讨论议题的筛选过程及科研过程分析框架

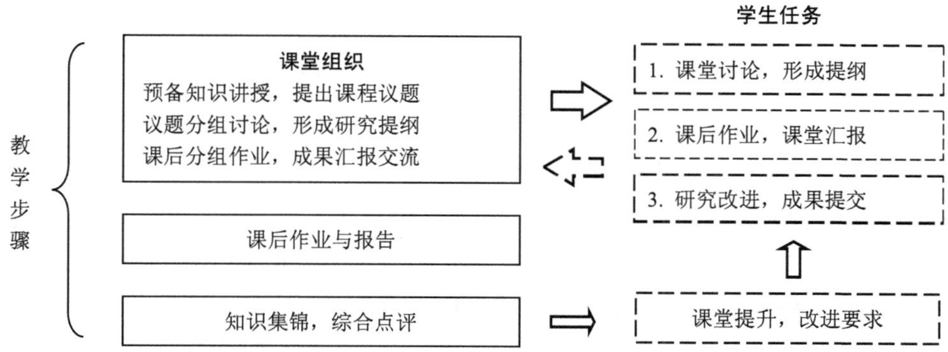

图 1-6 研讨式教学模式下教与学各环节的对应关系

五、与传统授课模式有什么不同?

“循环经济与可持续发展型企业”将采取研讨式教学方法，在教材编写和授课模式上与传统方法明显不同。教材每章对应课程中一讲，每讲课程将围绕某一课程主题，分析该主题的研究依据和需要解决的科学问题，辨识出要回答该问题所设定的研究内容、研究各内容时采取的研究方案以及所获得的研究结果或结论，将传统授课中所要展示的基本知识融入从提出科研问题到回答科研问题的整个科学研究过程中。此外，还将借助小组议题讨论和课后科研实践作业来进行科研练习与体验。

下面以全球变暖问题为例，对比研讨式教学方法与传统教学方法在授课过程上的差异：

在传统授课模式下，通常会按照“基本概念—基本理论—基本规律—应对措施”这一顺序安排教学内容，并依次回答什么是温室效应、哪些气体是温室气体、大气中温室气体如何造成全球变暖、温室气体的来源、如何控制温室气体排放等相关问题。而采用研讨式教学方法时，将遵循“观察现象—发现问题—科学研究—解决问题”这一顺序安排教学内容，并依次回答如何发现了全球变暖、怎样证明全球变暖是客观事实（如借助冰川融化的历史记录、大气温度的历史监测记录等）、全球变暖对人类有何影响（如海平面上升、生态系统恶化等，所以必须全力应对）。而若想弄清如何应对全球变暖，就需弄清全球变暖的原因何在、机理如何，从而引出国际上有哪些研究机构，借助怎样的方法发现了二氧化碳、甲烷等温室气体可产生温室效应并造成全球变暖，温室气体有哪些来源、如何应对全球变暖。

通过以上对比不难发现，传统教学方法讲授的是现有基本知识，而研讨式教学法所讲授的是科学研究中的思考过程。前者讲授的是已有研究成果，而后者讲授的是如何获得这些成果，为培养学生科研素养服务。

第三节 考核与评估

课程考核将包括平时成绩和期末成绩两部分，分别占 50%。

平时成绩注重教学过程，进一步分成线上自学自测（占 30%）和线下课堂表现（占 20%）。其中，在线上自学自测部分，推荐学生优先选择爱课程（中国大学 MOOC）平台，在该平台注册并免费学习，以选择题、判断题等形式呈现在 3 次单元测试中，辅以论坛讨论，重点评估学生对知识点的掌握水平。在线下课堂表现部分，考察学生在每次课程议题研讨中的知识综合和科研应用能力，包括出勤、课堂议题研讨和小组汇报，由教师根据课程进展提出科研质量要求并给出评分标准，由助教和学生小组共同评分，加权计入。

期末成绩注重教学收效，以个人科研报告、个人论文形式呈现，评定学生参加该课程学习后所能达到的科研水平。个人科研报告由教师和小组共同评分，而个人论文由教师评定。

第四节 课程资源

一、教材

[1] 毛建素，裴元生，李春晖，等，2023. 循环经济与可持续发展型企业[M]. 2 版. 北京：中国环境出版集团.

二、课程线上开放平台与网址

[1] 中国大学 MOOC：https://www.icourse163.org/course/BNU-1001968013.

[2] 学堂在线：https://www.xuetangx.com/course/BNU02011000039/.

[3] 学习强国：https://www.xuexi.cn/lgpage/detail/index.html？id=3679761920785403763.

三、推荐参考书目

[1] DALY H E，FARLEY J，2004. Ecological economics：principles and applications[M]. Washington DC：Island Press.

[2] GRAEDEL T E，JENNIFER A，GRENVILLE H，2005. Greening the industrial facility：perspectives，approaches and tools [M]. New York：Springer.

[3] GRAEDEL T E，ALLENBY B R，2003. Industrial ecology[M]. 2nd ed. Upper Saddle River：Prentice Hall.

[4] AYRES R U，1998. Turning point：an end to the growth paradigm[M]. New York：St. Martin's Press.

[5] 钱易，2007. 清洁生产与循环经济：概念、方法和案例[M]. 北京：清华大学出版社.

[6] 陆钟武，2008. 穿越“环境高山”——工业生态学研究[M]. 北京：科学出版社.

[7] 毛建素，梁静，徐琳瑜，2013. 矿物资源服务归趋：概念、内涵与议题[J]. 环境科学与技术，36（12）：195-201.

[8] 中华人民共和国教育部，2019. 教育部关于一流本科课程建设的实施意见[EB/OL]. http://www.moe.gov.cn/srcsite/A08/s7056/201910/t20191031_406269.html.

四、推荐刊物及网站

[1] Ecological Economics，http://www.journals.elsevier.com/ecological-economics.

[2] Journal of Industrial Ecology，http://www.is4ie.org/jie.

[3] Resource Conservation & Recycling，http://www.journals.elsevier.com/resources-conservation-and-recycling.

[4] Journal of Cleaner Production，http://www.journals.elsevier.com/journal-of-cleaner-production.

第二章 环境问题

本讲重点：环境与环境问题的概念，环境问题形成的人为原因。

基本要求：充分理解环境的概念，了解环境问题的基本类型和判定方法；明确环境问题的实质；了解全球变暖环境问题的科学研究基本过程，体会融知识于科研过程分享中的研讨式教学方法与传统教学方法的差异，并了解课堂讨论与作业的呈现形式；引导学生思考生态文明建设现实问题。

第一节 核心议题的提出

20 世纪下半叶，全球范围内资源短缺和生态环境危机日趋严重。为应对这一挑战，1987 年，世界环境与发展委员会在《我们共同的未来》（*Our Common Future*）中提出了可持续发展战略。与此同时，人们开始谋求借助资源在人类社会经济系统中的循环流动来减少自然资源消耗和环境污染物排放，从而兴起了循环经济。时至今日，已经过去 30 余年，原有资源与环境问题是否已经得到解决？解决的程度怎样？这些问题将影响到可持续发展战略是否仍有必要继续实施，也影响到下一步如何进一步推进可持续发展战略，还影响到是否有必要开设“循环经济与可持续发展型企业”课程。因此，首先需要弄清资源与环境现状如何。这是本章的课程议题。

考虑到参课学生是来自全校各专业的本科新生，尽管大家也曾了解过多种环境问题，但可能所接触、所理解的内容在科学性上仍存在不同程度的欠缺。因此，为科学地回答本章议题，将依次弄清什么是环境和环境问题、怎样判别出现了环境问题以及环境问题是怎样形成的，并辅以课堂讨论、练习和小组作业，帮助学生理解和巩固。

第二节 什么是环境和环境问题

一、什么是环境?

大家可能都有过养殖的经历。比如，养鱼时，鱼缸、鱼缸中的水和水草、投放的鱼食等都是鱼生长、生存的必要条件，可称作鱼的环境。养花时，花盆、土壤以及补充的水分、养分等都是花生长、生存的必要条件，可称为花的环境。可见，“环境”是相对于某一中心事物（又称主体）而言的。

在“循环经济与可持续发展型企业”这门课中，“环境”所针对的主体是人类，环境是以人类为主体的外部世界，即人类赖以生存和发展的物质条件的综合体。《中华人民共和国环境保护法》中明文规定：“本法所称环境，是指影响人类生存和发展的各种天然的和经过人工改造的自然因素的总体，包括大气、水、海洋、土地、矿藏、森林、草原、野生生物、自然遗迹、人文遗迹、自然保护区、风景名胜区、城市和乡村等。”可见，“环境”这一概念所包括的各项内容都是人类正常生活、生产、生存的必要条件。

二、什么是环境问题?

既然“环境”服务的主体是“人类”，那么，当环境因素中出现不利于人类生存的现象时就可称为环境问题。而更科学的定义是：环境问题泛指自然力或人类活动所导致的全球环境或区域环境中出现的不利于人类生存和社会发展的各种现象。尽管自然力所引起的环境变化（如火山喷发、地震、洪涝、干旱、滑坡等）通常超出人类的干预能力，但是近些年来的研究表明，伴随人类活动强度加大和漫长的历史累积过程，人类活动已成为某些自然灾害的重要驱动因素，如某些区域的干旱隐含着人类土地利用方式不当等因素，因而也将其中的人类活动因素纳入本课考虑内容。总之，本课程所说的环境问题是指人类活动所导致的不利于人类生存和发展的各种问题。

通常，根据作用对象不同，将环境问题进一步分成资源短缺或耗竭、环境污染和生态破坏 3 种基本类型。资源短缺或耗竭型环境问题主要表现为自然资源的供应难以满足人类的生产和生活需求，影响国民经济建设。这类环境问题主要包括水资源短缺、土地资源短缺、能源短缺、矿产资源短缺等。例如，某些地区曾因矿产资源短缺，传统企业倒闭或转型；有些地区因能源不足而定时供电、拉闸限电。这类问题是人类不合理地开发和利用自然资源所导致的结果。环境污染型环境问题是指由于人类活动，有害物质进入环境中，通过扩散、迁移和转化的过程，使整个环境系统的结构和功能发生变化，出现了不利于人类和其他生物生存和发展的现象。按照环境介质不同，环境污染可进一步分为水污染、大气污染、土壤污染、噪声污染等。例如，人类曾深受其害的重污染天气严重影响人体健康和生活质量。生态破坏型环境问题是指人类活动作用于自然生态系统，造成生态系统结构改变和生产能力下降而引起的环境问题。生态破坏型环境问题包括生物多样性减少、森林与草场等植被破坏、水土流失等问题。例如，具有“华北之肾”美誉的白洋淀湿地自20世纪60年代起日渐萎缩，世纪之交濒临消失。

此外，不同类型的环境问题又相互联系、相互影响。如水资源短缺既是资源短缺型环境问题，又是生态破坏型环境问题；而环境污染又常引发生态环境恶化，并进一步降低自然环境吸纳与消解污染物的能力，从而加剧环境污染。

诸多环境问题虽然表现各异，但都从不同角度、在不同程度上影响了人类的生存和发展，因此需要借助科学手段予以解决。

这里提醒大家注意，环境问题的分类方法并非一成不变，应用中常根据研究目的不同做出调整或细化，如在产品生命周期环境影响评价中常分为全球气候变化、平流层臭氧耗竭、光氧化物形成、酸沉降、富营养化、人体毒性、生态毒性等类型。

第三节　怎样判别出现了环境问题

不同环境类型具有不同的服务功能，对人类所起的支撑作用不同，因此判断其是否影响人类正常生存和发展的方法也不同。下面以资源短缺或耗竭型环境问题和环境污染型环境问题为例，分析环境问题的判断方法。

一、资源短缺或耗竭的判断方法示例

资源短缺或耗竭型环境问题通常是指资源的供应难以满足人类的生产和生活需求的现象，因此判断资源短缺或耗竭的有效方法之一是对比资源供应量与人类需求量。当资源供应量低于人类需求量时，意味着影响到人类正常生存或生活，将被认为是资源短缺。也可对比资源存量与人类消费量，类似于资金来源或银行存款与生活花费间的关系。即使资源量很少，如果不用，则仍可能是充裕的。因此，资源短缺是相对于人类需求与消费而言的。

通常，资源又进一步可分为不可再生资源和可再生资源。对于不可再生资源，由于其更新速率非常缓慢，比如矿产资源的形成过程需几万年甚至上亿年，而其消耗速率却很快，如在近两三百年的时间内，人类就消耗了所有矿产储量的一半。相比之下，矿产资源的成矿速率几乎为零，可看作资源总量不因成矿而改变，而人类每年都要消耗一定数量的矿产资源，使得矿产资源数量逐年下降。在矿业管理中，通常将某种矿产资源的储存量与其年开采量的比值定义为该种资源的可保证年限。可保证年限越长，资源越充裕；反之，可保证年限越短，

资源越短缺，需要尽快寻找替代资源，否则将严重影响人类生产和生活需求。

对于可更新资源，如草地、林地，要求人类对资源的使用速率不得超过资源的更新速率。比如，某区域草地适合的放牧数量是100只羊，而实际放牧数量是150只，将可能因为羊群食物需求而吃掉尚未长成的草芽甚至草根，最终破坏草场。同时，羊群也会因为食物短缺而被动减量，造成过度放牧的悲剧。

二、环境污染的判断方法示例

对于环境污染型环境问题，通常是指环境中某些污染物的含量较多，影响到环境正常功能的发挥。比如，耕地主要用于生产农作物，满足人类的饮食需要。但近年来某些地区土壤中重金属含量上升，导致所生产的农作物重金属含量也上升。众所周知，人体摄入超过一定限度的重金属将对人体有害，如铅会危害人体神经系统、镉会危害人体骨骼系统等。因此，为便于应用，各国都对不同环境介质中重金属物质设定了不影响人类健康的允许浓度标准，当环境介质中污染物的实际浓度超过国家规定的允许标准时，就可判定为出现了环境问题。

不同环境类型为人类提供的服务不同，因此所要求达到的质量标准也不同。国际标准化组织和各国都分别针对不同环境类型制定了相应标准，规定了环境中污染物的类别、检测方法、浓度限值等，以有效保障环境质量、满足人类生存要求。例如，我国有《环境空气质量标准》(GB 3095—2012)、《农田灌溉水质标准》(GB 5084—2021)、《土壤环境质量　农用地土壤污染风险管控标准（试行）》（GB 15618—2018）等不同标准，其针对不同环境类型所规定的污染物浓度限值也各不相同，如表2-1对于pH≤5.5的偏酸性水田，规定了土壤中镉含量的风险筛选值为0.3 mg/kg，而对于pH为6.5～7.5的偏碱性水田，则规定了土壤中镉含量的风险筛选值为0.6 mg/kg。从表2-2可看出，不同作物种类对农田灌溉水质有不同要求，蔬菜灌溉水的污染物浓度限值最低，表明水质要求最高，水田作物次之，而旱地作物最低。从表2-3中可见，生活饮用水中的污染物浓度大多限定在1 mg/L以下，其水质要求远高于其他用水。

表2-1　农用地土壤污染风险筛选值——以水田为例　　单位：mg/kg

指标	pH≤5.5	5.5＜pH≤6.5	6.5＜pH≤7.5	pH＞7.5
镉	0.3	0.4	0.6	0.8
汞	0.5	0.5	0.6	1.0
砷	30	30	25	20
铅	80	100	140	240
铬	250	250	300	350
镍	60	70	100	190
锌	200	200	250	300

注：农用地土壤污染风险筛选值指农用地土壤中污染物含量等于或低于该值的，对农产品质量安全、农作物生长或土壤生态环境的风险低，一般情况下可以忽略；超过该值的，对农产品质量安全、农作物生长或土壤生态环境可能存在风险，应当加强土壤环境监测和农产品协同监测，原则上应当采取安全利用措施。

资料来源：《土壤环境质量　农用地土壤污染风险管控标准（试行）》（GB 15618—2018）。

表 2-2 农田灌溉水质若干控制项目限值

项目类别		作物种类		
		水田作物	旱地作物	蔬菜
悬浮物/（mg/L）	≤	80	100	60[a]，15[b]
五日生化需氧量（BOD_5）/（mg/L）	≤	60	100	40[a]，15[b]
化学需氧量（COD_{Cr}）/（mg/L）	≤	150	200	100[a]，60[b]
总砷/（mg/L）	≤	0.05	0.1	0.05
总铅/（mg/L）	≤	0.2		
粪大肠菌群数/（MPN/L）	≤	40 000	40 000	20 000[a]，10 000[b]

注：[a]加工、烹调及去皮蔬菜；[b]生食类蔬菜、瓜果和草本水果。
资料来源：《农田灌溉水质标准》（GB 5084—2021）。

表 2-3 生活饮用水若干毒理指标限值 单位：mg/L

指标	限值
砷	0.01
镉	0.005
铅	0.01
汞	0.001
硝酸盐（以 N 计）	10
三溴甲烷	0.1
氯酸盐	0.7

资料来源：《生活饮用水卫生标准》（GB 5749—2022）。

还有一种判断环境污染程度的方法，就是速率对比法：对比某种污染物的人为排放速率与其自然循环速率的相对大小。当人为排放速率低于自然循环速率时，意味着人类活动的排放物将随自然循环在环境介质中迁移转化，不会影响自然系统的正常功能发挥。反之，当人类活动的排放速率高于自然循环速率时，其超出部分的污染物将积累在环境中，导致环境中这种污染物的浓度上升；长此以往，将使浓度上升并超过允许的浓度范围，从而影响服务主体的质量。

为便于应用，国家还设定了其他方法，比如对于一些区域设定污染物排放许可，当实际的排放量超过排放规定的量时，被认为出现污染问题。

第四节　环境问题是怎样形成的

既然环境问题是人类活动引起的，那么，环境问题的形成一定与人类与环境之间的关系有关。那么，人类与环境之间究竟存在怎样的关系呢？这里从定性上进行分析。

一、人类与环境间的关系

从定性上看，人类是地表生态系统不断进化的产物，人类与其生存环境相互作用、相互制约，存在着一种既对立又统一的特殊关系。

所谓对立，是指在人类的生活与生产活动中，需要从自然环境获取物质和能量，这种主观需求和有目的的活动，将形成物质、能量在人类社会经济复合系统中的流动，干扰物质、能量的自然流动，同自然环境中物质和能量的形成和转化规律之间不可避免地存在着矛盾，并受到自然环境的制约。这要求人类必须充分认识自然环境，按照其自然演化规律来安排生产和生活活动。不然，就会遭到环境的报复和惩罚。所谓统一，是指人类是自然环境中最活跃的生态组分，自然环境是人类的载体，人类的生存和发展依赖其所处的自然环境，人类活动过程是人类与环境间相互作用，进行物质、能量交换的过程。人类既是自然环境长期进化的产物，又是自然环境的塑造者。当人类发展遭受环境制约时，就不得不调整自己的行为，以适应环境的需求。

二、环境负荷与环境承载力

大家都有过举起重物的体验，是否能举得起来，取决于人的力量与物体的重量间的大小对比。作为人类载体，自然环境也有是否能承载得起人类的问题。环境科学中把某一时期，在维持自然环境相对稳定的前提下，环境资源所能支撑的特定技术水平下的人口与经济规模的大小称为环境承载力（environmental carrying capacity）。它是自然环境对人类社会发展活动的支持能力。把一定人口与经济规模、技术条件下人类所产生的对自然环境的干扰强度称为环境负荷（environmental load）。它是人类活动对自然环境的压力。当人类向环境施加的压力小于环境的承载力时，自然环境将保持稳定状态；当环境压力与承载力相当时，自然环境处于临界状态；当环境压力大于环境承载力时，自然环境将可能出现故障，甚至遭受破坏（如图 2-1 所示）。图 2-1 中 P 表示人类对环境的压力，C 表示环境承载力。

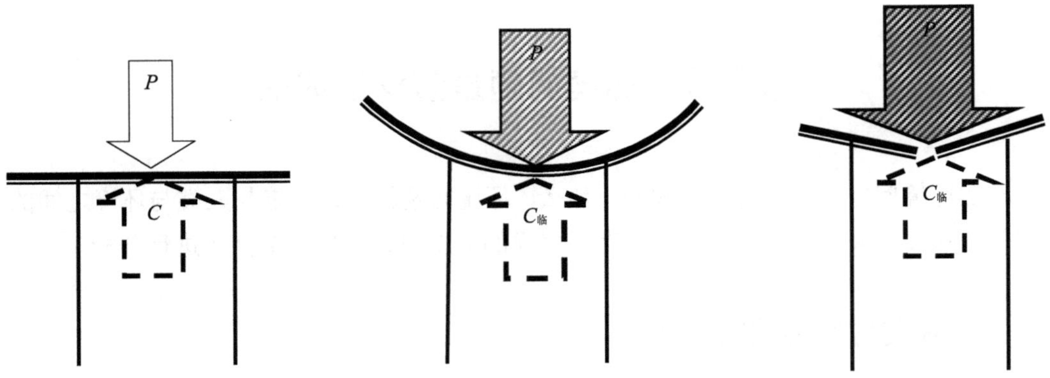

图 2-1 环境压力与环境承载力的对比关系

控制环境压力不超出环境承载力是保障自然环境的结构和功能相对稳定的重要前提。现存的种种环境问题，大多是人类经济活动水平与环境承载力之间的冲突。因此，环境承载力可用于衡量人类社会经济与环境间的协调程度。不同时期、不同区域的环境承载力大不相同，人类可以通过改变经济增长方式、提高技术水平和环境治理等手段来提高区域环境承载力。

三、环境问题的实质

人类为了自身生存与发展，千方百计地从自然界获取资源以创造生活条件。当人类的活动强度没有超出自然界所允许的阈值时，自然界通过自我调节机制，对所受到的干扰进行调节，可以恢复生态系统平衡，人与自然就和谐相处。例如，古代人类以农耕为主，对自然的改造仅是在部分地区种植作物或驯养动物，对自然的影响很小，人类与自然可以和谐相处。而工业革命以后，人类生产能力大大提高，人对自然界的改造和干预日趋加强，甚至超出自然环境所能承受的限度，自然系统不再能通过自我调节机制恢复平衡，从而出现一系列环境问题。

整体来看，环境问题的发生，是由于人类从自身需求出发，粗暴而过度地攫取了有限的资源，并且不计后果地将代谢产物排放到环境中。这种“攫取”和“排放”强烈地干扰了地表系统的物质自然循环和能量流动，打破了自然界原有的生态平衡关系，而人类没有充分认识、考虑人类与环境间的相互依存关系。与此同时，伴随人类发展，人口规模、物质需求数量日趋加大，导致人类向自然的物质索取和排放呈现不断增长的趋势。环境压力的加大与环境承载力的下降形成愈加鲜明的供需矛盾，也成为环境问题形成的根源所在。

当前人类面临的问题是环境状况日益恶化，主要表现为人类索取资源的速率超过资源本身及其替代品的再生速率；向环境排放废弃物的数量超过了环境容量和环境自净能力。因此，环境问题的实质是人与自然环境关系的失调，是人与自然环境的关系不协调造成的对系统平衡关系的破坏，是人口、经济、社会、环境未能协调发展引起的问题，是人对自然规律的忽视和不尊重。因此，只有充分认识人类与环境间的依存关系，从根本上改变人的“需求”模式，摒弃那种一味向自然索取以满足自己个人和短期利益的利己主义价值观念，改变生产和生活方式，才可能实现真正意义上的人类与环境的和谐相处。

第五节　典型案例分析：全球变暖

在现有诸多环境问题中，全球变暖是最为关注的热点环境问题。这里按照“观察现象—发现问题—科学研究—解决问题”的科研顺序依次分享以下议题：如何发现并证实全球变暖、全球变暖对人类及环境有何影响、什么引起了全球变暖、如何应对全球变暖等。

一、如何发现并证实全球变暖？

首先，确认出现了全球变暖环境问题。通过观察北极冰山逐年融化现象，推测大气温度呈上升趋势。由此开展大气环境温度变化实证科研工作，经过长期大气温度监测科学考察，获得大气温度变化的历史数据。如图 2-2 所示，曲线右端明显高出其他部分，由此推测自 1860 年以来北半球环境温度发生了急剧上升的变化。

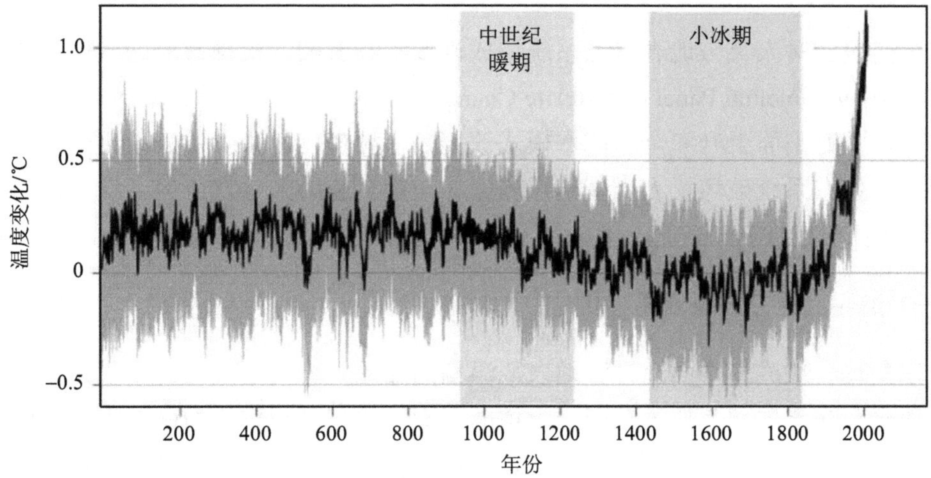

图 2-2　过去 2 000 年全球平均温度的变化

资料来源：Temperature record of the last 2000 years，https://en.jinzhao.wiki/w/index.php?title=Temperature_record_of_the_last_2,000_ years&oldid= 1104828653。

为进一步确认这一推测，对 1860 年以来大气温度变化较大的时期进行详细观测，并计算各年大气温度与各连续 5 年平均值间的差异，获得温度距平，分析该时期的温度距平变化，得到图 2-3。可见，1910 年后大气温度距平明显增长，由此确认该时期出现全球变暖的环境问题。

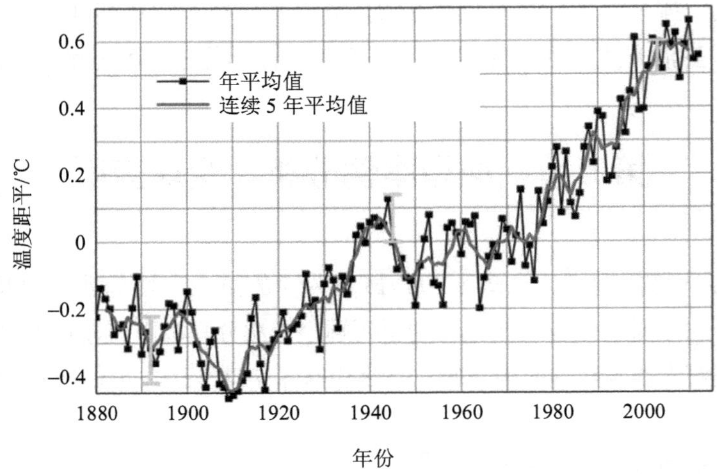

图 2-3　全球土地-海洋温度指数

资料来源：NASA Goddard Institute for Space Studies, https://www.climate-change-guide.com/evidence-of-climate-change.html。

二、全球变暖对人类及环境有何影响?

全球变暖会对人类与地表自然系统造成许多不利影响。根据政府间气候变化专门委员会（Intergovernmental Panel on Climate Change，IPCC）第六次评估报告，全球变暖将造成冰川融化、海平面上升和全球降水模式改变等多种变化，并引发气候极端事件频发、土地退化、生态系统破坏、人类基础设施毁坏，甚至威胁人体健康等。这里摘引若干主要影响，供同学们参考。

（一）海平面上升与低温圈缩减

全球变暖会造成海平面上升和地表低温圈的缩减。大气温度上升不仅使冰川大量融化，也使永久冻土层和其他大气圈、土壤圈等圈层的冰晶消融，由此扩大了水圈，致使海平面上升。受海平面上升威胁最大的是海拔较低的沿海地区，许多小岛可能因此消失，许多沿海地区的地域面积可能减少。例如，海平面若升高 1 m，孟加拉国将有 11.5% 的地域面积被淹没。与此同时，全球变暖将导致地表低温圈缩减，而低温圈的缩减将大大降低地表吸收气候系统中多余热量的能力。根据 2023 年 IPCC 的第六次评估报告，低温圈曾吸收了气候系统中多余热量的 90%，而自 1982 年以来，海洋热浪的频率增加了 1 倍。

（二）土地退化和粮食安全

全球变暖会加剧地表水分蒸发，引起土地条件的变化。根据2023年IPCC第六次评估报告，2006—2015年的陆地平均温度比1850—1900年升高了1.53℃，比同期全球平均温度变化高出0.66℃。这些温度提升导致许多地区的土地退化、荒漠化、水资源短缺等。同时，还改变了降水模式和农作物的生长起止时间，导致区域作物产量下降，严重制约粮食种植、饲料加工等资源密集型生产活动，进一步威胁人类的粮食安全。其中最容易受到上述变化影响的是非洲、亚洲和南美洲的高山干旱地区，以及新几内亚山区、印度外海岛屿等地。

（三）生物多样性破坏

生态系统稳定是生物多样性的重要保障。全球变暖改变了陆地生态系统、海洋生态系统的气候条件，干预了生物的季节性变化，将导致部分生物因不能适应这一变化而濒临灭绝，由此造成生态系统的巨大损失和破坏。深受全球变暖影响的是热带珊瑚礁。珊瑚生长发育的最佳水温为23～27℃。全球变暖不仅会破坏珊瑚的适宜水温，导致珊瑚死亡，而且大气中二氧化碳浓度的提高还会使海水吸收更多的二氧化碳，导致海水酸化，溶解珊瑚礁中的主要成分碳酸钙。

全球变暖还会引起其他多种影响，请同学们自行查询相关专业网站以自学了解。

三、　什么引起了全球变暖？

（一）全球变暖机理分析

为找到全球变暖的成因，首先开展了全球变暖机理研究。基于热力学中的热交换原理，针对大气圈定量核算大气中的热量收支状况。通过定量估算太阳辐射抵达地表的热量、从地表反射返回到大气中的热量、被大气吸收的热量以及被大气物质辐射流向太空的热量等，从中发现了大气中某些气体具有较强的吸收地表长波辐射的能力，可产生与温室中玻璃类似的增温保暖效果，这些气体被称作温室气体（greenhouse gases，GHGs），而所产生的增温保暖效果被称为温室效应（greenhouse effect）。图2-4为温室效应形成机理示意图。

大气中有30余种温室气体。适量的温室气体维持了地表适宜的温度。大气中温室气体的数量增多，将会吸收并储存更多热量，由此破坏原有大气中的平衡，导致更多的热量被吸收并储存在大气中。为有效控制大气中温室气体的数量，在1997年签署的《联合国气候变化框架公约的京都议定书》（简称《京都议定书》，*Kyoto Protocol*）中确立了6种主要温室气体，分别是二氧化碳（CO_2）、甲烷（CH_4）、氧化亚氮（N_2O）、氢氟碳化物（HFCs）、全氟碳化物（PFCs）和六氟化硫（SF_6）。

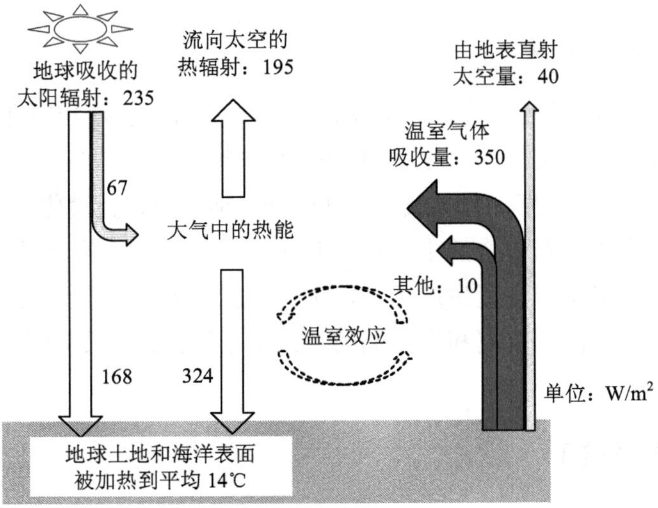

图 2-4 温室效应形成机理示意图

（二）全球变暖与大气中 CO_2 增多的同期实证分析

虽然前文的大气热平衡分析确认了温室气体具有吸热增温的作用，但仍很难得出温室气体就是导致全球变暖的成因的结论，还需要找出事实证据。如果大气中温室气体浓度的上升发生在大气温度上升的相同时期，将较好地佐证温室气体是全球变暖的成因。为此，科学家针对典型温室气体 CO_2，开展了核定大气中 CO_2 浓度历史变化趋势的科研工作，并获得如图 2-5 所示的研究结果。图 2-5 表明，大气中 CO_2 浓度的大幅上升期恰好起始于 1860 年前后，与大气温度出现明显上升的时间正好一致。该研究结果成为温室气体是全球变暖的成因的有力证据。

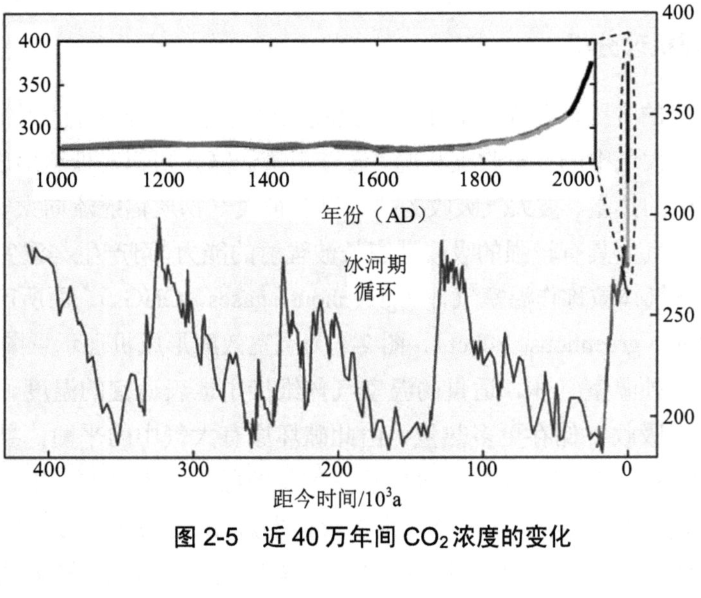

图 2-5 近 40 万年间 CO_2 浓度的变化

注：1 ppm=10^{-6}。

资料来源：https://en.wikipedia.org/wiki。

（三）大气中 CO_2 增多的成因分析

如果是大气中温室气体的增多导致了大气温度的升高，那么又是什么导致了大气中温室气体的增多呢？当注意到大气温度和大气中 CO_2 浓度的显著上升均起始于 1860 年前后时，不免引人关注那个时期所发生的可能引起大气中 CO_2 增多的重要事件。伴随工业革命，人类活动能力日益增强，特别是能源生产（如电力生产、热力生产等）、工业基础材料（如钢铁、水泥等）生产中需要燃烧大量化石燃料，而这一燃烧过程将排放大量的 CO_2。为证实大气中增多的 CO_2 来自人类活动，科学家估算了 1850 年以来全球化石燃料燃烧和水泥生产过程中的碳排放量。图 2-6 表明，自 1850 年以来全球碳排放确实出现了快速增长趋势，这也恰与大气 CO_2 浓度急剧上升期、大气温度急剧上升期处于同一时期。这一研究表明了人类的能源生产、工业基础材料生产等活动是大气 CO_2 增多的主要直接成因。

由于生产活动的直接目的大多表现为将资源转变成具有特定服务功能的产品，最终服务于人类的特定消费或使用需求，同时许多产品在使用过程中仍将消耗大量能源，间接地成为 CO_2 增多的另一诱因，因此人类需求成为大气 CO_2 增多的原始动因。

感兴趣的同学还可按照类似的思路，研究其他温室气体与全球变暖的关系。

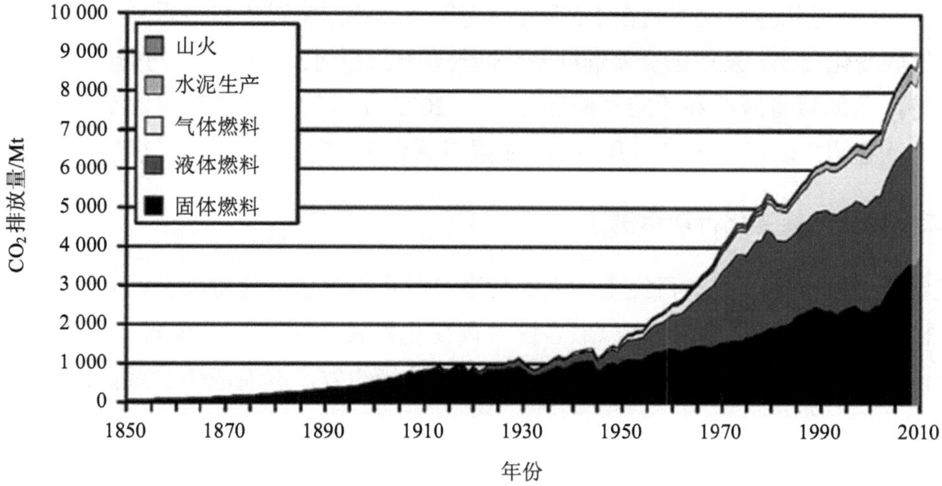

图 2-6　全球化石燃料燃烧和水泥生产过程中的碳排放量

资料来源：https://cdiac.ess-dive.lbl.gov/ftp/ndp030/global.1751_2011.ems。

四、如何应对全球变暖？

全球变暖威胁全人类的生存与发展。为应对这一挑战，需要国际合作和联合行动。若干重要事项示例如下。

（一）与气候变化相关的国际大会示例

1992 年 5 月，召开联合国大会，并通过了《联合国气候变化框架公约》（*United Nations Framework Convention on Climate Change*，UNFCCC），旨在将人类活动的温室气体排放量控制在不会干扰气候系统的水平上。该公约就缔约方的责任、限控指标、资金与技术转让等重要事务作了比较清晰的表述和规定。

1997 年 12 月，在日本京都召开第三次缔约方大会，并通过了《京都议定书》。该议定书中将温室气体管理目标设定为“将大气中的温室气体含量稳定在一个适当的水平，以防止剧烈的气候改变对人类造成伤害”。同时，还明确了重点管控的 6 种温室气体，即 CO_2、CH_4、N_2O、HFCs、PFCs 和 SF_6。还对缔约方进行差别管理，规定了不同的减排指标。此后，2009 年 12 月，在丹麦首都哥本哈根召开联合国气候变化大会，针对《京都议定书》商讨一期承诺到期后的后续方案，即 2012—2020 年的全球减排协议。

2015 年 12 月，在法国巴黎召开第 21 届联合国气候变化大会，并通过了《巴黎协定》（*The Paris Agreement*）。《巴黎协定》是已经到期的《京都议定书》的续定议定书。该协定指出，各缔约方将加强应对气候变化，把全球平均气温较工业化前水平的升高幅度控制在 2℃之内，并为把升温幅度控制在 1.5℃之内而努力。各方将以“自主贡献”的方式参与全球应对气候变化行动。发达国家将继续带头减排，并加强对发展中国家的资金、技术和能力建设支持，帮助后者减缓和适应气候变化。从 2023 年开始，每 5 年将对全球行动总体进展进行一次盘点，以帮助各国提升力度、加强国际合作，实现全球应对气候变化长期目标。

（二）我国气候变化行动示例

我国于 1992 年 11 月 7 日经全国人大批准《联合国气候变化框架公约》，并于 1993 年 1 月将批准书交存联合国秘书处。《联合国气候变化框架公约》自 1994 年 3 月 21 日起对我国生效，我国成为《联合国气候变化框架公约》的缔约方，继而成为《京都议定书》的缔约方。

为落实《联合国气候变化框架公约》中的减碳目标，在缔约后的 20 年里，我国相继制定了多项法律法规，如 2005 年颁布的《中华人民共和国可再生能源法》、2008 年颁布的《中华人民共和国循环经济法》等。在 2009 年哥本哈根气候变化大会上，温家宝总理发表了题为《凝聚共识　加强合作　推进应对气候变化历史进程》的重要讲话，总结了我国所做的努力：“先后制定和修订了节约能源法、可再生能源法、循环经济促进法、清洁生产促进法、森林法、草原法和民用建筑节能条例等一系列法律法规，把法律法规作为应对气候变化的重要手段。”在这些积极政策的引导下，2008 年我国可再生能源利用量达到 2.5 亿 t 标准煤；农村有 3 050 万户用上沼气，相当于少排放二氧化碳 4 900 多万 t。2021 年水电装机容量、核电在建规模、太阳能热水器集热面积和光伏发电容量均居世界前列。可再生能源的使用有效减少了化石燃料的燃烧，起到了良好的减碳效果。

2020 年 9 月 22 日，习近平主席在第七十五届联合国大会一般性辩论上的讲话中庄严承诺“中国将提高国家自主贡献力度，采取更加有力的政策和措施，二氧化碳排放力争于 2030 年前达到峰值，努力争取 2060 年前实现碳中和”。这一目标通常被简称为“碳达峰、碳中和”目标或“双碳”目标。

为深入贯彻落实党中央、国务院关于碳达峰、碳中和的重大战略决策，扎实推进碳达峰行动，2021 年 10 月，国务院发布《2030 年前碳达峰行动方案》。该方案明确了将碳达峰贯穿于经济社会发展全过程和各方面，重点实施能源绿色低碳转型行动、节能降碳增效行动、工业领域碳达峰行动、城乡建设碳达峰行动、交通运输绿色低碳行动、循环经济助力降碳行动、绿色低碳科技创新行动、碳汇能力巩固提升行动、绿色低碳全民行动、各地区梯次有序碳达峰行动的“碳达峰十大行动”。

实现“双碳”目标，离不开科技支撑。2022 年 6 月，科技部、国家发展改革委等 9 部门联合发布《科技支撑碳达峰碳中和实施方案（2022—2030 年）》。其设定的目标为到 2025 年实现重点行业和领域低碳关键核心技术的重大突破，支撑单位国内生产总值（GDP）二氧化碳排放比 2020 年下降 18%，单位 GDP 能源消耗比 2020 年下降 13.5%；到 2030 年，进一步研究突破一批碳中和前沿和颠覆性技术，形成一批具有显著影响力的低碳技术解决方案和综合示范工程，建立更加完善的绿色低碳科技创新体系，有力支撑单位 GDP 二氧化碳排放比 2005 年下降 65%以上，单位 GDP 能源消耗持续大幅下降。与此同时，为实现上述目标，该实施方案提出“十大行动”：一是能源绿色低碳转型科技支撑行动；二是低碳与零碳工业流程再造技术突破行动；三是城乡建设与交通低碳零碳技术攻关行动；四是负碳及非二氧化碳温室气体减排技术能力提升行动；五是前沿颠覆性低碳技术创新行动；六是低碳零碳技术示范行动；七是碳达峰碳中和管理决策支撑行动；八是碳达峰碳中和创新项目、基地、人才协同增效行动；九是绿色低碳科技企业培育与服务行动；十是碳达峰碳中和科技创新国际合作行动。

五、其他

基于上述分析，逐步建立起全球变暖、大气温度变化、CO_2 浓度增多、人为碳排放、“双碳”目标等重要事项之间的逻辑关系。借助一系列科研活动，不仅可从科研成果中有效回答本章中什么是全球变暖、如何判断全球变暖、全球变暖是怎样形成的等相关议题，而且可从中提取重要知识点，如温室气体、温室效应、全球变暖机理等基本概念、基本原理等，实现了融知识于科研过程分享中的教学目的，体现出研讨式教学方法与传统教学法的差异。

推荐阅读文献

[1] The United Nations World Commission on Environment and Development，1987. Our Common Future [M]. Oxford：Oxford University Press.

[2] 杨志峰，刘静玲，2010. 环境科学概论[M]. 2 版. 北京：高等教育出版社.

[3] 林爱文，胡将军，章玲，等，2005. 资源环境与可持续发展[M]. 武汉：武汉大学出版社.

[4] 钱易，唐孝炎，2010. 环境保护与可持续发展[M]. 2 版. 北京：高等教育出版社.

[5] 习近平，2020. 习近平在第七十五届联合国大会一般性辩论上的讲话[EB/OL]. 中国日报网，2020-09-23. https://baijiahao.baidu.com/s？id=1678597110426202250&wfr=spider&for=pc.

[6] Intergovernmental Panel on Climate Change，2023. Synthesis Report of the Sixth Assessment Report[EB/OL].（2023-02-28）. https://www.ipcc.ch/report/sixth-assessment-report-cycle/.

[7] 习近平，2022. 高举中国特色社会主义伟大旗帜，为全面建设社会主义现代化国家而团结奋斗——在中国共产党第二十次全国代表大会上的报告[EB/OL].（2022-10-16）.中央广播电视总台央视网. https://tv.cctv.com/2022/10/16/VIDECUy3JMq6ojR1eCxgQ9qB221016.shtml.

[8] 国务院，2021. 2030 年前碳达峰行动方案[EB/OL].（2021-10-24）. http://www.gov.cn/zhengce/content/2021-10/26/content_5644984.htm.

[9] 科技部，国家发展改革委，工业和信息化部，等，2022. 科技部等九部门关于印发《科技支撑碳达峰碳中和实施方案（2022—2030 年）》的通知[EB/OL].（2022-06-24）. https://www.most.gov.cn/xxgk/xinxifenlei/fdzdgknr/fgzc/zcjd/202208/t20220817_181987.html.

课堂讨论与作业

借助课堂议题讨论环节，一起研究目前国内外有哪些环境问题？其严重程度怎样？从而弄清资源与环境问题现状，作为开设本课程的前提条件。同时，也作为以后课堂议题讨论的示例。

一、讨论议题

既然我们前面将环境问题分成了资源短缺或耗竭型、环境污染型和生态破坏型，为了解资源与环境现状水平，请大家结合所熟悉的地区，从以下 3 个方面的议题中任选一个议题，并筛选出某一典型环境问题，将该环境问题作为该组的讨论议题，说明选择该议题的理由。然后组内讨论将如何进行研究、包括哪些研究内容等。

（1）资源现状水平怎样？

（2）生态环境质量怎样？

（3）环境污染程度怎样？

二、议题筛选过程示例

由于资源种类繁多，生态系统和环境要素多样，在课程科研练习中不可能面面俱到，否则研究将笼统而难以深入，不能获得具有价值的结果。因此，首先需要对议题进行筛选。在议题的筛选过程中，要实现从面到点、从多个问题聚焦到某一具体问题，从而针对所选议题进行深入探究。

议题的筛选方法可有以下几种：①根据议题中核心主题词的外延进行分类，选择其中一类进行研究，如考虑根据资源的可再生性将资源分为不可再生资源和可再生资源，选择不可再生资源进行研究。②根据研究的时空尺度，比如选择全球层面或选择我国，或选择我国某省区进行区域研究；同时选择某年、某个年代或某个世纪进行研究。③根据问题形成原因或机制进行研究，如政府间气候变化专门委员会（IPCC）研究温室气体排放对全球变暖的贡献。④根据问题的呈现程度，选择典型性、代表性的问题进行研究，如选择矿产资源进行研究。除此之外，影响议题选择的还有项目归口单位、要求完成时间、资金支持力度、可能组建团队的科研实力等多种要素。

议题筛选的结果，将是在考虑了以上多个影响因素的基础上，选出的具有特定时空范围的某一典型问题的研究。

作为“循环经济与可持续发展型企业”课程讨论议题，考虑到学生是多专业本科新生，初步接触科研工作，尚不具备科研所需的专业知识，从事科研的时间也极其有限，因此该阶段所选议题应尽量小、集中在某一具体典型议题上，以便有效地理出研究思路，制订研究计划。针对本章以上 3 个核心议题，推荐和建议的课堂讨论议题示例为：

（1）山西煤矿资源现状研究；

（2）白洋淀流域生态环境状况研究；

（3）锦州农耕区土壤重金属污染现状研究。

以第 3 个议题为例，演示其筛选过程，如图 T2-1 所示。其中进一步考虑锦州是我国大米产地之一，土壤中重金属含量将影响到大米质量和人体健康，因此选择了其农耕区土壤重金属污染现状作为研究议题。

三、研究方案选择示例

对不同议题有不同的研究方案。主要取决于拟研究问题所蕴含的内在规律，以及揭示该规律所应采用的科学方法。通常包括研究对象的选取、时空尺度的界定、实验或检测方法、技术路线、数据获取及计算等内容。

（一）研究方法示例：物质循环速率对比法

在本讲课程示例议题中，考虑到可持续发展强调，对于可再生资源，人类对资源的消耗速率不能超出资源自身的更新速率，对于不可再生资源，消耗速率不应超出替代资源（新资源）的开发速率；在废物排放方面，污染物排放速率不应超出该物质的生物地球化学循环速率。因此，采用速率对比法可了解资源与环境状况。这里分享人为循环速率与自然循环速率的对比研究结果（如表 T2-1 所示）。

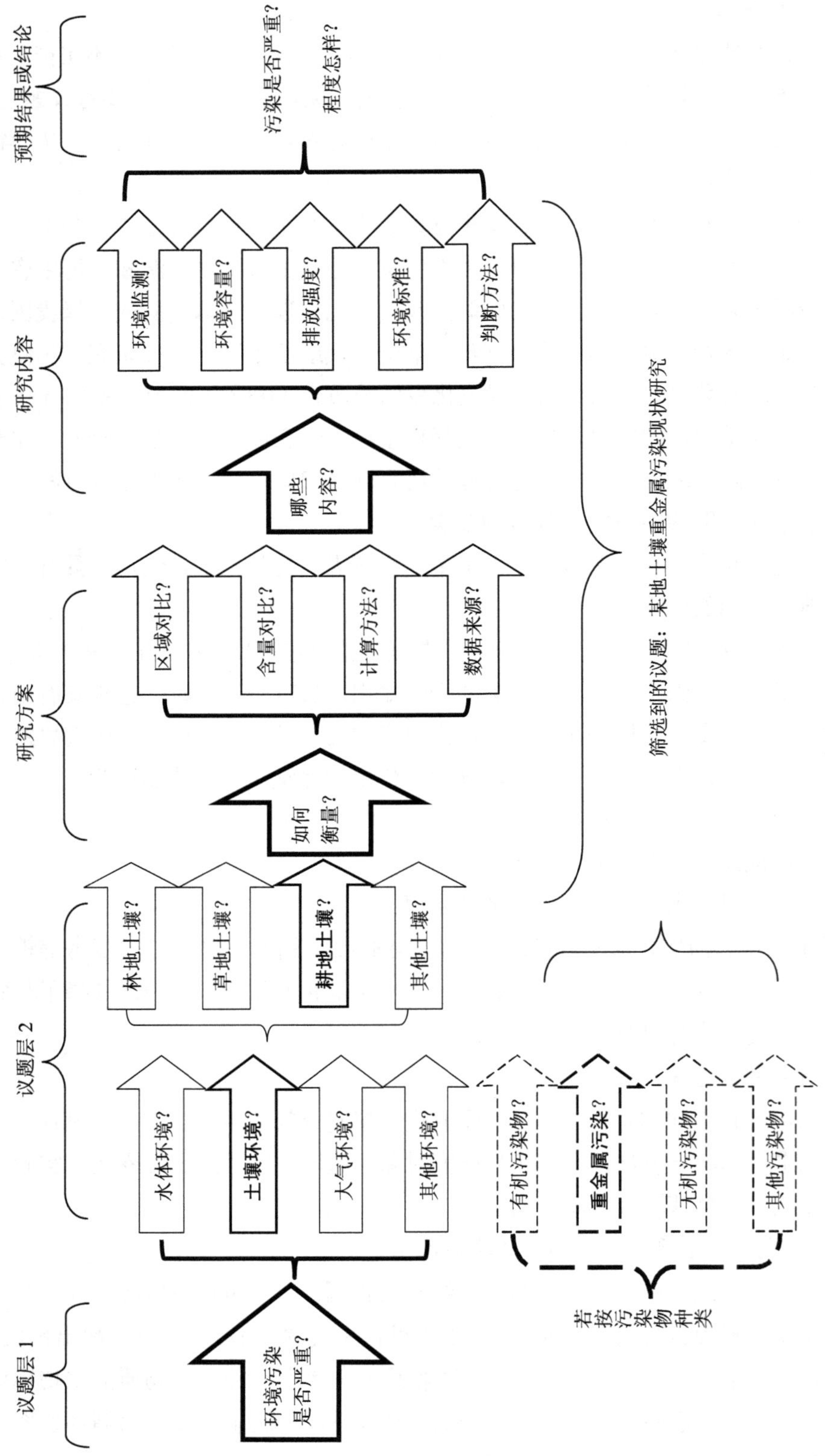

图 T2-1 环境污染议题的筛选过程与分析示例

表 T2-1 物质人为循环与自然循环的速率对比

物质名称	土壤中含量/（mg/kg）	人为流率/自然流率
Al	72 000	0.048
Fe	26 000	1.4
Mn	9 000	0.028
Ti	2 900	0.096
Zn	60	8.3
Cr	54	4.6
Cu	25	24
Ni	19	4.8
Pb	19	12
Mo	0.97	8.5
Cd	0.35	3.9
Hg	0.09	11

资料来源：KARLSSON S，1999. Closing the technospheric flows of toxic metals—modeling lead losses from a LAB system for Sweden[J]. Journal of Industrial Ecology，3（1）：23-40.

从表 T2-1 中可见，汞（Hg）、铅（Pb）等多种重金属物质的人为流率（anthropogenic flow rate）已经超出自然流率的十几倍。表明 20 世纪末研究地区土壤环境中重金属污染的程度严重。

除此之外，通过监测土壤中污染物的实际含量，并与国家标准中该污染物限值进行比较，也是了解土壤污染程度的常用方法。

（二）数据来源及数据整理方法示例

有效、充足的数据是获得有效研究结果的前提条件和工作基础，在科学研究中拥有与研究方法同等重要的地位。不同的研究议题拟回答的问题不同，所需要的数据不同，因此数据来源和计算方法也不同。

例如，在研究全球或各国金属资源现状时，主要需要弄清各类金属资源的储量、矿产资源消耗水平（可用“矿产开采量”“矿产年产量”表示）和可保证年限三类数据。其中，可保证年限通常按储备数量与矿产年产量的比值进行估算。因此，前两类数据称为基础数据，需要从统计报告中获取；而第三类数据（即可保证年限）可以前两类数据为基础进行估算。从可保证年限来获知不同金属资源的盈缺程度。在这种情况下，美国地质勘查局（USGS）、中国地质调查局（CGS）等自然资源管理部门的统计报告将成为研究的重要数据来源。若干与本章这 3 个讨论议题密切相关的重要网址列举如下，供同学们参考使用：

中国地质调查局（CGS）：http://www.cgs.gov.cn/

中国中央人民政府：http://www.gov.cn/

中国生态环境部：https://www.mee.gov.cn/

中国水利部：http://www.mwr.gov.cn/

中国自然资源部：https://m.mnr.gov.cn/

中国国家能源局：http://www.nea.gov.cn

《中国统计年鉴》：http://www.stats.gov.cn/tjsj/ndsj/

美国地质勘查局（USGS）：https://www.usgs.gov/centers/national-minerals-information-center/

美国国家环境保护局：https://www.epa.gov/

四、研究成果示例：若干重要金属资源的可保证年限

金属是工业产品的重要物质原料，金属资源在现代工业中举足轻重，是国民经济发展的基础。了解其在地壳中的资源储量以及矿产年产量，可估计出资源的可保证年限，以此反映不同金属资源的盈缺程度。表 T2-2 为 2022 年世界与中国若干金属资源的可保证年限估算表。

表 T2-2 2022 年世界与中国若干金属资源的可保证年限估算表

金属符号	世界			中国		
	储量/万 t	矿产年产量/（万 t/a）	可保证年限/a	储量/万 t	矿产年产量/（万 t/a）	可保证年限/a
Zn	21 000	1 300	16.2	3 100	420	7.4
Cu	89 000	2 200	40.5	2 700	190	14.2
Ni	10 000	330	30.3	210	11	19.1
Pb	8 500	450	18.9	1 200	200	6.0
Ag	55	2.6	21.2	7.1	0.36	19.7

资料来源：https://www.usgs.gov/centers/national-minerals-information-center/。

按照类似的方法，还可分析不同国家或地区的资源储量与可保证年限状况，以此了解资源分布与使用的区域差异。

五、课堂讨论结果示例

课堂讨论的结果可采用“讨论提纲”、表格等方式记录下来，并由小组代表在课堂上分享。在其他小组成员和老师点评帮助下，进一步完善，形成课堂讨论结果，如表 T2-3 所示。

表 T2-3　讨论结果记录要点示例

序号	项目	内容要点	改善要点	备注
1	议题名称	锦州土壤污染现状研究	聚焦到“农耕区”“重金属”	天津农耕区备选
2	选择主要理由	某同学家乡，想了解土壤质量	锦州是我国重要粮产区，土壤质量会影响食品质量；以种植稻谷为主，重金属在稻谷中的积累作用具有人体健康风险	
3	拟采用研究方案	实地采样，检测各种污染物含量，与国家标准限值进行对比	研究范围缩小到“农耕区”，污染物聚焦到“重金属”，并选择 Cr、Cd、Pb、Cu 4 种金属	
4	主要研究内容	锦州功能区划分，各功能区土壤质量要求，各功能区土壤污染物含量检测，对比分析，改善建议	补充：若干农耕区土壤分别检测，各农耕区土壤质量对比	
5	预期结果或结论	弄清哪些区域的土壤质量良好，哪些区域的土壤污染严重，超标程度	补充：对各农耕区土壤进行质量定级	
6	小组成员及分工	李同学总体负责，王同学实地采样与检测，张同学调研国家标准	补充：田同学数据整理与计算，组员联系方式	

在此课堂讨论结果基础上，小组成员课下分头行动，进行所选科研议题的研究工作，并整理成 PPT 进行课堂汇报。

六、小组作业温馨提示

在初始阶段，学生科研中经常出现如下典型问题，请特别注意并有效避免：

（1）主题广泛，题目太大，涉及范围太广；

（2）文字表达未体现逻辑、层次关系，重点不突出，未使用科学术语，没有做到言简意赅，未采用图表表达研究结果；

（3）汇报时间控制不好，应控制在 10 分钟左右。

七、小组作业可能结论

整体环境质量状况仍十分堪忧，表现在多种重要自然资源仍然短缺，同时许多地区的环境污染仍很严重，甚至在加剧，威胁着人体健康，迫切需要整体改善。

第三章　可持续发展管理

本讲重点：人类与环境间的定量关系和可持续发展管理目标。

基本要求：充分理解可持续发展战略及其要求，了解 IPAT 方程及其应用；掌握生态效率（eco-efficiency）的概念，理解环境改善的基本条件；熟悉环境管理特征曲线和环境负荷分离点、涨停点、下降点、恢复点、中和点等的物理含义，借此加深对“碳达峰、碳中和”目标的认识；结合我国近年环境性能曲线，了解我国环境管理进程；引导学生思考可能的历史使命。

第一节　核心议题的提出

既然诸多自然资源依然短缺，多地区环境质量仍不容乐观，那么环境管理就十分必要。如何进行环境管理？对于这一议题，自 20 世纪中叶就已展开过深入讨论，其中最具里程碑意义的进展是 1987 年世界环境与发展委员会在《我们共同的未来》中提出了可持续发展战略，明确提出了环境管理目标和诸多战略管理措施。如今 30 余年过去了，过去的经历中有哪些经验可以借鉴？面对仍未得到圆满解决的资源与环境问题，下一步应当如何进行管理？这是本章要研讨的课程议题。

为寻求这一课程议题的答案，先“以史为鉴”，回顾可持续发展战略及其管理历程，然后在探讨人类与环境间存在怎样的定量关系的基础上，探讨如何按这一关系的规律进行科学管理、可持续发展管理有哪些推进措施、循环经济在其中扮演怎样的角色等，并辅以课堂讨论和小组作业以帮助提高应用能力。

第二节　回顾：历史上怎样进行可持续发展管理

一、什么是可持续发展?

1987 年，世界环境与发展委员会在《我们共同的未来》中正式提出了可持续发展的定义：既满足当代人的需求，又不损害子孙后代满足其需求的发展。这个定义中强调了以下三点：①从管理角度看，是怎样的“发展”？可持续发展将不同于人类以往所追求的在人口、经济、福利等方面的“数量”上的扩张，即传统意义上的“增长”，而是使用了“发展”一词，强调以上要素在“品质”上的改善。比如我们居住在更加宽敞的大房子里，但周围环境脏乱差，不得不饮用劣质水、呼吸被污染的空气，这虽然是“增长”，但却不能被称为“发展”。自然资源、环境是人类赖以生存的基础，可持续发展不仅要求人类与外部资源环境协调发展，而且要求人类社会经济协调发展。②从人类社会看，应维持哪些“需求”？是满足衣食住行基本需求，还是追求豪华奢侈、铺张浪费？不同的需求意味着不同的消费模式，也势必产生不同的环境负荷，影响人类与环境间的作用关系。比如，在严冬，有些场所室内温度高，人们只能穿汗衫，而酷夏时室内温度又低到人们需要穿毛衫，这不仅影响人体健康，而且浪费大量能源。长此以往，势必加大能源短缺程度，影响子孙后代的正常需求。③从技术角度看，人类是如何实现满足自身需求的？人类需求是人类主观愿望的客观体现，如居住需求表现为房屋、御寒遮羞需求表现为衣物等，而客体的实现需要人类经过生产过程，将自然资源加工、制造、转变成具有特定使用功能、满足人类特定需要的产品或服务。可见，人类满足其需求的过程是人类活动与自然环境发生交互作用关系的过程，反映着人类与环境间的作用关系。总之，要实现可持续发展，需要人类精心策划、合理安排，在经济、文化和技术不断进步的情况下，使环境负荷保持在所希望的水平上，实现人类和环境之间的协调发展。

二、如何设定管理总目标?

（一）定量管理总目标示例：十倍增长目标

为了更科学有效地进行可持续发展管理，学者们在20世纪90年代开展了大量研究。1997年，发布了著名的《卡诺勒斯宣言》（*Carnoules' Statement*），明确提出了“A ten-fold leap in energy and resource efficiency in one generation”，即“在一代人的时间内，将资源、能源和其他物质的利用效率提高10倍”的宏伟目标。这一量化目标是基于1971年美国斯坦福大学著名人口学家埃利希（Ehrlich）和哈尔顿（Holdren）提出的IPAT方程提出的，其估算过程如下。

根据IPAT方程，即

$$\text{Environmental Impact}=\text{Population}\times\text{Affluence}\times\text{Technology} \quad (3\text{-}1a)$$

翻译为：

$$\text{环境影响}=\text{人口}\times\text{社会福利}\times\text{技术} \quad (3\text{-}1b)$$

若分别以英文词首字母表示，式（3-1a）可简化为

$$I=P\times A\times T \quad (3\text{-}1c)$$

上式中，环境影响（Environmental Impact）是指某一研究主体系统对外部环境所产生的影响。比如，人类种植过程会开垦土地，改变区域物种结构和地容地貌；人类建造房屋，需要开采多种矿产、沙子、木料等自然资源以便生产建筑材料。应用中，可将环境负荷（environmental load）定量表征为自然资源的开采数量或者环境污染物的排放数量等。如第二章表 T2-2 中提到的全球锌矿年产量约 1 300 万 t；据统计，我国 2021 年共消耗约 52.4 亿 t 标准煤的能源，每年要排放含有 0.25 亿 t 化学需氧量的工业废水。宏观管理中，这一指标反映特定时期内人类社会经济系统对自然环境系统的干扰强度。

上式右侧包括三个变量指标：第一个变量是人口，以人口数量表示，主要受出生、死亡、迁移的影响；据统计，人口数量仍在不断增长。第二个变量是社会福利，估算中采用了经济水平指标，以人均 GDP 表示，主要受社会、经济、技术的发展水平、发展阶段等因素的影响；据预测，经济规模仍在持续增长。第三个变量是技术，反映人类获得社会福利过程中所采用的技术手段和技术水平。如果采用人均 GDP 代表社会福利，则根据数学方程物理量纲一致性原则，该“技术”就是获得单位 GDP 所产生的环境影响。这一指标主要受人类活动与自然之间的作用方式的影响，包括产业结构、技术条件等。

可见，IPAT 方程定量地反映了特定区域社会经济发展与环境间的作用关系，是环境管理中应遵循的基本方程。该方程又被称为人类与环境关系的控制方程（master equation）。

20 世纪末，Friedrich Schmidt-Bleek 组织了 10 倍因子俱乐部。该组织初步估算全球环境影响水平已超出地球承载水平约 2 倍，同时预测世界人口在接下来的 50 年内将翻一番，人均 GDP 将增长 3～5 倍，意味着全球经济总体增长 6～10 倍。为使到 21 世纪中叶将环境负荷恢复到环境承载水平以内，应用 IPAT 方程估算，需要在 25 年左右的时间里，将各类资源、能源的利用效率提高 10 倍。这就是著名的《卡诺勒斯宣言》。继此之后，该组织还陆续发表了许多战略管理著作。可参看 http://www.factor10-institute.org/publications.html。

至今已过去 20 余年，IPAT 方程中各指标发生了怎样的变化？不妨借助统计数据进行粗略估算。根据世界银行的统计数据（https://www.kylc.com/stats），2021 年世界人口增长到 1997 年的 1.34 倍，GDP 增长到 3.48 倍，相当于人均 GDP 增长到 2.60 倍，意味着人口、GDP 和人均 GDP 三个指标都在 10 倍因子俱乐部的预估范围以内。若以能源消耗作为考察的环境负荷，根据《世界能源与气候统计年鉴》（*World Energy and Climate Statistics Yearbook*，2021）中的数据，2020 年世界能源总消耗量增长到 1996 年的 1.47 倍，表明能源消费仍在持续增长。与此同时，数据显示同期能源效率增长到 1.45 倍，表明能源效率也取得了一定的提升，但距离当初《卡诺勒斯宣言》中所提出的 10 倍目标仍相差甚远。因此未来的节能管理任务仍十分艰巨。此外，在上述估算中，由同一时期内 GDP 和能源总消费量分别增长到 3.48 倍和 1.47 倍，可按 IPAT 方程推知同期的能源效率增长到 2.37 倍，出现与上文中的 1.45 倍之间的差异。究其原因，一是两类数据的来源不同，二是统计口径、估算方法等方面有所差异，尽管都以购买力平价计算 GDP，但会因为纳入统计的范围、计算基准、所属领域等的不同而产生差距。请同学们留意甄别并予以说明。

（二）定性管理总目标示例

由于自然资源地理分布差异，以及社会、经济、技术等人为因素的区域差异，世界各地所面临的环境问题不同，而各地人类社会与区域环境间的关系也不尽相同，使得管理目标也因地而异。这里分别回顾发达国家和发展中国家的定性管理目标。

1. 发达国家环境管理大目标

发达国家已经完成工业化过程。但在其工业化过程中，经历了环境负荷伴随经济增长而快速增长的过程。在其发展过程中，环境负荷的升降关系可表达为图 3-1，其中横坐标是“发展状况”，发展状况比经济状况的涵义更广泛，可以用经济增长表示，还可用人类发展指数（Human Development Index，HDI）或其他指标表示；纵坐标是“资源消耗”，强调的是环境负荷的源头方面。发达国家的发展过程可分成以下三个阶段：在工业化阶段，环境负荷不断上升；在大力补救阶段，环境负荷以较慢的速度上升，达到顶点后，逐步下降；在远景阶段（尚未完全实现），环境负荷继续下降，直到很低、达到人类所希望的水平。在前两个阶段的部分时间里，有些国家的环境问题曾经十分严重，甚至出现过诸多环境污染事件，如 20 世纪中叶相继在比利时、美国、英国、日本等发达国家发生的八大公害事件。发达国家今后的任务是不断地降低环境负荷，沿着图中的虚线往前走。

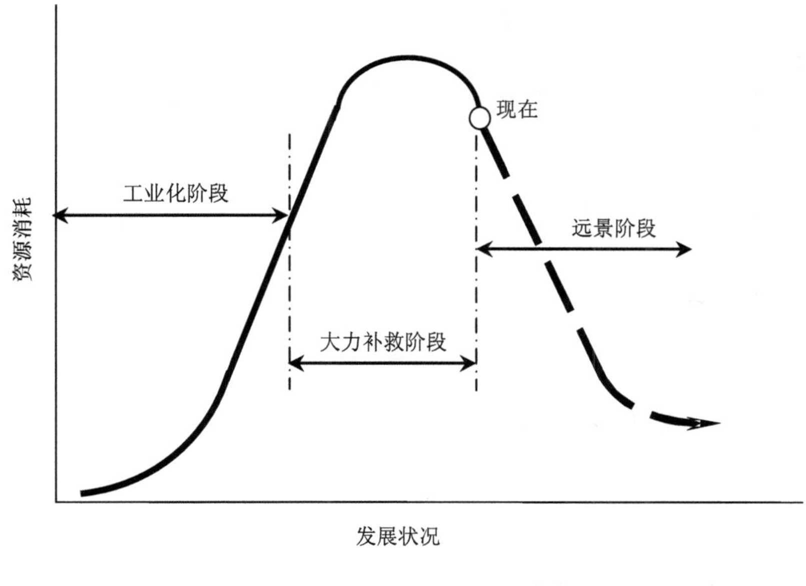

图 3-1 发达国家的发展状况与资源消耗的升降过程及未来趋势

资料来源：GRAEDEL T E，ALLENBY B R，1995。

可见，发达国家环境管理的重点是承担环境改善任务，借助技术开发和进步，找到有效降低整体环境负荷的重要措施与途径。

2. 发展中国家环境管理大目标

发展中国家的情景与发达国家显著不同，表现在经济发展水平、发展速度的变化、经济结构等多个方面。如果仍沿袭西方发达国家曾经历的发展路线，将不可避免地进一步加剧全球环境质量的恶化，因此必须认真吸取发达国家经验教训，不去重复发达国家的错误。

我国东北大学陆钟武院士把图 3-1 中描绘发达国家环境负荷随人类发展而变化的曲线形象地看成一座“环境高山”，把人类发展过程描绘成一次翻山活动。陆钟武院士在指导毛建素博士研究经济增长与环境负荷变化关系的基础上，在 2003 年郑重地提出了“发展中国家要走穿越‘环境高山’的新型工业化道路”的战略思路，也就是要在“环境高山”的半山腰上开凿一条隧道，从其中穿过去，如图 3-2 所示。这样，翻山活动变成了穿山活动，付出的代价（环境负荷）较低，而前进的水平距离（经济增长）却没变。

对于众多发展中国家（如中国、印度等），这一战略思路都属于“机不可失，时不再来”的一种选择。如果错过当前的时机，等若干年后再下决心，就可能为时已晚。

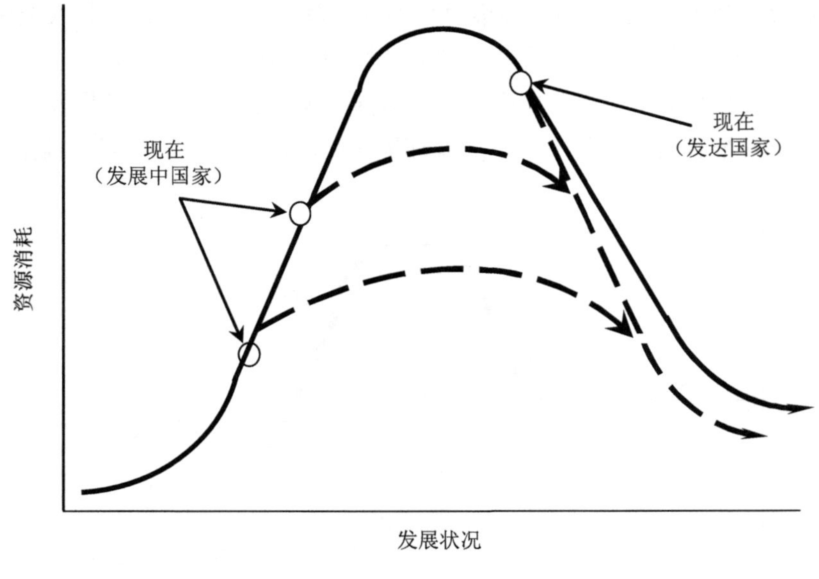

图 3-2 发展中国家的新型工业化道路——在“环境高山”的半山腰穿过去

资料来源：陆钟武，毛建素，2003。

三、是否可能穿越“环境高山”：案例分析

从“环境高山”的半山腰穿过去这种想法是否可能实现呢？为验证这种想法，2003 年，毛建素博士分别选择商用能源消耗量和 GDP 作为一个国家经济系统的资源负荷和发展水平，研究了日本、美国和中国 1960—1996 年能源消费与经济增长之间的关系，结果如图 3-3 所示。由图 3-3 可以看出，20 世纪末的两个年代，美国和日本的年能源消费量都已

基本稳定。而中国的能源消费量与 GDP 同步增长，只是在接近 20 世纪末时，其能源消费量上升的速度才减缓下来。如果将中国、美国两国的数据连成曲线来看，中国还正在往“环境高山”上爬。日本的情况很不一样，其能源消费量从来就不曾上升到很高的数量。可以认为，在能源消费问题上，日本所走的路就是穿越“环境高山”。

总之，环境管理的目标就是要通过人类的精心策划、合理安排，在经济、文化和技术不断进步的情况下，使环境负荷保持在所希望的水平上，从而实现人类和环境之间的协调发展。

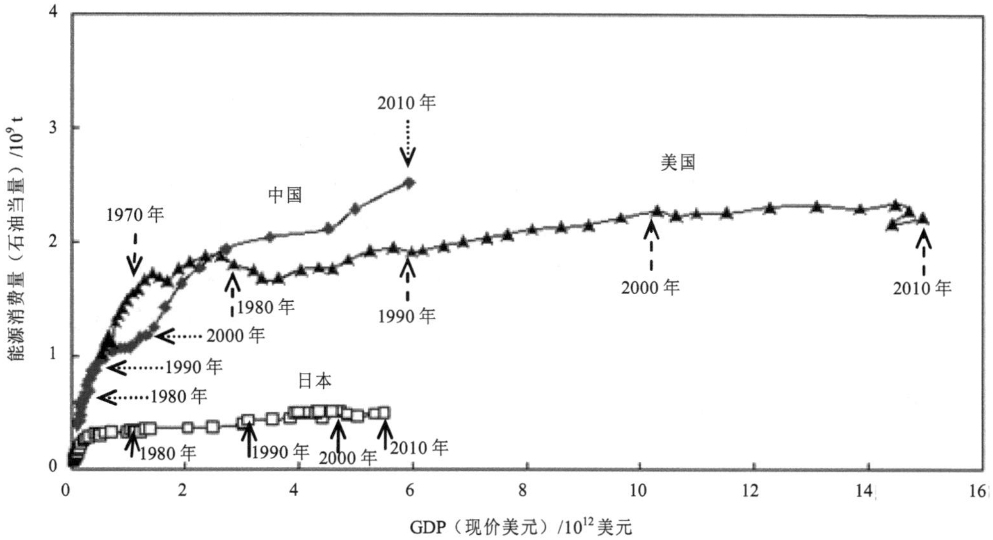

图 3-3 中国、美国、日本三国能源消费量-GDP 关系曲线

资料来源：陆钟武，毛建素，2003；孙梦瀛更新。

第三节 人类与环境间存在怎样的定量关系

第三章第二节中提到了 IPAT 方程是较早用于考量人类与环境间的定量关系的基本方程。伴随可持续发展战略的推进，衡量人类与环境间关系的方法也得到不断改善。21 世纪初，世界可持续发展工商理事会（World Business Council for Sustainable Development，WBCSD）将生态学中“生态效率”（ecological efficiency）的概念引入人为系统（如产业系统、社会经济系统等），并采用“生态效率”（eco-efficiency）这一术语，将其作为衡量某特定人为系统中的人类与环境基本关系的重要指标，并纳入环境综合管理。

一、什么是生态效率？

在人为系统中，生态效率（eco-efficiency）泛指某一产业或经济系统在造成单位环境负荷时所能提供的社会服务量，反映该系统为获得人类特定服务时所采用的技术水平。若分别用符号 e、I 和 S 表示该系统的生态效率、环境负荷和社会服务量，则生态效率的定义式可表达为

$$e=\frac{S}{I} \tag{3-2}$$

式中：I 和 S——相应统计期内该系统所产生的环境负荷和社会服务量。社会服务量可表达为该系统在指定统计期内的产品产量、社会 GDP（或 GNP）等多种形式。由于环境负荷可表达为资源消费量、环境污染物的排放量等多种形式，相应地，生态效率也因环境负荷类别的不同而有不同类型，如当环境负荷为资源消费量时，生态效率可称为资源效率；环境负荷为环境污染物排放量时，生态效率可称为环境效率。不同类型生态效率的物理含义及单位也不同。

不难看出，式（3-2）可变形为

$$I=\frac{S}{e} \tag{3-3a}$$

对比式（3-1c）和式（3-3a），不难发现，当用社会服务量 S 来表征 IPAT 方程中的社会总福利[式（3-1c）中 P 与 A 的乘积] 时，T 将反映某系统获得单位服务所产生的环境负荷，从定义上看，这恰与生态效率在数值上互为倒数关系。式（3-3a）可看作控制方程的另一种表达方式，应用中可称为 ISE 方程。

应用中，常常选择 GDP 作为某个国家（或地区）的社会服务量，这时资源效率变成系统消耗单位资源所对应的经济产出量，而环境效率变成系统排放单位环境污染物所对应的经济产出量。

需要注意的是，生态效率定义式[式（3-2）]、IPAT 方程[式（3-1）]及其变形式[式（3-3a）]都是针对同一系统而言的。

二、什么情况下环境质量才可能好转？——理论分析

为更有效分析人类发展与环境负荷间的变动关系，将 ISE 方程表达为无因次形式，即

$$\bar{I}=\frac{\bar{S}}{\bar{e}} \tag{3-3b}$$

式中：$\bar{I}$、$\bar{S}$、$\bar{e}$——无因次的环境负荷、社会服务量和生态效率，分别等于第 t 年的相应

数值与基准年份的相应数值的比值。式（3-3b）反映某一时期内环境负荷、社会服务量和生态效率的变化倍数之间的关系。

假设社会服务量和生态效率分别随时间按指数规律变化，即

$$\overline{S} = e^{\rho_S \cdot t} \tag{3-4}$$

$$\overline{e} = e^{\rho_e \cdot t} \tag{3-5}$$

式中：ρ_S、ρ_e —— 社会服务量和生态效率的年均变化率；

t —— 从基准年起算的年份，取不小于 1 的整数。

其他符号含义同前。

将式（3-3a）、式（3-4）、式（3-5）联立，可整理得到：

$$\overline{I} = \overline{S}^{1-k} \tag{3-6}$$

式中：k —— 生态效率年均变化率与社会服务量年均变化率的比值，即$k = \rho_e / \rho_S$，简称变化速度比。

式（3-6）是在生态效率和社会服务量分别按指数规律增长条件下，环境负荷随社会服务量变化的关系方程。为了更清楚地看出环境负荷随社会经济发展的变化，将式（3-6）绘制为环境负荷随社会服务量变化的曲线，如图 3-4 所示。

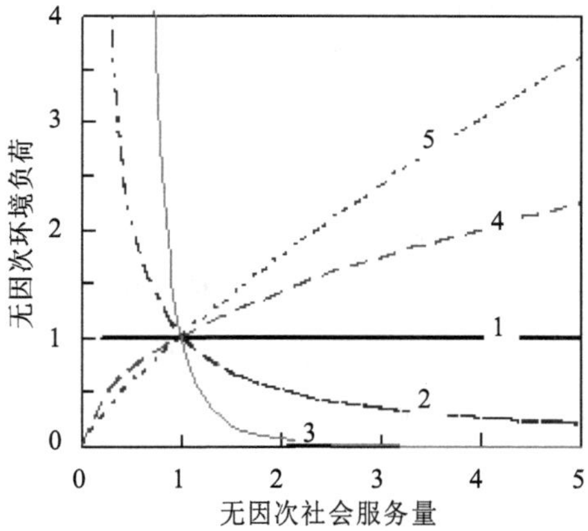

曲线 1：$k=1$；曲线 2：$k=2$；曲线 3：$k=5$；曲线 4：$k=0.5$；曲线 5：$k=0.2$。

图 3-4 环境负荷随社会服务量的变化曲线

资料来源：Mao et al.，2007。

由图 3-4 可见：

（1）当$k=1$时，$\overline{I}$-$\overline{S}$关系表现为一条数值为 1 的水平线，表示在生态效率与经济同步增长时，环境负荷将不随社会服务量的增长而发生任何变化。这对于环境质量尚好且环境负荷仍在环境承载力以内的区域，其环境质量将维持基本稳定的状态，可称这类区域为环境稳定型区域。这种情况较多地出现在完成工业化、城市化的发达国家或地区。但是对于

环境负荷已经超出环境承载力的区域，则仍会有一部分环境负荷日积月累、导致环境质量恶化。

（2）当 $k>1$ 时，$\bar{I}$ - $\bar{S}$ 关系表现为一组下降的曲线，如图 3-4 中的曲线 2 和曲线 3。表示在生态效率的增长速率高于社会服务量的增长速率的情况下，环境负荷将随社会服务量的增加而不断减小。在这种情况下，就有可能使环境负荷降低到环境承载力之内，从而使环境质量得到改善。而且由曲线 2、曲线 3 的上下位置可以看出，k 值越大，环境负荷降低得越快。由此可得出结论：只有在生态效率的增长速率高于经济的增长速率的情况下，才有可能出现环境质量伴随经济的增长而逐步改善的情况；而且这两种增长速率的差距越大，出现环境质量改善的可能性也越大。这种情景是环境管理中希望并努力实现的情景。

（3）当 $k<1$ 时，$\bar{I}$ - $\bar{S}$ 关系表现为一组上升的曲线，如图 3-4 中的曲线 4 和曲线 5，表明环境负荷将随社会服务量的增大而不断增大，意味着环境状况进一步恶化。并且由曲线 4、曲线 5 的上下位置可以看出，k 值越小，环境负荷的增长越快。由此可得出结论：当生态效率的增长速率小于经济的增长速率时，伴随社会服务量的增加，势必造成环境质量的恶化。而且这两种增长速率的差距越大，环境恶化越明显。这种情况较多地出现在快速工业化、城市化的发展中国家或地区。

可以验证，假设社会服务量和生态效率分别按线性规律变化，仍可得出相同的定性结论。只是在那种情况下，各项指标的变化幅度将会稍小。

应用中，变化速度比 k 的数值可作为人类社会经济发展与环境间关系的判据。k 的数值越大，越有利于环境改善。

此外，仍需注意，并非环境负荷下降就意味着环境质量一定好转，因为对于已经超过环境承载力的环境负荷，即使环境负荷开始下降，但若没有降低到环境承载力以下，则仍会使超出环境承载力的部分继续积累在环境中，并使环境质量持续恶化。只有当环境负荷下降到环境承载力以内时，原来环境中积累的环境负荷才能不断得到释放和缓解，而这种情形持续多年后才能将所有积累的负荷消散殆尽，这时环境质量才可能得到根本好转。

第四节　如何进行环境管理

在整个经济发展过程中，曾有人观察到环境负荷随经济增长的变化表现为先升后降的倒“U”形，这为环境管理及未来实现经济增长与环境质量的“双赢”提供了佐证。然而，要做到这一点，不是依靠经济系统的自然转变过程，而是需要人类“精心策划，合理安排”，需要从技术、消费、管理等多方面共同努力。为此，了解环境负荷的变化规律，并依照该规律对环境状况实施科学的规划与管理，成为环境管理的重要内容之一。

一、环境负荷特征曲线

（一）期望的环境负荷变化曲线

要实现在社会经济发展中将环境负荷降低下来，不可能一蹴而就，而是需要借助规划分阶段逐步实现。首先需要通过环境管理与技术措施，实现环境负荷上升与经济增长的分离，或称为“脱钩”或“解耦”，然后使环境负荷的增长速率低于社会服务量的增长速率。从而逐步将环境负荷降低到所希望的水平。

为简便地设计出环境负荷由升而降的曲线，假定社会服务线性增长，年增长率为ρ，在基准年份后第 t 年的社会服务变化倍数为

$$\overline{S}=1+\rho t \tag{3-7}$$

而环境负荷以更低的速率增长，年增长率为$(1-\varphi t)\rho$，其中，φ为环境负荷的变化率系数。在这种条件下，环境负荷变化倍数为

$$\overline{I}=1+\rho t-\varphi\rho t^2 \tag{3-8}$$

不难看出，式（3-8）可表现为环境负荷随时间变化的抛物线（如图 3-5 所示）。图中取$\rho=0.1$，$\varphi=0.02$。

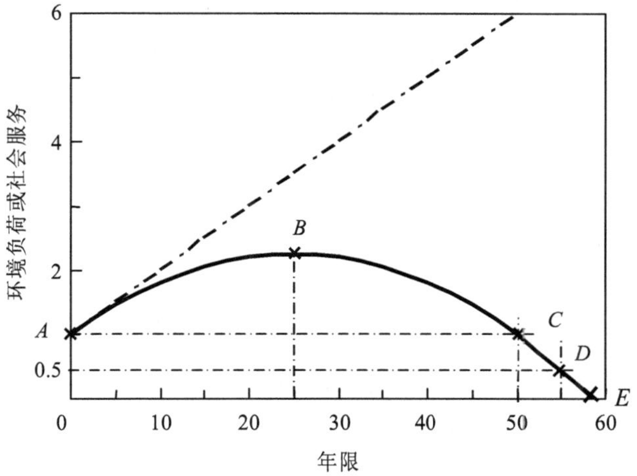

虚线——社会服务线；实线——环境负荷线；

A——分离点；*B*——涨停点；*C*——下降点；*D*——恢复点；*E*——中和点。

图中假定：基准年份环境负荷超出环境承载力 2 倍，社会服务按年均 0.1 线性增长，环境负荷变化系数为 0.02。

图 3-5　环境负荷、社会服务随时间变化的特征曲线

（二）环境负荷特征点

由图 3-5 可见，环境负荷的变化大致要经历以下 4 个特殊的位置：

（1）A 点，环境负荷开始以较经济增长更低的速率缓慢增长，环境负荷线开始与经济增长线“分离”，称为分离点。A 点位于环境管理的起始年份处。

（2）B 点，是环境负荷线上的最高点，称为涨停点。在该点处，$\frac{\partial \overline{I}}{\partial t}=0$。由于在 B 点以前，环境负荷随年份不断增长，而在 B 点以后，环境负荷随年份不断降低，因此，B 点是环境负荷的转折点。由于该点环境负荷值最高，因此该点对应环境负荷的峰值。“双碳”目标管理中的“碳达峰”就是指 CO_2 排放达到 B 点。

（3）C 点，是环境负荷经过上升和下降过程以后，返回到基准年份数值的临界点，自此以后，环境负荷将低于基准年份的环境负荷，称为下降点。在该点处，$\overline{I_C}=\overline{I_A}=1$。

（4）D 点，是环境负荷经过长期下降的过程，降低到环境承载力的临界点。该点以后，由于环境负荷低于环境承载力，原来积累在环境中过剩的环境负荷将不断得以消释，环境质量将不断好转，因此，该点称为恢复点。若设基准年份环境负荷超出环境承载力 k_I 倍，则 D 点的环境负荷应为 $\overline{I}_D=1/k_I$。

（5）E 点，是环境负荷降低到 0 的点。在该点处，$\overline{I_E}=0$。这意味着人类活动圈内的某些子系统产生的环境负荷能被另一些子系统消纳，使整个人类活动不再对外部环境造成任何影响。“双碳”目标管理中的“碳中和”就是指人类在生产、生活等活动中排放的温室气体（通常折算为 CO_2 当量）总量能够被植树造林、碳封存等人类活动吸纳，实现大气环境温室气体的收支相抵，从而维持大气环境中的温室气体浓度不变。

A 点、B 点、C 点、D 点、E 点 5 个点的环境负荷的大小是表征环境质量变化趋势的重要指标，对环境管理具有极其重要的意义，称为环境负荷特征点。

二、生态效率变化曲线

如前所述，实现环境质量的改善，不是经济系统的自然转变过程。由式（3-3）可以看出，实现环境质量的改善需要生态效率的大幅增长。

为获得生态效率增长量的定量结果，将环境负荷和社会服务随时间变化的关系式[式（3-7）、式（3-8）]代入无因次生态效率关系式[式（3-3a）]，可解得

$$\overline{e}=\frac{1+\rho t}{1+\rho t-\varphi\rho t^2} \tag{3-9}$$

若给定φ、ρ为某一数值，按式（3-9）作图，则得到该条件下无因次生态效率随时间变化的曲线，如图 3-6 中的实线。它是一条随时间上扬并且斜率不断增大的曲线。作图过程中，仍取 $\rho=0.1$，$\varphi=0.02$。可见，实现环境负荷与经济增长脱钩并降低的过程，将是

生态效率持续大幅增长的过程。

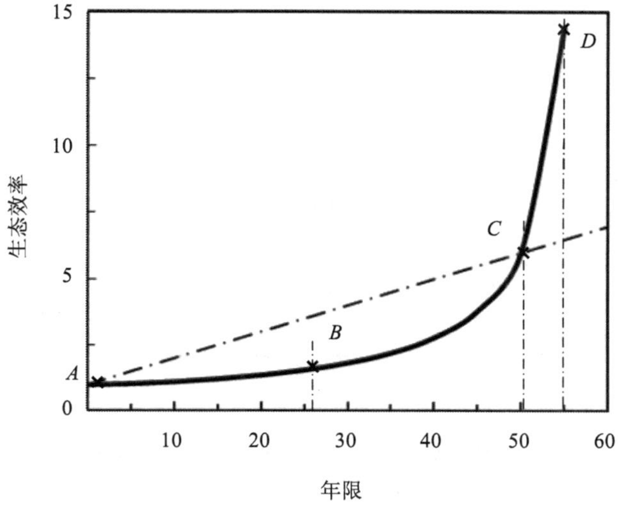

虚线——社会服务线；实线——生态效率线；

A、*B*、*C*、*D* 分别对应环境负荷线的分离点、涨停点、下降点、恢复点。

图中假定：基准年份环境负荷超出环境承载力 2 倍，社会服务按年均 0.1 线性增长，环境负荷变化系数为 0.02。

图 3-6 生态效率随时间变化的特征曲线

三、环境管理特征曲线

（一）环境负荷随社会服务变化关系曲线

环境管理应用中，常需要弄清环境负荷随社会服务变化的关系曲线。将式（3-7）与式（3-8）联立，消去时间 t，可得

$$\bar{I} = \left(1 + \frac{2\varphi}{\rho}\right)\bar{S} - \frac{\varphi}{\rho}\bar{S}^2 - \frac{\varphi}{\rho} \qquad (3\text{-}10)$$

若仍取 $\rho = 0.1$，$\varphi = 0.02$，按式（3-10）作图，则可得到图 3-7。其中各个特征点的含义分别与图 3-5 和图 3-6 一致。

环境负荷随时间的变化曲线、生态效率随时间的变化曲线以及环境负荷和生态效率随经济变化的曲线统称为环境管理特征曲线。

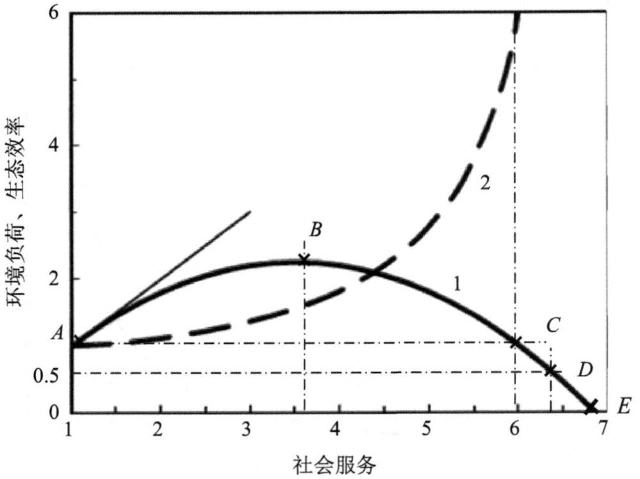

图 3-7　环境负荷和生态效率随社会服务变化的曲线

曲线 1——环境负荷线；曲线 2——生态效率线；

A——分离点；B——涨停点；C——下降点；D——恢复点；E——中和点。

图中假定：基准年份环境负荷超出环境承载力 2 倍，社会服务按年均 0.1 线性增长，环境负荷变化系数为 0.02。

（二）环境管理特征值

环境管理特征点发生的年份以及特征点处的社会服务、环境负荷、生态效率等的数值是环境规划与管理的重要节点数据，称为环境管理特征值。

根据前面所描述的各特征点处环境负荷数值特点，可由式（3-8）解得各特征点发生的年份。将这些数值分别代入式（3-7）、式（3-8）和式（3-9），得到相应的社会服务、环境负荷和生态效率的变化倍数。计算结果汇总到表 3-1 中。

表 3-1　环境管理特征值

特征点	代表符号	发生年份 t	社会服务倍数	环境负荷倍数	生态效率倍数
分离点	A	0	1	1	1
涨停点	B	$\frac{1}{2\varphi}$	$1+\frac{\rho}{2\varphi}$	$1+\frac{\rho}{4\varphi}$	$1+\frac{\rho}{4\varphi+\rho}$
下降点	C	$\frac{1}{\varphi}$	$1+\frac{\rho}{\varphi}$	1	$1+\frac{\rho}{\varphi}$
恢复点	D	$\frac{\rho\pm\sqrt{\rho^2+4\varphi\rho(1-\frac{1}{k_I})}}{2\varphi\rho}$	$1+\frac{\rho\pm\sqrt{\rho^2+4\varphi\rho(1-\frac{1}{k_I})}}{2\varphi}$	$\frac{1}{k_I}$	$k_I\left[1+\frac{\rho\pm\sqrt{\rho^2+4\varphi\rho(1-\frac{1}{k_I})}}{2\varphi}\right]$
中和点	E	$\frac{\rho\pm\sqrt{\rho^2+4\varphi\rho}}{2\varphi\rho}$	$1+\frac{\rho\pm\sqrt{\rho^2+4\varphi\rho}}{2\varphi}$	0	∞

四、例题——中国铅环境负荷管理规划

已知 2000 年中国 GDP 年增长率在 7%左右，铅的工业循环数量已经超出铅的自然循环数量的 12.9 倍，为在两代人的时间（50 年）里使铅环境负荷降低到环境承载力之内，试为环境管理做出远景规划，并预测环境负荷的变化状况。

解：

根据题意，$\rho=0.07$；目前，$\overline{I}_0=\overline{I}_A=1$，$k_I=12.9$；

50 年内将该项环境负荷降低到环境承载力之内：

$$\overline{I}_{50}=\frac{1}{12.9}=0.078$$

将$\overline{I}_{50}$、ρ的数值代入式（3-8）：

$$0.078=1+0.07\times50-\varphi\times0.07\times50^2$$

解得：$\varphi=0.025$

将ρ、φ、k_I的数值代入表 3-1，可得到环境管理特征值，计算结果列入表 3-2。

表 3-2 中国铅环境管理特征值

特征点	代表符号	发生年份 t	社会服务倍数	环境负荷倍数	生态效率倍数
分离点	A	0	1	1	1
涨停点	B	20	2.4	1.7	1.41
下降点	C	40	3	1	3
恢复点	D	50	4.5	0.077 5	58.05
中和点	E	51.2	4.6	0	∞

可见，为使铅环境负荷在 50 年内降到环境承载力之内，需要在同期内将生态效率提高到 58.05 倍！

按照每 5 年一个时段，将ρ、φ、k_I的数值分别代入式（3-7）、式（3-8）、式（3-9），计算各年规划参数的数值。计算结果列入表 3-3。

表 3-3 近 50 年中国铅的规划参数

规划年份	社会服务倍数	环境负荷倍数	生态效率倍数
2000	1	1	1
2010	1.7	1.52	1.12
2020	2.4	1.69	1.42
2030	3.1	1.51	2.06
2040	3.8	0.97	3.92
2050	4.5	0.08	58.01

需补充说明的是，文献[9]中曾从铅在铅酸电池中的资源服务效率的角度，分析了我国和瑞典的铅的生态效率现状。结果表明，瑞典铅酸电池系统中铅的生态效率是我国铅酸电池系统中铅的生态效率的百余倍！这一巨大差距表明 50 年内实现我国铅的生态效率 57 倍跃进具有很大的可能性。

第五节　案例分析示例

进入 21 世纪以来，我国加大环境保护力度。特别是 2005 年 8 月 15 日，时任浙江省委书记的习近平同志创造性地提出“绿水青山就是金山银山”的发展理念，引领了我国生态文明建设和社会经济高质量发展。本节基于我国社会经济与资源环境统计数据，围绕本章涉及的若干典型参数，以示例的形式分析我国 2000—2020 年人与环境关系的变化状况。

一、我国社会经济与资源环境状况

（一）社会经济简况

社会是一定的经济基础和上层建筑构成的整体，呈现为人和满足人类物质与精神需要的基本设施等。其中，人是构成社会的核心。社会活动在经济属性方面的表现构成了社会经济。

1. 人均产量示例

本章前文 IPAT 方程[式（3-1）]中的人口、社会福利都是反映社会状况的重要指标。当考察社会拥有的衣食住行等生活水平时，社会福利就可表达为相关代表产品的人均产量，如人均粮食产量、人均 GDP 等。不难设想，人口与人均产量的乘积就是社会总服务量，即式（3-2）中的 S，反映社会服务规模。

随着时间的推移，社会不断发展，表现为构成社会的各种要素不断丰富、整体性能更加稳定、社会结构趋于合理、社会规模和内在品质不断提升等，其中最直观的表现就是数量和结构参数的变化。

以 2000 年为基准年，基于《中国统计年鉴》整理得到 2010 年、2020 年若干主要产品人均产量的变化，如图 3-8 所示，该变化在某种程度上反映出社会福利发展水平。

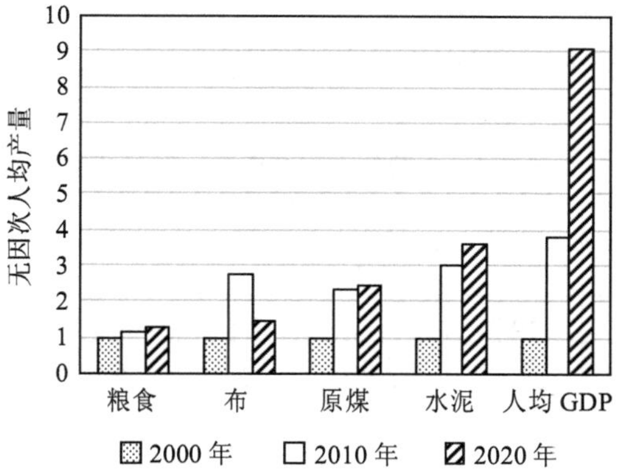

图 3-8　中国若干主要产品人均产量变化

2. 社会经济结构示例

在社会经济结构参数方面，由于我国经历了漫长的城镇化过程，人口的城乡构成变化可在一定程度上反映城镇化水平，而城镇化水平进一步影响生产方式、社会消费等。如图 3-9 所示，2000—2020 年，城镇人口占比不断增长，使城乡人口占比反转，2020 年城镇人口占比已达到 64%。相应地，在经济结构方面（如图 3-10 所示），2000—2020 年，第一产业、第二产业占比不断减小，而第三产业占比不断扩大，2020 年已经超过一半。

按照类似的方法，同学们可自行考察感兴趣的其他指标的变化。

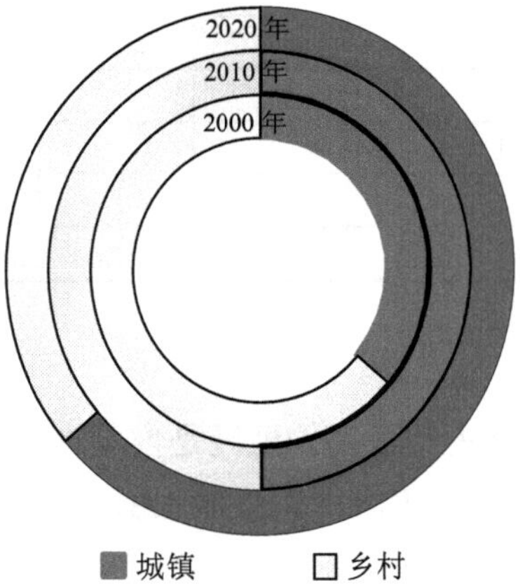

图 3-9　中国近年人口城乡构成变化

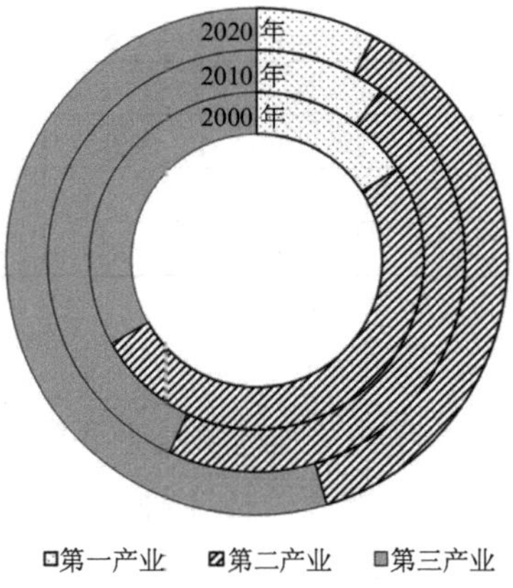

图 3-10　中国近年产业结构变化

（二）若干重要资源状况

1. 若干重要金属资源的地区分布

资源、能源都是支撑国民经济健康发展的物质基础。表 T2-2 中示例了若干重要金属资源的可保证年限。按照类似的方法，同学们可自行考察其他资源的储量和可保证年限。

资源、能源在不同地区的分布存在巨大差异，也深刻影响着当地的社会经济发展。基于我国统计数据，整理得到若干重要资源、能源的地区占比，结果如表 3-4 所示。

表 3-4　中国若干重要资源、能源的地区占比*　　单位：%

地区	石油	天然气	煤炭	铁矿	铜	铅	锌	铝	磷
河北	7.6			13.2					5.7
山西			36.8	8.2	5.7			14.1	
内蒙古		17.7	20.5	9.0	16.7	35.8	32.5		
辽宁				25.4					
黑龙江	12.2								
安徽					5.9				
江西					18.1				
山东	8.4								
河南								14.2	
湖北									30.9
广东						5.7			
广西								48.7	
重庆		5.0						6.3	
四川		24.3		13.4		5.5			15.0
贵州								14.2	19.9
云南					11.4	13.3	22.1		19.3
西藏					10.4				
陕西	11.0	14.4	6.5						
甘肃	8.1				5.1		6.9		
新疆	17.0	18.9	6.5		8.6	5.7			
海域	17.4	9.4							
合计	81.6	89.6	70.3	69.3	81.9	66.0	61.5	97.6	90.8

注：*仅列出占比为 5%以上的地区。

由表 3-4 可见，在选取的重要资源、能源中，我国占比最高的地区是内蒙古，涉及天然气和煤炭 2 种能源以及 4 种金属资源，其中铅、锌均约占我国总量的 1/3，内蒙古是典型的资源优势型地区。类似地，云南、山西、四川、新疆也有着明显的资源、能源优势，但其占比较高的资源、能源不同。在能源方面，石油主要分布在新疆、黑龙江和各海域；天然气主要分布在四川、新疆和内蒙古，而煤炭以山西为主。与此同时，铁、铜、铅、锌、铝、磷等资源主要分布在辽宁、江西、内蒙古、广西、湖北等几个地区。

资源、能源优势在某种程度上决定了当地的社会经济活动形式，也对资源和环境状况具有深远意义。

2. 我国能源消费结构

如第二章第五节所述，化石燃料燃烧后会向环境排放大量的 CO_2。而化石燃料燃烧多发生于能源动力生产中，深受能源消费的影响。基于我国统计数据，整理得到2000—2020年的能源消费结构变化，结果如图3-11所示。由此可见，尽管煤炭仍在能源消费中占主导地位，但其占比已经明显下降，2020年为56.8%。相应地，天然气和其他能源的占比明显上升，两项合计已接近总量的1/4。由于天然气和其他能源（含水电、风电等）较煤的成分更加简单，属于更清洁的能源，因此从环境改善角度来看，图3-11意味着能源消费结构得到不断优化。

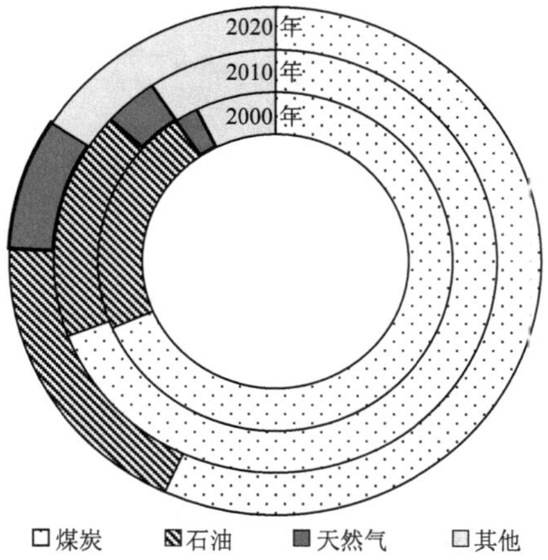

图3-11　中国近年能源消费结构变化

二、我国近年环境性能变化曲线

进入21世纪以来，我国加大环境保护力度，持续开展技术革新、淘汰落后设备等。其收效如何？这里仍以GDP作为社会服务，选择能源消费、大气中SO_2和颗粒物的环境排放作为环境负荷。相应地，根据式（3-2）分别界定与以上3种环境负荷相关的生态效率，分别称作能源效率、SO_2相关环境效率和颗粒物相关环境效率。基于《中国统计年鉴》中的数据，选择2003年作为基准年，绘制无因次环境负荷及其相关环境效率随无因次GDP的变化曲线，得到图3-12。

由图3-12可见，能源消费、大气中SO_2和颗粒物的环境排放3种环境负荷（图中的三条实线）都位于社会服务线的下方，表示这些环境负荷都已与经济增长“脱钩”。但无因次能源消费量仍大于1，并呈上升趋势，而SO_2和颗粒物的无因次排放量在初期稍有增大但很快都小于1，并呈下降趋势，表明已经属于SO_2和颗粒物的“达峰”后期。相应地，SO_2和颗粒物相关的两种环境效率则在该时期呈现快速上升趋势，反映该时期SO_2和颗粒物的减排工作使相关环境效率“跑赢”了同期社会GDP的增长，从而获得了环境负荷的实质性下降。从能源消费量和能源效率两条曲线间的关系可见，能源效率呈现出越来越高的增长速率，期待不久的将来，能源效率的不断增长能实现能源消费的“达峰”。

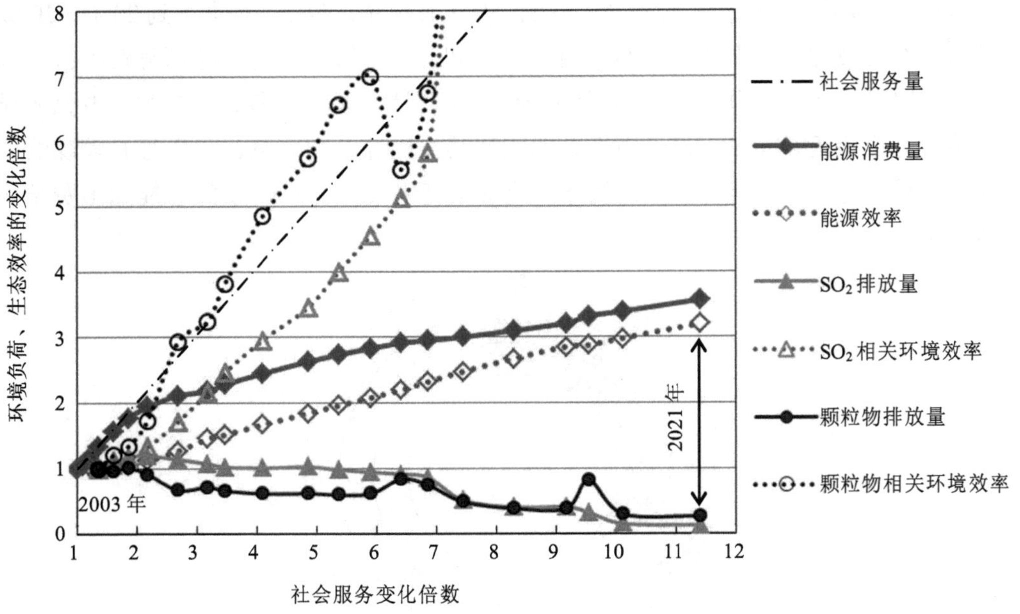

图 3-12　我国 2003—2021 年环境负荷、生态效率随社会服务变化曲线

资料来源：《中国统计年鉴》（2004—2023 年）。

不难设想，由于能源消费量较大程度地正相关于 CO_2 排放量，因此能源消费量“达峰”时也将迎来 CO_2 排放的“达峰”。

第六节　如何推进人类可持续发展

可持续发展涉及人类活动、资源环境以及两者相互作用的各个方面，因此，可从多种角度出发推进可持续发展。这里按照人类对物质发生作用关系的时间顺序进行概述。

从人类活动角度来看，要通过调整人类的消费观念、改进技术、摒弃不良生产与生活方式、改善经济运行模式、加强制度建设等，从根本上改变人类活动与环境间的作用关系。

一、资源保护与合理利用

自然资源是人类赖以生存生活的基础。联合国环境规划署（UNEP）对自然资源的定义为：“所谓自然资源，是指在一定时间、地点的条件下能够产生经济价值的、以提高人类当前和将来福利的自然环境因素和条件的总称。”按资源的实物类型划分，自然资源包括土地资源、气候资源、水资源、生物资源、矿产资源、海洋资源、能源资源、旅游资源等。按照资源的稀缺性划分，自然资源包括耗竭性的资源和非耗竭性的资源。其中，非耗竭性的资源亦称“可更新自然资源”，包括恒定性的资源（如太阳能）与易误用及污染的资源。耗竭性的资源包括可更新性（可再生）资源和不可更新性（不可再生）资源，主要包括土地资源、地区性水资源和生物资源等。

自然资源具有有限性、区域性、整体性和多用性等特点。因此，实施可持续发展，必须对自然资源进行有效保护和合理的利用，维持自然资源永续可用，特别是有效地保护不可再生资源、稀缺资源。资源保护的原则就是人类生产生活活动对自然资源的消耗速率不应超出自然资源的再生速率或开发其替代资源的速率，以使自然资源可以在当代人以及后代人的生产生活中得到科学利用。

对不同自然资源应采取不同的保护措施。例如，对于矿产资源，既应加强地质找矿工作，获得更多可用资源，又应充分认识其有限性，积极提升技术水平，提高资源综合利用效率；还要针对稀缺资源，积极寻找可替代资源，对其进行必要的保护。对于生态资源，针对其服务功能和健康状况，分别采取不同措施予以保护。例如，对于生态系统结构和功能受到了严重破坏的生态系统，应尽快解除或减轻人类的不良干扰，同时采取措施帮助其恢复原有结构和功能；对于已经破坏且无法恢复到原来结构和功能的生态系统，应采取人工生态设计，借助生态改建或重建予以改善；对于生态敏感、景观独特、具有特殊生态服务功能的系统，应主动设立生态保护区，有效避免其惨遭干扰和破坏。

二、可持续消费

人类活动的服务目标是满足人类的需求。人类消费过程是满足其生产生活需要的过程。根据消费主体不同，可分为生产型消费和使用型消费。生产型消费通常表现为物质转变过程，因此可纳入企业生产环节。本节所说消费特指满足人类最终使用需要的过程，包括产品或服务的享受过程。

归根结底，满足人类不断增长的需求是人类发展的源头动力，也是拉动生产需求的源头动力，还是资源与环境保护的服务目标。不难设想，人类的不同消费模式、不同消费数量都将影响资源和环境系统。比如，我们选择是住小房子还是住大房子都将影响土地、构成建筑的各类资源的使用状况，因此可借助可持续消费模式来促进可持续发展战略的实施。

可持续消费是指提供服务以及相关的产品以满足人类的基本需求，提高生活质量，同时使自然资源和有毒材料的使用量最少，使服务或产品的生命周期中所产生的废物和污染物最少，从而不危及后代的需求。可持续消费应遵循以下原则：适度消费原则，公平消费原则，以人为本的消费原则。适度消费原则是指人类的消费水平应从人类的必要需求出发，在维持人体健康的基础上，努力减少超出人类需要的过度消费，降低人类活动对自然资源的消耗和对生态环境的破坏；公平消费原则是指全体人民的消费水平都应控制在一定范围内，避免少数人高消费、超前消费、挥霍消费和畸形消费；以人为本的消费原则是指形成合理的消费结构，在满足人们正常的物质消费需求过程中，更应注重精神层面，避免少数发达地区的人们过分重视物质消费，不仅造成资源的浪费，也有悖于生态文明建设初衷。这些原则可体现在日常生活中，如夏天尽量调高空调的温度、出行时尽量乘用公共交通等。

三、循环经济

循环经济是以物质在人类社会经济系统中循环流动为核心的经济形式，是在资源投入、企业生产、产品消费及其废弃的全过程中，模仿物质的自然循环流动来组织和优化物质的人为流动（anthropogenic flow），实现节约自然资源和减少废物排放的经济形式。

循环经济以“减量化、再利用、资源化“为原则，同时，借助物质在人类社会经济系统中的循环流动，将人类消费与工业生产、资源使用和环境污染排放等重要环节有机地联系起来。在资源使用方面，循环经济强调借助资源高效利用、资源综合利用、废旧资源的再生利用来实现自然资源消费减量化，从而节约与保护自然资源；在生产环节，循环经济既强调生产过程中“少用料、多出活”，又要使产品坚固耐用，借助维护保养延长产品使用寿命，还要兼顾将生产废物进行回收，实现生产废料和生产部件再使用，以及企业间废物交换以实现废物再利用，对于不能直接使用的废物进行循环再生；对于消费环节，循环经济鼓励消费者选择环境友好产品，并强调在产品报废后返还生产者或营销商，以帮助废物资源化；最后，对于不能再利用的废物，则强调借助末端处理过程实现无害化，从而保障其以环境安全的方式回到环境。

近 20 余年来，循环经济在我国广泛实施、全面发展。2021 年 7 月，国家发展和改革委员会发布《“十四五”循环经济发展规划》，明确了到 2025 年循环型生产方式全面推行，绿色设计和清洁生产普遍推广，资源综合利用能力显著提升，资源循环型产业体系基本建立等内容。同时，还规划了到 2025 年单位 GDP 能源消耗、用水量比 2020 年分别降低 13.5%、16%左右，再生有色金属产量达到 2 000 万 t，资源循环利用产业产值达到 5 万亿元等重要建设目标。

四、环境治理

人类活动不可避免地向环境中排放各类废弃物。由于这些物质经过人类活动的转化过程，其再次返回环境中时的赋存状态已与其最初作为资源离开环境时的状态截然不同，有些废弃物能经过环境迁移转化融入自然系统，有些废弃物则不然，需要经过人工的再处理过程，帮助其有效融入自然系统。同时这些废弃物的排放数量如果高于自然系统的消纳能力，就会有一部分积累在环境中，造成环境中某些物质的浓度上升，引起环境质量恶化。为此，必须通过环境治理手段进行管理和改善。

可持续发展中的环境治理体现在：一方面，对生产过程中产生的废弃物应进行回收，并作为其他生产过程的原料循环利用，从而使环境废弃物减量化；另一方面，对于一些无法回收利用的废弃物，借助末端处理技术（如常规的除尘、催化转化、焚烧、填埋、固化等措施）以及正在研发的重金属地质聚合物无害化措施等，使其无害化；再者，对于已经受到污染和破坏的生态环境，借助生态化措施，如对于土壤污染，采用植物吸收法、加入抑制剂、控制氧化还原条件、改变耕作方式等方法，进行科学的环境治理，帮助其恢复到原有的环境质量水平。

五、法律法规标准

1979 年，我国颁布了《中华人民共和国环境保护法（试行）》，并于 2014 年修订，明确规定了环境监督管理、保护与改善、污染防治等内容，为保护和改善环境、防治污染和其他公害、保障公众健康、推进生态文明建设、促进经济社会可持续发展，提供了法律保障。生产环节是人类活动与资源环境系统发生作用关系的主要环节。为改善资源环境状况，2002 年 6 月，全国人大常委会通过了《中华人民共和国清洁生产促进法》。同时，从管理上也提升了资源环境保护的地位。2008 年 3 月，我国正式组建环境保护部，强化了环境保护的统筹协调、综合管理、宣传教育等方面的工作。2008 年 8 月，颁布了《中华人民共和国循环经济法》，明确了循环经济是指在生产、流通和消费等过程中进行的减量化、再利用、资源化活动的总称，规定了循环经济实施中的基本管理制度、激励措施和法律责任，确立了减量化、再利用和资源化的基本内容，也提升了循环经济在可持续发展战略中的法律地位。党的十八大将生态文明建设纳入中国特色社会主义总体布局。2018 年国务院机构改革中，组建生态环境部，将环境保护部的职责和多个部委的相关职责整合。我国近年来相继出台钢铁工业、铝工业等多个重点行业的发展循环经济环境保护导则，对各行业深入开展循环经济发挥了重要引导作用。

除此之外，在管理技术上，也制定了环境管理 ISO 14000 系列标准，包含环境管理体系、环境审核、环境标志、生命周期分析等内容。其目的是指导各类组织施行正确的环境行为。不仅可以加强政府的环境管理水平，也提高了企业产品的市场竞争力，促进出口贸易。详述见后。

推荐阅读文献

[1] 习近平，2022. 高举中国特色社会主义伟大旗帜，为全面建设社会主义现代化国家而团结奋斗——在中国共产党第二十次全国代表大会上的报告[EB/OL].（2022-10-16）.中央广播电视总台央视网. https://tv.cctv.com/2022/10/16/VIDECUy3JMq6ojR1eCxgQ9qB221016.shtml.

[2] 中华人民共和国国家发展和改革委员会，2021. “十四五”循环经济发展规划（发改环资〔2021〕969号）[EB/OL].（2021-07-01）. https://www.ndrc.gov.cn/xxgk/zcfb/ghwb/202107/t20210707_1285527.html.

[3] 中国科学院可持续发展研究组，2014. 2014 中国可持续发展战略报告[R]. 北京：科学出版社.

[4] 宫学栋，2001. 环境管理学[M]. 北京：中国环境科学出版社.
[5] 林爱文，胡将军，章玲，等，2005. 资源环境与可持续发展[M]. 武汉：武汉大学出版社.
[6] 陆钟武，毛建素，2003. 穿越“环境高山”——论经济增长过程中环境负荷的上升与下降[J]. 中国工程科学，5（12）：36-42.
[7] 叶文虎，2001. 可持续发展引论[M]. 北京：高等教育出版社.
[8] Publications by Prof. Dr. Friedrich Schmidt-Bleek，http://www.factor10-institute.org/publications. html.
[9] MAO J S，YANG Z F，LU Z W，et al，2007. The relationship between industrial development and environmental impacts in China[J]. Acta Scientiarum Naturalium Universitatis Pekinensis（Natural Science），43（6）：744-751.

课堂讨论与作业

一、讨论议题

第二章议题讨论中，各小组分别筛选出了感兴趣的环境问题，并分析了环境问题的现状。本次议题讨论将在上次议题讨论结果的基础上，从环境管理角度，提出未来 30 年的环境管理工作目标，从而为理解后续章节中可持续发展战略的各种推进途径提供基础。因此，本章讨论的议题为：结合第二章所选环境问题，就某特定区域，尝试做出未来 30 年的环境管理规划。

考虑第二章中，同学可能选择了资源、环境污染、生态破坏几类环境问题，因此本章的讨论议题主题建议为：资源管理规划；生态管理规划；环境管理规划。

二、议题筛选过程示例

以上次环境问题议题筛选结果为基础，并结合第二章对所选议题的要求，即选的议题应尽量小，如某地区土壤修复规划研究、某地区大气环境规划研究。

以大气环境规划研究为例，演示其筛选过程，选择细颗粒物（$PM_{2.5}$）为目标污染物，如图 T3-1 所示。

三、可能的研究方案和研究内容

首先根据大气质量报道，选择典型地点，如北京。

现状研究：包括环境容量、污染现状、超出倍数、污染来源、排放强度等的研究。其中，可通过《环境空气质量标准》（GB 3095—2012），确定案例地点容许的 $PM_{2.5}$浓度，结合所在场所的空间大小等环境条件进一步确定其容许的 $PM_{2.5}$ 环境容量；对比现场实测的 $PM_{2.5}$ 实际浓度和该场所污染物容许浓度，确定现状 $PM_{2.5}$ 浓度超出倍数；可通过环境监测，包括现有专业机构（如生态环境局、气象局）等的监测，或研究者布点、采取个人监测等手段获得污染物浓度现状数据；借助现场勘查，污染源分类、分析与实测等手段获得污染物来源及排放强度等。

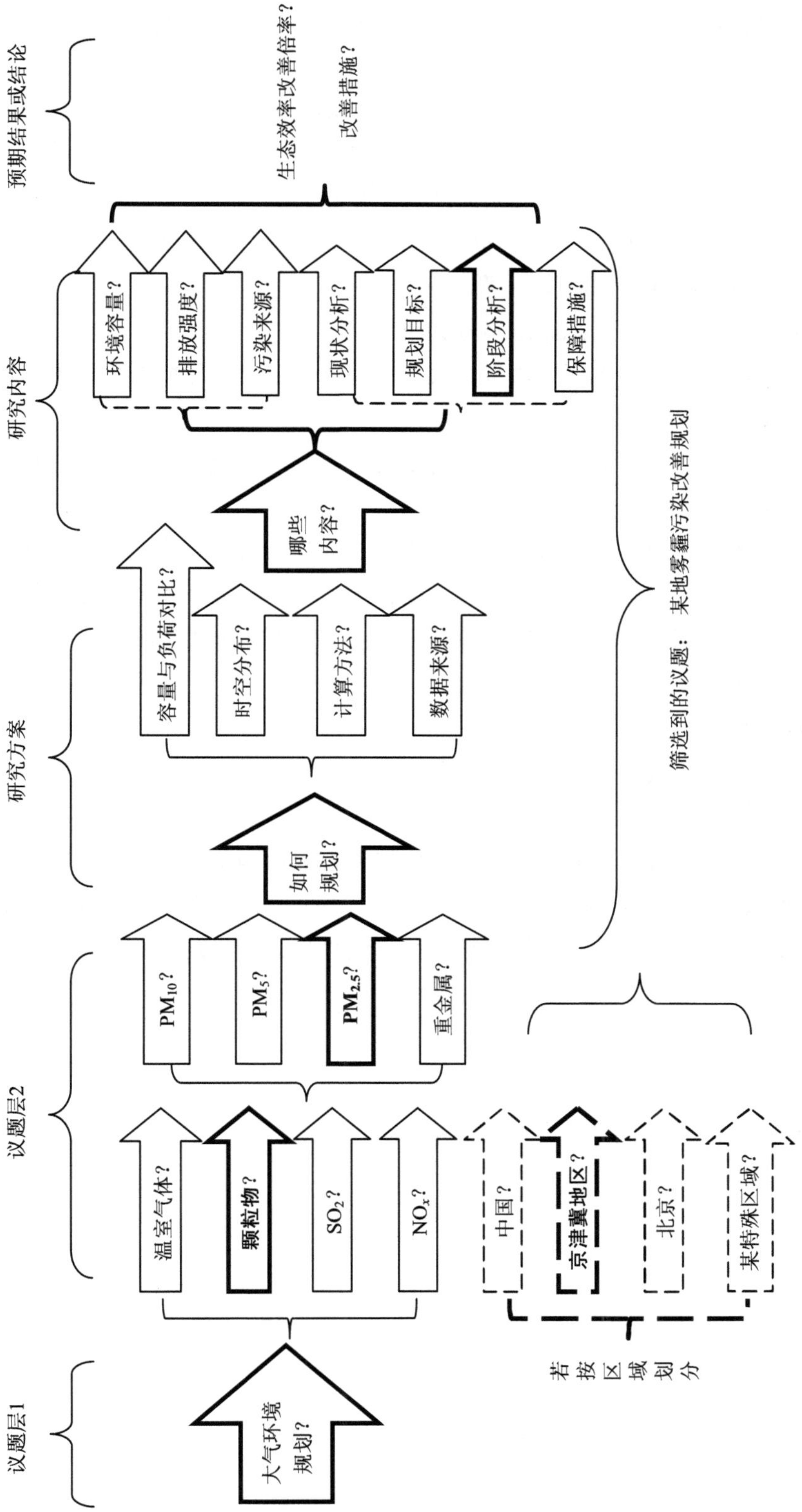

图 T3-1　讨论议题的筛选过程及研讨过程分析框架

规划总体目标，用于设定解决雾霾问题的年限，比如希望 20 年内降到环境容许浓度以下。

规划阶段分析，可分成每 10 年一个规划期，或每 5 年一个规划期，分别分析各阶段的环境性能，包括环境负荷、生态效率、社会服务的变化关系，分析这些指标的影响因素，以及实现阶段目标所要求的各影响因素的变化关系。

规划管理与建议，分析实现总目标所需要的保障，包括法律法规、政策、技术与设施改进、生态环境改善、社会经济变革等。

与环境质量有关的重要信息来源推荐如下。

中国生态环境部：包括水环境质量、大气环境质量、土壤环境质量、生态环境状况等信息，http://www.mee. gov.cn/。

中国气象局：包括降水量、空气污染气象条件（如 AQI 指数、空气污染扩散条件）等信息，http://www.cma.gov.cn/。

中国自然资源部：包括矿产资源、土地资源、海洋资源等信息，http://m.mnr.gov.cn/。

中国国家标准化管理委员会：可查到国家标准、国际标准及其他国家的标准（包括工业和信息化部、生态环境部、国家卫生健康委员会等部委组织编制的多种专业标准等，http://www.sac.gov.cn/）。

四、阶段科研要求

本阶段要求学生学会聚焦讨论议题，并建立起讨论议题与研究方案、内容间的逻辑关系，能够清楚为什么进行该项研究？打算研究哪些内容？如何进行这些研究？并初步思考预期的结果与结论，同时要注意研究中所用数据的有效性和研究所得结论的合理性。要求以 PPT 报告形式呈现研究结果，言简意赅，10～12 分钟。期中以前，强调逻辑思维和表达能力训练，期中以后强调知识点综合运用、创新性思维和表达的规范性。

第四章　物质的循环流动：概念与分类

本讲重点：物质人为流动的概念、基本特征及其与自然循环流动的关系。

基本要求：充分理解物质循环流动的概念和分类；掌握物质人为流动与自然循环流动的差异和特征；弄清物质人为流动与自然循环流动间的基本关系，了解物质人为流动对社会经济和生态环境保护的意义；熟悉物质人为流动关注的科研议题；引导学生探求典型物质的人为流动基本规律。

第一节　核心议题的提出

由于资源短缺和环境恶化主要归咎于人类活动的干扰强度超出了自然承载能力，而人类活动的主要目的是满足人类的物质文化需求，意味着人类活动的主要对象是“物质”，借助对物质资源的加工、转变、输运等社会经济活动，实现其满足人类需求的服务目标。因此，为改善资源与环境状况，应首先关注物质的流动状况。那么，什么是物质的流动？物质流动具有怎样的基本规律？如何评估物质的流动状态？怎样进行优化与管理？这些议题都是开展循环经济的理论基础，将分别在接下来的三章中依次讨论。

本章着重围绕什么是物质的流动这一课程议题，面向物质是怎样流动的、哪些流动是循环经济关注的流动、这部分流动和资源环境间具有怎样的关系等相关问题，依次阐述物质循环流动的概念、分类和意义。

第二节　什么是物质的自然流动

一、物质自然流动的概念

宇宙是由物质组成的，物质是不断运动的。物质按照特定的规律在不同的存储空间上转移的运动过程被称为物质的流动。物质从某一个存储空间出发，经过若干个其他空间后又返回到起点存储空间的过程被称为物质的一个循环。物质在不同存储空间之间的循环运转被称为物质的循环流动。

根据物质流动过程是否受到人类活动的干扰，将没有经过人类任何干扰的物质运动称为物质的自然流动。而将人类活动干扰下，特别是为了满足人类需要而形成的物质流动称为物质的人为流动（anthropogenic flow）。

为更好地理解物质的自然流动，回顾几个相关学科中物质自然流动的概念。在生态学中，人们比较关心生物个体、群落、生态系统与外部环境间的物质联系，因此物质自然循环是指物质在生物圈中的生物部分与非生命环境之间的转移、转化等过程；在地球化学中，人们关注地球物质组分、形态结构的变化，这时物质自然循环多指物质在地球表面系统的大气圈、岩石圈、水圈、生物圈、土壤圈各不同圈层之间的循环运转。也可将其联系在一起，将生态系统从大气、水和土壤等环境中获得营养物质，营养物质通过绿色植物吸收，进入生态系统，相继被生态系统中的不同生物体利用，最后通过生物代谢、死亡等进入环境，通过分解者生物分解后再归还于环境的过程被称作物质的生物地球化学循环（biogeochemical cycle，biogeochemical cycles，biogeochemical cycling），形成了营养物质从环境进入生态系统，最终又返回环境的循环流动。其他学科也不例外，尽管不同学科具有不同的研究对象和服务目标，对物质自然流动的定义也有所不同，但都是指物质在自然力驱动下所形成的流动，并且能形成物质在特定范围内的往而复返、循环运转，因此物质的自然流动又被称作物质的自然循环流动，简称物质的自然循环。其中，“自然”强调的是“自然力驱动”，而“循环”强调其“往而复返”的运动形式。

二、物质自然循环分类与示例

物质自然循环有多种分类方法，受学科、研究目标等的影响。在本课程中，我们将特别关注那些对人类生存、生产和生活具有重要意义的一些物质，如矿产资源中的化石燃料和作为基础材料的金属物质等，并根据物质对人类所起的作用，将物质自然循环分成水循环、营养物质的循环、有毒有害物质的循环三种类型。这里仅以几种典型物质为例，帮助同学们理解物质的自然循环。

（一）水循环

水是生命体的重要组成物质，获得水并维持稳定、充足的水含量是人类和生态系统存活的必要条件，这些所需要的水分来自水循环。

水循环中，物质的主要储存库是海洋。海水在太阳能的作用下汽化为水蒸气，进入大气，再以大气降水的形式降落到海洋和陆地。到达地面的降水，一部分渗入地下、成为土壤水或地下水，一部分通过地下径流流回海洋；一部分落在植物中，经植物吸收后，通过植物的蒸腾作用又进入大气；一部分从地面直接蒸发回到大气层；一部分通过地表径流回归海洋。进入海洋的水又经水面蒸发进入大气，如此循环往复，形成了水的自然循环。

除此之外，水循环对人类还有以下作用：①输送营养物质。由于水可溶解许多营养物质，因此伴随水循环，可将诸多营养物质运送到生态系统各个部分，包括人体对生态系统获得营养物质起到至关重要的作用。②调节气候。常温下水的比热为 4.18 kJ/（kg·℃），意味着单位温差下循环每吨水将带走约 4 180 kJ 的热量，工程中常用水作为热能载体来实现换热过程，如室内供暖系统、冷却塔等。同时，常压下水的蒸发热约为 6 300 kJ/kg，意味着每蒸发 1 t 水，将带走 6.3 GJ 热量。因此，水的自然循环对调节温度、增加湿度、改善气候条件等起到重要作用。③维持生态系统稳定。生态系统的主要组分就是水，水的自然循环是生态系统稳定的重要保障，进而支持和保障了人类生命系统的健康与稳定。

（二）营养物质——碳的自然循环

碳是生命系统的营养元素。近年来的全球变暖环境问题将碳的循环问题提升为全球热点科研议题。

生态系统中的碳循环起始于生产者的光合作用。生产者通过光合作用，将大气中的二氧化碳固定在有机物中，通过食物链传递给其他生物。在这个过程中，一部分碳转化为生物的组分，生物的排泄物或生物残体中的碳通过分解者被转化为二氧化碳、返回大气，或是转化为化石燃料，通过燃烧释放出二氧化碳。另一部分碳则通过各种动植物的呼吸作用被释放到大气中，形成碳从大气出发又返回到大气的循环过程。同时，二氧化碳通过扩散作用，在大气圈和水圈的界面上相互交换，这样就使碳在生态系统中的含量能够得到自我调节，不会过多也不会过少，由此维持了生态系统中的碳平衡。

（三）有毒有害物质——铅的循环

环境中铅污染物达到一定浓度时会对人、其他生物或环境带来危害。铅属于有毒有害物质（hazardous chemicals），长期以来被环境地学等领域关注。

地壳中的岩石圈是铅的最大储存库。铅的自然循环起始于岩石风化、火山喷发，铅以浮尘形式散失到大气中，这部分铅约占大气圈中铅的 85%，这一来源是大气圈中铅的主要自然来源。其他的铅则来自植物渗出液（约占 10%）及森林火灾（约占 3%）等。在大气中，铅及其化合物主要以粉尘和气溶胶状态存在，并会随降水、降尘等过程进入水体或返回地面。在水中，铅元素主要以 $PbOH^+$、Pb^{2+}和 $PbSO_4$ 的形式存在，并易与 CO_3^{2-} 、SO_4^{2-} 反应，形成 $PbCO_3$、$PbSO_4$ 等难溶化合物。在受铅污染的水中，铅的浓度一般不会超过 20 mg/L。铅主要随悬浮物被流水搬运而迁移。伴随水的流动，铅的浓度将迅速降低到每升几微克或十分之几微克，并有大部分铅沉积到底泥中。土壤中可溶性铅的含量极低，铅主要以 $Pb(OH)_2$ 和 $PbCO_3$ 的固体形式存在，并会缓慢地沉积下来。植物可以吸收土壤中的铅离子（Pb^{2+}），并将其较多地积累在植物根部。铅在大气、水体、土壤和生物体中的迁移和循环流动过程被称为铅的生物地球化学循环，又称铅的自然循环流动。如图 4-1 所示。铅的自然循环速率通常以自然状态下的大气排放量表示，约为 2.8 万 t/a。

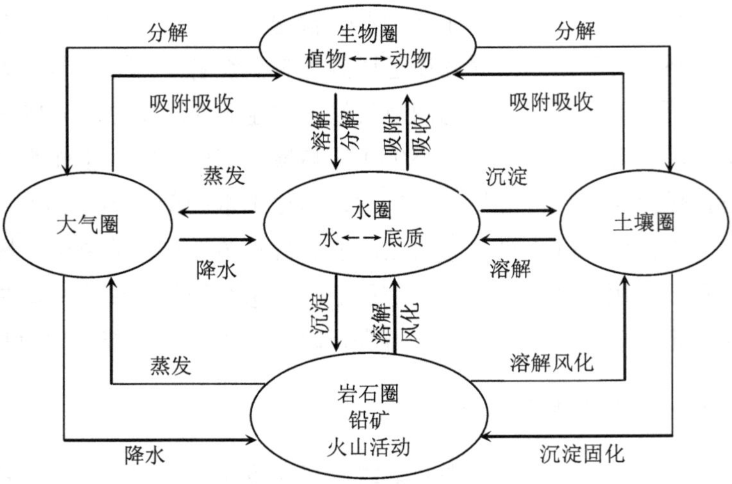

图 4-1　铅的生物地球化学循环示意

资料来源：刘奇，2005。

三、物质自然循环基本特征

物质的自然流动具有以下特征：

（1）物质在特定生态系统中或自然圈层间做循环式运动。在生态系统中，物质沿生物营养级传递，一种生物体产生的废物是另一种生物体的食物，物质流动在不同生物体之间交互形成复杂的网状结构，形成了物质在生态系统及其环境中的往而复返循环流动。

（2）物质自然流动的驱动力是自然力，发生场所是自然系统。尽管物质在自然流动过程中将发生诸多空间迁移与物质形态的转变，但这些变化的动力都来自自然力，包括物质内部和物质与外部环境介质中其他物质结合时的各类分子间、原子间化学关系，以及物质扩散、沉降过程中可能受到的浓度差、压力差、重力或热力等。同时，这些变化发生的场所是自然场所，如大气、水体中。

（3）物质按特定的流率（flux rate）在不同库（pool）间流动。物质在某些场所中的数量明显地多于其他场所，这类场所被称为物质的储存库（pool，reservoir，reserve）。如水圈是水的库，而岩石圈是大多数金属物质的库。物质的自然流动主要表现为物质在各储存库之间的流动。其中，单位时间内物质在各储存库间的流通数量称为物质的流率，用来衡量各库间的物质交换水平。在物质库存量不变的前提下，流率越大，物质周转越快。但对于存量随物质流动不断降低的储存库，则物质流率越大，库存就越快耗尽。

四、物质自然循环的生态学意义

物质的自然循环是生态系统的新陈代谢的基础，对维持生态系统的持续稳定具有重要意义。表现为以下几个方面。

（1）输送生态系统必需的物质元素：物质是生态系统的基础，生态系统的稳定和演化离不开构成生命的基本物质。例如，通过水循环，可为陆地生物、淡水生物和人类提供淡水来源。与此同时，许多营养物质具有水溶性，伴随水循环，这些营养物质完成其迁移过程，并被生物利用。

（2）维持物质在各生态系统的分布的稳定：物质的自然循环具有特定的速率，从而保证了物质在不同生态子系统的分布数量维持在特定的范围，既不会使生物体内某些物质缺乏，也不会使某些物质过多滞留，从而使生命必需物质维持在合理水平，因而可维持各系统的物质结构，使其具有一定的稳定性。

（3）维持生态系统功能的稳定：物质的自然循环将生态系统所需的物质按其所需的数量和质量运送给生态系统，同时又将生态系统代谢的废物，特别是某些有毒有害物质，及时地转移到生态系统以外的环境中。如果这些有毒有害物质不能被及时地转移出生态系统，就可能有过多的物质积累在生物体内。当浓度超过生物的耐受能力时，将表现出生物体的中毒症状，威胁到生态系统的健康。物质的自然循环可有效地保障生态系统中物质的有序性和物质结构的稳定性，实现生态系统功能的稳定。

（4）维持人类生存与持续发展：充分的物质储存量和适宜的消耗速率是确保资源满足人类生存和可持续发展需求的基础，而物质的有效循环还是带走污染物、保持环境系统中各类物质组分维持在适宜水平的重要条件。比如，就大气颗粒物而言，如果北京水资源充足、空气湿润，大气中的颗粒物更容易吸收水分，使颗粒物重量增加并降落到地面，最后随着地表径流迁移，大气环境质量将可得到改善。反之，在干燥的情况下，大气颗粒物难以及时降落至地面，滞留并积聚于大气中，较大可能使大气颗粒物浓度增高、大气质量恶化。

总之，物质的自然循环是人类和地球得以存在的基础，也是可持续发展的重要机制。这部分内容主要涉及生态学、地理学、地质学等一级学科，以及这些学科所衍生的相关二级学科、分支学科，如地球化学、环境化学等。参见本章推荐阅读文献。

第三节 什么是物质的人为流动

一、物质的人为流动的概念

如前所述，物质的人为流动（anthropogenic flow）是相对于物质的自然流动而言的。物质的人为流动是为了满足人类需要，在人类进行各种生产生活活动过程中所产生的物质流动过程。当物质从某一人类活动部门出发，经由若干其他社会经济部门，又能返回到原来的部门时，就称为物质的人为循环流动。

由于物质人为流动是为了满足人类需要而产生的流动，因此循环经济中将关注对人类生产生活发挥重要作用的一类物质。这里以金属物质为例，说明物质的人为流动过程。

首先，岩石圈是金属物质的储存库；为了满足人类生产和生活中对金属材料的需求，就要将金属矿产资源开采出来，从此金属物质离开其自然循环，进入人类社会经济复合系统，也开始了物质的人为流动，如图 4-2 所示。其次，金属物质经过采选、冶炼等生产过程，形成金属材料，如钢材、铝材等；再进一步经过加工，形成具有特定使用功能的金属制品，如汽车、桥梁等。此后，经过市场交易，进入社会系统，履行其产品的服务功能。一定时期后，产品完成其服务寿命，报废形成废物，一部分经过废物回收形成废物资源，返回到物质生产环节进行废物再生；另一部分以废物、污染物的形式被排放进入自然环境，由此完成物质的人为流动，返回自然生态系统，进入物质的自然循环。在物质的人为流动过程中，在每一个生产环节，由于技术的有限性，不可能将进入生产环节的每一个物质分子完全带入所生产的产品中，从而形成了废物、污染物，其中部分会以废物、污染物的形式进入自然环境，另一部分经回收过程形成废物资源，返回到物质生产环节进行废物再生，形成物质的人为循环流动。不难看出，物质人为循环流动是物质人为流动中能够返回其原来曾历经的某一环节的流动。

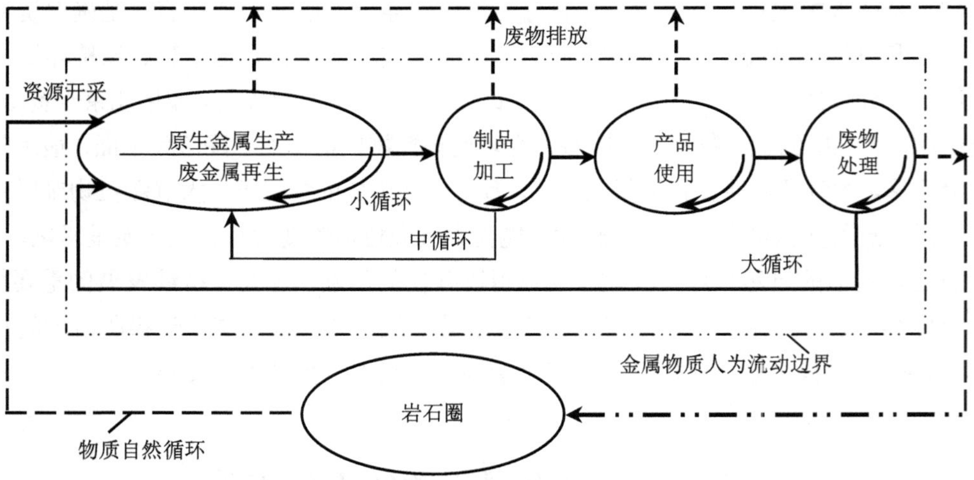

图 4-2 金属物质人为流动与自然循环关系的概念框架

资料来源：Mao et al.，2014。

二、物质人为流动分类

物质人为流动既可按照物质的种类进行分类，也可按物质的流通途径分类。

按照物质的组成结构，可分为单质物质的人为流动和复合物质的人为流动。其中，单质物质主要是指大部分金属物质（如铁、铜、铝、铅等）和生态系统的营养物质（如氮、磷等)；而复合物质可分为简单化合物（如 H_2O）和复杂化合物[如大部分的人工合成工程材料物质（如塑料、纸张）和人工合成化学药剂（如多氯联苯、有机氯等）]。

按照物质对人类的可用性，可分为资源流（如图 4-2 中“资源开采”所示的从岩石圈进入人为系统的流动)、废物流（如图 4-2 中“废物处理”所示的从人为系统排向环境的流动)、产品生命周期各阶段间的流动等。按照物质是否能返回原来某一生命周期阶段，可分为物质循环流动和物质非循环流动。其中，按物质的人为循环流动在人类社会经济复合系统中流经的不同生产与使用部门的多少或生命周期的长短，分成大循环、中循环、小循环三类，如图 4-2 所示。

（1）小循环：物质在企业内部的循环，例如下游工序的废物返回上游工序，作为原料重新利用。例如企业需要一大块钢板做船舶的底板，但加工中形成大块的边角料，再做船舶底板或侧板不够用，但做船舶某个侧板的小门还足够，或做轻艇的地板还有余，从而返回其他车间使用。物质在企业内部进行的循环一般称作小循环。小循环的例子还有水在企业内的循环，以及其他消耗品、副产品等在企业内的循环。小循环只涉及生产企业。

（2）中循环：企业之间的物质循环，例如某下游工业部门的废物返回上游工业部门，作为原料重新利用；或者某一工业部门的废物、余能被送往其他工业部门、加以利用。通常中循环涉及多家生产企业，也会涉及废物回收部门。

（3）大循环：产品经使用报废后，其中部分物质返回原材料生产部门，作为原料得到重新利用。以金属为例：金属物质的冶炼生产过程可看作物质人为循环流动的起点；形成金属后，经过加工制造过程，进一步形成具有特定使用功能的产品，如建筑、电脑、汽车等，继而被消费者购买、使用；产品使用若干年后报废，经过回收，或再用于其他用途，或被送还至废金属再生部门以重新生产金属材料，从而形成从上一生命周期的金属生产到下一生命周期的金属生产的循环过程，称为大循环。通常大循环不仅涉及多种生产企业和废物回收部门，还涉及社会消费过程。

这三种不同层次的循环涉及不同的部门，需要不同的部门进行管理。循环经济中提倡生产者责任延伸（Extend Producer’s Responsibility，EPR)，即将产品生产者责任延伸到产品报废后的回收阶段，具体来说就是生产者卖出产品时为其产品做一个标签，保障产品使用中的维护工作，并在消费者用完之后由企业回收产品。还有一种做法，即成立专门的公司（旧物回收公司)，通过这类公司收集当地废旧物资，然后统一分类并返送相应生产部门。小循环自然是由企业内部完成。所以在管理方面，应根据循环的特点，在不同的区域上展开。

此外，不同循环类型所历经的时间也不同。小循环通常几天，而中循环可能几个月。但大循环可能长达几年甚至上百年，因为大多数产品可具有几年、几十年甚至上百年的使用寿命，例如普通家用电器和汽车约 10 年，建筑设计寿命 70 年，再加上材料生产时间、产品制造时间、物流贸易运输时间，就使得大循环历经的时间长达几年甚至上百年。

应用中，也常根据物质类型、研究目的、时空范围等，研究特定物质、特定区域在不同层面上的物质人为循环流动。

三、物质人为流动基本特征

物质人为流动具有以下特点：

（1）物质人为流动的驱动力是人类需求，发生场所是人类社会经济复合系统。满足人类特定需求是物质人为流动的原始动力。为实现这一目标，物质在人类社会经济复合系统中将发生一系列空间迁移与物质形态的转变，需要借助人类设计、生产、运输等技术完成，所有这些过程都发生在人类社会经济复合系统中，是人类活动与物质间发生作用关系的结果。

（2）物质人为循环流动是人为流动的特殊形式，是人类面向环境改善，对人为流动进行优化管理的结果。物质人为流动的基本过程是从自然资源转变为产品（或服务）再到废弃物，还有未能转成产品的一部分物质将形成产业废物，这两部分废弃物借助环境排放过程返回自然系统。而循环流动是将废弃物作为二次资源，用二次资源替代部分自然资源，从而弥合了废弃物与资源间的差异，既形成了物质的循环，也实现了节约资源和减少排放目标。

（3）人为流率（anthropogenic flow rate）和物质循环率（recycling rate）是反映物质人为流动的重要指标。物质人为流率是指单位时间内物质人为流动的数量，包括自然资源消耗的数量和向环境排放废弃物的数量，比如某年某物质资源的开采量或某年某污染物的环境排放量。这些指标反映了人类活动对自然系统的干扰强度。将这些指标与自然承载力或自然循环速率进行对比，可分析资源持续利用状况或环境质量变化状况。物质循环率反映物质人为流动中循环部分所占的比例，可采用返回到资源再生阶段的二次资源占总资源投入量的比值进行估算，可反映资源节约状况或废物利用水平。也可有其他表示方法。详见第五章。

（4）物质人为流动可形成物质在用库（in-use stock）。处于使用状态的物质的存在场所被称为物质在用库。该库中的物质总量称为物质在用存量。伴随人类需求的增长，在同一统计期内，当投入使用的物质数量大于输出使用的物质数量时，将使使用中的物质数量增加。当该情景持续一定时期后，将形成物质的使用累积。物质在用库中物质的数量是人类活动迁移自然系统物质的数量，是人类干扰自然系统的结果。人均使用蓄积量还反映区域社会消费模式和物质消费水平。详见第六章。

第四节　物质的人为流动与其自然循环间有怎样的关系

物质的人为流动与物质自然循环的根本差异在于物质流动的驱动力，物质的人为流动受人类活动的驱动，而物质自然循环的驱动力是自然力。物质人为流动中的物质循环部分是开展循环经济的主要依据，但受到人类管理水平、技术水平以及物质自然循环的制约，反映着人类社会经济复合系统与自然间的复杂、交互作用关系。

对比物质的人为流动和物质的自然循环，不难看出，一方面，物质的人为流动可看作物质自然循环的一个重要环节；另一方面，物质的人为流动又是人类活动对自然系统的干扰，表现为人类活动从自然环境索取了自然资源，与此同时还向环境排放了大量的废弃物、污染物，如图 4-3 所示。不同的人类生产过程对物质产生不同影响，引起物质沿不同路径在人类活动圈及自然圈层间迁移，造成物质在地球表面系统的重新分布。不难理解，处于自然资源中的物质和作为废弃物、污染物的物质在存在形态、品位、浓度、空间位置等方面截然不同。因此，物质的人为流动产生了对自然地表系统的不利影响，特别是当物质的人为流率超出物质的自然循环速率的时候，物质的人为流动不仅将干扰物质的自然循环，而且自然循环所不能带走的那部分物质将不断地在环境中积累，当环境中某种物质的浓度超过生态系统中某生物的耐受能力时，这种物质将会威胁该生物体的健康，甚至造成整个生态系统健康隐患。因此，分析物质的人为流动，不仅可辨识人类活动对自然系统的干扰方式和干扰强度，为节约资源和降低环境污染排放提供重要管理依据，而且可弄清人类社会经济活动如何干扰物质的状态，从而弄清如何从人类自身角度借助科学管理来改善人类社会经济活动，实现人类与环境协调发展。因此，分析物质的人为流动对有效推动可持续发展具有非常重要的意义。

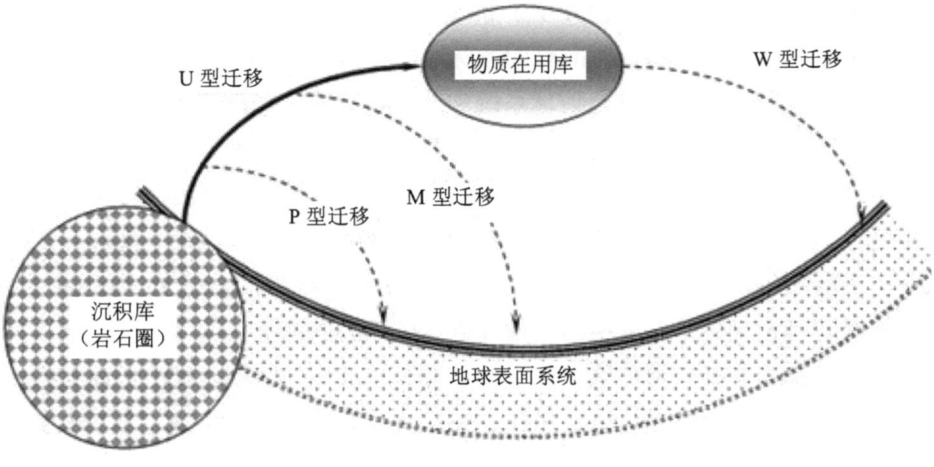

图中符号：U——使用；P——生产；M——制造；W——废弃物。

图 4-3 金属物质人为循环流动与自然循环关系的概念框架

资料来源：Mao et al.，2012。

第五节 案例分析

人类活动中温室气体的过量排放导致了全球变暖。根据 IPCC 研究结果，CO_2、CH_4、N_2O 三种气体对全球变暖的总贡献高达 80%。这些气体主要来源于化石燃料燃烧、土地及其利用方式的变化。这里以 CO_2 和 CH_4 为例，基于 2013 年发布的 IPCC 第五次评估报告（*The Fifth Assessment Report of the Intergovernmental Panel on Climate Change*），分享物质人为流动对自然循环的影响。

一、碳的人为流动与自然循环流动的定量描述

如第二章所述，大气 CO_2 浓度升高主要发生于工业化过程中。根据 IPCC 第五次评估报告，1750—2011 年，大气 CO_2 浓度从 278 ppm 升到 390.5 ppm，增长了 40%。

大气中 CO_2 的浓度变化主要决定于大气圈 CO_2 数量的变化，而大气圈 CO_2 的增量主要是人为排放量与自然净消纳量的差额。因此，定量核算碳的人为排放数量和自然循环流量间的关系，并清楚辨识其影响因素，是进一步找到减缓全球变暖的有效途径的重要基础。

对于碳的自然循环，前面已经分享了其主要循环流动过程。这里为了定量核算，将自然循环过程中碳的数量大、滞留时间长的特殊区域称作碳库，碳库中的含碳数量是碳库的大小，海域、大气圈、岩石圈都是地球系统中的重要碳库，如图 4-4 所示。不同碳库之间的碳交换称作碳的流动，以单位时间内的碳流量表征其流动的快慢，称作速率，如 PgC/a（$1\ PgC = 10^{15}\ gC$）。根据碳的自然流率大小，将碳的自然循环发生区域分成快速交换区和低速交换区。其中，快速交换区是碳流交换较快的区域，包括大气圈、海洋与淡水区、植被区域与土壤区域等，这些区域的碳的交换水平可用周转时间（reservoir turnover time）来表征。周转时间可定义为某碳库中的碳量除以该碳库的碳流量，通常为几年到百万年。碳的低速交换区则是碳交换较慢的区域，主要是岩石和沉积物区域。碳的低速交换区与碳的快速交换区主要通过火山喷发、岩石风化、海底沉积等过程完成，速率低于 0.3 PgC/a。

大气圈中，碳主要以气态 CO_2 的形式呈现，浓度约为 390.5 ppm，对应含碳量为 828 PgC。在碳的自然循环流动中，较显著的流动主要是：①大气中约有 123 PgC/a 的 CO_2 经过光合作用被植物吸收；②约 118.7 PgC/a 的 CO_2 经过植物呼吸作用返回大气；③约 80 PgC/a 的 CO_2 在大气圈与海洋之间完成碳交换。

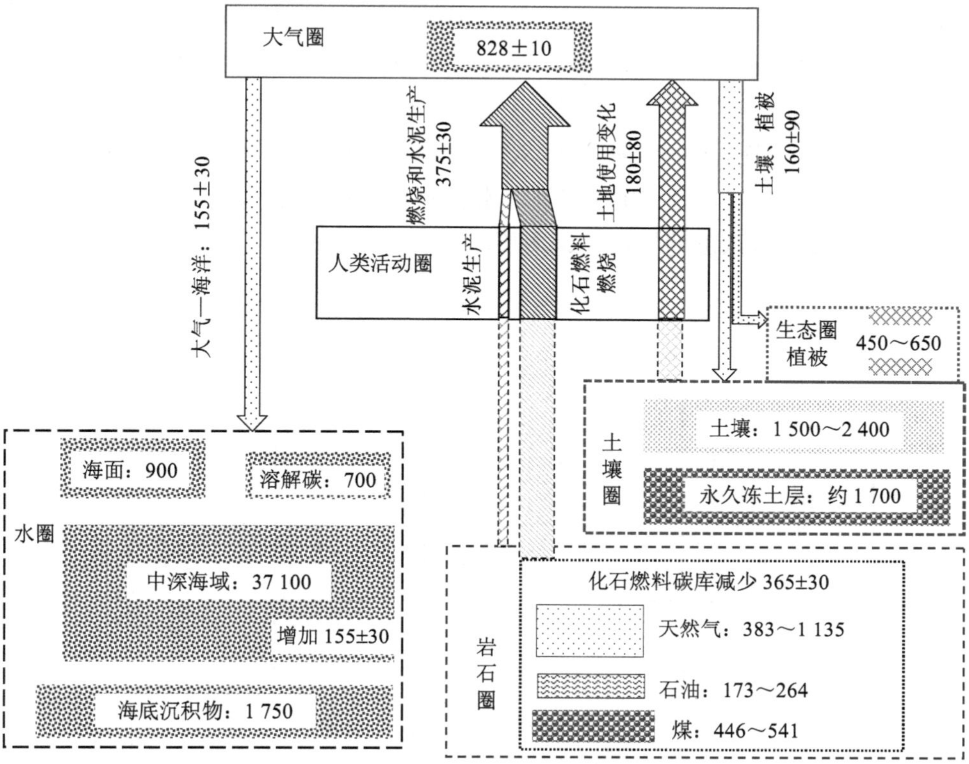

图 4-4 全球碳库及 1750—2011 年人为累计流量（单位：PgC）

资料来源：IPCC，2013。

在碳的人为排放方面，据 IPCC 的研究，1750—2011 年，人为 CO_2 排放量为（555±85）PgC，而自然系统的碳消纳量为（315±75）PgC，致使大气中形成了（240±10）PgC 的 CO_2 增量。在人为碳排放量中，化石燃料燃烧和水泥生产贡献了（375±30）PgC，土地对大气的净碳排放量为（30±45）PgC[主要由土地利用变化引起，包含森林砍伐、植被破坏等土地利用变化所增加的（180±80）PgC 的碳排放，以及土地使用中植物种植和土壤所消纳而减少的（160±90）PgC 的碳排放]。另外还有海洋对大气中 CO_2 的（155±80）PgC 的消纳量。如图 4-4 所示。

不难看出，首先，化石燃料燃烧和水泥生产是人为碳排放的长期主导因素，2011 年仍有（7.8±0.6）PgC/a 的大气排放量，是全球减碳的重点领域。其次，土地利用变化也是导致地表排向大气的 CO_2 增多的重要原因，因此保护森林、开展生态修复也是减缓全球变暖的重要措施。

二、CH_4 的人为流动与自然循环的定量描述

按照与碳的人为流动和自然循环流动的定量描述类似的思路，可进行 CH_4 的人为流动与自然循环的定量描述。

根据 IPCC 第五次评估报告，地球系统中共有 1 个大气圈的 CH_4 库和 3 个地质库（陆地水合气、海底水合气和天然气），如图 4-5 所示。2009 年大气圈库的 CH_4 量约为（4 594±45）Tg（1 Tg= 10^{12} g），且年均增长为（17±9）Tg/a。追溯其形成过程发现，在工业化时期，即 1750—2011 年，大气圈中的 CH_4 浓度从 722 ppb（1 ppb=10^{-9}）增加到 1 803 ppb，增长了 150%，而在 1750 年以前的 5 000 年里，冰芯区大气中 CH_4 浓度约上升 100 ppb，表明工业化时期大气圈 CH_4 浓度的异常快速增长。

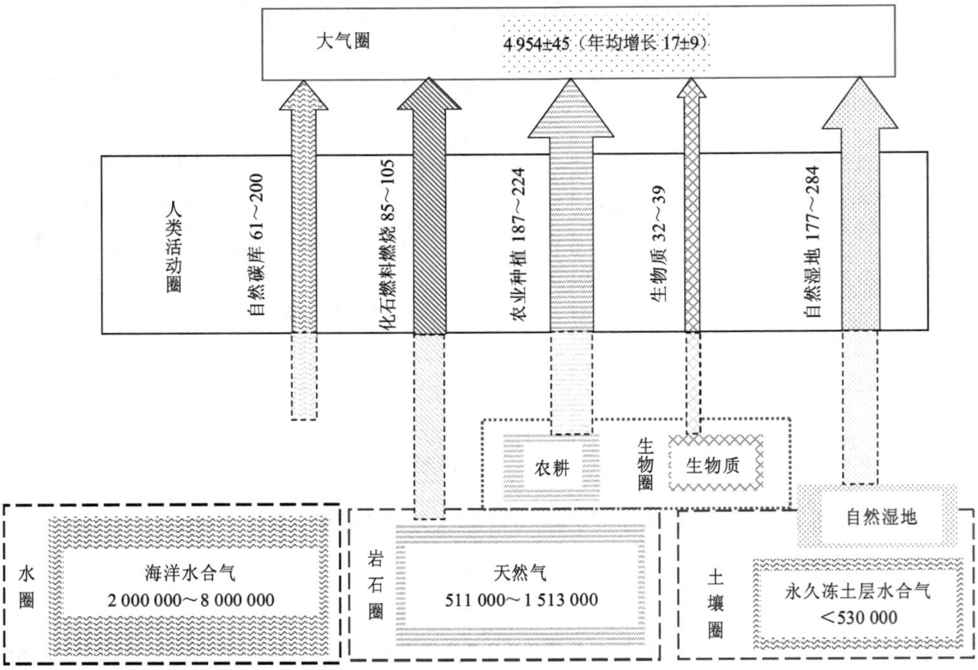

图 4-5 全球 CH_4 库及 2000—2009 年人为累计流量（单位：$TgCH_4$）

资料来源：IPCC，2013。

尽管大气中 CH_4 浓度变化的驱动因素仍备受争议，但仍可根据已有的大量研究获得有价值的参考数据。2000—2009 年，自然湿地的 CH_4 排放量为 177～284 Tg/a，伴随其他物质循环流动、地质过程、淡水湖泊、白蚁等产生的自然排放量为 61～200 Tg/a。与此同时，人类农业耕种（如水稻种植）和畜牧养殖等排放的 CH_4 为 187～224 Tg/a，化石燃料燃烧以及化石燃料工业泄漏和自然地质泄漏等排放的 CH_4 为 85～105 Tg/a，生物质腐化和生物燃料燃烧排放的 CH_4 量为 32～39 Tg/a。整体来看，CH_4 的人为排放量占总排放量的 50%～65%。其他细节请同学们自行学习推荐的相关文献。

推荐阅读文献

[1] 李博，2003. 生态学[M]. 北京：高等教育出版社.

[2] 周启星，黄国宏，2001. 环境生物地球化学及全球环境变化[M]. 北京：科学出版社.

[3] 陈静生，邓宝山，陶澍，等，1990. 环境地球化学[M]. 北京：海洋出版社.

[4] 杨志峰，刘静玲，2010. 环境科学概论[M]. 2 版. 北京：高等教育出版社.

[5] MAO J S，LIANG J，MA L，2014. Changes in the functions，species and locations of lead during its anthropogenic flows to provide services[J]. Transactions of Nonferrous Metals Society of China，24（1）：233-242.

[6] MAO J S，MA L，NIU J P，2012. Anthropogenic transfer & transformation of heavy metals in anthrosphere：concepts，connotations and contents[J]. International Journal of Earth Sciences and Engineering，5（5）：1129-1137.

[7] MAO J S，DONG J，GRAEDEL T E，2008. The multilevel cycle of anthropogenic lead：Ⅰ.methodology [J]. Resource Conservation and Recycling，52（8-9）：1058-1064.

[8] MAO J S，DONG J，GRAEDEL T E，2008. The multilevel cycle of anthropogenic lead：II. results and discussion[J]. Resource Conservation and Recycling，52（8-9）：1050-1057.

[9] MAO J S，GRAEDEL T E，2009. Lead in-use stock：a dynamic analysis [J]. Journal of Industrial Ecology，13（1）：112-126.

[10] 刘奇，王化可，李文达，2005. 重金属铅的生态效应及其地球化学循环[J]. 安徽教育学院学报，23（6）：11.

[11] IPCC，2013. Climate Change 2013：The Physical Science Basis，the Fifth Assessment Report of the Intergovernmental Panel on Climate Change[EB/OL]. Cambridge：Cambridge University Press. https://www.ipcc.ch/report/ar5/wg1/carbon-and-other -biogeochemical-cycles/.

课堂讨论与作业

一、讨论议题

前面两章中，各小组分别筛选出了感兴趣的环境问题，这些问题大多与特定物质的循环流动有密切关系。因此，本章的讨论议题是哪些物质的循环最值得关注？它们是如何进行自然循环和人为流动的？要求定性说明。

二、议题筛选过程示例

可根据物质的种类选择议题：如营养物质中的磷、氮等。或针对重金属物质，如铅、镉等。还可根据区域典型污染问题中暴露的典型物质，如与全球变暖问题密切相关的碳、与某湖泊发生的富营养化问题相关的氮。

可通过自己的思考，提出研究方案，也可以借助学习已发表的论文中的研究方法来分享。筛选过程示例见图 T4-1。

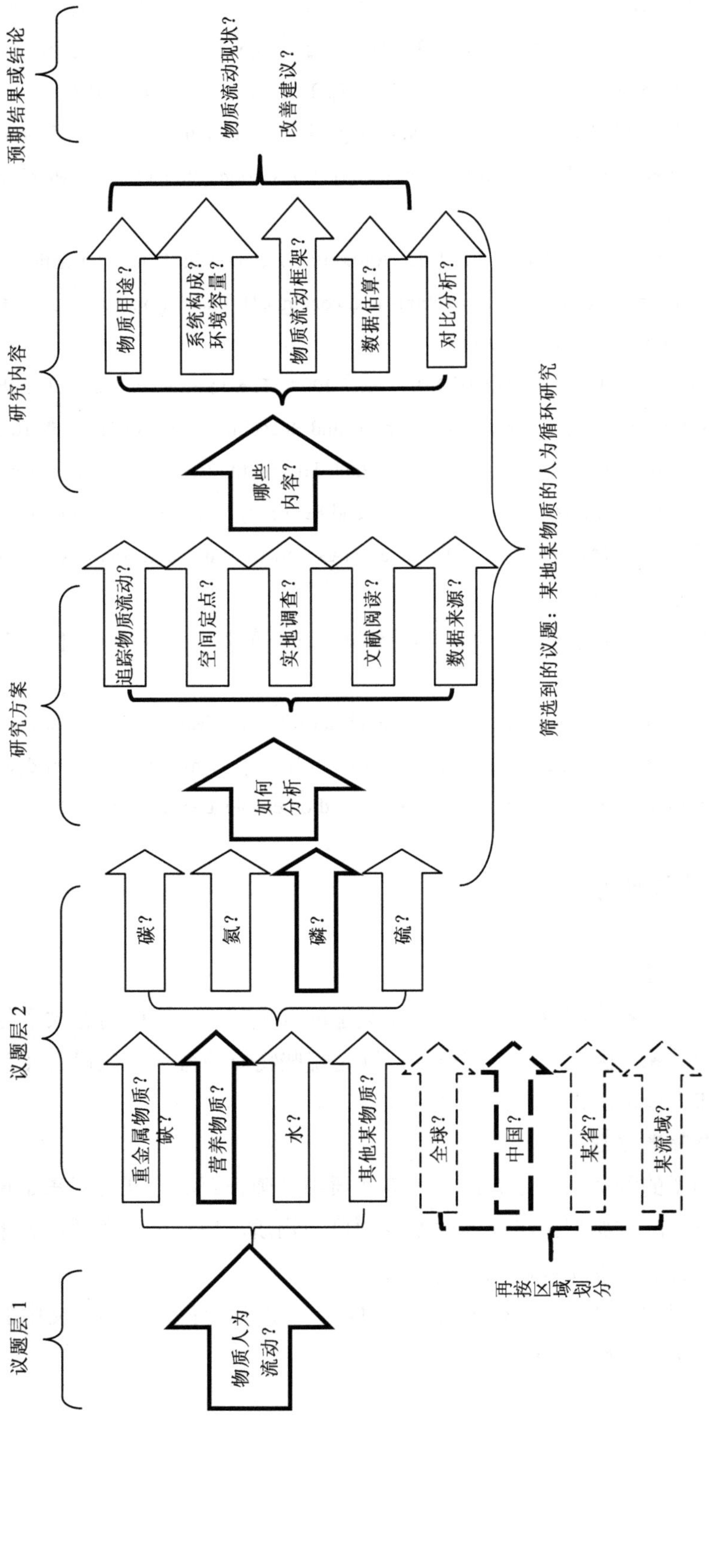

图 T4-1　物质人为流动课堂讨论议题的筛选过程及研讨过程分析示例

论文题目与引言示例

一、论文题目示例

这里借鉴中文核心刊物《环境科学》对论文题目的要求。《〈环境科学〉征稿简则》中提到：论文题目应简练，并准确反映论文内容，一般不超过 20 字，少用副标题。《〈环境科学〉稿件写作要求》中进一步细化为：论文题名应简明、具体、确切、概括文章内容，为方便检索系统收录，一般不超过 20 个字；题名中应包含关键词，少用或不用副标题；应避免使用不常见的缩略词、首字母缩写字、字符、代号和公式等。详见 https://www.hjkx.ac.cn/ch/common_item.aspx?parent_id=20060622000000001&menu_id=20060705000000001&flag=1&child=0&is_three_menu=0。该刊推荐范文的题目示例如下：

松花江沉积物金属元素含量、污染及地球化学特征；

模拟湿地水分变化对小叶章枯落物分解及氮动态的影响；

风浪作用下的底泥悬浮沉降及内源释放量研究。

表明在论文题目中应明确研究的主题，并可说明所采用的研究方法和开展的研究内容等。

二、论文引言示例

《〈环境科学〉稿件写作要求》中对论文引言的要求是：引言部分不单列标题，引言应简要说明研究工作的目的、理论基础、国内外研究进展及本研究的创新和特色。引言应重点突出本研究的创新性，一般科普知识不必赘述。

（一）示例 1

论文《穿越“环境高山”——论经济增长过程中环境负荷的上升与下降》中的引言如下：

新中国成立以来，尤其是改革开放以来，我国经济持续高速增长。目前的经济总量已相当可观。与此同时，随之而来的环境负荷总量也相当巨大，环境形势相当严峻。

近些年来，我国在环境保护方面，采取了一系列重大措施，取得了比较显著的效果。“全国环境状况正在由环境质量总体恶化、局部好转，向环境污染加剧趋势得到基本控制、部分城市和地区环境质量有所改善转变。”

但是，应该看到，我国还正在工业化的进程中，为了最终完成工业化的全过程，还有很长一段路要走。这条路究竟怎样走才能实现经济和环境“双赢”，是现在就必须做出选择的重大问题。这是因为：a. 经济高速增长的势头可能还将延续多年，今后只有走对了路，才能避免环境负荷的快速上升；否则，不出几年，我国的环境问题就可能非常严重。b. 我国是最大的发展中国家，经济和环境负荷总量在世界上都已占有一定份额，将来还会越来越大。环境负荷总量若得不到有效控制，不仅我国自身承受不了，而且对于世界都会有较大影响。

党的十六大指出，我国必须走出一条经济效益好、资源消耗低、环境污染少、人力资源得到充分发挥的新型工业化路子来。这是高瞻远瞩的宏伟战略目标，它给全国人民指明了方向，意义十分重大。环保和经济工作者的任务，是把这条新型工业化道路进一步具体化，并把它落到实处。

环境和发展，二者必须联系起来，才能看清问题的本质。这个观点，是从 20 世纪 80 年代起人们才逐渐认识到的。近来国内外出版了一些有分量的专著，很有参考价值。例如有文献利用模型运算的结果，展示了今后几十年内世界人口、资源和环境变化的各种情景预测。

本文将在参考国内外文献的基础上，论述在我国工业化的后半段时间内，避免出现严重环境问题的原则思路；对经济增长过程中环境负荷的上升和下降问题进行必要的理论分析；以能源消耗量为例，分析一些国家和我国一些省份在经济增长过程中环境负荷的变化情况；并对我国未来的环境负荷进行预测。

摘自：陆钟武，毛建素，2003. 穿越“环境高山”——论经济增长过程中环境负荷的上升与下降[J]. 中国工程科学，5（12）：36-42.

（二）示例 2：主题中含有新术语的引言示例

对于一些较新的研究，可能研究主题中涉及新术语或词汇，这时需要首先“破题”，说清楚所用新术语的含义。例如，论文“Lead in-use stock：a dynamic analysis”中的引言第一段为：

Lead in-use stock refers to the lead currently providing services of various kinds to humanity. It results when more material enters use over time than leaves use. The amount of lead in-use stock for a region or country reflects that region’s standard of living under currently available technology；therefore，lead in-use stock is an indicator of the amount of metal that less-developed regions may need to put in place to attain comparable material services. Additionally，knowledge of the magnitude of lead in-use stock is useful in estimations of the amount of lead that will be available for future recycling.

摘自：MAO J S，GRAEDEL T E，2009. Lead in-use stock：a dynamic analysis[J]. Journal of Industrial Ecology，13（1）：112-126。

第五章　物质的循环流动：追踪法物质流动分析

本讲重点：追踪法物质流动分析框架及物质人为流动基本规律。

基本要求：了解追踪法物质流动分析基本方法的创建过程，弄清质量守恒定律在确定各阶段、各股流动间定量关系中的应用方法，以及产品生产与报废间的时间差，掌握资源效率、环境效率、循环率、产量变化比等基本概念，熟悉资源效率、环境效率随各影响参数的变化关系，特别是要注意产量增长对降低生态效率和加大资源消耗的驱动作用。

第一节　核心议题的提出

在厘清了物质人为流动概念的基础上，本章将探求物质在人类社会经济复合系统中是怎样流动的？如何管理和优化流动？这是本章的课程议题。

通过前面几章的议题讨论，我们发现不同区域存在不同的环境问题，而不同的环境问题涉及不同的物质种类，不同物质种类的自然循环过程、人为流动过程也千差万别。科研往往本着“由简而繁”的原则，从最简单的物质着手。因此，本章选择单质物质。在这类物质中，进一步根据其与现代社会经济发展、资源环境状况等的关系的重要性，选择金属物质作为代表性的物质，开展本议题研究。

为科学回答本章议题，需要有科学的研究方法。目前国际上有两种较有代表性的物质循环流动分析方法：一种是着眼于物质质点、追踪物质整个人为流动过程的分析方法，类似于流体力学中追踪流体质点的拉格朗日法，简称“物流追踪法”或“追踪法”，这种方法由我国陆钟武院士创建。另一种是着眼于某一区域、分析该区域内的物质人为流动过程，类似于流体力学中定点研究某空间点流体物理参数变化的欧拉法，简称“物流定点法”或“定点法”，这种方法由耶鲁大学 T. E. Graedel 创建。本章以追踪法为例，依次介绍物质流分析方法、应用该方法所得到的物质流动规律以及该规律在管理中的应用。

第二节　如何分析物质的人为流动

一、什么是物质流动分析

针对某种物质，分析其在人类社会经济复合系统中的循环流动过程中各个环节（或生命周期阶段）的流动数量、方向，包括从自然资源开采到产品（或服务）的报废处置的整个产品生命周期所有环节，称为物质流动分析（Substance Flow Analysis，SFA；Material Flow Analysis，MFA）。

进行物质流动分析，将关注物质在人类社会经济复合系统中经过了哪些环节，先后顺序怎样，物质数量在各环节、各股流动间如何分配，流动的方向如何。通过追踪物质的整个人为流动过程，可清楚地知道物质所经历的各个环节、先后顺序以及各股流动的方向。对物质数量的确定，需要按照物质守恒定律，分别针对每一环节，建立物质流入量、流出量和环节内部物质增减量之间的物质平衡方程，借助一部分可得数据，由计算推知其他不可得数据。其中可得数据较多地采用行业统计数据或实地调研后获得的实际数据。有些环节的计算还需要借助物理、化学关系进行推算。

二、物质流动分析要经过哪些步骤?

本节以铅为例，演示进行物质流动分析的基本步骤。

（一）设定研究目标、选择系统

研究物质的人为流动，一方面是想建立物质人类服务与资源、环境间的定量关系；另一方面是想弄清怎样才能优化物质的人为流动，以便减少人类活动对环境的影响。因此，开展物质人为流动研究时，会首先考虑怎样将物质的服务量、资源消费量、环境排放量进行定量化。

前面介绍人类与环境间的定量关系时，已将统计期内的资源消耗量和环境污染物排放量用于表征人类活动对外部资源环境产生影响的大小。人类服务量可表达为经济产出，如GDP或产品产量或产品提供的最终服务量。但其中经济产出往往不能直接显现人类的使用需求，如“从 A 地到 B 地”这一人类服务需求是特定运输工具将人安全输送到指定目的地，旅客消费的是运输工具这一产品具有的“从 A 地到 B 地”转移物资的使用性能，而产品和其所提供的服务之间虽然有必然联系，但却是截然不同的概念。并且通常产品较易量化，而产品的服务却往往较难量化。因此，物质人为流动分析中大多采用产品作为系统所提供的服务量的表征指标。

尽管铅金属广泛用于机械、电子、化工等多个现代工业领域，但其最主要的用途（约80%）是生产铅酸电池，而电池所提供的服务是转移电能，所转移的电能的多少可定量计算，因此可用于表征电池的服务量。同时，铅来自不可再生资源铅矿石。据报道，2000年全球范围内的现有铅矿资源仅可保证使用20余年，而中国仅可保证10余年，到2022年全球和中国的铅矿资源仅分别可保证18.9年和6年（见表T2-2），铅矿资源更加短缺；生产过程中以及铅产品报废后所产生的含铅废物、污染物还可能威胁到生态系统的健康，特别是人体的健康。研究表明，早在20世纪末，受人类扰动所产生的铅的人为循环速率已经超出其自然循环速率的12.9倍，许多地区出现铅中毒事件，严重威胁到人体的健康。所有这些都为选择铅金属作为典型物质，建立人类服务与资源环境间的定量关系提供了必要条件。因此，选择铅金属作为典型物质，并以铅酸电池系统作为研究对象，开展物质的人为流动研究，并试图以此在一定程度上揭开人类需求和资源环境间的内在定量关系。

（二）提出假设，构建模型

在铅酸电池系统中，主要包括铅金属的生产、铅酸电池制造、铅酸电池使用、电池报废与回收几个基本过程，称为铅酸电池的生命周期阶段。铅元素流经上述各个阶段时，有些阶段时间较长，而有些阶段时间较短。按照抓住主要问题的原则，假设：①忽略各生产过程所经历的时间；②研究涉及的时间尺度内，铅酸电池的平均使用寿命不变；③铅酸电池在其生产$\Delta\tau$年以后全部报废，其中一部分形成折旧废铅，并在报废当年返回铅酸电池系统，进行再生处理；④研究中不考虑某阶段的库存问题。在这种情况下，若设定第τ年铅酸电池的产量为P_τ，则按照铅元素依次流过以上各生命周期阶段的时间顺序，且在数量上遵从物质守恒定律，可针对铅酸电池中的铅元素，根据各生命周期阶段铅的流入量等于流出量，绘制出反映该年铅的流动方向和数量的铅流图。具体如图5-1所示。

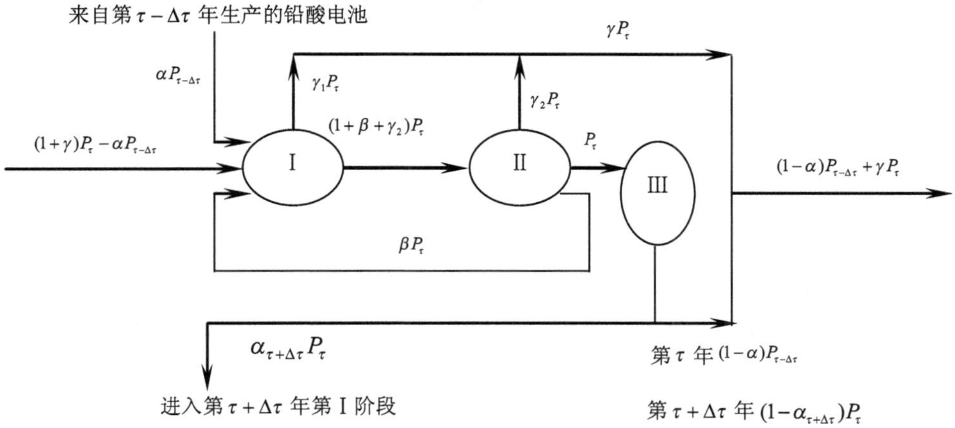

第I阶段——铅的采选、冶炼；第II阶段——铅酸电池加工；第III阶段——铅酸电池使用。

图5-1 铅酸电池生命周期铅流图

资料来源：Mao et al.，2006。

图 5-1 中须注意以下几点：

（1）考虑原生铅的生产和废铅的再生同属于铅的生产过程，将它们合并在一起，并用符号 I 表示。

（2）设定铅酸电池的年产量处于不断的变化之中，第$\tau-\Delta\tau$年铅酸电池的产量为$P_{\tau-\Delta\tau}$。

（3）铅酸电池的使用寿命是$\Delta\tau$，第τ年生产的铅酸电池将在第$\tau+\Delta\tau$年报废，而在第τ年投入的废铅酸电池来自第$\tau-\Delta\tau$年生产的铅酸电池。

（4）将铅酸电池产量中，报废后返回到铅酸电池系统铅的提炼阶段的铅所占的比例定义为铅的大循环率，并用符号α表示，单位是 t/t。这种情况下，在第$\tau+\Delta\tau$年，将有$\alpha_{\tau+\Delta\tau}P_{\tau}$的铅返回到铅酸电池系统铅的提炼阶段。而在第$\tau$年，有$\alpha_{\tau}P_{\tau-\Delta\tau}$的铅返回到铅的提炼阶段。为简便起见，图中第$\tau$年投入的废铅量中省略了大循环率的下标符号$\tau$，同时也在称谓上将“大循环率”简称为“循环率”，是日常应用中所说的“循环率”。

（5）将从铅酸电池制造阶段的加工切屑废料中回收的铅量占该年铅酸电池产量的比例定义为铅的中循环率，并用符号β表示，单位是 t/t。

（6）分别将生命周期第 I 阶段、第 II 阶段排放的铅量与该年铅酸电池产量的比值定义为相应生命周期阶段铅的排放率，并分别用符号γ_1、γ_2表示，单位是 t/t；为便于应用，将这两个排放率之和定义为生产阶段的总铅排放率，简称铅排放率，用符号γ表示，即$\gamma=\gamma_1+\gamma_2$。

（三）选择参数，定量表征

本案例中，选择环境负荷和社会服务量分别作为环境影响和人类服务的表征指标，并对环境负荷和社会服务量分别限定如下：

环境负荷特指铅酸电池系统对资源与环境系统所造成的影响，分成资源负荷和排放负荷两种类型。其中，资源负荷定义为铅酸电池系统每年消耗的铅矿资源数量，用符号R表示；排放负荷定义为铅酸电池系统每年向环境中排放的含铅废物、污染物的数量，用符号Q表示。两种环境负荷都以其中的含铅量计算，单位均是 t。由图 5-1 可见，第τ年的铅矿资源负荷和铅排放负荷分别为

$$R=(1+\gamma)P_{\tau}-\alpha P_{\tau-\Delta\tau} \tag{5-1}$$

$$Q=\gamma P_{\tau}+(1-\alpha)P_{\tau-\Delta\tau} \tag{5-2}$$

如前所述，由于铅酸电池的主要功能是向用电场所提供电能，因此将某年生产的铅酸电池在其使用寿命内所能够提供的电能总量作为相应年份的服务量，用符号S表示，单位是 kW·h·a。不难理解，铅酸电池的社会服务量应与铅酸电池的使用寿命成正比，还与铅酸电池中的含铅量成正比，可表达为

$$S=F_P\cdot P_{\tau}\cdot\Delta\tau \tag{5-3}$$

式中：F_P—— 铅酸电池的比性能，是S与$P_{\tau}\cdot\Delta\tau$之间的比例系数，kW·h/t；

P_{τ}—— 铅酸电池的年产量，按含铅量计算，t；

$\Delta\tau$—— 铅酸电池的使用寿命，a。

这种通过追踪产品中的某一种元素，同时考虑从产品生产到报废之间的时间差来分析产品与资源、环境之间的关系的方法，以考虑从产品生产到产品报废之间的时间差为显著特征，由陆钟武院士于 2000 年提出，曾经多次被用于对钢铁工业废钢资源问题和铁排放量的源头指标问题的研究中。后经毛建素将关注的产品转移到关注产品所提供的服务，从而建立起人类社会服务与资源环境间的定量关系，是解析物质流动分析的重要方法。

值得一提的是，从构思物质流动分析研究方法框架到获得理想的研究结果，并非一帆风顺。据当年陆钟武院士的回忆，在其古稀之年决定开创我国“工业生态学”新学科，并着手开展钢铁的物质流动分析研究。他在研究中发现，产品从生产到报废之间往往存在一定的时间差，而这一差别不仅难以呈现在以某一特定年份为考察期的物质流动分析框架中，而且会导致产品使用阶段流入量与流出量间出现巨大差额。为此，陆钟武院士“绞尽脑汁、魂牵梦绕”，通过无数次的推演，终于感悟到这一差额起因于各年间的产量变化，而这种变化也表现在不同产量下各年可供回收的废弃物数量截然不同，进而他找到合适的表达这些差异的方法。推荐阅读参考文献中《论钢铁工业的废钢资源》《钢铁产品生命周期的铁流分析》两篇论文，详见第九章第三节“废弃物资源何时盈缺”。

但其方法框架中以钢铁作为考察目标产品，而钢铁仍属于工业材料，还不能向社会提供最终服务，因此不能反映社会服务水平；与此同时，按其中的参数关系进一步推演，将会出现后续环境效率变化规律方面不合理的计算结果。这也为毛建素的进一步完善提供了重要契机。

从中可见，科学研究是一条艰巨而漫长的探索求真之路，需要一代代人的薪火相传。任何一个从事科研创新的人都会有类似的经历。正如马克思所说：“在科学上没有平坦的大道，只有不畏劳苦沿着陡峭山路攀登的人，才有希望达到光辉的顶点。”这也启示我们，从事科研创新，必须有奋勇攀登的决心、信心和耐心。

三、如何应用物质流动分析?

这里借助案例分析来演示物质流动分析的应用过程。也可看作物质流动分析的第 4 步，用于验证上述方法的可行性，并获得研究结果。仍以铅酸电池系统为例。

以中国 1999 年铅酸电池系统为研究背景。该年中国国内消费精炼铅 52.5 万 t。其中 66.8%（相当于 35.07 万 t）用于生产铅酸电池。根据当时的生产技术水平，在铅酸电池生产中，平均每投入 1 t 铅金属，将有 0.92 t 进入铅酸电池中，另有 0.035 6 t 以加工废铅的方式得到回收利用，其余 0.044 4 t 以含铅废物、污染物的形式被排放到环境中。铅酸电池的平均寿命估算为 3 年。

在废铅回收与再生方面，根据 1999 年中国有色金属工业协会掌握的数据，估计有 9.09 万 t 废铅酸电池（以含铅量计算，下同）和 1.25 万 t 加工废铅投入铅的再生。铅的再生收率估计为 80%～88%，本书取 86.37%进行计算，共可获得 8.93 万 t 再生铅，其余 1.41 万 t 铅以含铅废物、污染物的形式被排放到环境之中。投入铅酸电池生产的精炼铅中再生铅以外部分（即前文中 35.07 万 t 与再生铅 8.93 万 t 的差额）为 26.14 万 t，按原生铅计算。

在原生铅的生产中，涉及选矿、冶炼等过程。据中国有色金属工业协会统计，1999 年选矿收率为 83.8%，冶炼综合收率为 92.78%，因此为获得 26.14 万 t 原生铅，将需要投入含铅量为 33.62 万 t 的铅矿石，同时有 5.45 万 t、2.03 万 t 的铅分别损失在选矿和冶炼过程中。

另外，由于铅酸电池的平均寿命估计为 3 年，因此 1999 年回收的废铅酸电池是 1996 年生产的。表 5-1 中列出了中国 1990—2000 年的铅酸电池产量。考虑表 5-1 中铅酸电池产量占全国总产量的 75%～85%，若 1996 年、1999 年分别按 77%、78%计算，则可估算出 1996 年铅酸电池的产量为 29.17 万 t。由于 1999 年回收废铅酸电池 9.09 万 t，因此有 20.08 万 t 废铅酸电池未能得以回收，或者说没有能够进入统计数据。

表 5-1　中国 1990—2000 年精炼铅和铅酸电池（含铅量）产量　　单位：GW·h

年份	铅酸电池产量	年份	铅酸电池产量
1990	6.980	1996	9.487
1991	5.146	1997	—
1992	6.837	1998	—
1993	7.773	1999	10.394
1994	—	2000	11.881
1995	7.080		

资料来源：《中国机械工业年鉴》。

根据以上数据，整理得到中国 1999 年铅酸电池生命周期铅流图，如图 5-2 所示。图中单位为 kt。

由图 5-2 可看出铅酸电池系统中各股流动的数量分配和流动方向。

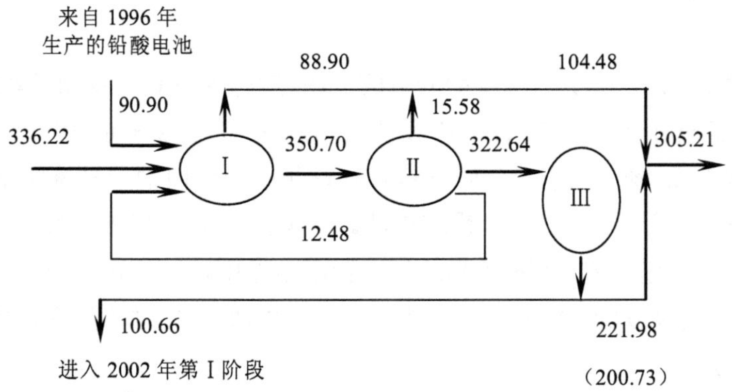

图 5-2　中国 1999 年铅酸电池生命周期铅流图

第三节　物质人为循环流动规律如何

第三章介绍了生态效率的概念，该指标泛指某一产品系统中单位环境负荷所能提供的社会服务量，可以表征人类服务与资源、环境间的关系。这里，仍以铅酸电池系统为例，并选择生态效率作为反映铅元素人类服务与资源、环境间关系的指标，演绎铅酸电池系统中铅元素人为流动的基本规律。

如前所述，该系统有铅矿资源消耗和铅污染排放两种环境负荷。与此相对应，生态效率可分为资源效率和环境效率两种，并分别用 r、q 表示，单位是 kW·h·a/t，即

$$r = \frac{S}{R} \tag{5-4}$$

$$q = \frac{S}{Q} \tag{5-5}$$

可见，生态效率越高，意味着获得同等的服务，将消耗更少的铅矿资源，或者排放更少的含铅废物、污染物；反过来说，意味着同样的环境负荷下，将实现更多的服务。下面分别叙述式（5-4）、式（5-5），可分别获得资源效率、环境效率随各参数变化的关系规律。

一、资源效率

若定义第 $\tau-\Delta\tau$ 年的产品产量 $P_{\tau-\Delta\tau}$ 与第 τ 年的产品产量 P_τ 的比值为产品产量变化比，用 p 表示，即

$$p = \frac{P_{\tau-\Delta\tau}}{P_\tau} \tag{5-6}$$

式中：p——铅酸电池的产量变化比，反映电池产量随年份的变化，该值恒为正值。

分别将式（5-1）、式（5-3）、式（5-6）代入式（5-4），可整理得到

$$r = \frac{F_P \cdot \Delta\tau}{1+\gamma-\alpha p} \tag{5-7a}$$

为了更清楚地看到资源效率随年份增长率的变化关系，假设铅酸电池的产量随年份以产量增长率 ρ 线性增长，即

$$\frac{P_{\tau-\Delta\tau}}{P_\tau} = 1-\rho\Delta\tau \tag{5-8}$$

将式（5-8）代入式（5-7a），整理后得

$$r = \frac{F_P \cdot \Delta\tau}{1+\gamma-\alpha+\alpha\rho\Delta\tau} \tag{5-7b}$$

可见，铅在铅酸电池系统中的资源效率 r 是铅排放率γ、循环率α、铅酸电池的使用寿命 $\Delta\tau$ 、比性能 F_P 和产量增长率ρ 的函数。为了更清楚地看出资源效率随各参数的变化关系，在设定一些参数的数值后，按式（5-7b）绘图，得到图 5-3。

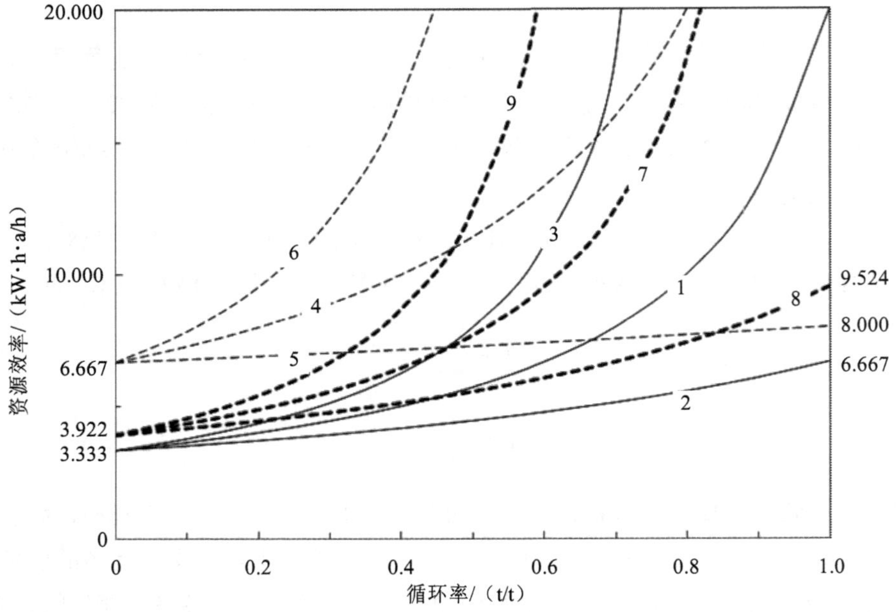

曲线 1：$\gamma=0.2$ t/t，$\Delta\tau=4$ a，$\rho=0$；曲线 2：$\gamma=0.2$ t/t，$\Delta\tau=4$ a，$\rho=0.1$；
曲线 3：$\gamma=0.2$ t/t，$\Delta\tau=4$ a，$\rho=-1$；曲线 4：$\gamma=0.2$ t/t，$\Delta\tau=8$ a，$\rho=0$；
曲线 5：$\gamma=0.2$ t/t，$\Delta\tau=8$ a，$\rho=0.1$；曲线 6：$\gamma=0.2$ t/t，$\Delta\tau=8$ a，$\rho=-0.1$；
曲线 7：$\gamma=0.02$ t/t，$\Delta\tau=4$ a，$\rho=0$；曲线 8：$\gamma=0.02$ t/t，$\Delta\tau=4$ a，$\rho=0.1$；
曲线 9：$\gamma=0.02$ t/t，$\Delta\tau=4$ a，$\rho=-0.1$。

图 5-3 资源效率变化规律曲线

由图 5-3 可推知：

（1）循环率α 对资源效率 r 的影响：当其他参数不变的情况下（如图 5-3 中某一条曲线），资源效率随循环率的提高而不断提高。因此，开展循环经济时一定要注重提高物质的循环率。循环率可作为循环经济的标志性指标。

（2）产量变化率ρ 对 r 与α 关系的影响：产量变化率将影响资源效率随循环率变化的快慢以及资源效率所能达到的最高数值。与产量不变的情况相比，在产量持续增长情况下，r 随α 的增长较为缓慢，资源效率所能达到的最高数值较小；而且产量增长越快，这一效果越明显。在产量下降的情况下，资源效率的变化也正好相反，如图 5-3 中的曲线 1、曲线 2 和曲线 3。由此推测，在产量下降情况下，较容易实现资源效率的大幅提高。

（3）使用寿命 $\Delta\tau$ 对 r 与α 关系的影响：使用寿命主要影响资源效率的数值，但不影响资源效率随循环率变化的快慢。在其他因素不变的情况下，使用寿命越长，资源效率就越高，如图 5-3 中的曲线 1 和曲线 4。

（4）铅排放率γ对 r 与α关系的影响：铅排放率影响资源效率随循环率变化的快慢以及资源效率的起止数值。铅排放率越低，r 随α的增长越快，资源效率的起止数值也越大，如图 5-3 中的曲线 1 和曲线 7。由此推测，降低铅排放率有利于大幅提高铅的资源效率。

最后，铅的资源效率是随铅酸电池的比性能正向增长的，即其他条件不变情况下，比性能越高，资源效率也越高。这从式（5-7）中极容易看出。

由此可得出结论：若想提高资源效率，需要提高产品的物质比性能[这与以后章节中提到的“物质减量化”（dematerialization）密切相关]，提高物质循环率，延长产品的使用寿命（这为循环经济中的产品维护和再使用提供了理论佐证），降低人为系统的物质排放率，降低物质产量的增长速率。

二、环境效率

按照与资源效率分析类似的思路考察环境效率，将式（5-1）、式（5-3）和式（5-6）代入式（5-5），得到

$$q=\frac{F_P\cdot\Delta\tau}{\gamma+(1-\alpha)p} \tag{5-9a}$$

在铅酸电池产量线性变化情况下，将式（5-8）代入式（5-9a），得到

$$q=\frac{F_P\cdot\Delta\tau}{\gamma+(1-\alpha)(1-\rho\Delta\tau)} \tag{5-9b}$$

式中各符号意义同前。

可见，铅的环境效率 q 也是铅酸电池的比性能、使用寿命、铅排放率、循环率和产量增长率的函数。这也意味着环境效率和资源效率之间存在某种必然的联系。

三、资源效率与环境效率间关系

为了解析得到资源效率与环境效率间的定量关系，将式（5-7a）与式（5-9a）联立，解得

$$\frac{1}{q}=\frac{1}{r}-\frac{1-p}{F_P\cdot\Delta\tau} \tag{5-10a}$$

在铅酸电池产量线性变化情况下，将式（5-6）、式（5-8）代入式（5-10a），整理后得

$$q=\left(\frac{1}{r}-\frac{\rho}{F_P}\right)^{-1} \tag{5-10b}$$

为了更清楚地看出环境效率与资源效率的变化关系，在设定其他参数数值后，按式（5-10b）绘图，得到图 5-4。

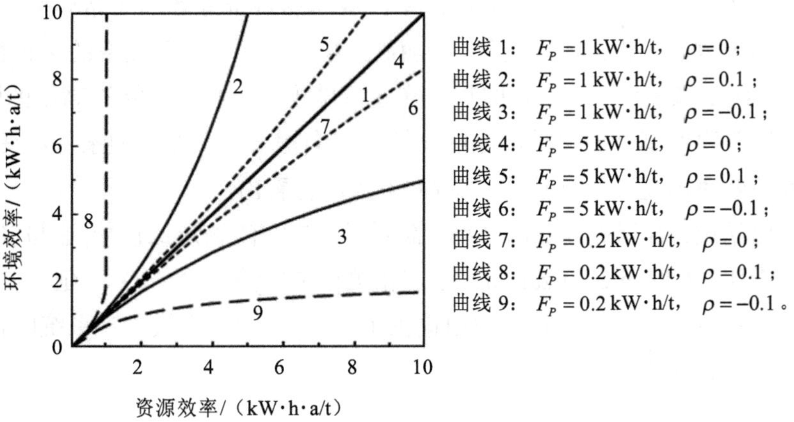

图 5-4 环境效率随资源效率的变化曲线

资料来源：毛建素，2003。

由图 5-4 可见，在任何情况下，环境效率都随资源效率的增长而提高，并且在产量保持不变的情况下，环境效率与资源效率相等，表现为与横轴夹角为 45°、斜率为 1 的直线。特别是从整体来看，产量下降区的曲线与产量增长区的曲线沿 45°轴对称分布于其两侧，反映出资源效率与环境效率间基本关系的数学之美。

进一步分析可知，环境效率随资源效率变化的快慢将受到产量增长率、比性能两个因素的影响。其中，产量变化将影响环境效率与资源效率的相对数值：在产量增长情况下，环境效率将恒大于资源效率；反之，在产量下降情况下，环境效率将恒小于资源效率。在产量增长率相同的条件下，产量增长与产量下降恰形成斜对称关系，如图 5-4 中的曲线 2 和曲线 3。由此推测，在相同的资源效率下，产量增长有助于环境效率的提高，比性能将主要影响环境效率随资源效率变化的快慢。在产量持续增长情况下，如图 5-4 中的曲线 2 和曲线 5，比性能越高，曲线 5 位于曲线 2 之下，表明环境效率随资源效率的增长越慢，并且若保持资源效率相同，则比性能越高，环境效率越低。反之，在产量持续下降情况下，比性能对环境效率与资源效率关系的影响正好相反。但无论产量增长还是下降，也无论比性能如何，都是资源效率越高，环境效率也越高，只不过程度有所不同。因此，开展循环经济时可以将提高资源效率作为重点。

第四节 物质人为循环流动规律的另一种表达方式

如前所述，一个系统的服务量还可表达为向社会提供的产品数量，即统计期内的产品产量。如果仍针对第三节中的铅酸电池系统，选择统计期内产品产量来表征其社会服务量，并以含铅量计算，则该铅酸电池系统的社会服务量将表达为：

$$S' = P_{\tau} \tag{5-11}$$

而铅酸电池系统的资源负荷和环境负荷仍为式（5-1）和式（5-2），以上各参数的单位都是 t/a。

类似地，将式（5-1）、式（5-2）和式（5-11）代入式（5-4）和式（5-5），并考虑式（5-6），将得到以产品产量（以物质含量计算）为社会服务量的另一种表达方式，分别如下。

资源效率：

$$r' = \frac{1}{1+\gamma-\alpha p} \tag{5-12a}$$

环境效率：

$$q' = \frac{1}{\gamma+(1-\alpha)p} \tag{5-13a}$$

在这种情况下，若将式（5-12a）与式（5-13a）联立，可解得环境效率与资源效率的关系：

$$\frac{1}{q'} - \frac{1}{r'} = p-1 \tag{5-14}$$

由此可见：①在产量不变情况下，资源效率恒等于环境效率；②在产量增长情况下，资源效率恒小于环境效率；③在产量下降情况下，资源效率恒大于环境效率。这主要是由于产品产量的变化引起了产品系统的涨缩：产量增长表明产品系统扩张，资源索取量大于排放量，因而资源效率小于环境效率；反之，产量下降表明产品系统收缩，资源索取量小于排放量，使得资源效率大于环境效率。

若进一步考虑产量的线性变化，将式（5-6）、式（5-8）代入式（5-12a）和式（5-13a），整理后可分别得到式（5-12b）和式（5-13b）。

资源效率：

$$r' = \frac{1}{1+\gamma-\alpha+\alpha\rho\Delta\tau} \tag{5-12b}$$

环境效率：

$$q' = \frac{1}{\gamma+(1-\alpha)(1-\rho\Delta\tau)} \tag{5-13b}$$

对比式（5-7）与式（5-12）、式（5-9）与式（5-13），可见以产品数量（物质量）表征社会服务量时，资源效率和环境效率的变化规律中没有显示产品比性能。意味着在这种情况下，将无法显示产品物质减量化、轻型化等所带来的收益。比如，电脑小型化后，某台电脑的服务功能在加强，而所消耗的物质数量却在减少，比性能获得了大幅提高，这一点将被湮没在研究方法中。

此处，推荐扩展阅读以下论文。思考在文献《钢铁产品生命周期的铁流分析》中的物流框架下，可能得出怎样的资源效率、环境效率表达式？并与本节所得表达式进行对比，分析差异以及形成这些差异的原因，并思考哪一种表达式更具科学性，从此体会科研是研究方法、所得结果和结论不断深入的过程。

陆钟武，2002. 钢铁产品生命周期的铁流分析[J]. 金属学报，38（1）：58-68.
陆钟武，2003. 关于循环经济几个问题的分析研究[J]. 环境科学研究，16（5）：1-10.

第五节 物质人为循环流动的理想模式

在物质人为循环流动中，如果其产品系统既不消耗自然资源，又不向环境排放任何含有该物质的废物、污染物，那么在其产品系统中将形成该物质的理想循环。仍以铅为例，令式（5-1）、式（5-2）的值为零，并考虑式（5-6），将可整理得到

$$\begin{cases} p=1 \\ \alpha=1 \\ \gamma=0 \end{cases} \tag{5-15a}$$

或仍以ρ表示产量增长率，则

$$\begin{cases} \rho=0 \\ \alpha=1 \\ \gamma=0 \end{cases} \tag{5-15b}$$

式（5-15）表示在理想循环流动情况下，各年产品产量（物质量）不变，社会服务量的提高将表现为物质减量化所带来的资源效率的提高；产品在使用报废后，全部得以回收，物质全部得到循环再生；产品系统运行中不排放任何废物、污染物。式（5-15）为物质的理想循环方程，是实现物质人为循环流动理想模式的充分必要条件。

综合上述研究结果，为实现物质人为循环流动理想模式，需要大力提高物质循环率，降低废物排放量，使所有的废物（包括生产过程中产生的加工废物和产品到达其使用寿命后报废时形成的折旧废物）都得以循环利用。做到了这些以后，在各年产品中物质量趋于稳定的基础上，物质的人为流动将接近理想的人为循环流动。

在物质理想的人为循环流动条件下，图 5-1 简化为图 5-5。

对比图 5-5 和图 5-1，不难发现，图 5-1 中表示物质矿产资源投入和表示废物环境排放的连线自行消失，表示整个系统不再向环境索取任何矿产资源，同时也不再向环境排放任何废物、污染物，完全依靠系统中储存的物质进行周而复始的循环运行。

此外，借助对物质理想的人为循环流动的数学分析，特别是所获得的式（5-14）中产量变化比、循环率、铅排放率、产量增长率都呈现出 1 或 0 的理想数值，在图 5-5 中也完美呈现了物质在人类社会经济复合系统中的全封闭循环，反映着客观事物所蕴含的内在规律中的数学美感，也进一步验证了前文所构建的模型、研究方法和结论的科学性。

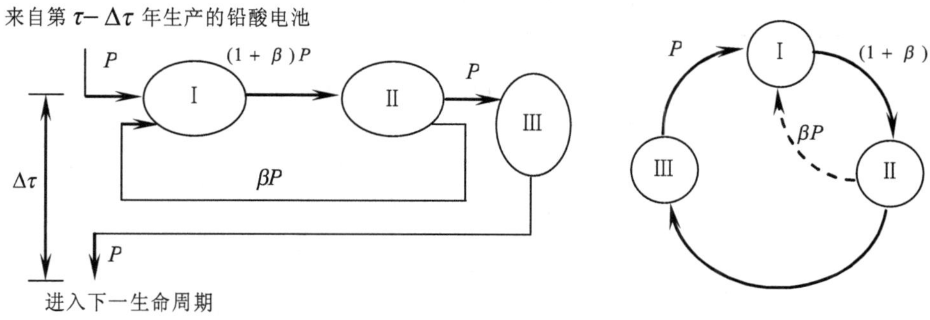

（a）使用寿命 Δτ 可见　　（b）使用寿命 Δτ 不可见

图 5-5　物质理想的人为循环流动

第六节　如何应用——案例分析

既然物质人为流动具有特定的规律，那么管理实践中就应遵循这些规律以不断地优化物质人为流动。通常，主要可用于以下两个方面：一是根据所得基本规律，建立有效的指标体系，并通过对指标的量化考核，应用于人类发展与资源保护、环境改善的综合管理中；二是可借助物质流动分析的现状研究结果，根据规律预测未来，并提出有效的管理对策。下面分别从评估指标及其应用、应用实践与管理、数据来源三个方面进行案例分析。

一、应用示例 1：建立评估指标，付诸管理应用

无论是资源环境系统，还是人类社会经济复合系统，对其的管理都需要定量的管理指标。根据前面的物质人为流动过程分析，不难发现物质人为流动过程涉及多种不同的指标。这里根据物质流动数量的表达方式，将指标分成绝对性指标和相对性指标。其中，绝对性指标多反映物质流动的规模，相对性指标多反映资源效率或物质回收、污染物排放等比率。又可根据刻画对象所处产品系统边界的内外关系，产品系统与资源环境间的关系，分成产品系统的内部指标和外部指标。其中，外部指标是指产品系统边界外的资源环境影响性指标，而内部指标是指产品系统内部各子系统或各组成的生命周期阶段之间的物质联系的指标。还有反映产品系统内部与外部之间定量联系的指标。将以上评估物质人为流动的各指标、指标含义汇总入表 5-2，供参考使用。

表 5-2 物质人为流动评估指标一览表

分类方法	指标类别	指标示例	物理含义
按物质流动数量的表达方式	绝对性指标	资源消耗量	某统计期产品系统消耗的自然资源数量
		污染排放量	某统计期产品系统向环境排放的废物、污染物数量
		社会服务量	某统计期产品系统向社会提供的服务量
	相对性指标	资源效率	产品系统消耗单位自然资源可向社会提供的服务量，或某统计期产品系统社会服务量与其自然资源消耗量之比
		环境效率	产品系统向社会提供的服务量与同期向环境排放的废物、污染物数量之比，或某统计期产品系统排放单位环境废物、污染物情况下所能提供的社会服务量
		循环率	包括大循环率和小循环率。其中，大循环率指产品报废后返回到物质再生阶段的物质所占的比例；小循环率指产品加工制造阶段所产生的废物返回物质再生阶段的物质数量与同期终产品产量之比
		废物排放率	某统计期产品系统排放的环境废物、污染物数量与同期终产品产量之比
按产品系统与资源环境间的关系	外部指标	资源开采量	某统计期产品系统开采的自然资源数量
		废物排放量	某统计期产品系统向环境排放的废物、污染物数量
		贸易率*	对应于定点法物质流动分析。指某统计期产品系统的贸易数量占该阶段产品产量的比例
	内部指标	循环率	包括大循环率和小循环率。其中，大循环率指产品报废后返回到物质再生阶段的物质所占的比例；小循环率指产品加工制造阶段所产生的废物返回物质再生阶段的物质数量与同期终产品产量之比
		蓄积率*	对应于定点法物质流动分析。指某统计期产品系统净流入在用库（in-use stock）的物质数量与同期内投入使用的物质数量的比值
		废物排放率	某统计期产品系统排放的环境废物、污染物数量与同期终产品产量之比，或某统计期产品系统排放单位环境废物、污染物情况下所能提供的社会服务量
		废物回收量	某统计期产品系统产生的各类废物中得以回收的物质数量
		产品寿命	产品从投入使用到报废的时间差
	内外部联系指标	资源效率	产品系统消耗单位自然资源可向社会提供的服务量，或某统计期产品系统的社会服务量与其自然资源消耗量之比
		环境效率	产品系统向社会提供的服务量与同期内向环境排放的废物、污染物数量之比，或某统计期产品系统排放单位环境废物、污染物情况下所能提供的社会服务量
		资源可保证年限	以当前资源开采量估算的现有资源储量可以保证使用的年数
		污染物人为流动超出倍数	某种环境污染物的人为流率（单位时间内的人为排放量）与其自然流率（单位时间内的自然循环数量）之比

注：定点法物质流动分析见第六章。

二、应用示例 2：实践应用验证，提出管理对策

仍以前文中铅酸电池系统研究为例。

为了找到改善中国铅酸电池系统铅流状况的措施，根据铅流分析结果（图 5-2）计算资源效率、环境效率，以及各个影响参数的数值，并将结果与其他案例进行对比，得到不同国家的铅酸电池系统铅流状况，如表 5-3 所示。

表 5-3　中国与瑞典的铅酸电池系统中的铅流状况对比

国家	资源效率/（kW·h·a/t）	环境效率/（kW·h·a/t）	大循环率/（t/t）	中循环率/（t/t）	铅排放率/（t/t）	年均增长率/%	使用寿命/a
中国	118.90	130.98	0.312	0.039	0.324	3.2	3
瑞典	15 804	15 804	0.99	0.123 6	0.002 655	0	5
瑞典/中国	132.92	120.66	3.173	3.169	0.008 2	0	1.667

注：对铅酸电池比性能的取值，中国估算为 F_P=41.303 kW·h/t，瑞典取 40 kW·h/t。

由表 5-3 可见，在铅酸电池系统中，瑞典铅的资源效率和环境效率均已经高达 15.804 MW·h·a/t，分别是中国的 132.92 倍、120.66 倍。其原因在于：在循环率方面，瑞典已达到 0.99 t/t，铅几乎全部循环，而中国仅为 0.312 t/t；在铅排放方面，瑞典的γ仅为 0.002 655 t/t，而中国高达 0.324 t/t；在产量变化方面，瑞典至少稳定了铅酸电池的一个生命周期——5 年，而中国仍在持续增长；在电池的使用寿命方面，瑞典可达到 5 年，而中国平均为 3 年。

根据前述资源效率和环境效率变化规律，为提高中国铅酸电池系统中铅的生态效率，应着重提高铅的循环率，降低铅的排放率。对于前者，需要采取以下对策：

（1）借鉴国外先进的管理经验，建立废铅回收法规，完善回收机制，引导废铅电池的回收工作步入正常的轨道。

（2）延伸铅酸电池厂的企业责任，逐步实现销售产品型企业向销售服务型企业的过渡，促进废铅电池的回收。

（3）加强环保宣传，树立“废物也是资源”的观念，向电池用户征收消费税，向废铅排放部门收取排放税，保障废铅回收工作的顺利进行。

为降低铅的排放率，需要做到以下几点：

（1）对铅的生产企业实行特别许可证管理制度。严格规定企业的生产规模、生产技术与环保措施。坚决禁止小开采企业，取缔、关闭小型冶炼厂。

（2）开发新型选矿技术，提高选矿的收率。推广先进的无污染冶炼铅工艺；淘汰小型的、落后的炼铅工艺；制定优惠的经济政策，鼓励冶炼铅新技术、新工艺的推广和应用。

（3）宣传教育：向公众宣传铅的危害、防止铅污染的方式和方法，形成良好的利于环境

保护的习惯，努力降低废铅流入环境的数量，避免形成对人体的危害。

参考已有污染和管理实践，希望今后也能在其他污染形成之前就通过科学管理，有效避免污染事件的发生。

三、应用示例3：物质流动分析数据来源

有效、充足的数据是获得有效研究结果的前提条件和工作基础，在科学研究中拥有与研究方法同等重要的地位。对于不同的研究议题，拟回答的问题不同，所需要的数据不同，因此数据来源和计算方法也不相同。这里以我国铅酸电池系统的物质流动分析为例，展示其数据主要来源，具体见表5-4。

表5-4　我国铅流分析主要数据来源

数据类型或名称	数据来源	编写单位
采矿收率	《中国铅锌矿产资源开发利用水平调查报告》	北京矿冶研究总院
选矿与冶炼收率	《中国有色金属工业年鉴》（1990—2001年）	中国有色金属工业年鉴编辑委员会
废铅再生数量及生产数据	出版的文献	部分由中国有色金属工业协会再生金属分会提供
铅酸电池生产数据	沈阳蓄电池有限公司环境评价报告	沈阳环境科学研究所
铅酸电池产品结构与性能	《中国蓄电池年度统计报告》	沈阳蓄电池研究所
铅酸电池产量数据	《中国机械工业年鉴》 《中国电器工业年鉴》	中国机械工业年鉴编辑委员会
铅酸电池进出口数据	《中国对外经济贸易年鉴》	中国对外经济贸易年鉴编辑委员会
废铅进出口数据	《中国对外经济统计年鉴》	中国对外经济统计年鉴编辑委员会

推荐阅读文献

[1] MAO J S，LU Z W，YANG Z F，2006. Eco-efficiency of lead in China's lead-acid battery system[J]. Journal of Industrial Ecology，10（1-2）：185-197.

[2] 陆钟武，2002. 钢铁产品生命周期的铁流分析[J]. 金属学报，38（1）：58-68.

[3] 陆钟武，2002. 论钢铁工业的废钢资源[J]. 钢铁，37（4）：66-70.

[4] 陆钟武，2003. 关于循环经济几个问题的分析研究[J]. 环境科学研究，16（5）：1-10.

[5] 陆钟武，2005. 关于进一步做好循环经济规划的几点看法[J]. 环境保护，（1）：14-17.

[6] 陆钟武，2006. 物质流分析的跟踪观察法[J]. 中国工程科学，8（1）：18-25.

[7] 毛建素，2003. 铅的工业代谢及其对国民经济的影响[D]. 沈阳：东北大学.

课堂讨论与作业

一、课堂思考与讨论

如果研究中所做假设发生变化，或研究的产品不符合本研究假设条件时，比如产品使用年限与生产所花费时间在相同尺度，比如铝用于制作易拉罐，而易拉罐从盛装饮品到报废可能只需几个月时间，应如何构建研究框架？或者，对于使用中物质不断耗尽的产品，如铅笔中的铅芯在铅笔使用过程中不断耗尽等，又应如何构建研究框架？

对于复杂物质（或系统），如何进行物质流动分析？

如果不采用追踪法，是否还有其他方法？

二、课堂议题

哪些物质的人为循环流动最值得关注？选择某一感兴趣的物质，列出其物质流动研究提纲，并进行课堂分享。

三、小组作业

针对课堂议题讨论中所选的物质，借助图书馆文献系统查找其物质流动分析的论文，以课堂报告形式分享。要求同学们在汇报中体现小组选题过程，并学习所选论文如何设定论文题目、如何描述研究依据、各项内容如何表达。体现论文中各节、段落间的逻辑关系。汇报时间为 10～12 分钟。评分标准参见表 T5-1。

表 T5-1　课堂小组汇报评分表

报告题目	选题过程 是否清晰 （满分 10 分）	论文主题 是否明确 （满分 10 分）	研究依据 是否充分 （满分 10 分）	逻辑关系 是否清晰 （满分 10 分）	表达方式 是否合理 （满分 10 分）

第六章　物质的循环流动：定点法物质流动分析

本讲重点：定点法物质流动分析框架，以及物质的使用蓄积、环境排放物的环境累积。

基本要求：充分理解定点法物质流动分析与追踪法物质流动分析的相同点与差异；掌握物质使用蓄积的概念、形成过程和累积后果，特别注意产量增长对物质使用蓄积的驱动作用及后果；了解“自上而下”和“自下而上”两种估算物质使用蓄积量的方法；类似地，将方法延伸用于环境释放物的环境累积问题研究；引申思考物质流动分析对国内外双循环管理的参考价值。

第一节　核心议题的提出

如前所述，目前有两种具代表性的物质流动分析方法。一种是着眼于物质质点的追踪法，另一种是关注某一特定区域的定点法。第五章已经探讨了追踪法物质流动分析，本章将针对定点法，结合耶鲁大学物质流动分析框架，研讨其科研开展的演进过程。

本章内容主要用于回答如何选定研究的物质、如何解析物质的人为循环流动、这些流动将产生怎样的社会效应和环境效应以及这些研究有哪些用途。最后列出若干思考议题，供同学们扩展思考，并在进行相关研究时选择应用。

第二节　如何选定研究的物质

在 2006 年耶鲁大学产业生态研究中心举行的存量与流量（STock And Flow，STAF）小组研讨会中，T. E. Graedel 院士分享了该研究小组筛选物质的几个原则。

（1）自然中不能循环的物质：该小组定量审核了元素周期表中每一种物质的自然循环水平和人为干扰程度，从中选择人为干扰程度远大于其自然循环水平的一类物质作为重点关注的物质类型。

（2）使用速率较高的物质：使用速率是指物质的年使用量。使用速率越高，意味着对人类越重要，同时越容易造成这类物质资源短缺，因此应予以关注。

（3）使用速率变化较快的物质：使用速率变化速率反映单位统计期内物质使用量变化

的多少。该指标反映人类活动与外部资源环境间的相对关系。该指标变化越快，越容易改变人类与环境关系现状。比如，使用速率上升越快，该物质资源越加速枯竭。

（4）高毒高害物质：物质具有较高的生态风险，对所处环境中的生态系统可能产生毒害作用。应重点关注对人体健康有毒有害的物质。

（5）与科学或技术相关的物质：在科研中或技术方面具特殊意义的一类物质，比如目前可能面临资源耗竭的一类物质，科研中需要加大循环再生水平或需要尽快找到合适的替代物质，如铜、铂、锌等；又如物质使用量加速增加的一类物质，如近年来由于许多场合开始采用铝替代铜，导致铝的用量逐年快速增长；还有一些与其他物质循环过程密切相关的一类物质，如黄铜、焊料、不锈钢等产品中都含有铁、锡、镍等多种不同的物质。

（6）能获得科研资助的物质：物质被技术、环保等其他部门关注，这些部门愿意提供资金支持以开展相关研究。如美国国家科学基金会、某些专业技术协会或某特定组织机构咨询项目。

第三节　如何应用定点法分析物质人为流动

一、定点法物质流动分析框架

在定点法物质流动分析框架中，研究者将重点关注特定的研究区域，通常是全球、一个国家或其他特定区域。目前，大多数研究仍以金属元素作为研究对象。

定点法物质流动分析基本框架如图 6-1 所示。其中，地区边界以内为研究区域。

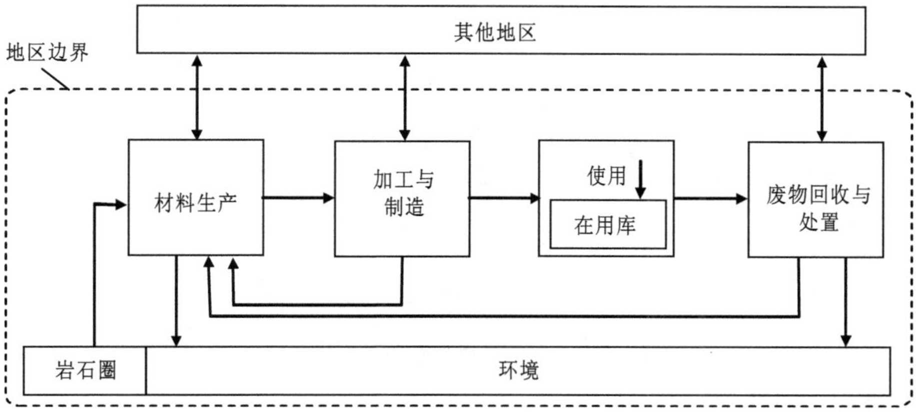

图 6-1　定点法物质流动分析基本框架

资料来源：Mao et al.，2008a。

图 6-1 中，物质流动过程主要包括 4 个阶段：材料生产阶段、加工与制造阶段、使用阶

段以及产品完成其使用寿命后的废物回收与处置阶段。地壳的岩石圈作为金属元素最初的源，人类外部环境（如垃圾填埋场、沉淀池、道路等）成为废物、污染物中金属元素的排放场所，是金属元素环境废弃物最终的汇。在使用过程中，金属元素将蓄积在人类社会经济复合系统中，形成金属元素的在用库（in-use stock）。对每一生命周期阶段，金属元素流入量、流出量和库存量的变化量遵守物质守恒定律。由物质流动的连续性构成了各阶段物质元素的流动。

应用中，图 6-1 中的定点法物质流动分析基本框架可因金属种类、数据可得性、研究目的等因素的变化而进一步细化。例如，该基本框架用于研究铅金属元素的循环流动时，考虑到含铅污染物可能威胁生态系统，特别是人体的健康，因此需要特别关注含铅污染物的排放问题。为此，在基本框架（图 6-1）基础上，补充了加工与制造阶段和使用阶段含铅污染物的排放。同时，由于不同来源的含铅废物具有不同的环境风险，因此用下标符号来区别铅污染物的来源。具体如图 6-2 所示。

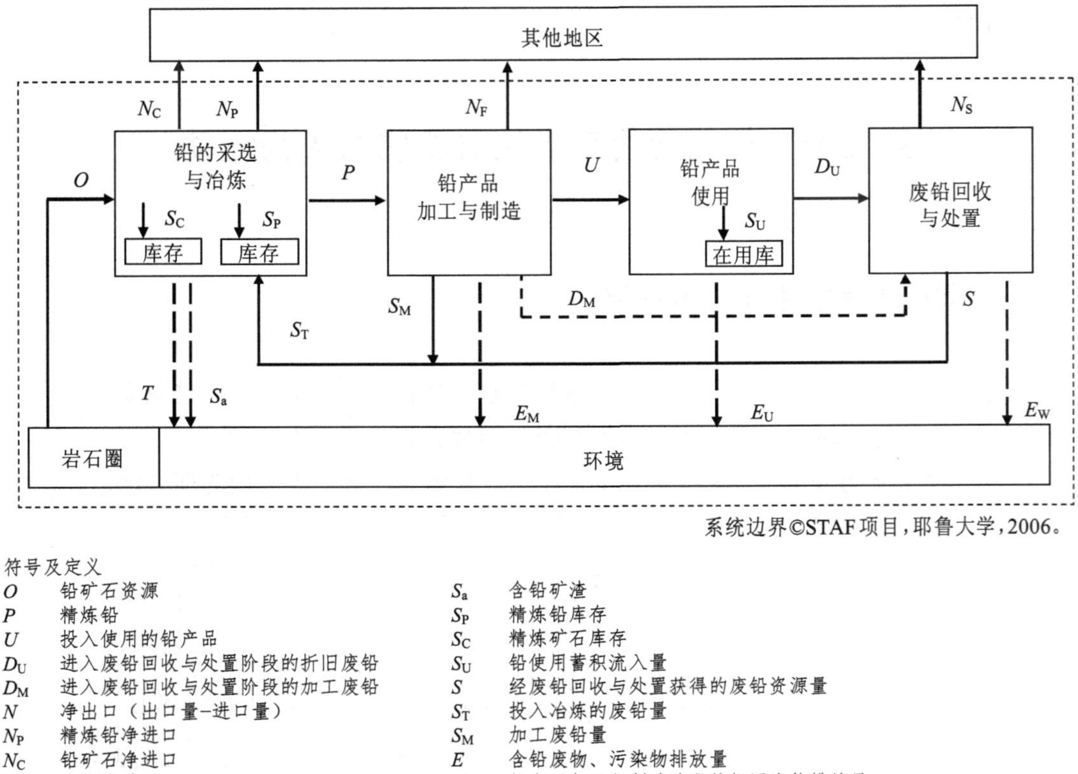

系统边界©STAF项目，耶鲁大学，2006。

符号及定义

O	铅矿石资源	S_a	含铅矿渣
P	精炼铅	S_P	精炼铅库存
U	投入使用的铅产品	S_C	精炼矿石库存
D_U	进入废铅回收与处置阶段的折旧废铅	S_U	铅使用蓄积流入量
D_M	进入废铅回收与处置阶段的加工废铅	S	经废铅回收与处置获得的废铅资源量
N	净出口（出口量–进口量）	S_T	投入冶炼的废铅量
N_P	精炼铅净进口	S_M	加工废铅量
N_C	铅矿石净进口	E	含铅废物、污染物排放量
N_S	废铅净进口	E_M	铅产品加工与制造阶段的铅污染物排放量
N_F	铅产品及半成品净进口	E_U	铅使用阶段的铅污染物排放量
T	铅尾矿	E_W	废铅回收与处置阶段的铅污染物排放量

图 6-2　定点法中铅元素的人为流动框架

资料来源：Mao et al.，2008a。

应用图 6-1 框架来分析物质元素人为流动的方法由美国耶鲁大学 T. E. Graedel 创建，曾广泛用于铜、钢铁、锌等多种金属物质的多尺度循环流动研究中，被陆钟武院士称为物质流动分析的“定点法”。

二、定点法物质流动分析示例：铅流分析

如前所述，定点法物质流动分析将着眼于某一空间区域。以下仍以铅为例。

由于铅金属具有多种用途，可用于生产多种铅产品，同时不同铅产品的加工与制造和回收与处置过程也因产品不同而复杂多变，因此将图 6-1 和图 6-2 进一步细化，体现在铅产品生命周期的每一阶段中，具体如图 6-3（a）～图 6-3（d）所示。

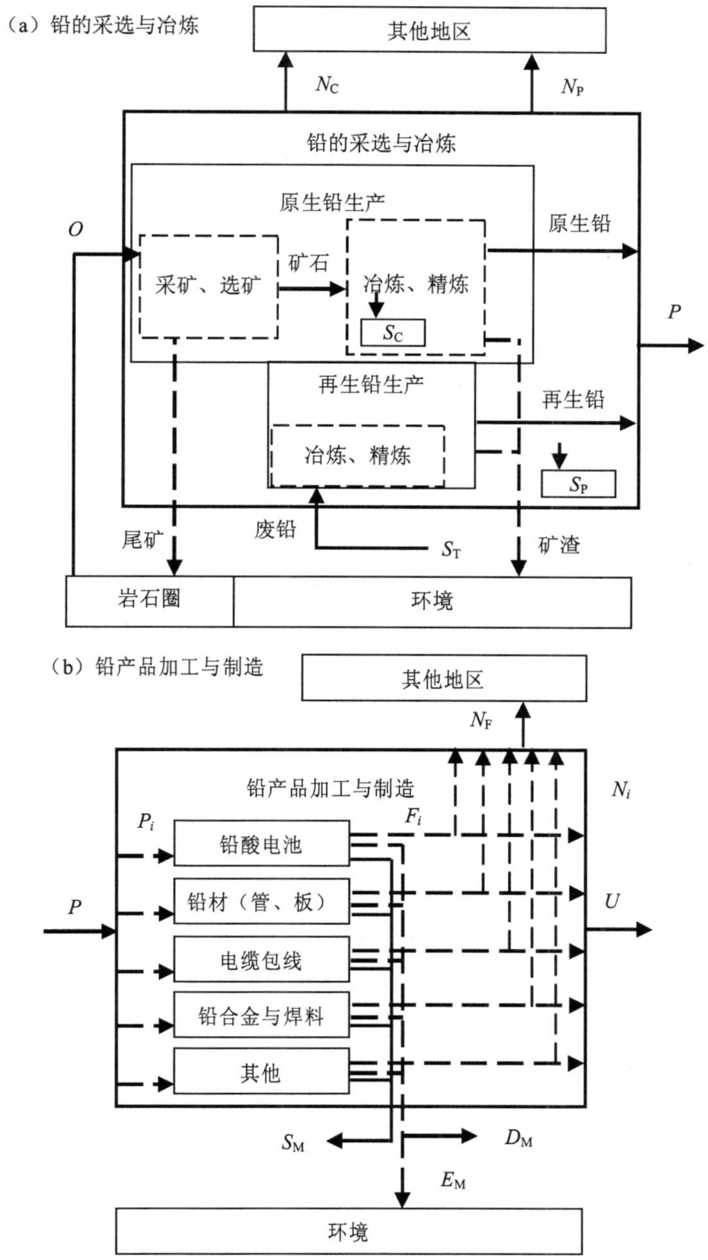

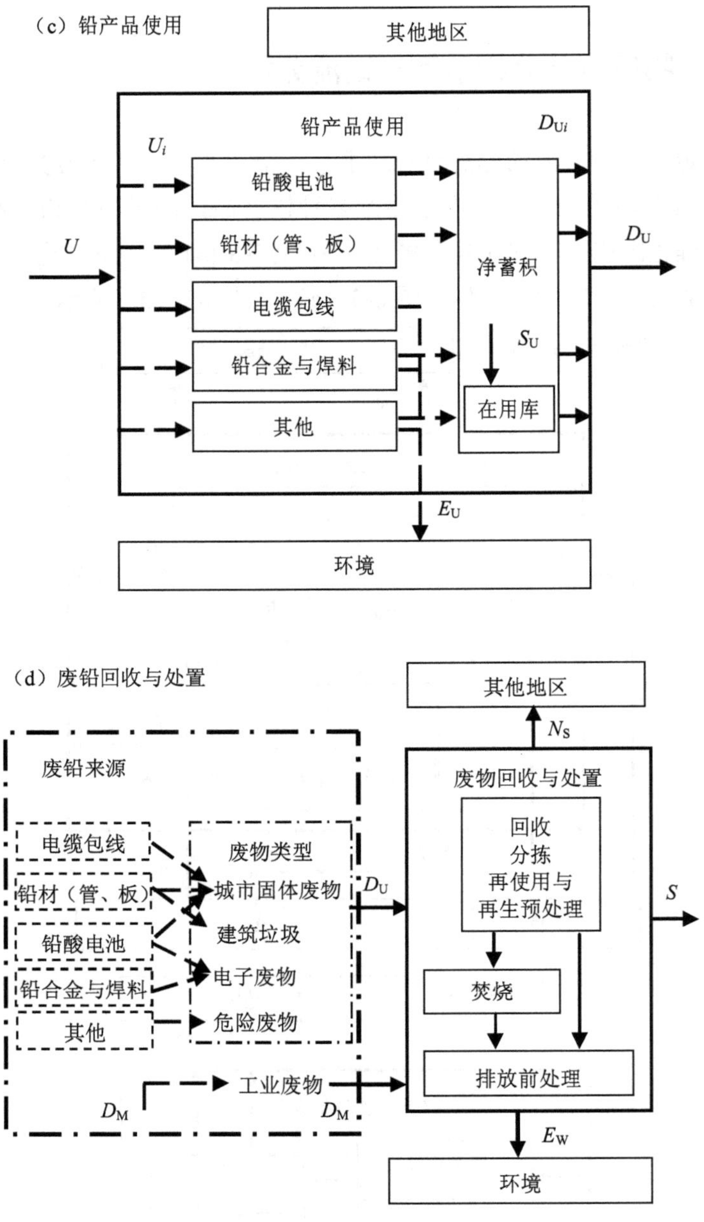

图 6-3 铅元素人为流动各生命周期阶段铅流详图

资料来源：Mao et al.，2008。

根据统计数据和生产过程中的多种技术数据，可将不同空间尺度下地区的铅流情况按图 6-3 的方式整理出来，并汇总到一张图中，得到特定区域某一年份的铅流图。图 6-4 是北美洲2000年的铅流详图。不难看出，图6-4考虑了物质元素的多种用途，同时考虑了多种产品、半成品的进出口贸易等因素。

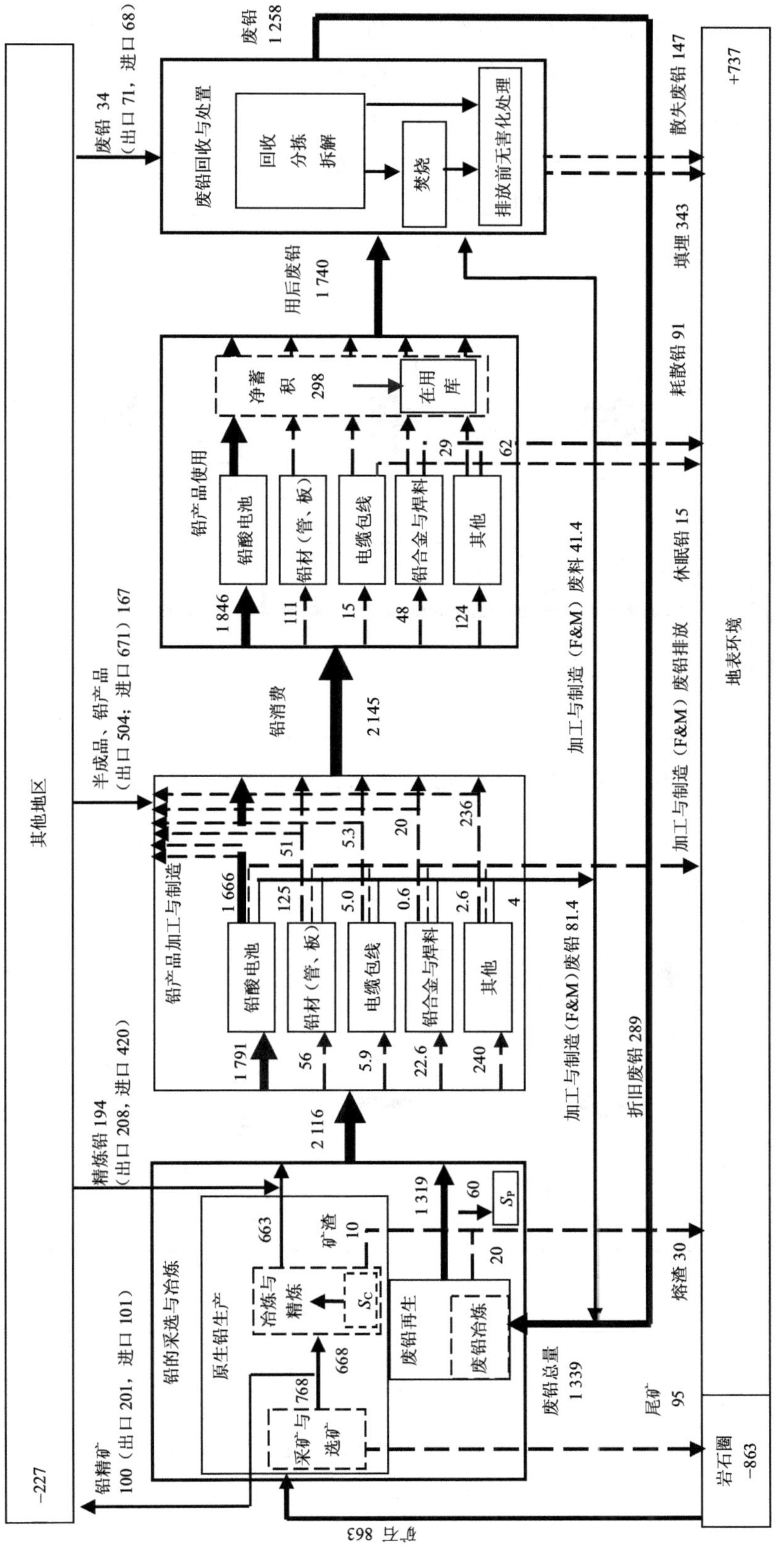

图 6-4　2000 年北美洲铅元素人为流动详图（单位：Gg/a）

资料来源：Mao et al.，2008b。

应用中，也可将某特定区域的铅流绘制成图 6-2 的形式。图 6-5 是 2000 年全球铅流简图。图 6-6 是 2000 年中国铅流简图。全球层面的铅流图中无贸易流，而特定区域中的铅流包含与其他地区间的贸易流。从图 6-5 和图 6-6 可分别看出 2000 年全球和中国的人为铅流对自然系统的干扰强度。上述研究结果可作为制定特定区域铅矿资源保护政策、源头治理铅污染以及实施废铅循环经济的重要依据。

另外，如果对比图 6-6 和图 6-2，还可看出追踪法和定点法两种方法下所获得的铅流图的主要差别。

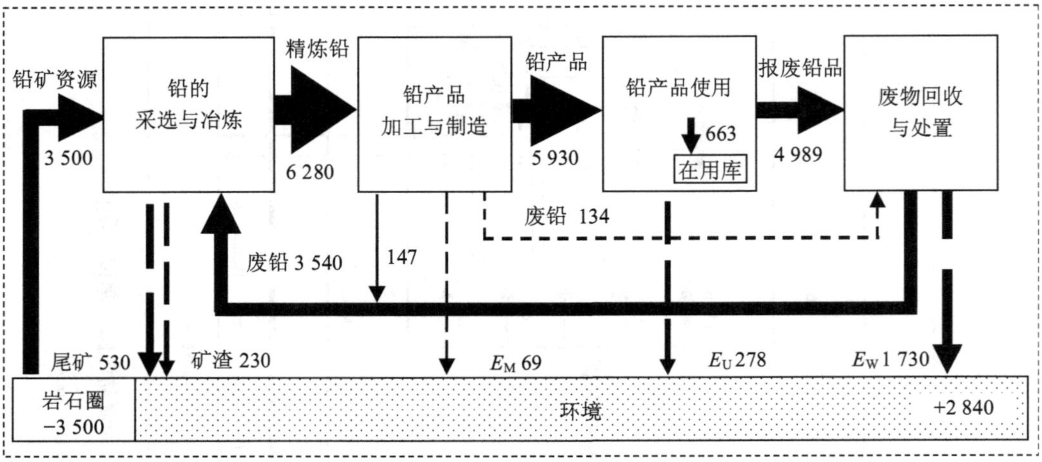

图 6-5　2000 年全球铅元素人为流动简图（单位：Gg/a）

资料来源：Mao et al.，2008b。

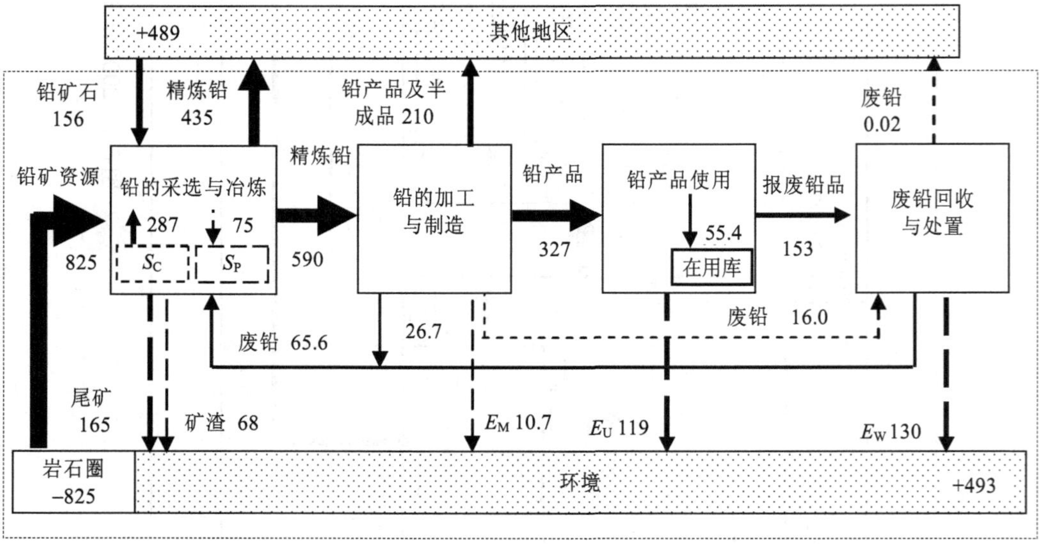

图 6-6　2000 年中国铅元素人为流动简图（单位：Gg/a）

资料来源：Mao et al.，2008b。

第四节　物质人为流动可能产生怎样的结果——示例1：社会效应

一、什么是物质的使用蓄积？

物质的在用库存量（in-use stock）是指当前正在向人类提供各类服务的所有物质的总和，简称物质在用量。当某一时期投入使用的物质数量大于离开使用的物质数量时，其差额部分将积累在物质使用阶段，使物质在用量增加。物质在用量的持续增加，将形成物质在人类社会经济复合系统中的积累，形成一个存放物质的人为的（anthropogenic）、次生的（secondary）场所，它是服务于满足人类需求、处于人类使用状态的物质储存库，简称物质的在用库（in-use stock）。因此，“in-use stock”既可指处于使用状态的物质数量，又可指处于使用状态的物质的存放场所的统称。

一个国家或地区物质在用量的大小可反映该国家或地区特定技术下的生活水平。因此，物质人均在用量可作为欠发达国家或地区获得与发达国家相同生活水平时所需要的物质数量指标。同时，目前物质的在用量将在未来某特定时期产品报废时离开物质的在用库，因此物质在用量可反映未来的废物数量，是废物管理和循环再生的重要信息数据。

二、物质的在用库与产量变化的定量关系

如前所述，当某一时期投入使用的物质数量大于离开使用的物质数量时，其差额部分将积累在物质使用阶段，使物质在用量增加。为进一步了解物质的在用量与产量的关系，将产品使用阶段从物质流动基本框架（图6-1）中分离出来，并结合图5-1中的相关流动参数，整理得到图6-7。

图6-7中λ是第τ年内净流入在用库的物质数量与该年产品产量的比值，称为物质的蓄积率，单位是t/t。基于这一参数，当第τ年的产品产量为P_τ时，该年度净流入在用库的物质数量应为λP_τ。

基于以上分析，针对产品使用阶段列出物质平衡方程：

$$\lambda P_\tau = P_\tau - P_{\tau-\Delta\tau} \tag{6-1}$$

由此整理得到

$$\lambda = 1 - p \tag{6-2}$$

式（6-2）中p仍是第五章中定义的产量变化比。由式（6-2）不难看出，当产量增长时，$p<1$，物质蓄积率为正值，表明物质的使用蓄积仅发生在产品产量持续增长的情况下。反之，当产量下降时，$p>1$，物质蓄积率为负值，意味着将有物质净流出在用库。

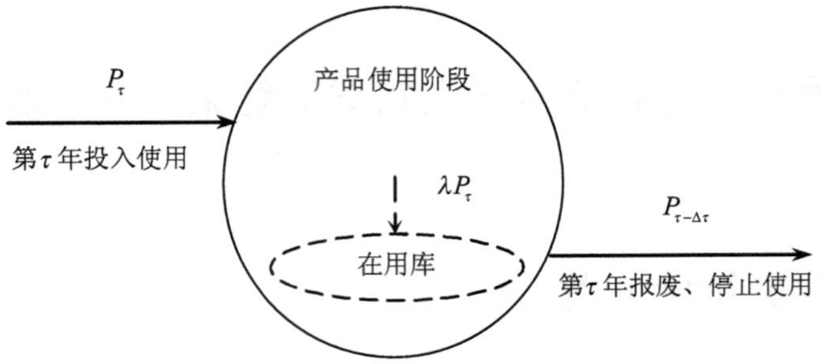

图 6-7　产品使用阶段各参数间基本关系示意图

除此之外，图 6-7 也建立起了追踪法物质流动分析和定点法物质流动分析两种方法之间的内在联系，进一步科学阐释了产量变化与物质蓄积的关系。

三、如何估算物质的使用蓄积？

尽管可通过分析某一国家或区域的逐年铅流状况，得到各年的铅元素在用量的净流入量，然后将某一历史时期内各年的在用量净增量相加，得到该历史时期的在用总量。但是这个方法的工作量将非常庞大，因此希望有更为简捷的办法。

通常可采用两种方法估算物质在用量：一种是借助物质流动分析，计算投入使用和离开使用的物质数量的差值，进而在一定历史时期进行累积计算的方法，称为“自上而下法”（top-down approach）；另一种是借助数据计算含有某特定物质的每一个服务单元的数量，并分析各服务单元该物质的含量，进而计算该物质在用总量的办法，称为“自下而上法”（bottom-up approach）。下面以铅为例，分别展示这两种方法的计算过程。

（一）估算方法 1——自上而下法

如前所述，自上而下法估算物质在用量需要借助物质流动分析。不妨将图 6-2 和图 6-3 中描述物质使用阶段的铅流图单独拿出来进行分析。

首先，分析单一铅产品系统的在用量计算。

由图 6-2、图 6-3（c）可见，对于某一种产品而言，第τ年铅的在用量的净增量是该年投入使用的物质数量 U_τ 减去该年离开使用的物质数量，而该年离开使用的物质数量包括两股流动，一股是由于产品寿命终结、产品报废而离开使用的折旧废物 D_{U}，另一股是在产品使用过程中因腐蚀、磨损等原因陆续排放到环境中的废铅、铅污染物 E_{U}，因此该年净流入在用库的铅量可表达为

$$S_{\mathrm{U}\tau} = U_\tau - D_{\mathrm{U}\tau} - E_{\mathrm{U}\tau} \tag{6-3}$$

式中：$S_{\mathrm{U}\tau}$——某一种铅产品系统第τ年净流入在用库的铅量，或称第τ年铅的在用量的净增量。

若假定铅产品使用寿命为$\Delta\tau$，且产品使用过程中的环境排放都发生在产品报废时，则不难设想，第τ年离开使用的物质数量应恰等于$\Delta\tau$年以前投入使用的物质数量，即

$$D_{U\tau} + E_{U\tau} = U_{\tau-\Delta\tau} \tag{6-4}$$

将式（6-4）代入式（6-3）得到

$$S_{U\tau} = U_{\tau} - U_{\tau-\Delta\tau} \tag{6-5}$$

可见，对于单一产品系统而言，某年物质在用量的年净增量是该年投入使用的物质数量与一个生命周期以前年份投入使用的物质数量的差值。

若选定某特定时期 T，物质在用量的净增量将是该时期内各年份物质在用净增量的累积结果。表达为

$$\sigma \equiv \int_0^T S_{U}\mathrm{d}t \equiv \sum_{\tau=0}^{T} S_{U\tau} \tag{6-6}$$

事实上，往往一种物质可具有多种不同用途，因此涉及多个产品系统。铅也不例外。对于含有多种不同产品的复合系统而言，可用下标 i 区分不同的产品类型，如图 6-8 中将铅产品分为 5 种类型，其中电池类分为启动型铅酸电池（Starting，Lighting and Ignition，SLI 电池）和固定型铅酸电池，而不同类型的产品的使用寿命、使用过程中物质的稳定状况以及报废后的可回收性能截然不同，因此在估算铅的在用量时应区别对待。在这种情况下，某年投入使用的铅量是该年投入使用的各类铅产品的含铅量的和。即

$$U = \sum_{i=1}^{N} U_i \tag{6-7}$$

将式（6-7）代入式（6-5），得到多种铅产品情况下某年的在用量净增量：

$$S_{U\tau} \equiv \sum_{i=1}^{N} S_{U\tau i} = \sum_{i=1}^{N} (U_{\tau} - U_{\tau-\Delta\tau_i})_i \tag{6-8}$$

将式（6-7）代入式（6-6），得到多种铅产品情况下某特定时期内物质在用累积总量：

$$\sigma \equiv \sum_{\tau=1}^{T}\sum_{i=1}^{N} (U_{\tau} - U_{\tau-\Delta\tau_i})_i \tag{6-9}$$

式（6-7）～式（6-9）中 N 是涉及的产品类型数量。

从上面分析可见，采用从上而下法估算物质在用量，将涉及物质的消费结构（或产品类型）、各类产品的使用寿命、产品年产量的增减、考察的历史时段等因素。不难设想，物质在用库是在物质投入使用量长期增长下形成的。如果某一历史时期内物质投入使用的数量低于离开使用的数量，则物质的在用量将减少，物质在用量也将降低。

（二）估算方法 2——自下而上法

如前所述，自下而上法估算物质在用量是借助数据计算研究区域内在用物质的数量

来计算物质在用量的办法。因此，应用自下而上法时，通常首先按物质使用类型分成不同的产品类型，然后根据数据计算研究区域内各类产品数量，并分析每类产品中的物质含量，从而可计算研究区域内目标物质的在用量，表达为

$$M = \sum_{i=1}^{N_T} C_i \cdot N_i \tag{6-10}$$

式中：N_i—— 第 i 类产品的数量，个；

C_i—— 第 i 类产品中目标物质的含量，kg/个；

N_T—— 物质的产品类型数；

M—— 物质在用量，kg。

如果研究中所选研究区域较大，还可对研究区域分成若干区域单元，分别针对各区域单元计算物质在用量，然后汇总得到整个研究区域的物质在用量。

四、案例分析——铅的使用蓄积

在自上而下法中，需要确定各年投入使用的物质数量，而投入使用时物质是隐含在多种不同产品中的，各年不同产品的数量通常难以获得，影响了该方法的可用性。为此，应用中希望能借助更易获得的数据进行估算。

以铅为例，由于获得各年铅消费量数据较获得各年的铅产品消费量数据要容易得多，如果能建立铅产品消费量与铅消费量间的数学关系，将大大提高自上而下法估算物质在用量的工作效率。基于此，引入物质消费结构系数和物质加工利用率两个参数，因而投入使用的物质数量与铅消费量之间存在如下关系：

$$U_i = P \cdot f_i \cdot f_{mi} \tag{6-11}$$

式中：f_i—— 物质消费结构系数，表示用于制作第 i 种铅产品的铅量占铅消费总量的比例，可借助物质消费结构统计数据估算该系数；

f_{mi}—— 在制作第 i 种铅产品时的物质加工利用率，可通过工程技术手册或企业实地调研获取；

其他符号含义同前。

如果给定某一历史时期内物质消费结构系数、物质加工利用率、产品使用寿命和各年的物质消费量，则可估算该历史时期内的物质在用量。表 6-1 给出了估算铅元素在用量过程中 1995—2000 年的参数取值。图 6-8 是获得的 1930—2000 年铅元素在用量的历史演变过程。

表 6-1　采用自上而下法估算铅元素在用量过程中的参数选值示例（2000 年）

铅产品	消费结构系数	加工利用率	使用寿命/a
铅酸电池	0.73	0.91	4（牵引型）；12（稳定型）
铅材（管、板）	0.06	0.89	30（管）；50（板）
电缆包线	0.02	—	—
铅合金与焊料	0.03	0.88	10
其他	0.16	0.96	12

注：电缆包线按睡眠型（hibernating use）产品考虑，认为投入使用后永久滞留于使用地点。
资料来源：Mao et al.，2009。

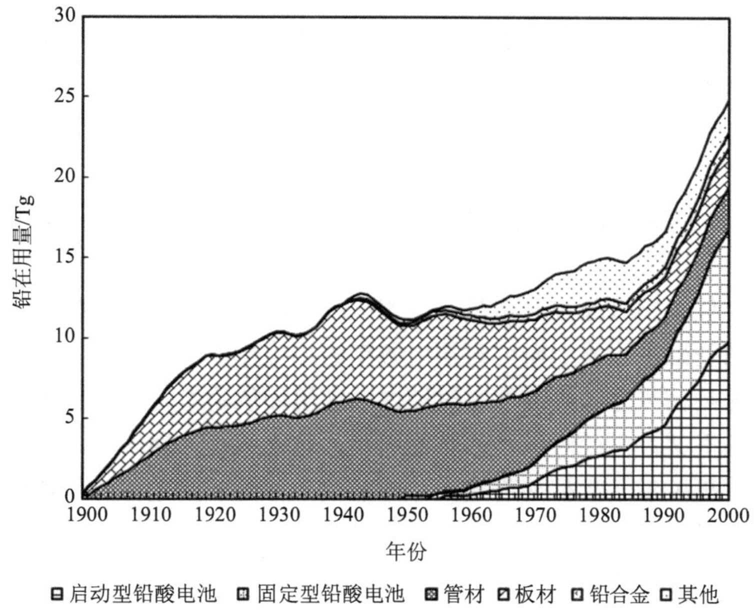

图 6-8　20 世纪全球铅在用量的历史变化

资料来源：Mao et al.，2009。

由图 6-8 可见，大半个世纪以来，全球铅的在用量逐年增加；与此同时，其在用量中的产品结构也在不断变化，从 20 世纪中叶以铅板和铅管为主变为后半世纪以铅酸电池为主，反映出人类需求带动下铅消费模式的历史演变。

第五节　物质人为流动可能产生怎样的结果——示例 2：环境效应

一、环境释放物在环境中的累积

如前所述，在物质人为流动过程中，由于产业代谢，投入生产的物质不可能全部转化为目标产品，那些未能转化为目标产品的物质又不可能全部被回收、作为二次资源返回生产，从而将形成只能排向环境的释放物，简称环境释放物。如图 6-2 所示，这部分物质来自不同的产品生命周期阶段，经历过不同的人类转变过程，其赋存形态已经与最初从资源中开采出来时的状态截然不同，因此也已经失去物质原本与自然环境系统的“友好”关系，成为环境干扰因素，成为环境废物、污染物。

根据第四章探讨的物质自然循环和人为流动，当物质的人为环境释放速率超出该物质的自然循环速率时，所超出部分将积累在环境中。长此以往，将形成地表存放这些环境释放物的人为的（anthropogenic）、次生的（secondary）另一个场所，简称物质的环境释放库。处于环境释放库中的物质既是人类活动的物质“终点”状态，又是物质在环境中进一步迁移转化的“起点”状态。因此，环境释放库中的物质数量、赋存状态对其未来可能产生的生态风险具有重要意义。

二、环境释放物的环境累积估算方法

与第四节类似，仍可通过分析某一国家或区域的逐年物质流动状况，在获得各年物质环境释放量的基础上，累加研究时期内各年的环境释放量，得到特定时期内的环境释放物量。采用这种估算方法来估算某时期内的环境释放物量将产生巨大的工作量，因此可根据物质流动框架，借助对一些参数的引用，建立某统计期内环境释放量与若干可得统计数据间的定量关系。具体如何建立该定量关系？这一问题作为作业留给同学们课下思考、探究。同时，推荐阅读若干文献，供参考。与第四节类似，这种借助物质流动分析获得环境释放量的估算方法也可称为估算环境释放物的自上而下法。

此外，也请同学们思考，与自上而下法相对，估算环境释放物是否也有自下而上法？如何应用？有何利弊？如何简化？这些问题作为同学们扩展思考的科研议题。教材中不予赘述。

第六节　有哪些用途

借助物质流动分析，可获得诸多定量信息，是对资源、环境、人类社会经济复合系统等进行有效管理的重要依据。除第五章展示的建立管理指标外，这里再给出两个代表性应用示例，供同学们借鉴。

用途示例 1：了解人类发展与环境变化间的关系

通过物质流动分析，可得到不同地区资源消费量、污染排放量、社会服务量等参数间的定量关系；同时，不同地区的社会经济发展状况不同，将同期内不同发展水平的各

个地区相关数据进行整理，可实证第三章中所述的人类发展与环境变化间的定量关系。

例如，借助分析全球 52 个国家的铅流状况，并选择各国 GDP 和人类发展指数（Human Development Index）作为人类发展水平的指标，分别得到了各国铅消费量与 GDP 间的关系，以及铅消费量与人类发展指数的关系。验证了铅消费量大致是随人类发展而不断增长的。见推荐文献 Mao 等（2008b）。

物质流动分析的结果还有很多用途。请同学们借鉴推荐文献，并以课堂练习的方式，思考和讨论可能的用途。见本章课堂练习一。

用途示例 2：启示国内外双循环管理路径

定点法物质流动分析重点关注某特定研究区域，在分析框架中显示了研究区域与外部区域的分界线，如图 6-1 中的虚线是地区边界。在地区边界以内的各种物质流动、蓄积等都发生于研究区域内，而边界以外的物质流动需要经过与其他地区的贸易才能实现。

如果选定某一个国家作为研究区域，从物质在人类社会经济复合系统的整个循环流动来看，发生于这个国家内部的物质流动就形成了该物质的国内循环。而发生于这个国家以外区域的物质流动就形成了物质的国外循环，如其他国家或地区的循环。国内循环与国外循环有机联系为一个整体，形成了物质的国际循环。

本章第二节中分享了耶鲁大学选择研究物质的方法。这些选中的物质大多是支撑国民经济的基础物质。这些物质在其人为流动过程中将伴随一系列资源转变生产活动，与其他物质一道共同转变为功能各异、形态万千的生产原料、半成品、成品，从而形成由物质流动串接起来的产品链。从生产主体角度来看，这些生产活动分别涉及不同的生产企业、行业或产业，如资源开采业、金属加工延展业、汽车制造业等，由此又形成了以物质流动为核心纽带串接的产业链。毋庸置疑，在市场上，每一种生产原料、半成品、成品都具有特定的经济价值，由此也就形成了以物质流动为纽带的价值链。所有这些都说明物质循环流动对一个国家的经济运行具有重要意义。

近年来，国际形势巨变。2018 年，习近平总书记分别在中央外事工作会议和中非合作论坛北京峰会上指出，世界处于百年未有之大变局。为应对这一大变局，习近平总书记在 2020 年全国“两会”上提出了“逐步形成以国内大循环为主体、国内国际双循环相互促进的新发展格局”的宏伟目标。在 2020 年 7 月召开的企业家座谈会上，习近平总书记进一步强调“要提升产业链供应链现代化水平”。在党的二十大上，习近平总书记明确强调提升产业链、供应链，以推动我国高质量发展，增强国家安全。在这里也希望同学们尝试借助物质流动分析，获得建设我国产业链、价值链等的科学方法，服务我国社会经济高质量发展。

推荐阅读文献

[1] CHEN W Q，GRAEDEL T E，2015. Improved alternatives for estimating in-use material stocks[J]. Environmental Science & Technology，49（5）：3048-3055.

[2] HARPER E M，KAVLAK G，BURMEISTER L，2015. Criticality of the geological zinc，tin，and lead family[J]. Journal of Industrial Ecology，19（4）：628-644.

[3] KAVLAK G，GRAEDEL T E，2013. Global anthropogenic tellurium cycles for 1940—2010[J]. Resources Conservation and Recycling，76：21-26.

[4] LIANG J，MAO J S，2014. A dynamic analysis of environmental losses from anthropogenic lead flow and their accumulation in China[J]. Transactions of Nonferrous Metals Society of China，24（4）：1125-1133.

[5] LIANG J，MAO J S，2015. Source analysis of global anthropogenic lead emissions：their quantities and species[J]. Environmental Science and Pollution Research，22（9）：7129-7138.

[6] MAO J S，CAO J，GRAEDEL T E，2009. Losses to the environment from the multilevel cycle of anthropogenic lead[J]. Environmental Pollution，（157）：2670-2677.

[7] MAO J S，DONG J，GRAEDEL T E，2008. The multilevel cycle of anthropogenic lead：Ⅰ. methodology [J]. Resource Conservation and Recyclinga，（52）：1058-1064.

[8] MAO J S，DONG J，GRAEDEL T E，2008b. The multilevel cycle of anthropogenic lead.II：Results and discussion[J]. Resource Conservation and Recycling，（52）：1050-1057.

[9] MAO J S，GRAEDEL T E，2009. Lead in-use stock：a dynamic analysis[J]. Journal of Industrial Ecology，13（1）：112-126.

[10] OHNO H，NUSS P，CHEN W Q，2016. Deriving the metal and alloy networks of modern technology[J]. Environmental Science & Technology，50（7）：4082-4090.

[11] RECK B，GRAEDEL T E，2012. Challenges in metal recycling[J]. Science，337（6095）：690-695.

[12] 马兰，毛建素，2014a. 中国铅流变化的定量分析[J]. 环境科学，35（7）：2829-2833.

[13] 马兰，毛建素，2014b. 中国铅流变化原因分析[J]. 环境科学，35（8）：3219-3224.

课堂讨论与作业

一、课堂练习：物质流动分析法的若干用途

自开展物质流动分析以来，陆续形成了针对不同物质的分析方法，物质流动分析用于多种不同领域。请同学们思考和讨论表 T6-1 中的研究，或列出你所感兴趣的某种研究，将其可能的用途填入表中。

表 T6-1　物质流动分析法的若干用途

序号	研究内容	用途
1	同种物质，同一区域不同历史时期的物质流动对比	
2	同种物质，不同区域间的物质流动对比	
3	同期不同物质间相关关系研究	
4	某物质空间分布研究	
5	某物质历史演变分析	
6	其他研究	

二、课堂练习：对比两种物质流动分析方法

我们探讨了两种分析物质流动的方法，即追踪法和定点法，请讨论这两种方法的共同点和不同点，将讨论结果列入表 T6-2 中。

表 T6-2　两种物质流动分析方法的对比

项目	共同点	不同点	
		追踪法	定点法

三、课堂议题

任选其一：

（1）选择自己熟悉的某一区域，针对其典型资源或环境问题，讨论如何应用物质流动分析方法，找出解决该问题的办法，列出研究提纲。

（2）针对某一感兴趣的物质，围绕其人为流动过程，尝试勾勒其产品链、产业链，讨论其对构建双循环经济格局的可能影响。

四、小组作业

根据选定的典型问题，面向该问题的解决，查找物质流动分析方面的一篇论文，以课堂报告形式分享。要求同第五章小组作业。

第七章　能量的流动

本讲重点：能量在社会经济复合系统中的流动过程及其环境影响。

基本要求：了解能量流动过程和分类；充分理解能量人为流动过程的基本组成阶段，以及各阶段发生的能源转变；熟悉燃烧过程中的碳-能转变和能量人为流动的环境效应；掌握能量人为流动评估方法和能源效率提升路径；了解典型能源部门的碳-能转变过程和温室气体排放量估算方法；引申思考我国社会经济高质量发展、低碳发展的可能措施。

第一节　核心议题的提出

如前所述，物质的人为流动是为了满足人类的特定需要。物质从自然资源转变为具有特定服务功能的产品，要经历物质数量、形态、空间等多方面的变化。从物理学、化学中得知，物质的这些变化不是物质自身的自然转变过程，而是需要有外力的驱动，需要借助能量来实现。因此，伴随物质在人类社会经济复合系统中的流动过程，势必存在能量的人为流动。能量的流动有着与物质流动同样重要的地位。然而，能量是如何流动的呢？这是本章要研讨的课程议题。

为便于理解，我们仍按照与探求物质流动类似的思路，首先分析什么是能量流动，然后借鉴能量自然流动过程，探讨能量在人类社会经济复合系统中是如何流动的以及如何评估能量流动。最后，以案例的方式，探讨我国能源消费状况如何并引出要进一步讨论的议题。

第二节　什么是能量的流动

物质流动离不开能量的驱动。物质在不同系统之间转移、交换过程中，能量也将发生系统与外部环境间或系统各组分间的流动现象。比如，植物通过光合作用同化太阳能，就把太阳能的能量转化吸收进入植物体内，而动物摄取植物时，又将在植物体内的能量部分地转移进入动物体内，这些能量转移过程表现为能量在不同生物体间的流动，称为能量的流动。

对于物质的流动，我们曾根据是否受到人类活动的干扰，将物质流动分成了物质的人为流动和物质的自然流动。类似地，也将能量的流动分成自然流动和人为流动。其中，能量的自然流动是指能量在自然生态系统中的流动，能量的人为流动则是指人类为满足其生存、生活、生产等所需，对自然能源进行一系列加工、转化，所形成的能量在人类社会经济复合系统中的流动。不难设想，能量的人为流动可看作能量自然流动的一个特殊环节，是能量自然流动中被人类利用和干扰的那部分流动，也将受到能量自然流动的制约。

第三节　能量是怎样自然流动的

一、能量自然流动过程

为便于理解能量是怎样流动的，首先回顾生态学中对能量自然流动的描述。

能量是生态系统中一切生命活动的基础，是生态系统运行的动力。生态系统中的能量流动有以下三个基本过程。

（1）能量的固定过程：主要是绿色植物（如植物、藻类和某些细菌）通过光合作用，把无机物转化为有机物，同时把太阳能转化为生物化学能并储存起来；这些绿色植物被称为生态系统食物链中的生产者。

（2）分解还原过程：主要通过分解者把有机物还原为水、二氧化碳等无机物，如生态系统中的腐生类微生物可将动植物遗体中的有机物分解为简单无机物，这些简单无机物作为养分供绿色植物再利用。

（3）贮存与矿化过程：部分生物体被埋入地下后，生物体进入矿化过程，形成矿石燃料。如煤是植物遗体经过漫长的（一般需要几千万年到几亿年的时间）生物化学作用和物理化学作用而转变成的沉积矿产物质。

整体来看，能量自然流动可看作从太阳能借助绿色植物的光合作用进入生态系统，沿食物链逐级流过生态系统各营养级，最后借助生物体矿化而转变为地表矿物燃料的过程。

二、能量自然流动特征

与物质自然流动相比，能量的自然流动具有以下典型特征。

（1）单向性：生态系统中能量沿营养级从低到高单向流动。如太阳能一次性进入生态系统，并流经生态系统各个营养级，而不会返回到原来的生物体。这与物质自然流动中可再次返回到某一生态子系统的循环流动截然不同。

（2）递减性：能量流经生态系统各个营养级时，其数量逐级递减，形成能量金字塔

（pyramid of energy），如图 7-1 所示。而物质无论自然流动还是人为流动，其数量都是守恒的，只是分配到不同系统组分中。

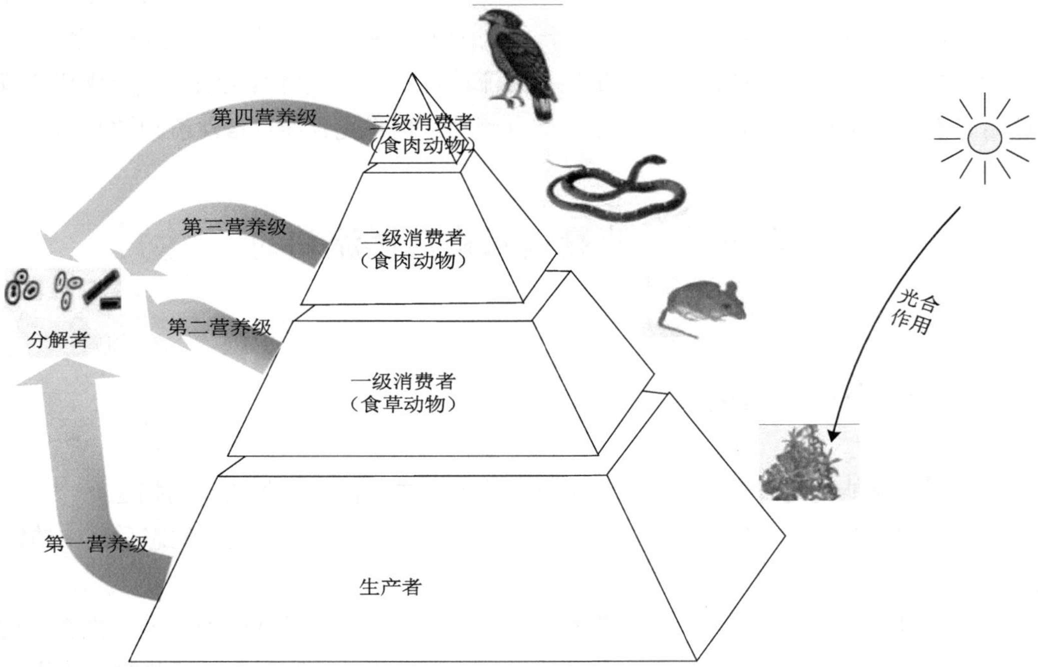

图 7-1 能量金字塔

资料来源：Enger et al.，2004。

（3）能量的品质逐渐提高：能量沿生态系统从低营养级流向高营养级过程中，能量的品质不断提高，表现为单位数量物质所含能量逐步提高。比如，1 kg 蔬菜约含有 700 kJ 能量，而 1 kg 肉类食品约含有 6 000 kJ 能量。而物质自然流动中，只是服务对象不断变化，但对于整个自然系统，其服务品质具有同等重要地位。

（4）能量数量的动态性：对于特定生态系统，其能量数量和品质是不断变化的，随能量输入、输出和内部系统组分、生物消耗量的变化而不断变化。对于热力学系统下的物质流动，由于系统由特定的物质质点组成，而物质的数量遵循物质守恒定律，因而系统内部的物质总量是不变的。

三、能量自然流动评估——能量转换效率

生态学中，采用生态效率（ecological efficiency）来评估能量在生态系统中流动的有效性。生态效率是指各能量参数在各营养级之间及内部传递与转化的效率。一般用摄取量（I）、同化量（A）、呼吸量（R）、生产量（P）这 4 个参数来计算生态系统中能流的生态效

率。其中，摄取量（I）表示生物所摄取的能量，对植物来说是所吸收的光能量，对动物来说是食物的能量；同化量（A）是生物在所摄入的食物中吸收的食物能量，对植物来说是光合作用所固定的能量，对动物来说是消化道中吸收的食物能量，对分解者来说是细胞外产物的吸收；呼吸量（R）指生物在新陈代谢等各种活动中所消耗的全部能量；生产量（P）指生物呼吸消耗后所净剩的同化能量，对植物来说就是净初级生产量（NP），对动物来说是同化量减去呼吸量剩下的能量。各营养级之间的生态效率用来衡量营养级之间的转化效率和能流通道的大小；营养级内部的生态效率则可以揭示同化能量的有效程度。图 7-2 示意了能量在生态系统中的变化过程。

生态系统中，能量从一个营养级向另一个营养级的转化效率是 5%～30%，因所流经的营养级不同而不同。一般来说，能量从植物到食草动物的转化效率大约是 10%，而从食草动物到食肉动物的转化效率大约是 15%。

热力学定律可以很好地解释生态系统中能量的传递和转化，决定着生态系统利用能量的限度、食物链的环节、营养级数上生物的数量。

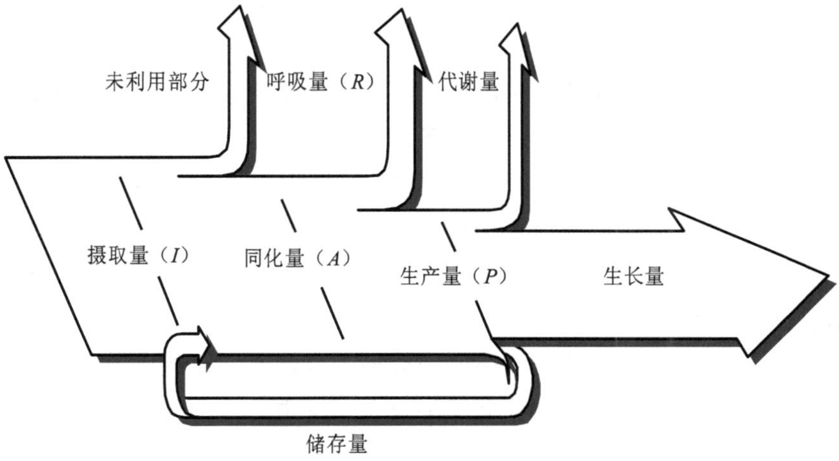

图 7-2 生态系统能量转化示意

第四节 能量是怎样人为流动的

一、能量人为流动的概念

能量人为流动是相对于能量自然流动而言的。物质人为流动是指为了满足人类生产、生活的需要，经过人类的一系列加工、转换、输配等过程，将能量从一次能源转变为能直接被人类使用，并送达最终用户，完成其使用的整个过程。该过程中能量所经历的各个过程的集合被称为能量人为流动系统（如图 7-3 所示）。

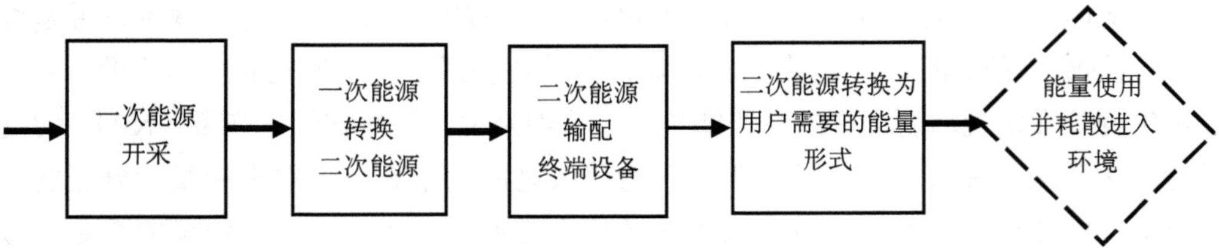

图 7-3 能量人为流动过程概念示意

图 7-3 中第一个环节是指从自然系统中获取用于人类能源的自然资源，如煤的开采、石油的开采等，这些可供人类用做能源的物质被称为一次能源（primary energy）。第二个环节是借助人类生产活动，把一次能源转化为可便于人类使用的另一种能量形式，因经历过人类的生产转化，故将其称为二次能源（secondary energy），如借助燃煤发电，将煤中的一部分能量转变为电能。第三个环节是将二次能源输送分配到能量使用地点，如将某地区燃煤电厂生产出来的电能，借助高压电网输配到另一个地区，再经过该地区电网系统输送到各个企业生产车间或居民用户。各车间的生产设备和各家的电器设备就是电能的终端设备。第四个环节是借助终端设备的使用，将二次能源进一步转化为用户需要的能量，比如居民生活中使用的电饭煲将电能转化为热能以烹调食品，电灯在使用时将电能转化为光能以照亮房间。最后一个环节是能量在最终使用过程中一方面驱动物质发生相应的转变过程，另一方面将不断耗散到环境中，如供暖季节散热器中水携带的热量不断散失到供热的房间中。

不难设想，能量的自然流动发生在人类以外的自然生态系统，其服务主体是自然生态系统。而能量的人为流动发生在社会经济复合系统中，是为了满足人类的生产与生活需要。这是能量人为流动与物质自然流动的一个显著差别。

由于人类终端需求的多样性和人口分布具有区域性，因此能量的人为流动具有多样性、区域性和复杂性，是人类活动与自然因素共同作用的结果。

此外，这里请注意两点。一是能源和能量的差别，能源是能量的来源，而能量是表征能的数量；二是日常中的能源也常常指终端设备的能量来源，如电源常用于指各用电场所的接电插座。应用中注意区分。

二、能量人为流动过程

（一）能量人为流动框架

如果将人类能直接使用的能源看作能源系统所提供的服务，则可按照产品系统中物质流动分析的方法，类似地构建能源服务系统中能源流动的模型框架。

在产品系统中，物质流动过程主要包括自然资源的开采、材料的加工与产品制造、产品使用和产品的报废与回收再生几个基本环节。在每一个基本生产环节中，还需要有产品或其形成材料的地点转移，也就是运输过程。产品系统向人类社会提供的服务表现为具有某种特定功能的产品，如可运载旅客的汽车或供人居住的房屋，也可表达为人类所享受到的服务数量，如 10 名旅客从北京到香港的旅行、一家人共同生活 30 年的居所。

类似地，在能源这种特殊产品系统中，也有若干生命周期阶段，主要表现为：首先是一次能源的开采，如煤矿开采、石油开采。然后是能源转换，将一次能源转换为二次能源，如将石油裂解，生产能够作为机动车燃烧动力的汽油；将煤燃烧，产生热力，作为冬季区域供暖的热能。接下来，二次能源还需要通过能源输送网络或能源输送设备被送至设于用户使用地点的终端设备，终端设备在二次能源的驱动下，将二次能源转换为满足人类特定需要的能量形式，如空调在电力驱动下，运行制冷系统，向用户提供冷量，照明设备在电力驱动下向所在场所提供照明。从而，能源产品系统完成了向人类提供服务的目的，而能源也经过了从自然资源中的一次能源到人类获得的特种服务的有效能源的流动过程，完成了能源在社会经济复合系统中的流动。最后，能源将通过耗散过程进入自然环境中。如图 7-4 所示。

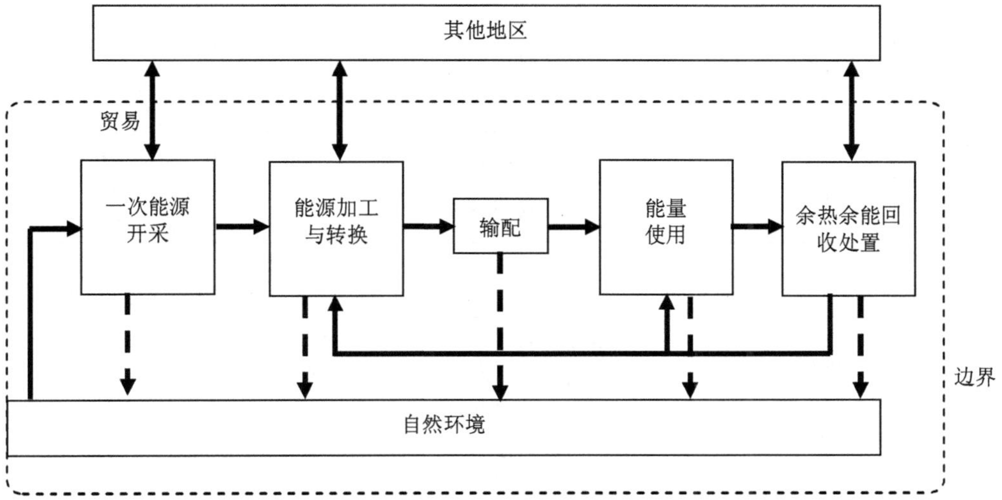

图 7-4　能量人为流动框架

可见，能量人为流动主要包括一次能源开采（如煤、石油的开采）、能源加工与转换（如燃煤过程将能源转换为蒸汽热力，然后蒸汽驱动涡轮机发电，形成电能产品）、能源的输配（如电力系统将热电厂发的电输送到终端用户）。此外，还将存在一次能源和能源产品（如电力）的国际贸易或区域贸易。部分余热余能返回使用或经过再加工过程得以使用。最后，各环节中还有部分能量耗散到自然环境中。

从这一能量人为流动框架不难看出，借助余热余能回收利用，出现了能量再次返回到能源加工与转换环节的能量循环流动，如供热系统的回水仍具有一定的温度（如 70℃），携带一定数量的热能，伴随回水循环返回到锅炉房，其携带的热能也返回到能源加工与转化环节，形成了能量的循环流动。这是能量人为流动与其自然流动的又一重要差别。

（二）能源及示例

1. 能源及分类

在能量人为流动中，我们将关注满足人类生产或生活需要的这部分能量。因此，这里的能源是指可以直接或通过转换，为人类生产与生活提供能量和动力的物质资源。

为便于管理和应用，通常将能源进行分类，表 7-1 中示例了不同分类方法下的若干能源类型。

表 7-1　能源常用分类方法示例

分类依据	大类	解释	主要能源
按能源来源	来自地球以外天体的能量		太阳辐射能
	地球本身蕴藏的能量		地热能和原子核能
	地球和其他天体相互作用而产生的能量		潮汐能
按是否经过人类的加工转换	一次能源	指直接取自自然界、没有经过任何改变或转换的能源	原油、原煤、天然气、生物质能、水能、核燃料以及太阳能、地热能、潮汐能等
	二次能源	指由一次能源经过加工或转换以后得到的能源产品	电力、蒸汽、煤气、汽油、柴油、重油、液化石油气、酒精、沼气、氢气和焦炭等
	终端能源	指可通过用能设备供消费者使用的能源	驱动电器设备的电力、空调设备所提供的热量或制冷量
按使用技术	常规能源	指在现有经济和技术条件下，已经大规模生产和广泛使用的能源	煤炭、石油、天然气、水能和原子核能等
	新能源	是相对于常规能源而言的，是通过一些新技术开发利用的能源	太阳能、潮汐能、地热能、生物质能等
按是否经过商品流通环节	商品能源	是经过商品流通环节（如市场贸易、政府能源管理分配等）所消耗的能源	目前主要包括煤炭、石油、天然气、水电和核电 5 种
	非商品能源	是指就地利用的薪柴、农作物残余物（秸秆等）能源，这些能源通常是可再生的	薪柴、农作物残余物（秸秆等）
按是否造成环境污染	清洁能源		水力、电力、太阳能、风能以及原子核能等
	非清洁能源		煤炭、石油等

能源是能量的源泉。与此概念相对应，还有能量流去的地方，被称为能量的汇，通常是能量被人类从社会经济复合系统排出后散失的场所，这部分能量进入环境系统后，能量的品位极低，将不再能为人类服务。

2. 若干常用能源示例

（1）化石燃料：煤炭、石油和天然气是 3 种主要的化石燃料。它们是由上千万年前的动植物遗体残余物质形成的，在经过土壤、岩石的压力和地球内部热量的长时间作用后转变而成，分别呈现为固体、液体和气体形式。由于其形成需要千万年甚至更久的时间，因此相对于人类对能源的使用而言，化石燃料属于不可再生能源。化石燃料是人类迄今为止使用最多的一次能源。其中又尤以煤的用量最多，2021 年占全球用能的 28%；中华人民共和国成立初期曾达 96%，20 世纪 90 年代仍约为 75%，直到 21 世纪以来，明显降低，2021 年约为 56%。由于化石燃料的燃烧过程中会释放多种大气污染物，因此近年来所采取的多种清洁技术措施以及新的清洁能源的应用也大大减少了燃煤所造成的污染，有力改善了大气环境质量。

（2）新能源：新能源泛指常规能源之外的各种能源形式，是借助新技术开发和利用的可再生能源。主要包括太阳能、风能、生物质能、水能、潮汐能、地热能、原子核能等。其中，太阳能是太阳内部连续不断的核聚变反应过程产生的能量。尽管太阳辐射到地球大气层的能量仅为其总辐射能量（约为 3.75×10^{26} W）的 22 亿分之一，但已高达 173 000 TW，也就是说太阳每秒钟照射到地球上的能量就相当于 500 万 t 标准煤。地球上的风能、生物质能等大多来源于太阳，因此太阳能是最丰富的一次能源，应大力开发利用。原子核能是通过核反应从原子核释放的能量。为应用原子核能，世界各地建设了许多核电站，将原子核发生裂变反应释放的能量转变为电能。风能是气流运动中所携带的能量。水能是水体的动能、势能和压力能等，主要借助水力发电转变为人类可用的能量。地热能是地球深处的熔融岩浆和放射性物质的衰变中释放的热能，集中分布于地壳构造板块边缘区域。据统计，我国水能、核能、风能等新能源在总能源生产中的占比已从 20 世纪 80 年代初的 3.1%上升到 2021 年的 20.3%。

（三）能源的开采

能源的开采是指把含有能量的物质从自然系统采掘出来的过程，是能量人为流动的起点。通过能源的开采过程直接获得的能源叫一次能源。例如，对勘探发现的煤矿，通过移去煤层上面的表土和岩石，显露出煤层，进行露天开采。或对于埋藏过深的煤层，借助设置从地面通向煤层的通道，进而将煤从地下采掘出来。类似的还有石油和天然气的开采。这是人类与自然资源直接发生作用关系，获得初级能源产品的过程。一次能源可看作该过程的阶段产品，如原煤、原油等。对于大多数新能源，其储量较为丰富，应着力进行技术开发和充分利用。而对于大多数常规能源，如矿产燃料，由于其资源有限性，能源的开采将导致资源短缺甚至耗竭，应保持资源开发和资源保护并重。为了更清楚地了解能源开采过程，推荐同学们观看凤凰卫视《文明启示录：地球能源开采》短片。

（四）能源的转换

虽然能源以多种方式存在于自然界中，但这些能源却常常难以直接满足人类需要。比如，阳光可在白天提供房间照明，但却不能满足夜间的照明需要。因此，需要将自然界中的能量进行转换、储存等。

能源的转换是将一次能源转换为能够被人类直接使用的能源形式的过程，所转换成的能源形式被称为二次能源。例如，煤、石油是一次能源，而燃煤发电获得的电能以及由石油裂解所形成的汽油、柴油等都是二次能源。能源转换过程中所使用的技术被称为能源转化技术，例如借助聚光板收集太阳光的热能，进而驱动涡轮旋转，将热能转变为电能；水力发电中借助水位差形成水的势能，驱动水轮机运转，水轮机带动发电机，转变为电能；煤通过燃烧转换为热能，热能产生的蒸汽驱动汽轮机而转换为机械能，再带动发电机而转换为电能。转换后的二次能源比一次能源具有更高的终端利用效率，使用时更方便、更清洁。

在能源转换过程中，不可避免地会伴有能源转换损失。例如，用一定量的煤发电时，煤的有些能量将残存在未燃尽的煤粒中，有些将以热的形式从烟囱中损失或成为锅炉、蒸汽管道的辐射热而散发，有些以废热的形态失去，有些成为摩擦损失，剩下的部分转变为电能。尽管技术不断进步、设备也不断完善，都力图提高能源转换效率，但这一过程仍难免有部分能量散失到环境中。通常汽轮机发电中能源转换率在30%左右。

《中国统计年鉴》中定义了能源加工转换效率，其指一定时期内，能源经过加工、转换后，产出的各种能源产品的数量与同期内投入加工转换的各种能源数量的比率。并报道，我国能源加工转换总效率不断提高，由 20 世纪末的不足 70%上升为 2020 年的73.7%。其中，发电及电站供热中的能源转换效率也由 37%升到 46.2%左右，而炼焦、炼油过程中的能源转换效率较高，21 世纪以来分别为 92.1%～98.5%和 95.3%～97.7%。能源加工转换效率是观察能源加工转换装置和生产工艺先进与落后、管理水平高低等的重要指标。计算公式为

$$\text{能源加工转化效率} = \frac{\text{能源加工转换产出量}}{\text{能源加工转换投入量}} \times 100\% \tag{7-1}$$

能源转换中，除应转换为终端用户所能直接使用的能量形式外，还需要考虑能源输配中的安全性和适宜性，能源应转换为便于储存、携带和运输的形式。

对于人类而言，经生产转换后所形成的二次能源是人类终端生产设备或生活设施的能量来源。

（五）能源的输配

能源的输配是输送和分配能量的过程，是指将能量按照最终用户的需要保质保量地

送达终端用能设备的过程。包括从产能地点到用能地点的转移，以及能源数量向各终端用户的再分配。

能源的输送是能源在区域上的变化，主要通过能源输送系统完成，如供热系统和区域采暖系统将热能从热电厂送达建筑物内的采暖设备；供电系统将电能从电厂送到某用电设备。目前我国已建成多种能源输送系统，如著名的“西气东运”供气系统，家庭中常见的煤气供应系统、供电系统等。这些能量供应系统多采用管道系统完成。此外，也常借助其他运输工具，如用车辆来完成能量的区域转移、用油罐车将油品送至不同用油地点、汽车将煤气罐送至各散居的用户。

能源分配是能源数量的再分配。将能源按照人类的能源质量要求（包括能源的品质和数量）分配给最终用户。其中，在能源的品质方面，如生产中不同生产过程所需的蒸汽应具有不同压力，不同地区或用电场所需要不同电压（工业用电电压为 380 V，民用电电压为 220 V）。在数量方面，通过能量分配装置，如配电盘，把某一电路的电能分配给就近的负荷，同时对负荷提供保护、监视和控制，以保证不同终端设备的正常使用。如家用冰箱正常运行需要 0.5～3.5 kW·h/d 的电能供应，而维持制冷量为 1.5 匹的空调持续运行约需要 3.5 kW 功率。

从能源流动强度来看，从自然界中能流强度的变动性到终端用户所需能量的稳定性，需要借助能源的储备来实现。工程中常用的能源储存设备有储油罐、储气罐、电池等。

类似地，在能源输配中，也会由于系统内外的温差、输配管线材料的热（电）导性能而产生能量损失。根据《中国统计年鉴》数据，可估算我国不同能源输送系统的输送效率为 93%～98%；近 50 年技术进步所产生的输送效率的提高，使能量损失不断降低，如电网损失由 20 世纪 80 年代的 8%降低到 2020 年的 4%左右。

（六）能源的终端使用

能源的终端使用是指终端用户使用能源的过程。这里使用“终端”二字，是指能源不再经过终端设备以外的任何加工转变，也不再经过任何贸易等商业活动。能源的终端使用通常包括能源的生产使用和能源的生活使用。能源在生产中主要用于驱动生产设备，以完成特定生产工艺对物质的转变；能源在生活中则主要用于满足生活照明、各类家电的运行。能源在终端使用过程中仍可能产生能源形态的转变，比如冰箱运行时，电能驱动压缩机，促使制冷系统运行，实现热量转移，表现为投入电能而获得制冷效果（是一种热能）；房间内的照明设施是将电能转变为光以照亮房间。能源借助终端设备实现其对人类热能、照明的最终需求。

不难设想，在最终使用过程中，也并非所有输入终端设备的能量全部转换成人类需要的特定能量。将转换为人类需要的那部分能量占输入终端设备的能量的百分比定义为该终端设备的工作效率。终端设备的工作效率因设备不同而不同。比如，对于灯具，其效率定义为规定条件下测得的灯具所发射的光通量值与灯具内所有光源发出的光通量测定值之和的比值。又因不同的灯具类型而效率不同。如投光灯、荧光灯效率通常为40%～55%，而 LED 灯具效率可达 85%～90%。

小结：能量的人为流动是能量在社会经济复合系统中的流动，是以自然资源为起点，由人类一次能源开采、加工与转换、输配和终端能源使用等过程组成，满足人类生产和生活需要的整个过程。能量人为流动的最终点所形成的能量形式可看作能量人为流动系统的“产品”，是该系统满足人类需求的服务形式。

三、能量人为流动评估——能源效率

在能量人为流动系统中，将人类最终所获得使用的有效能量与最初从自然系统所获得并投入系统的一次能源（以含能量计算）的比值称为该系统的能源效率。表达为

$$e_{\mathrm{N}} = \frac{E_{\mathrm{valid}}}{E_{\mathrm{primary}}} \times 100\% \tag{7-2}$$

式中：e_{N} —— 能源效率，下标 N 是 energy 中第二个字母，用于与前述生态效率区分；

E_{valid} —— 最终用户使用的有效能量；

E_{primary} —— 从自然系统获得并投入系统的一次能源数量。

如果按图 7-4 中的能量人为流动框架，能量“串联式”顺次流过各个环节，每个环节都有其能源转化效率或能源利用效率，分别用下标 i 表示环节的编号，则整个能量人为流动过程的总能源效率将是各环节能源效率的乘积，表达为

$$e_{\mathrm{N}} = \prod_{i=1}^{n} e_{\mathrm{N}i} \tag{7-3}$$

式中：$e_{\mathrm{N}i}$ —— 第 i 个环节的能源效率；

n —— 系统中的环节总数。

若考虑一次能源转换效率为 50%，输配中损失 10%，终端能源效率为 60%，则能源总效率仅为 27%。意味着从自然资源中获取 1 kJ 的能量，仅有约 300 J 能用于实现人类最终服务。

第五节　案例分析：我国能源消费状况如何

一、能源消费结构

能源消费是指人类为满足其生产和生活需要而进行的能源使用过程。所消耗的能源又称为能源消费量。不同领域有不同的能源消费模式。如果按能源消费部门对能源消费进行分类，则就一个国家或地区而言，可估计各个统计期（如月、季、年）内不同消费部

门的能源消费量及其比重。该指标可反映一个国家或地区的能源消费结构特征。图 7-5 是中国 2000 年、2020 年按能源消费部门分类的能源消费结构。可见，2000—2020 年，尽管工业的能源消费占比下降了 4 个百分点，但工业仍是我国能源消费大户。

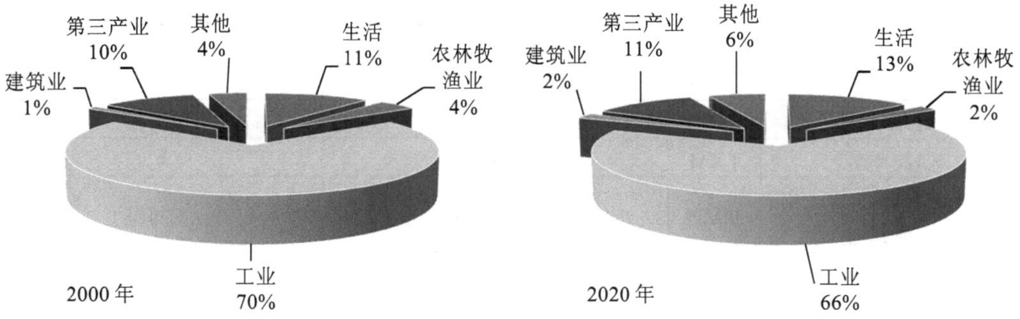

图 7-5　中国 2000 年、2020 年能源消费构成

二、我国工业行业的能源效率如何？

既然工业是我国能源消费大户，其能源效率水平将对我国能源消费水平有较大影响。因此，从工业入手，分析工业行业的能源效率将为中国节约能源提供重要信息基础。

（一）工业行业组成

中国国家统计局规定，工业是从事自然资源的开采，对采掘品和农产品进行加工和再加工的物质生产部门的总称。根据中国《国民经济行业分类》标准，工业包括采矿业、制造业和电力、热力、燃气及水生产和供应业三大类，可进一步细分为 40 种行业。为便于估算各工业行业的能源效率，将各行业名称以英文简写代码表示，如表 7-2 所示。其中还列出了近年来我国行业分类标准的变化情况。

表 7-2　工业行业的名称及其代码

行业类别	《国民经济行业分类》（GB/T 4754—2002）		《国民经济行业分类》（GB/T 4754—2011）		《国民经济行业分类》（GB/T 4754—2017）	
	行业名称	代码	行业名称	代码	行业名称	代码
采矿业	煤炭开采和洗选业	CMW	（同左）		（同左）	
	石油和天然气开采业	PGX	（同左）		（同左）	
	黑色金属矿采选业	FMM	（同左）		（同左）	
	有色金属矿采选业	NFM	（同左）		（同左）	
	非金属矿采选业	NOM	（同左）		（同左）	
			开采辅助活动	AMA	开采专业及辅助性活动	AMA
	其他采矿业	OOM	（同左）		（同左）	

<table>
<tr><th rowspan="2">行业类别</th><th colspan="2">《国民经济行业分类》（GB/T 4754—2002）</th><th colspan="2">《国民经济行业分类》（GB/T 4754—2011）</th><th colspan="2">《国民经济行业分类》（GB/T 4754—2017）</th></tr>
<tr><th>行业名称</th><th>代码</th><th>行业名称</th><th>代码</th><th>行业名称</th><th>代码</th></tr>
<tr><td rowspan="27">制造业</td><td>农副食品加工业</td><td>AFP</td><td colspan="2">（同左）</td><td colspan="2">（同左）</td></tr>
<tr><td>食品制造业</td><td>FOM</td><td colspan="2">（同左）</td><td colspan="2">（同左）</td></tr>
<tr><td>饮料制造业</td><td>BEM</td><td>酒、饮料和精制茶制造业</td><td>BEM</td><td colspan="2">（同左）</td></tr>
<tr><td>烟草制品业</td><td>TOM</td><td colspan="2">（同左）</td><td colspan="2">（同左）</td></tr>
<tr><td>纺织业</td><td>TXM</td><td colspan="2">（同左）</td><td colspan="2">（同左）</td></tr>
<tr><td>纺织服装、鞋、帽制造业</td><td>TWM</td><td>纺织服装、服饰业</td><td>TWM</td><td colspan="2">（同左）</td></tr>
<tr><td>皮革、毛皮、羽毛（绒）及其制品业</td><td>LFM</td><td>皮革、毛皮、羽毛及其制品和制鞋业</td><td>LFM</td><td colspan="2">（同左）</td></tr>
<tr><td>木材加工及木、竹、藤、棕、草制品业</td><td>WBP</td><td colspan="2">（同左）</td><td colspan="2">（同左）</td></tr>
<tr><td>家具制造业</td><td>FNM</td><td colspan="2">（同左）</td><td colspan="2">（同左）</td></tr>
<tr><td>造纸及纸制品业</td><td>PAM</td><td colspan="2">（同左）</td><td colspan="2">（同左）</td></tr>
<tr><td>印刷业和记录媒介的复制</td><td>RMP</td><td>印刷和记录媒介复制业</td><td>BMP</td><td colspan="2">（同左）</td></tr>
<tr><td>文教体育用品制造业</td><td>ARM</td><td>文教、工美、体育和娱乐用品制造业</td><td>ARM</td><td colspan="2">（同左）</td></tr>
<tr><td>石油加工、炼焦及核燃料加工业</td><td>FUP</td><td colspan="2">（同左）</td><td colspan="2">（同左）</td></tr>
<tr><td>化学原料及化学制品制造业</td><td>CMM</td><td colspan="2">（同左）</td><td colspan="2">（同左）</td></tr>
<tr><td>医药制造业</td><td>MEM</td><td colspan="2">（同左）</td><td colspan="2">（同左）</td></tr>
<tr><td>化学纤维制造业</td><td>CFM</td><td colspan="2">（同左）</td><td colspan="2">（同左）</td></tr>
<tr><td>橡胶制品业</td><td>RUM</td><td>橡胶和塑料制品业</td><td>RPM</td><td colspan="2">（同左）</td></tr>
<tr><td>塑料制品业</td><td>PLM</td><td colspan="2">（合并）</td><td colspan="2">（同 2011）</td></tr>
<tr><td>非金属矿物制品业</td><td>NMM</td><td colspan="2">（同左）</td><td colspan="2">（同左）</td></tr>
<tr><td>黑色金属冶炼及压延加工业</td><td>FMS</td><td colspan="2">（同左）</td><td colspan="2">（同左）</td></tr>
<tr><td>有色金属冶炼及压延加工业</td><td>NFS</td><td colspan="2">（同左）</td><td colspan="2">（同左）</td></tr>
<tr><td>金属制品业</td><td>MPM</td><td colspan="2">（同左）</td><td colspan="2">（同左）</td></tr>
<tr><td>通用设备制造业</td><td>GMM</td><td colspan="2">（同左）</td><td colspan="2">（同左）</td></tr>
<tr><td>专用设备制造业</td><td>SMM</td><td colspan="2">（同左）</td><td colspan="2">（同左）</td></tr>
<tr><td></td><td></td><td>汽车制造业</td><td>VMU</td><td colspan="2">（同左）</td></tr>
<tr><td>交通运输设备制造业</td><td>TRM</td><td>铁路、船舶、航空航天和其他运输设备制造业</td><td>TRM</td><td colspan="2">（同左）</td></tr>
<tr><td>电气机械及器材制造业</td><td>EEM</td><td colspan="2">（同左）</td><td colspan="2">（同左）</td></tr>
</table>

行业类别	《国民经济行业分类》（GB/T 4754—2002）		《国民经济行业分类》（GB/T 4754—2011）		《国民经济行业分类》（GB/T 4754—2017）	
	行业名称	代码	行业名称	代码	行业名称	代码
制造业	通信设备、计算机及其他电子设备制造业	CEM	计算机、通信和其他电子设备制造业	CEM	（同左）	
	仪器仪表及文化、办公用机械制造业	ICM	仪器仪表制造业	ICM	（同左）	
	工艺品及其他制造业	AOM	其他制造业	AOM	（同左）	
	废弃资源和废旧材料回收加工业	WRD	废弃资源综合利用业	WRD	（同左）	
			金属制品、机械和设备修理业	MPR	（同左）	
电力、热力、燃气及水生产和供应业	电力、热力的生产和供应业	EHP	电力、热力生产和供应业	EHP	电力、热力、燃气及水生产和供应业	EHP
	燃气生产和供应业	GPS	（同左）		（合并）	GPS
	水的生产和供应业	WPS	（同左）		（合并）	WPS

（二）工业系统模型框架

在工业系统中，任何一个行业的运行都将消耗能源，并向社会提供特定的服务。就整个工业系统而言，其所消耗的能源和提供的社会服务量都是其构成中的工业行业相应数值的总和。工业系统与外部环境之间的关系可表达为图 7-6。

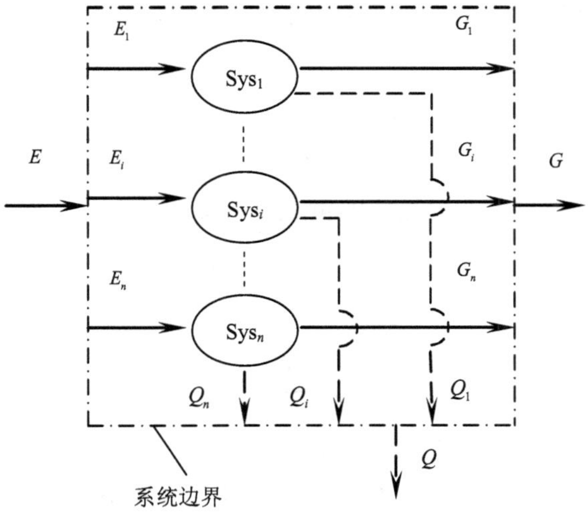

图 7-6　工业系统与其环境之间的关系框架

图 7-6 中，下标 i 表示某一工业行业的编号，下标 n 表示工业系统中的行业总数，其中各参数之间存在如下关系：

$$E=\sum_{i=1}^{n}E_i \tag{7-4}$$

$$G=\sum_{i=1}^{n}G_i \tag{7-5}$$

式中：E —— 工业系统的能源投入量，用能源消耗量表示，t 标准煤/a；

G —— 系统向社会提供的服务，用经济增加值表示，万元/a。

（三）工业能源效率

根据前面生态效率的概念，此处选择工业系统作为研究对象，选择工业（或行业）能源消费量和工业增加值分别作为工业的环境负荷和产出，则工业能源效率可表达为

$$e_{\mathrm{N}}=\frac{G}{E} \tag{7-6}$$

式中：e_{N} —— 能源效率，万元/t 标准煤。

其他符号含义同前。

可见，能源效率越高，意味着获得相同的增加值所需要消耗的能量越少。

对于某一行业 i，式（7-6）可表达为

$$e_{\mathrm{N}i}=\frac{G_i}{E_i} \tag{7-7}$$

考虑到中国统计数据中，某一地区的工业增加值、能源消费量是其构成中的各行业的增加值、能源消费量的总和，且对于某一工业行业，其增加值和能源消费量存在关系［式（7-7）］，可整理得到工业能源效率与其构成中的各行业的能源效率之间的关系，表达为

$$e_{\mathrm{N}}=\left[\sum_{i=1}^{n}(f_{G_i}\cdot e_{\mathrm{N}i}{}^{-1})\right]^{-1} \tag{7-8}$$

式中：f_{Gi} —— 第 i 种行业对工业增加值的贡献率，即

$$f_{G_i}=\frac{G_i}{G} \tag{7-9}$$

且

$$\sum_{i=1}^{n}f_{G_i}=1$$

由式（7-8）可见，工业能源效率与其经济构成以及各行业的能源效率有关。为了提高整个工业系统的能源效率，既需要提高各行业的能源效率，又需要调整工业的行业构成，提高具有较高能源效率的行业在工业中的经济份额。该结论也适用于工业的其他生态效率，是国民经济结构调整的重要依据。

（四）工业能源消费的行业构成

为了更清楚地看出中国工业能源消费的行业构成，将某一工业行业的能源消费量除以同期内的工业总能源消费量，得到该工业行业对工业能源消费的贡献率，并将根据中国统计数据计算的各工业行业对工业能源消费的贡献率的结果，按照从高到低的顺序排序，得到图 7-7。

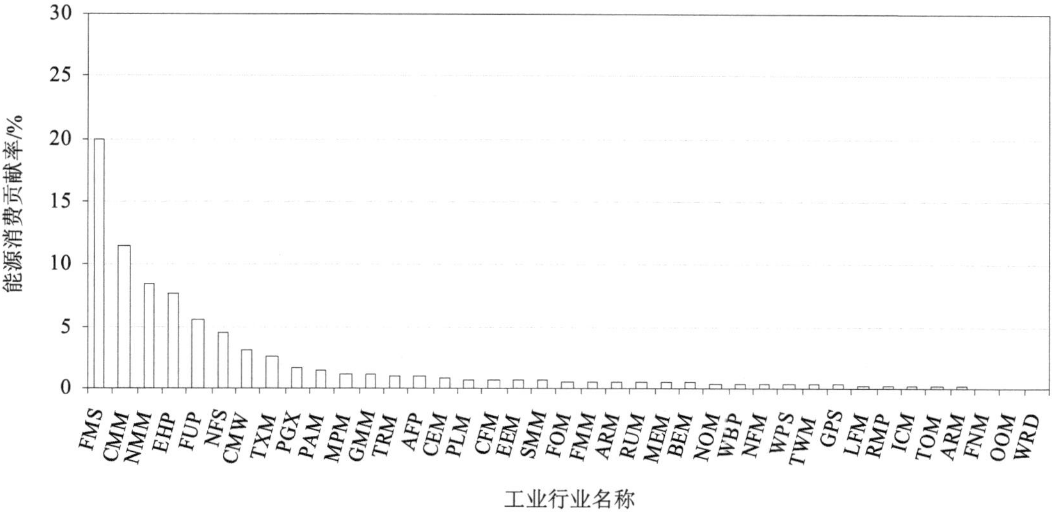

图 7-7 中国工业行业的能源消费贡献率排序（2007 年）

注：基于 GB/T 4754—2002。

资料来源：毛建素等，2010。

图中各工业行业的代码见表 7-2。

由图 7-7 可见，在中国各工业行业中，黑色金属冶炼及压延加工业（代码 FMS），化学原料及化学制品制造业（代码 CMM），非金属矿物制品业（代码 NMM），电力、热力的生产和供应业（代码 EHP），石油加工、炼焦及核燃料加工业（代码 FUP）是能源消费贡献率最高的 5 个工业行业。其中，黑色金属冶炼及压延加工业（代码 FMS）的能源消费贡献率最高，达到约 20%。其他各工业行业对工业总能耗的贡献率均在 10%以下。意味着工业节能工作中，应以黑色金属冶炼及压延加工业为重点。2007 年至今，我国各工业行业的能源消耗贡献不断变化；请同学们按照图 7-7 的方法，分析我国各工业行业的能源消耗贡献变化趋势。

（五）工业能源效率的行业分布

根据《中国统计年鉴》所提供的各工业行业能源消费量、工业产值等数据，按照式

（7-7）可计算得到某统计期各工业行业的能源效率。为了更清楚地看出不同行业在能源效率方面的差异，将其数值从高到低排序，得到图 7-8。可见，2007 年烟草制品业（代码 TOM）的能源效率最高，超出紧随其后的几个行业约 2 倍。请同学们根据我国近年统计数据，分析 2007 年至今我国工业行业能源效率变化趋势。

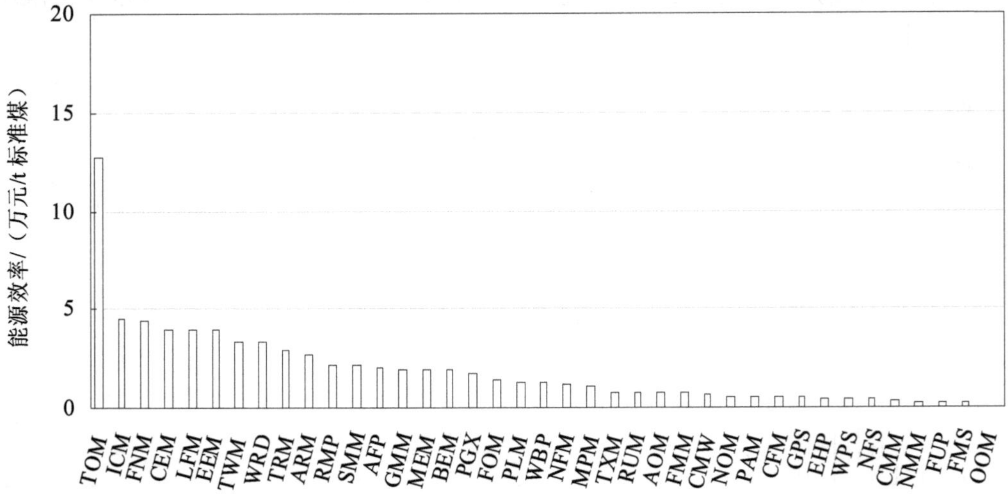

图 7-8 中国工业行业能源效率排序（2007 年）

注：基于 GB/T 4754—2002。

资料来源：毛建素等，2010。

按照类似的方法，还可估算不同区域、不同历史时期的能源效率，从中识别导致能源效率低下的因素，在结构调整和技术升级管理中作为参考。

第六节 能量人为流动的环境效应

能量的人为流动是以一次能源开采为起点的，而一次能源中常常含有多种物质。在能量人为流动过程中将伴随着物质与能量的转换，同时会再产生其他物质，甚至涉及多种其他辅助系统的配合，从而造成对能量人为流动系统的外部环境的影响，长此以往就会形成能量人为流动系统的外部效应。

这里仅以能源加工与转换阶段为例，说明能量人为流动过程产生的若干环境影响。

一、燃烧过程中的碳-能转变与污染物排放

能源加工与转换过程主要表现为由一次能源转换为可用的二次能源，主要涉及燃料

燃烧、能源形式转换过程。由于燃料中的主要成分是“碳”，而要转换成的是“能”，因此能源加工与转换过程可看作碳-能转变过程。与此同时，这一过程还会向环境排放污染物等。

（一）燃料的成分

一次能源的加工与转换过程主要表现为将一次能源用作加工物料，通过燃烧过程将其中的热量释放出来。这种一次能源又称作燃料。

作为一次能源的燃料来源于自然系统，在其漫长的形成过程中掺杂着多种化学成分。如天然气的主要成分是甲烷（体积比约为 85%），同时还含有少量的丙烷、乙烷、丁烷等。我国主要的一次能源是煤，其主要成分是碳，此外还含有氧、氮、硫等多种杂质，如表 7-3 所示。不难设想，这些燃料中的成分在燃料燃烧过程中将发生不同的化学反应。

表 7-3 若干典型固体燃料的主要成分

固体燃料	发热量/（MJ/kg）	成分（质量百分比）/%					
		碳	氧	氢	氮	硫	灰分
无烟煤	29.5	80.0	5.0	2.9	0.9	0.7	10.5
半无烟煤	31.6	80.4	5.0	3.9	1.1	1.1	8.5
烟煤（中挥发分）	32.6	81.4	5.0	5.0	1.4	1.5	6.0
亚烟煤	20.9	52.5	29.5	6.2	1.0	1.0	9.8
沥青	16.0	40.1	44.0	6.9	0.7	1.0	7.3

资料来源：ASHRAE，1997。

（二）燃料燃烧反应与能源转换

燃料中的主要成分是碳。燃料在燃烧过程中将发生碳与氧气的化学反应，释放出可用的热量，整体表现为由化学能转变为热能。如碳在不完全燃烧时产生一氧化碳，1 kg 碳将释放 9.188 MJ 的热能，而完全燃烧时形成二氧化碳，1 kg 碳将释放 32.780 MJ 的热能。常用燃料中若干主要成分的燃烧反应及发热量如表 7-4 所示。其他燃料燃烧过程的化学反应及发热量可查询相关工程技术手册。燃料燃烧是能量人为流动中能源转换的最重要环节之一。

表 7-4 常用燃料中若干主要成分的燃烧反应及发热量示例

燃料成分	分子式	燃烧中的化学反应	高位发热量/（MJ/kg）	低位发热量/（MJ/kg）
碳	C	$C+0.5O_2 \longrightarrow CO$	9.188	9.188
碳	C	$C+O_2 \longrightarrow CO_2$	32.780	32.780

燃料成分	分子式	燃烧中的化学反应	高位发热量/（MJ/kg）	低位发热量/（MJ/kg）
一氧化碳	CO	$CO+0.5O_2 \longrightarrow CO_2$	10.111	10.111
甲烷	CH_4	$CH_4+2O_2 \longrightarrow CO_2+2H_2O$	55.533	49.997
乙烯	C_2H_4	$C_2H_4+3O_2 \longrightarrow 2CO_2+2H_2O$	50.325	47.160
丙烯	C_3H_6	$C_3H_6+4.5O_2 \longrightarrow 3CO_2+3H_2O$	48.958	45.792
硫	S	$S+O_2 \longrightarrow SO_2$	9.257	9.257
硫	S	$S+1.5O_2 \longrightarrow SO_3$	13.816	13.816

资料来源：ASHRAE，1997。

（三）燃料燃烧与污染物排放

燃烧燃料的目的是获得可使用的能量。但由于燃料中含有碳、氮、硫等多种物质（表 7-3），在通过燃烧燃料获得可用热量的同时，还形成了许多其他物质，如表 7-4 中燃烧反应所形成的碳化物、硫化物、水蒸气等气体，此外还产生炉灰、颗粒物等，这些都是燃烧过程的附属产物，通常难以被收集并用于其他用途，因此成为排向环境的污染物。

二、典型能源使用过程的温室气体排放

应用中，能源的使用过程包括一次能源的使用过程和二次能源的使用过程。其中，一次能源的使用过程常常与一次能源加工与转换有关，较多地属于生产性使用，对应图 7-4 框架中的能源加工与转换阶段，而二次能源的使用大多是终端用户的使用，对应图 7-4 框架中的能量使用阶段。本节的能源使用泛指人类使用能源（包括一次能源和二次能源）的过程。

在能源使用过程中将排放大量温室气体。根据《2006 年 IPCC 国家温室气体清单指南》，隶属能源部门的能源转换和使用过程所排放的 CO_2 和温室气体分别约占其总排放量的 90%和 75%。这里分享基于燃烧的燃料数量和燃料平均排放因子来估算温室气体排放量的计算方法。

在《2006 年 IPCC 国家温室气体清单指南》中，将能源部门的碳排放活动分成燃料燃烧活动、燃料的输送和分配、燃料燃烧以外的其他能源转换活动（如炼油厂将原油转换为汽油、煤油等）、一次能源勘探和利用 4 种类型。其中，燃料燃烧活动是温室气体的主要来源。在燃料燃烧活动中，化石燃料中的碳和氢转化为 CO、CO_2、水等，释放出燃料中的化学能量，形成热能。该热能既可直接应用（如供热系统），也可进一步转成机械能（如热力驱动发电、运输动力等）。燃料的燃烧又进一步分为固定源燃烧（如发电厂、炼油厂中化石燃料的燃烧）和移动源燃烧（如交通运输过程中的燃料燃烧）。固定源燃烧

排放的温室气体量约占能源部门排放的温室气体量的 70%。而移动源燃烧排放的温室气体量约占能源部门排放的温室气体量的 1/4。其他 3 种碳排放活动所排放的温室气体量共占 5%左右，而每种活动所排放的量都很少，如一次能源勘探、燃料运输引起的溢散排放通常仅占总排放量的百分之几。因此，这里分享固定源和移动源的温室气体排放量估算方法。

（一）固定源燃料燃烧的温室气体排放

固定源燃料指的是固定于某特定地点的设备的燃料，如锅炉燃料。固定源燃料燃烧的温室气体排放量可采用式（7-10）计算：

$$W_i^{\mathrm{GHG}} = M_i \cdot \gamma_i^{\mathrm{GHG}} \tag{7-10}$$

式中：W_i^{GHG}——第 i 种燃料燃烧的温室气体排放量，kgGHG；

M_i——投入燃烧的第 i 种燃料的数量，TJ，根据实际运行情况统计获取；

γ_i^{GHG}——第 i 种燃料的温室气体缺省排放因子，kgGHG/TJ，参见表 7-5，对于 CO_2，其排放因子取 1。

当有 N 种燃料燃烧时，温室气体的排放总量将是各燃料燃烧的温室气体排放量的总和，即

$$W^{\mathrm{GHG}} = \sum_{i=1}^{N} W_i^{\mathrm{GHG}} \equiv \sum_{i=1}^{N} [M_i \cdot \gamma_i^{\mathrm{GHG}}] \tag{7-11}$$

《2006 年 IPCC 国家温室气体清单指南》还描述了另外几种计算固定源燃料燃烧的温室气体排放量的方法，感兴趣的同学可通过自学了解。

表 7-5 若干常用能源工业固定源燃料燃烧的温室气体缺省排放因子 单位：kg/TJ

燃料类型	CO_2	CH_4	N_2O
原油	73 300	3	0.6
沥青质矿物燃料	77 000	3	0.6
液化天然气	64 200	3	0.6
动力汽油	69 300	3	0.6
煤油	71 500	3	0.6
乙烷	61 600	1	0.1
焦炉焦炭和褐煤焦炭	107 000	1	1.5
木炭、木材（木材废弃物）	112 000	30	4.0
气体生物燃料	54 600	1	0.1

资料来源：政府间气候变化专门委员会，2006。

（二）移动源燃料燃烧的温室气体排放

与固定源相对，还有许多燃料燃烧过程中设备的位置是不断变化的，这种设备被称作移动源，如燃油汽车等。移动源燃料燃烧直接产生二氧化碳（CO_2）、甲烷（CH_4）、氧化亚氮（N_2O）以及其他污染物，如一氧化碳（CO）、非甲烷挥发性有机化合物（NMVOCs）、二氧化硫等。

移动源燃料燃烧的温室气体排放量与移动源设备类型、运动方式、路况、技术水平、燃料和行驶特征等因素有关。可采用式（7-10）估算，但其中的温室气体缺省排放因子应换为移动源燃料燃烧对应的数值，如表 7-6 中的道路运输移动源燃料燃烧的温室气体缺省排放因子。

表 7-6　若干常用道路运输移动源燃料燃烧的温室气体缺省排放因子　　单位：kg/TJ

燃料类型	CO_2	CH_4	N_2O
液化天然气	56 100	92#	3#
液化石油气	63 100	62	0.2
动力汽油	69 300	33*	3.2*
汽油、柴油	74 100	3.9	3.9
润滑剂	73 300		
乙醇		260	41

注：#天然气；*未控制。

资料来源：政府间气候变化专门委员会，2006。

化石燃料采掘、加工和输送到最终使用地点期间，温室气体就可能会被有意或无意释放，这些排放被称为溢散排放。

三、能量人为流动附属过程的污染物排放示例

尽管能量人为流动过程围绕能源资源展开生产活动，涉及能源开采、能源转换、能源使用等主要生产部门，但由于生产工艺的复杂性，往往还需要多种附属过程才能实现预期生产目标。为与附属过程相适应，将需要投入多种辅助生产材料，从而也难免产生多种其他污染物。这里仅以烟煤和无烟煤开采业矿井水处理站和煤炭开采业生活污水处理站两个附属工序为例，分享可能的环境污染物排放量估算方法，主要包括三个步骤。

（一）某工序污染物的产生量

工序是能实现某一特定加工转换目标的基本生产单元。在其生产过程中所产生的污染物数量按式（7-12）计算：

$$W_{Gi}=M_i\cdot\gamma_i \tag{7-12}$$

式中：W_{Gi}——工序 i 的某特定污染物平均产生量，t/a，下标符号 G 表示“产生”（generation）；

γ_i——工序 i 的某特定污染物的产污系数，与生产中的规模等级、污染物类别、末端治理技术等因素有关，可从表 7-7 中查取，t/t 产品或原料，如烟煤和无烟煤开采业的矿井水处理站，当采用表 7-7 中的井工机采工艺时，对于富水矿区，化学处理法下加工每吨原料将产生 145 g 化学需氧量，而贫水区要求采用物理化学处理法，加工每吨原料将产生 71.0 g 化学需氧量；

M_i——工序 i 的产品产量，或加工的原料总量，t/a，根据该工序产污系数对应的产品或原料选取，如烟煤和无烟煤开采业的矿井水处理站，当采用表 7-7 中的井工机采工艺时，其产污情况以“原料”记取。

关于其他工序的污染物等产物情况，请参考 2021 年生态环境部发布的《排放源统计调查产排污核算方法和系数手册》。

表 7-7 若干附属工序的技术与产污参数示例

工序名称	产品名称	原料名称	工艺名称	规模等级	污染物类别	污染物指标	区域类型	产污系数		末端治理技术	末端治理技术平均去除效率/%
								单位	取值		
烟煤和无烟煤开采业矿井水处理站	烟煤和无烟煤	烟煤和无烟煤	井工机采	30 万～120 万 t/a	废水	工业废水量	贫水矿区	t/t 原料	0.78	—	—
							富水矿区		1.75		
							高富水矿区		2.28		
						化学需氧量	贫水地区	g/t 原料	71.0	物理化学处理法	95
							富水矿区		145	化学处理法	90
							高富水矿区		178	物理处理法	85
						石油类	贫水地区	g/t 原料	2.16	物理化学处理法	95
							富水矿区		3.10	物理处理法	90
							高富水矿区		3.02	化学处理法	85
						汞	贫水地区	mg/t 原料	0.13	物理化学处理法	85
							富水矿区		0.35	物理处理法	80
							高富水矿区		0.16	化学处理法	83
						砷	贫水地区	mg/t 原料	39.0	物理化学处理法	85
							富水矿区		84.0	物理处理法	80
							高富水矿区		116	化学处理法	83

工序名称	产品名称	原料名称	工艺名称	规模等级	污染物类别	污染物指标	区域类型	产污系数		末端治理技术	末端治理技术平均去除效率/%
								单位	取值		
煤炭开采生活污水处理站	褐煤	褐煤	露天开采	＜120 万 t/a	废水	工业废水量	—	t/t 原料	0.060 3	—	—
						化学需氧量	—	g/t 原料	7.50	好氧生物处理法	85
										物理化学处理法+好氧生物处理法	90
						氨氮	—	g/t 原料	1.04	好氧生物处理法	83
										物理化学处理法+好氧生物处理法	87
						悬浮物	—	g/t 原料	8.11	好氧生物处理法	88
										物理化学处理法+好氧生物处理法	91

资料来源：生态环境部. 排放源统计调查产排污核算方法和系数手册. https://www.mee.gov.cn/xxgk2018/xxgk/xxgk01/202106/t20210618_839512.html。

（二）某工序污染物的去除量

在生产过程中，某工序产生的污染物并非都直接被排向环境，通常在污染物形成处（称为“末端”）至其环境排放口之间的位置安装污染物去除设备，以减少污染物的环境排放数量。污染物的去除水平与所采用的污染治理技术、生产规模等因素密切相关。根据我国生态环境部发布的《排放源统计调查产排污核算方法和系数手册》，污染物的去除量可按式（7-13）计算：

$$W_{Di} = W_{Gi} \cdot \eta_{Di} \cdot k_{Di} \tag{7-13}$$

式中：W_{Di}——工序 i 某特定污染物的平均去除量，下标符号 D 表示“去除”（de-），t/a；

η_{Di}——工序 i 在其所用末端治理技术下某污染物的平均去除效率，%，该值通常为 60%～98%，可从手册中查取所用污染物末端治理设施技术等信息，如表 7-7 中最右列示例；

k_{Di}——工序 i 所用的某污染物末端治理设施的实际运行率，该数据通常根据企业现场的污染物末端治理设施实际运行情况，取处理设施正常运行时间（d/a）

与企业正常生产时间（d/a）的比值。

（三）某工序污染物的环境排放量

不难设想，某工序污染物的环境排放量应等于该工序污染物的产生量减去采用污染治理技术下的污染物去除量，考虑式（7-12）和式（7-13），整理得到

$$W_{Ei} = M_i \cdot \gamma_i \cdot (1 - \eta_{Di} \cdot k_{Di}) \tag{7-14}$$

汇总同一企业该污染物涉及的所有工序的污染物排放量，将得到该企业同期的污染物排放总量，即

$$W_{ET} = \sum_{i=1}^{N} W_{Ei} \equiv \sum_{i=1}^{N} [M_i \cdot \gamma_i \cdot (1 - \eta_{Di} \cdot k_{Di})] \tag{7-15}$$

式中：W_{ET}——企业某特定污染物的环境排放总量，下标符号 E 表示“排放”（Emission），T 表示“总量”（Total），t/a；

N——该污染物涉及的工序总数。

类似地，还可进一步扩展，汇总特定行业、特定区域的污染物排放总量，为污染物综合管理提供依据。

推荐阅读文献

[1] DASSISTI M，CARNIMEO L，2013. A small-world methcdology of analysis of interchange energy-networks：The European behaviour in the economical crisis[J]. Energy Policy，63：887-899.

[2] BAKA J，BAILIS R，2014. Wasteland energy-scapes：a comparative energy flow analysis of India's biofuel and biomass economies[J]. Ecological Economics，108：8-17.

[3] MAO J S，DU Y C，XU L Y，et al.，2011. Quantification of energy related industrial eco-efficiency of China [J]. Frontiers of Environmental Science & Engineering in China，5（4）：585-596.

[4] MAO J S，DU Y C，CAI H，et al.，2010. Energy efficiencies of industrial sectors for China's major cities [J]. Procedia Environmental Sciences，（2）：781-791.

[5] 毛建素，曾润，杜艳春，等，2010. 中国工业行业的生态效率[J]. 环境科学，31（12）：269-275.

[6] 杨志峰，刘静玲，2010. 环境科学概论[M]. 2 版. 北京：高等教育出版社.

[7] 李博，2003. 生态学[M]. 北京：高等教育出版社.

[8] ENGER E D，SMITH B F，2004. 环境科学——交叉关系学科[M]. 9 版. 北京：清华大学出版社.

[9] IPCC，2023. 2019 Refinement to the 2006 IPCC Guidelines for National Greenhouse Gas Inventories，Volume 2，Energy[EB/OL]. https://www.ipcc-nggip.iges.or.jp/public/2019rf/index.html.

[10] IPCC，2023. 2006 年 IPCC 国家温室气体清单指南目录，第 2 卷，能源[EB/OL]. https://www.ipcc-

nggip.iges.or.jp/public/2006gl/chinese/vol2.html.
[11] 中华人民共和国生态环境部，2021. 排放源统计调查产排污核算方法和系数手册[EB/OL]. https://www.mee.gov.cn/xxgk2018/xxgk/xxgk01/202106/t20210618_839512.html.
[12] American Society of Heating，Refrigerating and Air-Conditioning Engineers（ASHRAE），1997. 1997 ASHRAE handbook：Fundamentals[M]. SI edition. Atlanta：American Society of Heating，Refrigerating and Air-Conditioning Engineers，Inc.
[13] 政府间气候变化专门委员会，2006. 2006 年 IPCC 国家温室气体清单指南[M]. 神奈川（Kanagawa）：日本全球环境战略研究所.

课堂讨论与作业

一、讨论议题

任选其一，展开讨论：

（1）在了解了能量的人为流动过程基础上，我们需要改善这一流动。对特定区域进行能量流动分析是识别改善能量流动的机会的重要基础。因此，请各小组选定某一地区，研讨如何改善能源利用，讨论并列出其特定尺度下能量流动分析的研究提纲。

（2）习近平总书记在党的二十大报告中提出：“推动经济社会发展绿色化、低碳化是实现高质量发展的关键环节。”请各小组结合能量人为流动中的碳-能转变和环境效应，讨论经济社会绿色发展、低碳发展的可能路径，并分析其理由。

二、议题筛选过程示例

能源利用涉及多个领域（如生产领域、生活领域）、多个层面（如全球层面、国家层面、城市层面）、多种角度（如从宏观管理角度、从生产技术改进角度、从区域能源梯级利用角度等）。因此，可首先根据我国能源消费结构筛选重点用能领域或行业，如选择工业或建筑业或钢铁工业；再考虑我国能源消费的区域分布，选择重点用能地区，如用能强度相对较高的某重点城市，或兼有能源消费和污染物排放方面的典型意义，或被显著关注的某区域，如京津冀地区。其次，要确定拟研究的内容，比如着重研究改善能源利用的措施或者某一种更为具体的特定措施，如技术措施、管理措施等。可分析能源利用影响因素或分析能源利用的表现特征等，然后选择若干相应典型指标来定量衡量研究方案。最后，通过同期横向区域对比或同地区历史对比等方法分析变化因素，解析能源利用方面好与不好的原因以及内在的影响因素，从而提出改善措施。该议题的筛选过程如图 T7-1 所示。

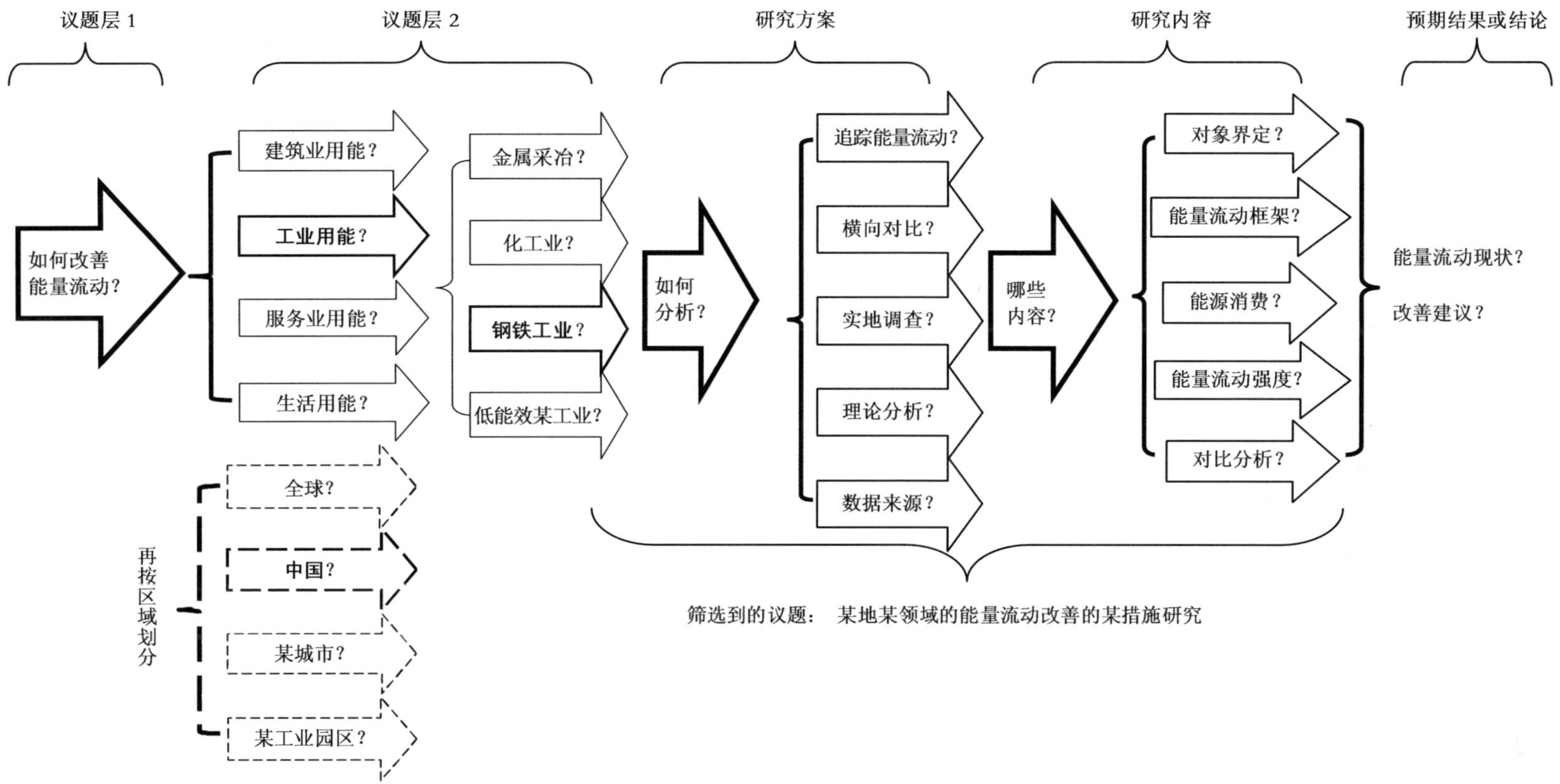

图 T7-1 能量流动课堂讨论议题的筛选过程及研讨过程分析框架

推荐的议题参考题目如下：

（1）某行业能源利用改进技术措施分析；

（2）某城市能源消费模式改善建议；

（3）我国能源利用优化方法研究；

（4）某工业园能源高效利用收益研究。

三、课下作业与课堂汇报

针对课堂讨论议题，查找一篇相关论文或开展研究并撰写研究报告，以小组形式在课堂进行分享。

第八章　循环经济中的价值流动

本讲重点： 循环经济中的价值流动框架构建方法，以及循环经济的主要收益。

基本要求： 了解经济价值、增加值等经济学基本概念；充分理解物质人为流动过程中产品生命周期阶段的“元素价位”基本概念，及其在建立物质流动和价值流动内在耦合关系中的核心作用；熟悉物质循环流动的收益类型，掌握社会经济与资源环境收益的定量估算方法；延伸了解物质流、能量流、价值流复合流动分析框架及其应用。

第一节　核心议题的提出

第四章至第六章已着重深入探讨了物质的人为流动，特别是分析了物质循环流动的基本过程，并获得了物质循环流动过程中生态效率随循环率、产量变化等参数变化的基本规律。本章仍以物质循环流动为核心，但重点考虑物质人为流动过程中价值的变化，探求循环经济中价值如何流动这一核心议题。

为获得循环经济中的价值流动情况，本章在回顾经济学基本概念基础上，首先以物质为价值载体，试图建立物质与价值间的内在联系，并借此构建循环经济下的价值流动关系；其次，建立价值流动关系，探求开展循环经济可能带来怎样的资源、环境、社会与经济收益；最后，提出有待进一步研讨的议题。

第二节　经济学中若干基本概念回顾：什么是价值

经济学中对价值有着详细的定义。与循环经济密切相关的是物质或能量等对于人和社会在经济上的意义，称为经济价值。尽管经济学中不同学派对商品（或服务）的定义不同，但也都使用“经济价值”来度量一种产品（或服务）能为其生产者或提供者所带来的收益大小，通常表示为现金数量。

在经济学的价值理论中，产品（或服务）的价值可体现在产品（或服务）市场交易过程中，表现为买方对特定商品所愿意支付的费用，而对于卖方是对交出特定商品所付出的代价。应用中有诸多相关术语，这里仅将与本章内容密切相关的若干术语及其概念简要汇总如下：

使用价值（value in use）指能够满足人们某种需要的属性，如房屋可为人类遮风挡雨、保障安全等使用功能。在分析物质人为流动中曾使用人类的可用性来表征这一属性。

市场价值（market value）指生产部门所耗费的社会必要劳动时间形成的商品的社会价值。市场价值是指一项资产在交易市场上的价格，是自愿买方和自愿卖方在各自理性行事且未受任何强迫的情况下竞价后产生的双方都能接受的价格。

市场价格（market price）指商品在市场上买卖的价格。同一种商品在同一市场上一般只能有一种价格。市场价格是由部门内部竞争形成的，它取决于商品的价值和这种商品在市场上的供求关系。价格是商品的市场交易过程中的货币表现。本章价值流动分析中采用产品的价格度量其价值。

经济附加值又称经济增加值，等于企业税后息前利润减去全部占用资本成本，是所有成本被扣除后的剩余收入，可在某种程度上反映企业获取的利润。这个概念可用于分析物质循环流动为企业带来的经济收益。

本章所述价值循环流动是指伴随物质的人为循环流动而发生的经济价值在人类社会经济复合系统中的流动。特别是物质在生产、使用中所产生的废物作为二次资源返回上游生命周期阶段时所发生的价值的循环流动。以此区别于物质在自然生态系统中的服务价值。关注的要点词汇是物质的人类有用性、产品或服务、交易、价格或价值、企业利润。

第三节 如何构建循环经济中的价值流动框架

一、如何建立物质与价值间关系？

（一）基本思路

如前所述，物质的人为流动是为了满足人类的特定需要，并借助某一特定服务功能的最终产品呈现。从自然资源到最终产品，物质自身要发生形态、功能（服务性能）、区域空间等方面的诸多转变，这些转变不仅需要能量的驱动，这些能量需要从其他部门购入，而且其服务人类的能力也不断提升，使得物质的服务价值发生一系列重要变化。物质服务价值的变化体现在经济系统中，形成了价值的流动。

由于物质是价值的载体，因此伴随物质的循环流动，将同时存在价值的循环流动。并且价值的循环流动势必与物质循环流动存在着特定的必然联系。基于此，如果能建立物质与其承载的价值之间的关系，将可能借助物质循环流动获得价值的流动关系。

为建立物质与其承载的价值之间的定量关系，考虑以下几点：①由第四章至第六章内容可见，物质的人为循环流动与产品生命周期中的物质循环流动过程密不可分，而在不同生命周期阶段，产品的价值不同；②产品是由物质组成的，如果将产品的价值分摊给它的各组成元素，那么产品中的每种元素都将成为价值的载体，在产品的不同生命周期阶段，物质将具有不同的价值；③由于一个产品往往由多种物质组成，如果选择其中某一种典型物质元素 M 来代表产品，则物质在产品生命周期循环流动的过程就简化为物质元素 M 的循环流动过程，而产品的价值也将只分摊给这一种物质元素，产品在各生命周期阶段的价值演变为物质元素 M 在相应生命周期阶段的价值。由此，可能建立物质与价值间的某种必然关系。

（二）元素 M 的价位

定义某生命周期阶段产品的价值与所含物质元素 M 的质量的比值为物质元素 M 在该生命周期阶段的价位，表达为

$$V=\frac{E}{M} \tag{8-1}$$

式中：V—— 物质元素 M 的价位，元/t，反映单位质量的物质元素所承载的价值量。

E—— 某股物质流动的总价值，元。

M—— 该股物质流动中物质元素 M 的数量，t。比如某钢铁厂生产出 1 万 t 钢材，价值 1 500 万元，由此算得钢铁生产阶段铁元素的平均价位为 1 500 元/t。

在产品的生产过程中，物质元素 M 的价位反映工业系统对物质元素 M 的加工程度。物质元素 M 的价位越高，表示其加工程度越高，工业附加值也越高。较为明显的例子是金属产品（如钢铁、铝、铜等）中物质元素 M 的价位普遍高于相应金属矿粉中物质元素 M 的价位，但却低于金属制品（如钢瓶、铝罐、铜管等）中物质元素 M 的价位。

另外，物质元素 M 的价位还受产品类型、生命周期阶段、地域、技术装备、管理水平等的影响。例如，汽车部件中铁元素的价位可高达每吨几千元，甚至每吨上万元，而铸铁下水管道中铁元素的价位通常只有每吨千元左右。

为了厘清物质流动所带来的人类与资源、环境间的经济关系，做以下假定：①物质自身对服务对象有益时，其服务价值取正值；反之，对某一服务对象有害或不利时，其服务价值取负值。②人类与自然资源、环境要素具有相同的存在价值，因此物质服务于人类和服务于自然资源、环境具有同等重要的意义。在这种假设下，当人类从自然资源获取物质元素 M 时，物质元素 M 表现为对人类的有用性，其人为流动价值呈现为正值，但对于自然资源系统而言，将减少其资源数量，应向资源系统缴纳资源使用费，补偿自然资源的损失，或用于采取措施修复受损的自然资源系统。当人类向环境排放废物时，由于物质已经失去了人类的可用性，其人为流动价值呈现为负值；如果这股流动也使外部环境受损，那么人类也应向环境系统缴纳排污费，补偿环境质量下降所造成的损失，或借助环境治理部门，采取相应措施帮助环境系统恢复健康，这时排放的物质流动中物质元素 M 的价位应按负值计算；反之，若向环境排放物质元素 M 会使外部环境受益，则该工业部门可通过销售废物资源的方式，从受益部门回收部分资金；或通过免缴排污费的方式，节省部分资

金，这时废物流中物质元素 M 的价位按正值计算。

（三）物质元素 M 生命周期价位变化

在产品生命周期中，伴随着工业生产活动，生产原料发生一系列物理变化和化学变化，并转化成不同的工业产品，物质元素 M 的价位得到不同程度的提升；在产品的使用阶段，伴随产品的使用，组成产品的物质不断散失，产品的服务能力逐渐下降，物质元素 M 的价位逐渐降低。物质元素 M 的价位随产品生命周期阶段不断变化的现象被称为物质元素 M 的价位变化。按照这种思路，绘制物质元素 M 的价位随产品生命周期的变化过程，得到图 8-1，图 8-1 被称为物质元素 M 的生命周期价位变化图。不难看出，物质元素 M 的价位仅在经过生命周期各阶段时，才会发生变化。

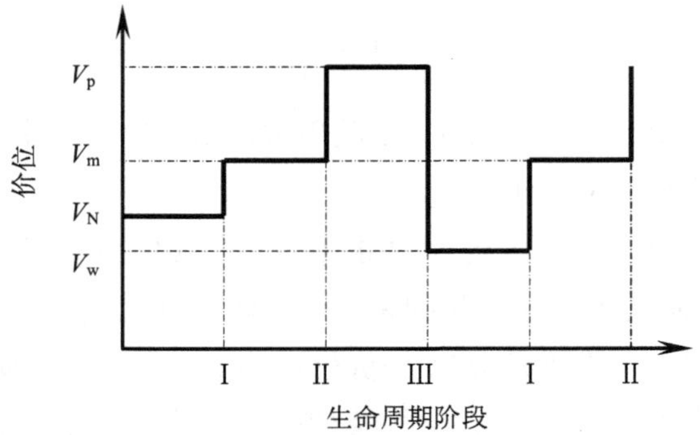

图 8-1 物质元素 M 的生命周期阶段价位变化

资料来源：毛建素等，2003。

通常情况下，在产品的生命周期中，物质元素 M 主要以自然资源、工业材料、产品和排放的废物 4 种形式存在，相应地，物质元素 M 的价位大致分为以下 4 种：

（1）自然资源中物质元素 M 的价位，用 V_N 表示；

（2）工业材料中物质元素 M 的价位，用 V_m 表示；

（3）产品中物质元素 M 的价位，用 V_p 表示；

（4）将排放的废物看作废物资源，其中物质元素 M 的价位，用 V_w 表示。

例如，在铅酸电池生命周期中，铅的采选与冶炼、铅酸电池加工与制造、铅酸电池使用等过程是其生命周期的不同阶段。根据 1999 年中国对外贸易部统计数据，可计算得到不同阶段铅元素的价位：$V_N = 150.62$ 美元/t；$V_m = 468.19$ 美元/t；$V_p = 2\,381.45$ 美元/t；$V_w = 145.94$ 美元/t。由此可看出铅元素的价位随着生命周期阶段的升降变化过程。

二、如何构建价值流动框架?

如前所述，物质是价值的载体。建立物质与价值间的联系后，借助物质循环流动框架，可建立循环经济下的价值流动框架。

（一）元素 M 的循环流动

工业产品的生命周期通常包括工业材料生产、产品制造、产品使用以及产品使用寿命终了报废后的废物再生等几个阶段，是一个漫长的物质流动过程。假设元素 M 是产品中的一个主要组分，那么针对元素 M，可绘制产品生命周期的元素 M 流图，如图 8-2 所示。图中Ⅰ、Ⅱ、Ⅲ分别代表产品生命周期的三个不同阶段。

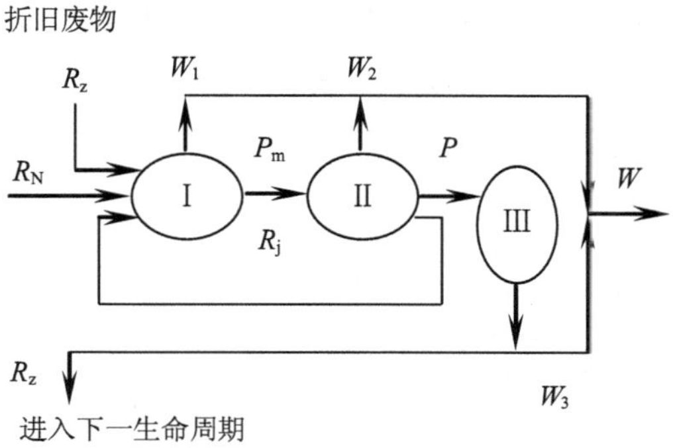

第Ⅰ阶段——工业材料生产；第Ⅱ阶段——产品制造；第Ⅲ阶段——产品使用。

注：R_N—— 自然资源投入量，t；

R_z、R_j—— 折旧废物、加工废物的投入量，t；

P_m—— 产品制造阶段生产原料的投入量，同时也是工业材料生产阶段的产出量，t；

P—— 产品产量，t；

W_1、W_2、W_3—— 工业材料生产阶段、产品制造阶段以及产品使用报废后，排放的废物和污染物的数量，t；

W—— 元素 M 的排放总量，$W = W_1+W_2+W_3$，t。

图 8-2　产品生命周期元素 M 流图

请注意，以上各种物料的数量均按元素 M 的含量计算。

从图 8-2 不难看出，在元素 M 的流动过程中，不仅有从自然资源流向环境的单向流动，而且有循环流动。在第四章中，按物质在人类社会经济复合系统中流经的部门多少或生命周期的长度，将物质的人为循环流动分成大循环、中循环、小循环几种类型。这里仍沿用循环经济中物质元素 M 的流动分析：

（1）大循环——工业产品经使用报废后，部分物质元素 M 返回工业材料生产阶段，作为原料被重新利用。如图 8-2 第Ⅰ阶段中折旧废物 R_z 的流动。

（2）中循环——产品制造阶段产生的废物中，部分物质元素 M 返回工业材料生产阶段，作为原料被重新利用。如图 8-2 第Ⅰ阶段中加工废物 R_j 的流动。

（3）小循环——某一生命周期阶段产生的废物中，部分物质元素 M 返回生命周期的同一阶段、被重新利用。主要表现为企业内部下游工序的废物返回上游工序，作为原料被重新利用。由于小循环是物质在生命周期内的同一阶段内部进行的循环，图 8-2 中没有标出。

就整个产品系统而言，由于这 3 种循环流动的存在，使得投入单位自然资源所产出的工业产品的数量显著增加，而排向环境的废物、污染物的数量明显减少，即资源效率和环境效率大大提高，从而起到了节约自然资源、保护环境的作用。

（二）价值的循环流动

不难理解，在产品生命周期中，伴随物质元素 M 的循环流动，存在着价值的循环流动，而且每股价值流的流量应等于物质元素 M 的质量流量乘以物质元素 M 在该生命周期阶段相应物质流动中的价位。根据图 8-2 中的物质元素 M 的流量，以及图 8-1 中物质元素 M 的价位，可以绘制出产品生命周期物质元素 M 的价值流动图，如图 8-3 所示。该图也可称为产品生命周期价值循环流动图。

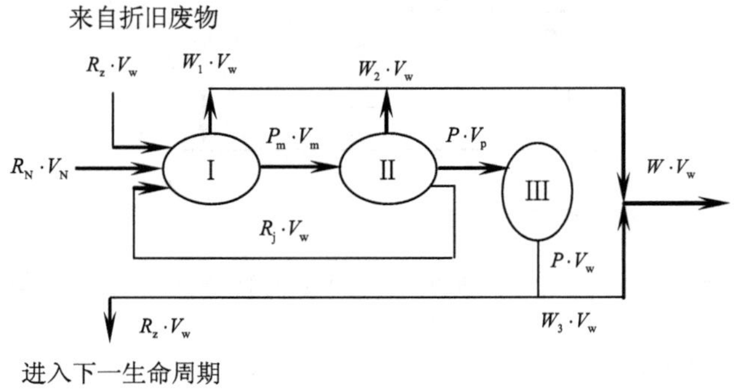

图 8-3 产品生命周期价值循环流动图

由图 8-3 可见，在第 I 阶段，伴随物料的投入，共有 $R_N V_N$、$R_z V_w$、$R_j V_w$ 三股价值流入，其中 $R_z V_w$、$R_j V_w$ 是伴随物质元素 M 的循环流动产生的，其的存在将替代一定数量的与自然资源有关的价值流入。比如，当自然资源与废物资源具有相同的物质元素 M 收得率时，这两股价值流将替代数量为（R_z+R_j）$\cdot V_N$ 的与自然资源有关的价值流，从而将可节省数额为（R_z+R_j）$\cdot$（V_N-V_w）的资金。在第 II 阶段，价值流 $R_j V_w$ 是伴随物质元素 M 的中循环产生的，其的存在不仅减少了数量为 $R_j V_w$ 的排污费，而且增加了数量为 $R_j V_w$ 的价值产出，共增加收入 $2R_j V_w$。在第 III 阶段，价值流 $R_z V_w$（与第 I 阶段的价值流入 $R_z V_w$ 不一定相同）是伴随物质元素 M 的大循环产生的，其的存在将减少消费者数量为 $R_z V_w$ 的排污费，还由于售出废物资源使消费者回收数量为 $R_z V_w$ 的资金，这两项合计提高经济收入 $2R_z V_w$。综上所述，对于产品生产者和消费者（用户）来说，价值的循环流动都将起到“节支增收”的作用。

（三）价值循环流动案例分析

仍以 1999 年铅酸电池系统为例。其中，选择铅元素作为铅酸电池的代表性物质。

考虑到研究年份，尚未对矿产资源、排放到环境中的废物、污染物合理定价，因此无法计算自然资源、废物中物质元素 M 的价位。为了验证本章所得理论的有效性，在下面的实例研究中，将铅酸电池系统的起点由自然资源后移到经过选矿获得的铅精矿，分别以铅精矿代表铅矿资源，以回收的废铅代表铅酸电池系统中产生的废铅，以此作为铅矿资源、废物中铅元素的价位。由于1999年选矿阶段铅收率约为83.8%，因此1999年投入生产的铅精矿约为281.77 kt。相应地，在铅冶炼生产中的环境排放量将不含选矿中的铅损失量，由图5-2中的88.90 kt变为34.43 kt，铅酸电池系统中的总环境排放量由原来的30.52万t减少为25.07万t。在这种情况下，中国1999年铅酸电池生命周期铅流图演变为图8-4。图中单位仍为kt。

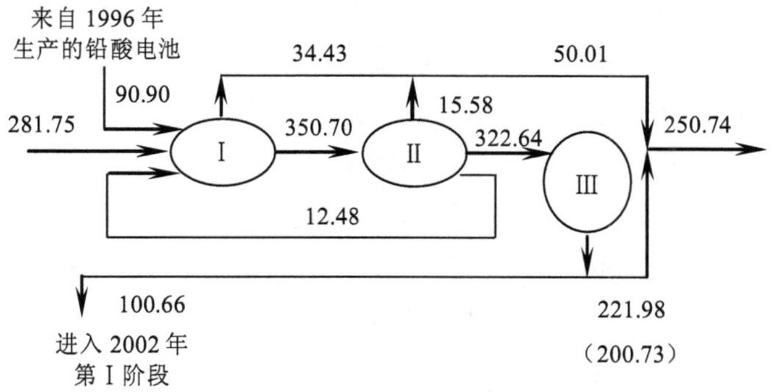

图8-4 1999年中国铅酸电池生命周期铅流图

注：以铅精矿为起点。数据单位为kt。

然后，根据本节中所得到的铅的采选与冶炼、铅酸电池制造、铅酸电池使用等产品生命周期阶段的铅元素价位，即V_N=150.62美元/t、V_m=468.19美元/t、V_p=2 381.45美元/t、V_w=145.94美元/t，在铅酸电池铅流图（图8-4）基础上，将各股物质流动中的铅流量与其相应生命周期阶段的价位相乘，可整理得到铅酸电池生命周期价值循环流动图，如图8-5所示。图中单位为100万美元。

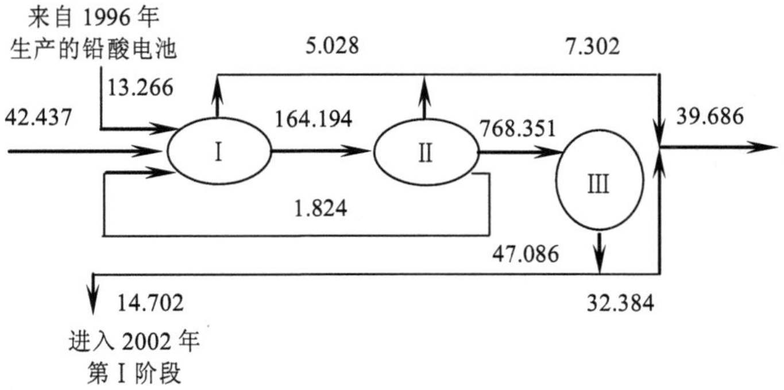

图8-5 1999年中国铅酸电池生命周期价值流动

（单位为100万美元）

由于铅精矿中铅元素的价位较废铅中铅元素的价位高4.68美元/t，可算出，在第I阶段由于铅元素的循环流动，将节约10.34万t（即9.09万t与1.25万t之和）的铅精矿，并

“节支”48.39万美元（10.34万t×4.68美元/t）。在第Ⅱ阶段，由于182.4万美元循环价值流的存在，可“增收”364.8万美元（如果排向环境，应收取182.4万美元的排污费）。在第Ⅲ阶段，若能够回收31.2%的废旧电池，则将形成1 470万美元的价值循环流动，从而可帮助消费者回收资金2 940万美元（如果排向环境，则应上缴1 470万美元的排污费）。在此再次看到，物质循环流动可为生产者和消费者带来可观的经济效益。

总体来看，上述所得的价值循环流动具有以下几个特点：①建立在物质的循环流动基础上，可结合物质的循环流动规律特别是物质的动态循环规律来研究经济的动态活动规律；②将经济系统以外的环境看作一个有机整体，因此无论是作为自然资源中的物质元素M，还是作为废物中的物质元素M，都具有一定的价值，体现了工业系统与自然环境之间的经济关系；③自然资源与废物资源中物质元素M的价位不同，说明这两种资源在物质元素M的使用性能上的差别，这种差别是分析废物资源利用与经济收益之间关系的基础；④由于资源（包括自然资源和废物资源）中物质元素M具有一定的价位，因此可以在价值循环流动基础上，运用经济手段，进行资源与环境的管理。

目前，尚未对自然资源和环境中的污染物进行经济学的合理定价，因此上述价值流动分析过程难以延伸到以自然资源为起点和以环境为终点。并且在实际应用中，不同类型的废物中物质的服务能力不同，故元素价位也应不同，如废电池中铅便于回收再生，可能具有较好的利用价值，其价位较高；生产过程中因加热而散失到大气环境中的铅烟、铅尘虽然也含铅，但不仅不能回收，而且严重威胁人体健康，故对其价位应给予较高的负值。有待随着研究的深入，对诸多细节进行定量的细化。物质循环流动框架下的价值循环流动将对资源经济学、环境经济学、社会经济学等经济学分支产生深远的影响。

第四节　循环经济有哪些收益

一、如何界定收益?

（一）基本思路

循环经济模仿物质在自然生态系统中的封闭循环流动，来规范物质在人类社会经济复合系统中的流动，目的在于减少人类对环境的影响，实现人类与自然生态系统的协调发展。而对物质循环怎样带来收益、能带来哪些收益、各种收益的数量有多少等相关问题的研究目前还很不充分，也未见到详细的报道。而这些问题又是现阶段对各国特别是发展中国家而言，循环经济能否顺利实施的关键。因此，从理论上探讨物质循环流动对环境的影响，分析由此产生的各种收益，并通过实例验证其科学性，将不仅给出以上问题的答案，而且将推动循环经济向更深层发展。

循环经济的核心是物质的循环流动，这与传统经济中物质的“自然资源—产品—环境排放”的线性流动具有实质的差别。如果将循环经济中的物质循环流动与传统经济中的物质线性流动进行对比，同时考虑到物质是价值的载体，伴随物质的循环流动，将存在价值的循环流动，借助本章第三节所建循环经济下的价值流动框架，辨识物质循环流动与线性流动的差别，以及辨识这一差别带来的自然资源消耗、环境污染排放、社会服务、经济收益等的差异，将可能分析得到物质循环流动带来的资源收益、环境收益、社会收益和经济收益。

（二）界定收益

从图 8-2 不难看出，整个产品系统与外部环境的关系表现为：①向社会提供产品，满足某种服务需求，形成社会服务，用产品年产量 P 表示，单位是 t/a，当指定第 τ 年时，产品年产量表示为 P_τ；②从自然资源中索取物质材料，形成物质元素 M 的资源负荷，用 R 表示，单位是 t/a；③向环境排放含有物质元素 M 的废物、污染物，形成排放负荷，用 W 表示，单位是 t/a。

与物质线性流动相比，物质循环流动既可带来物质方面的变化，也可带来社会服务和经济方面的变化。为此，可分别定义物质循环流动的资源收益、环境收益、服务收益和经济收益。

1. 物质方面的收益

由于物质流动形式的不同，为获得相同数量的产品（或服务），物质循环流动下和物质线性流动下的资源负荷不同，两者的差异是物质循环流动带来的自然资源节约数量，称为资源收益，用ΔR 表示；同理，为获得相同数量的产品，这两种物质流动下的排放负荷也不相同，两者的差异是物质循环流动带来的废物排放减少量，称为环境收益，用ΔW 表示。

从另一个角度讲，在相同的资源负荷或者排放负荷下，物质循环流动下和物质线性流动下的产品产量也不相同，两者的差异是物质循环流动带来的产品产量的增加值，称为服务收益，用ΔP 表示。其中，与同量资源负荷对应的产品产量增加值称为资源相关的服务收益；与同量排放负荷对应的产品产量增加值称为环境相关的服务收益。

不难看出，以上几种收益是物质循环流动带来的物质方面的收益，均属于绝对指标。

应用中，为反映物质循环流动所带来的收益的实质，需要滤去生产规模因素所造成的影响。为此，本书中定义以上几种收益的绝对值与同期产品产量（以物质含量表示，P）的比值为相应收益的相对指标。

2. 经济方面的收益

从经济学的角度来看，生产部门起着“价值增值器”的作用，可看成价值的“源泉”。

为了分析价值循环流动带给生产部门的经济收益，定义某一生产阶段的价值流出量与价值流入量的差值为该阶段的价值增量，用 ΔV_i 表示，单位是元/t，下标 i 是产品生命周期阶段的代表符号。不难理解，生产部门的净收益应等于相应生命周期阶段的价值增量减去各种人力、设备等其他投入的相应价值。价值增量越大，相应的净收益就越多。

对比图 8-4 与图 8-5，不难看出，由于物质流动状况的不同和废物流价值正负的不同，生产阶段的价值增量有所不同。定义物质循环流动下的价值增量和物质线性流动下的价值增量的差值为物质循环流动为相应生产部门带来的经济收益，用 $\Delta(\Delta V)_i$ 表示（单位为元/a）。不难看出，这一指标属于绝对指标。若滤去生产规模造成的经济收益的影响，则可采用经济收益的绝对值与产品产量的比值[即 $\Delta(\Delta V)_i / P_\tau$]作为衡量经济收益的相对指标。

需要补充说明的是，物质循环流动下假设所有废物都被有效重新利用，一部分被产品系统内部使用，另一部分被产品系统以外的其他部门使用，因此废物流的价值取为正值；而物质线性流动下，所有废物排放至自然环境，废物流的价值取为负值。此外，研究中还忽略了废物类型的不同造成的物质元素 M 价位的不同。

二、物质循环流动带来多少物质收益?

为了弄清物质循环流动可带来多少物质方面的收益，并希望与前面所获得的物质循环流动基本规律联系起来，仍沿用第五章所构建的追踪法物质人为流动分析框架，并对比物质循环流动与线性流动两种情况下物质流动数量方面的差异。

（一）产品生命周期元素 M 流动图

仍假定，以产品中某典型物质元素 M 来代表产品。在这种情况下，产品生命周期物质流动过程演变为物质元素 M 的人为流动过程，从而可能建立本章与第五章物质流动基本规律间的有机联系。按这一思路，针对产品中的物质元素 M，根据各生命周期阶段的物质流入量等于流出量，绘制的反映产品生命周期阶段的物质流动数量和方向的物流图，称为产品生命周期物质元素 M 循环流动图，如图 8-6 所示。

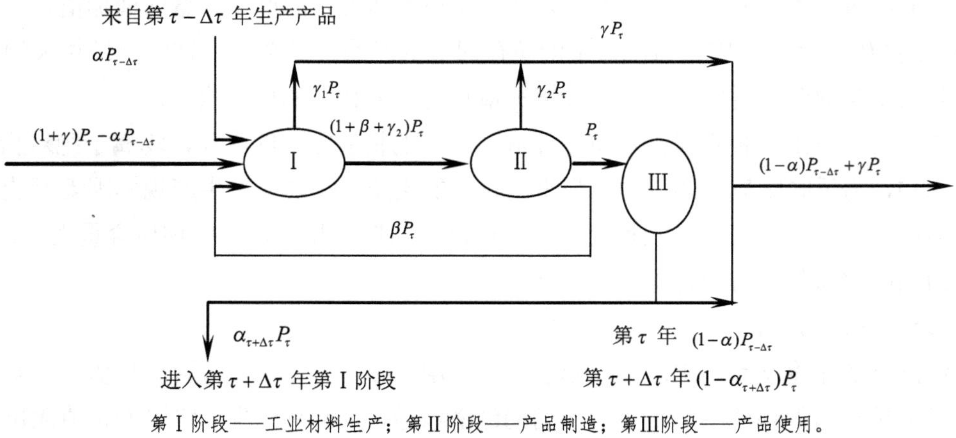

第 I 阶段——工业材料生产；第 II 阶段——产品制造；第 III 阶段——产品使用。

图 8-6 产品生命周期物质元素 M 循环流动图

资料来源：Mao et al.，2004。

图中仍假设：①产品的使用寿命是$\Delta\tau$年，并且在研究涉及的时间范围内保持不变；②忽略各生产过程所经历的时间；③产品在其生产年份的$\Delta\tau$年以后全部报废，形成折旧废物，并且在报废当年返回材料生产，进行再生处理。不难设想，该图应与图 5-1 完全一致。所不同的是，图 8-6 泛指各种产品，物质元素 M 是产品中的代表元素，而图 5-1 针对铅酸电池，并以铅元素为例。图 8-6 中各符号都与图 5-1 一致，只是泛指产品中的物质代表元素 M 的数量。在这里重新展示，以便与物质线性流动下的情况进行对比分析。

（二）物质线性流动

不难设想，如果产品系统所产生的所有废物都不进行循环利用，那么所有这些废物将直接排向环境。在这种情况下，物质的工业流动将表现为从自然资源流经产品系统、再排向环境的线性流动，产品生命周期元素 M 的流动图也简化为图 8-7。

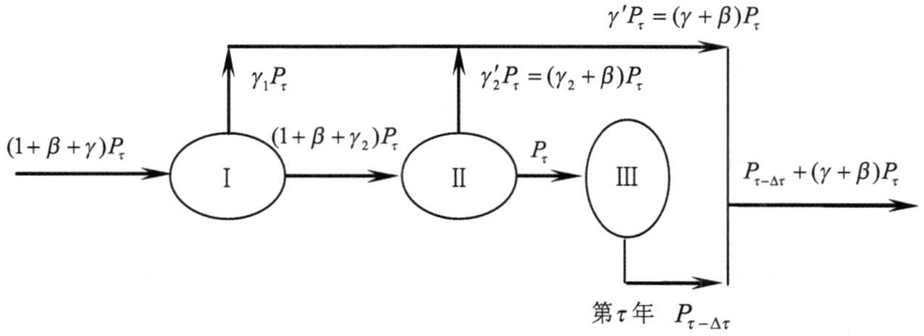

图 8-7 产品生命周期元素 M 线性流动图

为便于后文中的收益分析，按获得与图 8-6 相同数量的产品产量（即P_τ）绘制图 8-7，并假设各生产过程中不同原料（包括自然资源和废物资源）的加工利用率与图 8-6 中的相应数值一致。

（三）物质收益的定量估算

按照本节第一部分“1. 物质方面的收益”中所界定的物质方面的收益，这里关注各种物质收益的大小。考虑到产品产量等参数随年度变化，将表示年度的下标符号τ标入各参数符号予以区分。在获得相同数量的产品情况下，通过计算物质循环流动下和物质线性流动下的资源负荷之间的差异，可计算得到物质循环流动带来的自然资源节约数量，即$\beta P_\tau+\alpha P_{\tau-\Delta\tau}$，是第$\tau$年获得的资源收益；同理，为获得相同数量的产品，物质循环流动带来的环境收益为$\beta P_\tau+\alpha P_{\tau-\Delta\tau}$并分别列入表 8-1。

按照相同的思路，可估算相同的资源负荷或者排放负荷下物质循环流动所带来的服务收益，包括与资源相关的服务收益$\Delta P_{\tau R}$和与环境相关的服务收益$\Delta P_{\tau Q}$，两者的数值分别列入表 8-1。

将以上各类收益绝对值除以同年度的产品产量，可得到各类收益的相对指标，将所得数值也分别列入表 8-1。

表 8-1 物质循环流动带来的物质方面的收益

收益类别		绝对指标	相对指标
资源收益 ΔR_τ		$\beta P_\tau + \alpha P_{\tau-\Delta\tau}$	$\beta + \alpha p$
环境收益 ΔQ_τ		$\beta P_\tau + \alpha P_{\tau-\Delta\tau}$	$\beta + \alpha p$
服务收益	与资源相关的服务收益 $\Delta P_{\tau R}$	$(r-r')R_\tau$	$1-\frac{r'}{r}$
	与环境相关的服务收益 $\Delta P_{\tau Q}$	$(q-q')Q_\tau$	$1-\frac{q'}{q}$

注：表中，$r=\frac{1}{1+\gamma-\alpha p}$，$r'=\frac{1}{1+\beta+\gamma}$；$q=\frac{1}{\gamma+(1-\alpha)p}$，$q'=\frac{1}{p+\beta+\gamma}$；$p=\frac{P_{\tau-\Delta\tau}}{P_\tau}$；相对指标是绝对值与 P_τ 的比值。

（四）物质收益的讨论

1. 资源收益与环境收益

由表 8-1 可见，物质循环流动带来的资源收益或者环境收益是产品系统中物质大循环的数量（即 $\alpha P_{\tau-\Delta\tau}$）和中循环的数量（即 βP_τ）之和。物质循环利用的数量越多，资源收益或者环境收益就越高。

从这两种收益的相对指标来看，这两种收益与大循环率、中循环率和产品生命周期产量变化比有关；循环率越高，资源收益和环境收益就越高，并且产量下降有利于获得较好的资源收益和环境收益。

2. 服务收益

由表 8-1 可见，物质循环流动带来的资源相关的服务收益是物质循环流动和物质线性流动下的资源效率的差值（即 $r-r'$）和资源负荷（即 R）的函数。这里，资源效率是指产品系统单位产品产量的资源负荷，用 r 表示（t/t），与物质的流动状况有关，是大循环率、排放率、产品生命周期产量变化比的函数（见表 8-1 中备注），并且提高大循环率、降低排放率以及在产量下降的情况下，有助于资源效率的提高。从相对指标来看，资源相关的服务收益仅与这两种物质流动下的资源效率的比值有关。物质循环流动下的资源效率越高，资源相关的服务收益的相对值越大，表示所获得的资源相关的服务收益也越高。

对物质循环流动带来的环境相关的服务收益也有类似的结论。所不同的是，这种情况下原来的资源效率、资源负荷分别由环境效率（用 q 表示）、排放负荷所替代，并且产量增长有利于环境效率的提高。

三、价值循环流动带来多少经济收益?

仍采用类似的思路，通过对比物质循环流动下与物质线性流动下经济方面的差异，来分析物质循环流动带来的经济收益。

（一）产品生命周期价值循环流动图

不难理解，在产品生命周期中，伴随物质流动，存在价值的流动，而且每股价值流的流量应等于元素 M 的质量流量乘以单位质量的元素 M 在该生命周期阶段相应物质流动中的价值。分别在产品生命周期元素 M 循环流动图（图 8-6）和产品生命周期元素 M 线性流动图（图 8-7）基础上，结合产品生命周期元素 M 的价位变化（图 8-1），获得产品生命周期价值循环流动图，如图 8-8 所示。

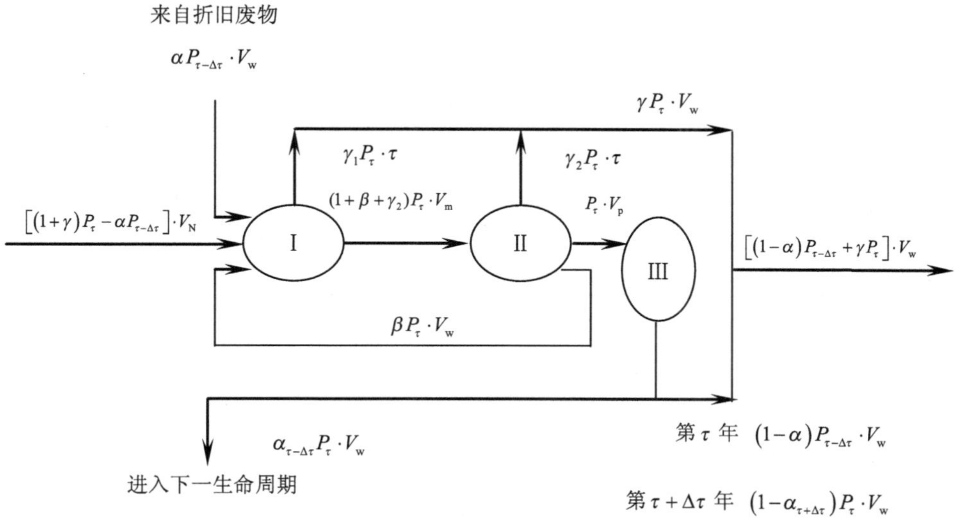

图 8-8 产品生命周期价值循环流动图

（二）物质线性流动下的价值流动

按照与第五章第三节中相同的思路，将线性流动下（图 8-7）各股物质流动的数量与相应生命周期阶段的元素价位（图 8-1）相乘，可得到物质线性流动下的价值流动图，如图 8-9 所示。

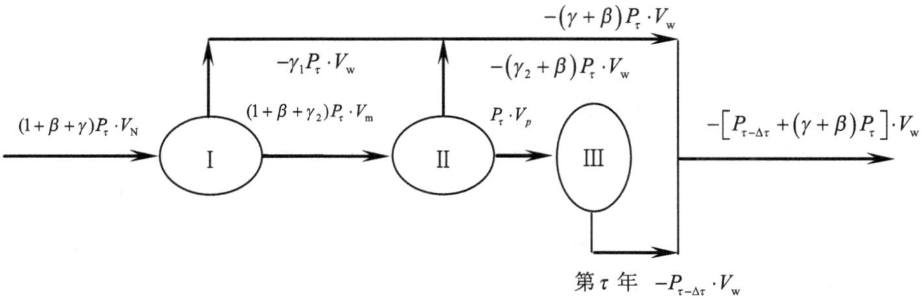

图 8-9 物质线性流动下的价值流动图

需要说明的是，这种情况下，由于产品系统产生的废物全部排向自然环境，本章假定这些废物将造成对环境的不利影响，排放者需要向生态环境部门交纳环境补偿费，废物流的价值取负值。

（三）经济方面的收益

对比物质循环流动下的价值流动（图 8-8）和物质线性流动下的价值流动（图 8-9），针对工业材料生产阶段和产品制造阶段，分析物质循环流动下经济价值的变化，得到相应生命周期阶段的经济收益，结果如表 8-2 所示。

表 8-2　物质循环流动带来的经济收益

收益类别	绝对指标	相对指标
工业材料生产阶段经济收益	$\left(1+\beta-\gamma_1-\frac{1}{r}\right)\cdot P_\tau\cdot(V_N-V_W)$	$\left(1+\beta-\gamma_1-\frac{1}{r}\right)\cdot(V_N-V_W)$
产品制造阶段经济收益	$(\beta+3\gamma_2)\cdot P_\tau\cdot V_W$	$(\beta+3\gamma_2)\cdot V_W$

注：表中，$r=\frac{1}{1+\gamma-\alpha p}$；相对指标是绝对值与 P_τ 的比值。

（四）经济收益的讨论

在工业材料生产阶段，物质循环流动带来的经济收益与物质循环流动要素和自然资源与废物中物质元素 M 的价位差（即 V_N-V_W）有关。在自然资源的价位高于废物资源中的价位的情况下，资源效率越高，或者中循环率越高，或者该阶段的废物排放越少，该阶段的经济收益就越高。这是由于较高的资源效率或中循环率或较低的废物排放率意味着工业材料生产阶段的物质利用率较好，同时，利用较多的低价位废物资源来替代高价位的自然资源，从而使经济收益也越多。而且，自然资源与废物的价位差（即 V_N-V_W）越大，所获得的经济收益也越大。需要说明的是，如果出现自然资源与废物中物质元素 M 的价位的反差，即 $V_N<V_W$，那么就会出现随着资源效率或中循环率的提高，或随着该阶段废物排放率的降低，净收益不断降低的局面。在这种情况下，虽然利用废物资源仍能够起到保护自然资源和减少废物排放的作用，但却不能获得经济收益。这种情况将主要发生在以下地区：①废物资源短缺的地区，比如大多数的发展中国家；②资源政策不够合理的地区，比如对稀缺资源仍实行补贴政策的国家。这种情况需要通过改善资源政策得到扭转。

在产品制造阶段，物质循环流动带来的经济收益主要与废物资源中物质元素 M 的价位、中循环率、废物排放率相关。废物资源中物质元素 M 的价位越高，经济收益越大；中循环率和废物排放率越大，经济收益也越大。这主要是由于在物质循环流动下，排向系统外的废物假定被其他工业部门有效利用。

四、实例分析——铅酸电池系统中铅的循环流动的收益分析

（一）研究方法

铅是构成铅酸电池的最主要物质，占其总质量的 80%，并且由于铅元素来源于不可再生资源铅矿石，而且铅是生态毒性物质，因此铅可作为铅酸电池的代表性元素。相应地，本研究中仍以 1999 年中国铅酸电池系统为例，并结合当时具有国际领先水平的瑞典某铅酸电池系统的铅的循环流动状况（1992—1995 年），以瑞典铅的循环流动的指标数值替代中国的相应指标，预测中国铅循环流动的收益前景。

在物质流动方面，仍沿用图 8-4 中数据，即 1999 年中国铅酸电池系统的铅流总量指标分别为 $P = 32.26$ 万 t、$R = 28.18$ 万 t、$Q = 25.07$ 万 t，并依此计算以产品量作为服务量下的资源效率和环境效率，将所得数据列入表 8-3。按照类似的方法，也将瑞典铅酸电池系统的铅流指标计算出来，汇总到表 8-3 中。

表 8-3 中国与瑞典铅酸电池系统中铅的循环流动要素的对比

国家	资源效率 r/（t/t）	环境效率 q/（t/t）	大循环率 α/（t/t）	中循环率 β/（t/t）	排放率 γ_1/（t/t）	排放率 γ_2/（t/t）	总排放率 γ/（t/t）	产量变化比 p/（t/t）
中国	1.145	1.287	0.312	0.039	0.107	0.048	0.155	0.904
瑞典	85.47	85.47	0.990	0.123 6	0.002 655	0.000	0.002 655	1

在价值流动方面，仍采用本章第三节案例中所得铅酸电池生命周期各阶段铅元素的价位，即 $V_p = 2\ 381.45$ 美元/t，$V_N = 150.62$ 美元/t，$V_m = 468.19$ 美元/t，$V_w = 145.94$ 美元/t。

（二）结果与讨论

将上文中获得的铅的循环流动要素的数据和铅的价位数据分别代入表 8-1 和表 8-2 中的各个公式，计算得到循环流动下各种收益的数值。计算结果汇总到表 8-4 中。其中，前景预测部分以 1999 年中国铅酸电池系统的铅流总量为计算基准。

表 8-4 实例中铅在铅酸电池系统中的循环流动带来的若干收益

收益类别		相对指标		绝对指标		
		现状	前景	单位	现状	前景
资源收益		0.321	1.114	kt/a	103.57	359.29
环境收益		0.321	1.114	kt/a	103.57	359.29
服务收益	资源相关	0.268	0.990	kt/a	86.47	319.41
	环境相关	0.292	0.990	kt/a	94.21	319.41

收益类别		相对指标		绝对指标		
		现状	前景	单位	现状	前景
经济收益	工业材料生产阶段	0.274	5.191	1 000 美元/a	88.40	1 674.82
	产品制造阶段	26.707	18.038	1 000 美元/a	8 616.75	5 819.78

注：①物质循环流动的收益现状相对指标按中国 1999 年的铅流现状估算，即 $r=1.145$，$r'=0.838$，$q=1.287$，$q'=0.911$，$p=0.904$。

②收益前景的相对指标按瑞典（1992—1995 年）的铅流现状估算，即 $r=q=85.47$，$r'=q'=0.888$，$p=1$。

③各种收益的绝对指标以中国 1999 年铅酸电池的产量（即 $P_{\tau}=322.64$ kt/a）为计算基准。

④铅元素的价位差取为 $V_N-V_w=4.68$ 美元/t，$V_w=145.94$ 美元/t。

由表 8-4 可见，铅的循环流动可起到节省铅矿资源、减少铅的环境排放量、增加铅酸电池产量、提高铅生产部门和铅酸电池制造部门的经济收入的作用。例如，在 1999 年铅的循环流动状况下，与铅的线性流动相比，每生产含铅量为 1 t 的铅酸电池，铅的循环流动可节省 0.321 t 铅精矿，减少 0.321 t 的铅排放，分别为铅生产部门和铅酸电池制造部门增加 0.274 美元和 26.707 美元的收入，或者在相同的资源负荷与环境负荷下，增加 1/4～1/3 的铅酸电池。如果改善中国铅酸电池系统中铅的循环流动状况，并达到瑞典 1992—1995 年同类系统中的状况，那么在生产与 1999 年相同数量的铅酸电池情况下，铅的循环流动每年可节省 35.93 万 t 铅精矿，减少 359.29 t 的铅排放，分别为铅生产部门和铅酸电池制造部门增加 167 万美元和 582 万美元的年收入，或者在相同的资源负荷与环境负荷下，增加约 32 万 t 的铅酸电池。表 8-3 中，在铅酸电池的制造阶段，前景状况下的经济收益低于现状下的经济收益，主要是由于在铅酸电池制造过程中，瑞典的铅的利用效率低于中国的相应数值，虽然这可能是由于中国调研中所得的数据不够真实。

基于物质循环流动来分析带来的经济影响，曾经是耶鲁大学 STAF 小组试图完成的研究。尽管曾于 2005 年邀请经济学专家加入，但由于学科交叉所带来的对物质流动过程的障碍，难以弄清相关关系，未能实现预期的研究结果。但可以预见，伴随交叉学科的兴起和国家对交叉学科的支持，在不久的将来，会有更多有识之士投入相关研究，并获得可喜的研究成果。

本章所述基于物质循环流动下的价值流动框架还曾被成功用于分析物质循环流动对企业带来的经济收益，同时正逐步得到业界认可，并用于分析其他物质价值流动的研究中，比如被用于分析铁流下的价值流动。详见以下推荐阅读文献。

第五节　循环经济中的物质、能量、价值复合流动

在物质人为流动过程中，需要能量的驱动才能完成各阶段的物质转变，而每一次转变也都更加接近人类的某一特定需求，是物质服务人类的价值变化过程。因此，伴随着物质的循环流动，存在物质、能量和价值间的耦合联动，形成了研究系统中物质、能量、价值

的复合流动，反映系统内部各生命周期阶段之间以及系统与外部环境之间的内在联系。这里分享一种将物质看作能量和价值的载体来分析物质、能量、价值复合流动的方法，希望能更加全面地窥视系统内在的复杂关系，为更加科学的综合管理提供理论依据。

一、如何建立物质、能量、价值间的耦合关系

（一）基本思路

关于物质与价值之间的关系，在本章第三节中已经明确了物质是价值的载体，并定义了物质元素 M 的价位来反映单位质量的物质所承载的价值量。本节仍将其沿用到物质、能量和价值的复合流动分析中。

在生态学中，物质流、能量流、信息流是生态系统的基本功能。伴随物种间的捕食关系，能量沿营养级从低营养级流向高营养级，蕴含着食物对能量的载体关系。在工程技术领域，早在 20 世纪 80 年代初，时任东北大学热能工程系主任的陆钟武教授在研究钢铁工业节能过程中创新性地提出了“载能体”概念，将热能工程专业的服务对象从过去的单体设备（冶金炉）及其部件扩展到生产工序（工厂）、联合企业乃至整个冶金工业。他是冶金工业系统节能理论及技术应用的先行者。这里也将“载能体”这一概念引入并用于本节物质、能量和价值的复合流动分析中。

认识到物质既是“载能体”，又是本章第三节、第四节中所述的价值载体，就能借助工程技术的能量使用基础数据和物资市场交换的经济运行基础数据，确定物质人为流动过程中各阶段的物质对能量、价值的承载水平，从而嵌入所研究的复合系统，并进行物质、能量、价值的复合流动分析。

（二）耦合系数

物质与能量、价值之间存在内在的必然联系。定义单位质量的物质所“承载”的能量的定量水平为物质-能量耦合系数；定义单位质量的物质所“承载”的价值的定量水平为物质-价值耦合系数。本节仍以物质元素 M 作为各股物质流动的代表性物质，主要讨论物质-能量耦合系数、物质-价值耦合系数。

不难设想，当仍以物质元素 M 作为代表性物质时，将仍可用本章第三节中定义的物质元素 M 的价位来表征物质-价值耦合系数。此处不再赘述。

物质-能量耦合系数是某生命周期阶段所消耗的能量与产出的产品数量的比值，表达为

$$\xi = \frac{E_N}{M_P} \tag{8-2}$$

式中：ξ —— 物质-能量耦合系数，简称物能耦合系数，kW·h/t 产品或 t 标准煤/t 产品（该参数与工程中常用的“单位产品能耗”这一术语十分相似，应特别注意的是，

本节中该耦合系数都是针对特定生命周期阶段的目标产品而言的，且仍以物质元素 M 的数量表征各生命周期阶段的产品数量，计算取值时应特别注意区分）；

E_N —— 某生命周期阶段内，为获得该阶段目标产品，或维持其目标产品的正常使用，或进行其废物处置等过程中所消耗的能量，kW·h 或 t 标准煤；

M_P —— 某生命周期阶段的目标产品，以物质 M 的含量计算，t。基于这一界定，针对图 8-2 不难看出，第 I 阶段的目标产品是工业材料，物质元素 M 的含量是 P_M；而对于第 II 阶段和第 III 阶段，目标产品都是工业终产品，物质元素 M 的含量是 P。

二、物质、能量、价值复合流动分析框架

建立物质与能量、物质与价值的内在联系以后，可借助物质循环流动框架，进一步建立物质、能量、价值的复合流动框架，如图 8-10 所示。

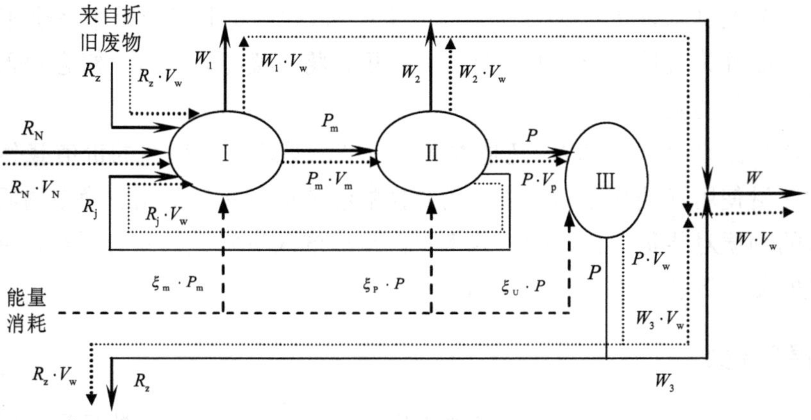

图 8-10 产品生命周期中的物质、能量、价值复合流动框架

不难理解，在产品生命周期中，能量流动主要发生在以下过程中：一是工业材料生产和产品制造过程中的生产性能量投入，常以煤炭、热力、电力等形式出现，是物质资源转变的动力，如金属冶炼中消耗的原煤和金属材料压制成型过程中消耗的高压蒸汽等；二是产品使用过程中的能量消耗，如汽车运行中消耗的汽油和冰箱、空调运行中使用的电力等。

应用中，在物质流动分析的基础上，应充分把握产品生命周期各阶段的物质-能量耦合关系、物质-价值耦合关系。也就是说，根据物资市场交易数据和物资组分构成，折算出各

生命周期阶段的元素 M 的价位；再根据产品生命周期各阶段的能源消费状况，折算出各生命周期阶段的物能耦合系数，就可以得到产品生命周期中物质、能量、价值复合流动图。

这里需提醒注意的是，图 8-10 侧重表示了代表性物质 M 的流动过程，及其带动下所形成的物质-能量耦合关系、物质-价值耦合关系。当研究目的进一步拓展时，还可将能源转换、碳排放、非代表性物质、环境风险等诸多因素纳入研究范围，从而形成更丰富的分析方法框架。在此基础上，可进一步按照与第五章中定量推演生态效率类似的方法，获得涵盖能量消费、碳排放、经济价值等多种属性，内涵更为宽泛的生态效率变化规律，满足更系统全面的综合管理需求。请感兴趣的同学自行尝试推导并开展应用研究。

三、铅酸电池系统的物质、能量、价值复合流动分析示例

按照前述思路，曾指导余艳旭博士研究了铅酸电池系统中铅流、能量流和价值复合流动情况。其中以 2014 年为参考年的静态研究结果表达为图 8-11。

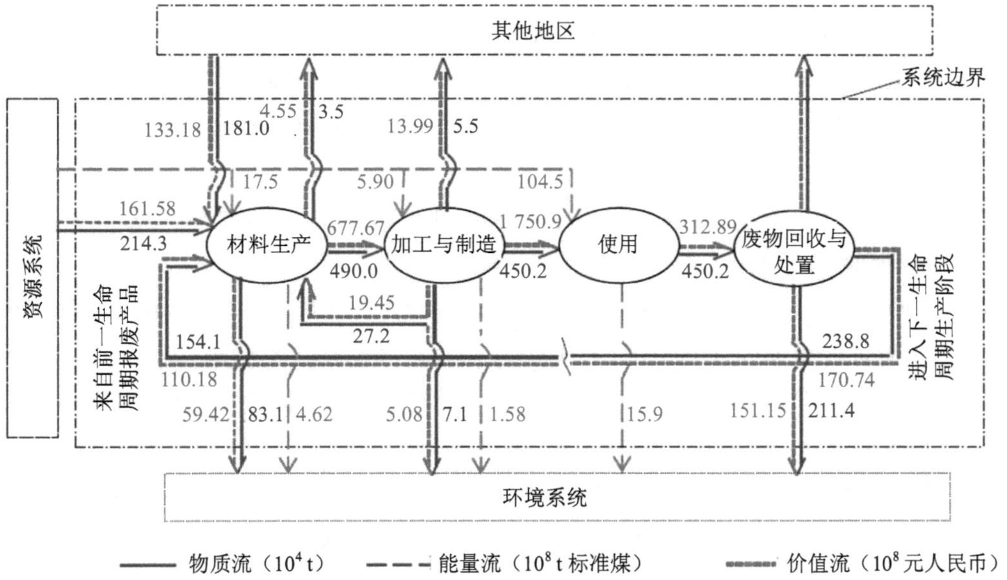

图 8-11　2014 年中国铅酸电池系统的物质、能量、价值耦合流动结果

资料来源：Yu et al.，2018。

从图 8-11 中单要素流动看，在物质流动方面，由图中实线流动数据得知，为获得 450.2 万 t 铅酸电池，将需要向加工与制造阶段投入 490.0 万 t 的精炼铅。整体上消耗 214.3 万 t 铅矿石，而通过物质循环（包括中循环和大循环），可节省约 180 万 t 的铅资源。在能量流动方面，参看图 8-11 中的长虚线，可知电池使用阶段所需要的能量为 104.5 亿 t 标准煤，约占铅酸电池整个生命周期总能耗的 82%，这是电池使用中反复充电蓄能、放电以提供车

辆等的运行动力造成的。在价值流动方面，参看图 8-11 中的短虚线，仍可看出流向使用阶段的价值最高，达到 1 750.9 亿元，而通过物质循环流动可节省近 130 亿元。

从复合要素之间的耦合关系来看，根据图 8-11 中数据可估算得到各主要生命周期阶段的物能耦合系数、元素的价位。如在从铅矿资源系统到材料生产阶段的流动中，伴随 214.3 万 t 铅流有 161.58 亿元价值流，意味着该股流动的铅矿石铅元素价位为 540 元/t；每生产 490.0 万 t 精炼铅将消耗能量 17.5 亿 t 标准煤，意味着材料生产阶段的物能耦合系数为 357 t 标准煤/t 精炼铅。同学们可按照类似的方法估算其他各股流动的耦合系数。

如果能获得耦合系数的历史数据，就不难看出研究系统的物质与能量、物质与价值之间的变化趋势，深刻反映着社会经济、工程技术和资源环境之间关系的演变，可为综合管理提供重要的数据依据。

推荐阅读文献

[1] 马中，2006. 环境与资源经济学概论[M]. 2 版. 北京：高等教育出版社.

[2] MAO J S，YING Z W，LU Z W，2008. The influence of recycling of material on value source intensity[J]. Proceedings of Information Technology and Environmental System Sciences，2：1078-1084.

[3] YAN L，WANG A J，2014. Based on material flow analysis：value chain analysis of China iron resources [J]. Resources Conservation and Recycling，91：52-61.

[4] JOOSTEN L A J，HEKKERT M P，WORRELL E，1999. STREAMS：a new method for analysing material flows through society[J]. Resources，Conservation and Recycling，27（3）：249-266.

[5] 毛建素，陆钟武，2003. 物质的循环流动和价值的循环流动[J]. 材料与冶金学报，2：157-160.

[6] 施锡林，1983. 铅蓄电池[M]. 北京：人民邮电出版社：5-6.

[7] KARLSSON S，1999. Closing the technospheric flows of toxic metals — modeling lead losses from a LAB system for Sweden[J]. Journal of Industrial Ecology，3（1）：23-40.

[8] FROSCH R A，1994. Closing the loop on waste materials[M]. Washington DC：National Academy Press：37-47.

[9] DAVID T A，NASRIN B，1994. Wastes as raw materials[M]. The Greening of Industrial Ecosystems. Washington DC：National Academy Press：69-89.

[10] DEACON R T，1998. Research trend and opportunities in environmental and nature resource economics[J]. Environmental and Resource Economics，11（3，4）：383-397.

[11] TURNER R K，SALMONS R，POWELL J，et al.，1998. Green taxes，waste management and political economy[J]. Journal of Environmental Management，53：121-136.

[12] MAO J S，LU Z W，YANG Z F，2004. Several benefits from recycling of industrial materials[J].

Proceedings of the Fifth Annual Conference for Young Scientists of China Association for Science and Technology，11（2-5）：489-498.

[13] MARIMIN M A D，MACHFUD M P I F P，BANGKIT W，2014. Value chain analysis for green productivity improvement in the natural rubber supply chain：a case study[J]. Journal of Cleaner Production，85（15）：201-211.

[14] 俞斌，方志耕，杨保华，等，2009. 一种新的价值流动 GERT 网络模型及其应用[J]. 系统工程，27（7）：43-49.

[15] 毛建素，2016. 铅元素人为流动[M]. 北京：科学出版社.

[16] 陆钟武，蔡九菊，2010. 系统节能基础[M]. 沈阳：东北大学出版社.

[17] 陆钟武，蔡九菊，1993. 系统节能基础[M].北京：科学出版社.

[18] YU Y X，SONG Y，MAO J S，2018. Quantitative analysis of the coupling coefficients between energy flow，value flow，and material flow in Chinese lead-acid battery system[J]. Environmental Science and Pollution Research，25：34448-34459.

课堂讨论与作业

一、讨论议题 1

基于物质循环流动，弄清物质流动与能量流、价值流间的内在耦合关系，是循环经济的重要议题，曾经是耶鲁大学 STAF 小组试图要开展的研究，也是目前尚待深入研究的科学议题。而且从近年来国家支持的国家自然科学基金项目来看，越来越多的研究人员正尝试开展相关研究。本章从最简单的模型框架入手，分享了部分研究成果。但还有很多问题有待深入研究。因此，请思考与讨论以下议题：

（1）某一种物质具有多种用途，如何解析物质流动与价值流动间的关系？

（2）同一服务或产品中，含有多种不同物质，且各物质具有相当程度的重要性，例如合金中含有 M 元素、N 元素等多种元素。在这种情况下，难以选择一种物质来代表产品，应如何分析价值流动问题？

（3）循环经济中物质、能量、价值间存在怎样的耦合关系？如何解析？

（4）循环经济中多种服务中存在怎样的多物质间物质流、能量流、价值流耦合关系？如何解析？

二、讨论议题 2

前面已经分别探讨了物质和能量的人为流动以及价值的流动。但这些流动有怎样的实践意义呢？后者在实践中如何应用呢？请选择某一熟悉的区域，针对其典型资源或环境问题，讨论如何用上述方法，探求解决该问题的办法，列出研究提纲。

三、课下作业与课堂汇报

针对课堂讨论的价值流议题，查找一篇相关论文，以小组形式在课堂分享。

或针对选定的典型问题，查找一篇特定尺度下物质流、能量流、价值流分析的应用论文，以小组形式在课堂分享。评分标准见表 T8-1。

表 T8-1 课堂小组汇报评分表

报告题目	选题过程（满分 10 分）	研究依据（满分 10 分）	研究方法（满分 10 分）	结果结论（满分 10 分）	总分

或基于图 8-10 复合流动分析框架，延伸纳入你感兴趣的其他要素，尝试建立新的分析框架，并开展相关研究，说出主要创新点。

第九章　循环经济实施

本讲重点：适合循环利用的物质类型、废弃物资源盈缺水平以及循环经济推进模式。

基本要求：充分理解循环经济的概念与内涵，了解物质的可循环再生性和物质的分类；掌握废金属指数的概念和计算方法，熟悉废金属指数与其影响参数之间的变化关系，借此加深对我国不同发展时期可能发生的废金属资源盈缺变化的理解；了解循环经济主要实施模式；尝试思考新征程下现代化产业体系建设思路。

第一节　核心议题的提出

循环经济是以物质循环流动为核心的经济形式，其试图通过封闭物质在人类社会经济复合系统中的流动和梯级、高效地利用流入人类社会经济复合系统中的能量来减少人类活动对自然环境系统的影响。为实现这一目标，前面两章在对物质和能量流动进行分类（即根据流动的形成过程是否受到人类活动干扰，区分了物质和能量的自然流动和人为流动）基础上，从理论上分别探讨了物质和能量的流动问题，包括物质和能量的人为流动过程、若干流动规律以及这些流动对自然流动的可能影响。然而，上述理论流动模式如何在循环经济实践中兑现和实施？是否任何物质都适合循环利用？如果不是，哪些适合、哪些不适合？如何界定物质的可循环再生性？表现形式怎样？应用中应注意哪些问题？对以上问题，需要我们借助实践经验进行探索和讨论。

本章分为两部分：一是探求循环经济是怎样的一种经济形式？有哪些特征？二是应用中如何推进和实施循环经济？哪些物质适合循环利用？可循环利用的不同物质分别是怎样循环再生的？实践中应注意哪些问题？为回答物质的可循环问题，将如何界定物质的可循环再生性？如何分类以及各类物质如何循环？

第二节　循环经济是怎样一种经济形式

一、什么是循环经济?

（一）循环经济的概念

循环经济是以物质循环流动为核心的经济形式，运用生态学规律来指导人类社会经济活动，对物质资源、能源及废弃物实行综合利用，通过“低开采、高利用、低排放”来实现人类活动对环境干扰最小的经济模式，又称生态经济。

循环经济中，典型地把人类社会经济复合系统看作地表生态系统的有机组分，强调人类社会经济发展要遵循生态优先法则，其对外部的干扰水平必须控制在生态承载能力以内，要求人类与环境协调发展。其中所协调的要素涉及人类与环境之间相关的诸多要素。而在循环经济开展初期，尤其强调物质循环利用，是面向解决较为突出的资源短缺和环境恶化问题而兴起的经济形式，着重涉及其中的物质要素，是人类走向生态经济的必经阶段，也是开展生态经济的初级阶段。伴随环境质量的逐步改善，循环经济将从强调物质资源循环利用转向提升物质“使用阶段”的服务质量，从而步入生态经济高质量发展阶段。

（二）循环经济与传统经济的对比

与传统经济相比，循环经济的不同之处在于以下方面。

从定性分析来看，传统经济中物质流动是由“自然资源—产品—污染排放”所构成的物质单向流动。在这种经济中，伴随人类需求增长，将需要更多的“产品”，因此势必消耗更多自然资源和能源；同时，在生产加工和消费过程中又有更多的废物、污染物被排放到环境中；长此以往，导致诸多自然资源短缺，酿成灾难性环境污染后果。与此不同，循环经济倡导封闭物质在人类社会经济复合系统中的流动，把物质组织成“资源—产品—再生资源”的循环流动过程，使得包括生产和消费的整个经济系统基本上不产生或者只产生很少的资源负荷与环境负荷，从而缓解人类发展与环境之间的矛盾。

为进一步从定量上看出循环经济与传统经济的差异，将物质流动分析中所得资源效率和环境效率变化关系［式（5-7a）和式（5-9a）］分别代入引入生态效率后的控制方程变形式［式（3-3）］，得到资源负荷 R 随社会服务量 S 变化的关系为

$$R=\frac{1+\gamma-\alpha p}{F_{\mathrm{P}}\cdot\Delta_{\tau}}\cdot S \qquad (9\text{-}1a)$$

环境负荷 Q 随社会服务量变化的关系为

$$Q=\frac{\gamma+(1-\alpha)p}{F_{\mathrm{P}}\cdot\Delta_{\tau}}\cdot S \tag{9-2a}$$

上述两式中，α、γ、p、F_{P} 和 τ 的含义仍同第五章，分别表示循环率、排放率、产量变化比、比性能和使用寿命。

由式（9-1a）和式（9-2a）可见，资源负荷、环境负荷与社会服务量的变化关系同循环率、排放率、产量变化比、比性能和使用寿命等多个参数有关。在循环经济模式下，上式中循环率不为零，环境负荷与社会服务量间呈现非线性变化关系。而当不对物质进行循环再生时，循环率取值为零，以上两式将分别简化为

$$R=\frac{1+\gamma}{F_{\mathrm{P}}\cdot\Delta_{\tau}}\cdot S \tag{9-1b}$$

$$Q=\frac{\gamma+p}{F_{\mathrm{P}}\cdot\Delta_{\tau}}\cdot S \tag{9-2b}$$

式（9-1b）和式（9-2b）反映出环境负荷与社会服务量的变化关系仅与排放率、产量变化比、比性能和使用寿命等生产技术参数有关，而与物质的循环率无关。在特定时期，生产技术参数将基本保持不变，使得环境负荷与社会服务量间的变化系数也维持在某一值，从而环境负荷呈现出与社会服务量间的线性变化关系，反映出不对物质进行循环再生的传统经济中环境负荷与社会服务量间的变化关系。

（三）循环经济的基本原则

开展循环经济，应遵循减量化（reduce）、再使用（reuse）、再循环（recycle）三个基本原则。其中，减量化要求生产、流通和消费等过程中减少物质或能源的消费，避免浪费。包括自然资源的低开采，在生产环节借助技术提升以实现“少用料，多出活”的资源高利用和废物低排放，又如消费中提倡简单消费，避免奢华浪费。日常中某些场合的夏季空调低温运行和冬季高温运行等都是能源消费过程减量化的反例。再使用是要求旧物多次使用，如盛放鲜奶的奶瓶用过后经鲜奶配送公司回收，经清洗后继续使用；或通过维护、更换部件、修复等延长使用寿命；或通过翻新、再制造实现产品全部或部分部件的再使用，如电脑中某部件的更换，又如发电厂产生的废渣用于制砖厂制砖，或用于铺路。最后，再循环是指针对那些不能再使用的产品或部件进行废物回收，将其作为二次资源投入物质再生产，实现物质资源的再利用。比如，前面案例中的废旧电池回收后投入再生铅的生产。

（四）循环经济的内涵

物质循环基本规律要求人类社会经济发展按自然规律办事，体现在以下几个方面。

循环经济是一种新的发展理念：强调把人类的社会经济复合系统看作自然系统的有机组分，而不是传统中凌驾于自然系统之上；要求人类在环境承载力内与资源环境协调发展。鼓励由产品拥有型转为享受服务品质型，提倡由传统经济发展中重视规模与速度的“多而

快”转为重视经济发展品质与健康的“精而稳”。

循环经济是一种新的工作思路：从使用的资源类型上看，循环经济努力由不可再生资源的使用转向可再生资源的使用，努力由稀缺资源的使用转向丰富资源的使用。从资源利用水平看，循环经济将加大技术与管理水平，从多角度努力提高资源利用效率。

循环经济是一种新的生产方式：体现在不同企业之间，按照“共生关系”，与相关企业形成生态产业链、生态产业体系或生态产业群落；而在企业内部，则着力实施清洁生产，提高企业管理水平和生产技术水平，实现企业节资、减排、增效。

循环经济是一种新的经济形态：由以生产与流通为核心的传统经济形态扩展为集生产、流通、维护、废旧回收、租赁、服务等为一体的复合经济形态。

二、哪些物质适合循环利用？如何循环？

（一）物质的类型

实际应用中，并非所有的物质都适合循环利用，这里用“可循环再生性”来界定物质的这一特性，包括“可回收性”和“可再生性”两部分内容。其中，可回收性是指物质所形成的产品在其报废后能够被收集起来，如玻璃、纸张，称这类产品具有可回收性。而杀虫剂、洗涤剂等，在其使用后就散失在环境中，难以回收，称这类产品不具有可回收性。可再生性则是指废旧物质经过再生过程后仍能够保持其原有基本性质，即与从自然资源中获取出来后生产加工的那种物质具有相同的性质，进而可具有同样的用途。应用中，采用自然资源生产的物质被称为原生物质，而采用废旧物资生产的物质被称为再生物质。同时具有可回收性和可再生性的物质被称为可循环再生性物质。

需要注意的是，构成同一产品的不同物质常常具有不同的可循环再生性。例如，作为产品，纸张具有可回收性。而作为废旧纸张，其构成中有作为纸张基本组成的纤维，还有使用过程中文字记录留下的碳墨；在废纸再生过程中，纸张纤维得以循环再生，而碳墨作为废物、污染物被排放到环境中，因此纸张纤维具有可再生性，而碳墨不具有可再生性。应用中要区别对待不同的物质类型。

物质的可循环再生性是针对现有技术经济条件而言的。Ayres 按照物质的可循环再生性，将物质分成以下三类。

第一类：这类物质的循环再生在技术上是可行的，在经济上也是合算的。例如各种金属（以金属结构材料为主）、玻璃、纸张、催化剂、水以及塑料。

第二类：这类物质的循环再生在技术上是可行的，但在经济上不一定合算。其中包括一些建筑材料和包装材料、溶剂等。

第三类：这些物质几乎是无法进行循环再生的。如表面涂层、油漆、杀虫剂、除草剂、防腐剂、防冻剂、炸药、燃料、洗涤剂等化工产品。

由于技术经济条件会随时随地发生变化，因此对于现有技术经济条件下无法实现循环再生的物质，随着技术的开发和引进，可能在若干年后，这种物质能够被回收和再生，从而具备可循环再生性。比如，混合多种贵金属物质的电路板曾遭遇物质再生的技术障碍，而如今不同金属的分离技术已有所突破，正逐步实现电路板多种金属的再生。同时，可能的可循环再生性也不是一成不变的。

在实施循环经济的时候，对于这三类不同的物质，要有不同的态度来对待。对于第一类物质，我们想办法让它尽可能充分回收、充分循环，这类物质是开展循环经济应关注的核心物质，企业也都乐意去收集、再生这类物质。对于第二类物质，政府在制定政策的时候，应鼓励有条件的企业去开发相关的技术。比如在纸张的循环再生方面，发达国家早已付诸实践并普遍应用，大量图书明确标明是由再生纸制作，而我国，图书所用纸张仍主要是原生纸张，规模生产的再生纸主要用于生产纸盒、纸箱等包装材料。对于第三类物质，我们应想办法开发一些替代产品、替代服务来实现环境友好。例如，用生物法杀虫、替代杀虫剂等。

（二）物质循环管理策略

循环经济的核心是物质在人类社会经济复合系统的循环。第四章第三节中描述了陆钟武院士根据物质循环的路径差异所划分的三个层面的物质循环类型，即小循环、中循环、大循环。这里重点分析对这三类物质的管理策略。

在开展循环经济中，以上三种循环所涉及的部门和工作重点不同。对于小循环，应主抓生产部门，要求企业既要提高资源利用技术，又要注意回收各工序的边角废料，实现资源、原料的高效利用。对于中循环，则应围绕某一个区域展开综合管理，根据区域内不同企业间的物质的联系，以及各企业对物质品质的不同要求，进行企业间的共生网络的构建。对于大循环，则应主抓产品报废后的物资回收环节，包括各地的物资回收部门和产品生产企业的废旧产品回收部门，要求从废物回收、分拣、拆解到再投入生产，都能得到合理及时的监管。对于比较特殊的产品，更多的是由企业借助生产者责任延伸，即不仅提供产品的销售，而且在产品报废之后，把报废的产品回收，送到企业进行再制造或物质再生。

在以上三个层面开展循环经济时，还要注意“减量化、再使用、再循环”（“3R”）三原则之间的优先排序问题。在企业内部和企业之间，首先应考虑的是减量化，也就是先要考虑尽可能减少各工序和整个企业的废物产生量以及自然资源的消耗量，然后才是这些废物的循环问题。在产品的使用和报废问题上，首先应考虑再使用，也就是先要考虑尽可能延长产品的使用寿命，减少一次性使用的产品，然后才是产品报废后的循环问题。这些原则及其优先排序问题在我国显得格外重要，因为有不少企业在减量化、清洁生产方面的水平还较低，对不少产品在再使用、延长使用寿命方面的考虑还不够。

第三节 废弃物资源何时盈缺

循环经济的工作重点之一是废弃物资源的循环再生，即再循环，而开展再循环就需要有充足的废弃物资源。但在20世纪90年代，我国钢铁生产中曾出现严重的废钢资源不足的局面。为查清原因，陆钟武院士开展研究并发表了《论钢铁工业的废钢资源》，弄清了钢铁产量变化对废钢资源的影响。类似地，其他金属类、塑料类等废物资源也不例外。这里以金属废物为例，分享废物资源的盈缺变化规律，为废物资源管理提供理论参考。

一、废金属的来源与分类

根据图4-2和图6-1，因来源不同，一个国家或地区的废金属可分成以下4种类型。

（1）内部废金属。这是产生于生产企业内部，同时又作为企业自身的生产原料被重新利用的金属废物，这一过程是图4-2中的小循环。通常，这部分废金属不进入市场流通，可不作为这里研究的废物资源。

（2）加工废金属。这是来自研究地区的制品加工阶段（图4-2）或加工与制造阶段（图6-1），并返回金属再生企业，作为生产原料被重新利用的金属废物，这一过程是图4-2中的中循环。通常，这部分金属废物在其形成后几周内就能返回金属再生企业，所以又被称为“短期废金属”或“新废金属”（new scraps）。

（3）折旧废金属。这是金属制品完成其使用寿命后报废时形成的金属废物，通常要经过废物的回收、拆解等处理过程，是图4-2中的大循环。由于大多数金属制品具有几年至上百年的使用寿命，所以折旧废金属又被称为“长期废金属”（old scrap）。

（4）进口废金属。这是从其他地区进口的废金属，如图6-1所示。通常情况下，只有废金属资源短缺的国家才会进口废金属，因此这里不将这部分废金属作为研究地区的废金属资源。

综上所述，一个国家或地区的废金属资源主要是加工废金属和折旧废金属两种类型。

二、废金属资源数量

这里仍借用第五章中设定的参数和假设条件，即：①第τ年金属制品的产量为P_τ，并以金属含量计算；②金属制品的使用寿命为$\Delta\tau$年，并在研究时间尺度内保持不变，且远长于各生产过程所经历的时间；③金属制品在其生产年份$\Delta\tau$年以后全部报废，并以循环率α的占比形成数量为$\alpha P_{\tau-\Delta\tau}$的折旧废金属；④在金属加工与制造阶段，中循环率为$\beta$，形成加工废金属；⑤在生产（包括工业材料生产和加工制造生产）阶段的金属排放率为γ。

在上述条件下，根据图 5-1，在第τ 年的加工废金属量为βP_{τ}，折旧废金属量为$\alpha P_{\tau-\Delta\tau}$，因此废金属资源总量$R_{S\tau}$为

$$R_{S\tau}=\alpha P_{\tau-\Delta\tau}+\beta P_{\tau} \tag{9-3}$$

式中：$R_{S\tau}$——废金属资源总量，t/a。

三、废物资源盈缺指标

一个国家或地区的废金属资源是否充足是相对于这个国家或地区在该年度的投入生产的资源数量而言的。根据前述分析及图 5-1 中的定量关系，在第τ 年投入生产的资源总量$R_{T\tau}$（单位是 t/a）可表达为

$$R_{T\tau}=(1+\beta+\gamma)P_{\tau} \tag{9-4}$$

为表征这个国家或地区废金属资源的盈缺水平，定义一个国家或地区某年的废金属资源量与该年投入生产的资源总量之比为这一国家或地区在该年的废金属指数，代表符号为ζ，单位是 t/t，数学表达为

$$\zeta_{\tau}=\frac{R_{S\tau}}{R_{T\tau}} \tag{9-5}$$

废金属指数越高，意味着废金属资源越充裕。当其数值为 1 时，意味着该国家或地区的废金属资源恰好满足资源生产需求量，不需要投入新的矿产资源，也不需要从其他国家或地区进口。当其数值小于 1 时，意味着废金属资源不足以满足生产需求，将不得不补充一定数量的矿产资源，或从其他国家或地区进口废金属资源。当其数值大于 1 时，废金属资源过剩，将可出口到其他需要的国家或地区。

四、废金属指数与影响参数间的变化关系

为获得废金属指数与其影响参数间的变化关系，将式（9-3）、式（9-4）代入式（9-5），并考虑式（5-6），整理后得到

$$\zeta_{\tau}=\frac{\alpha p_{\tau}+\beta}{1+\beta+\gamma} \tag{9-6}$$

式（9-6）中的p_{τ}仍是产量变化比（即$P_{\tau-\Delta\tau}/P_{\tau}$）。

可见，废金属指数与大循环率、中循环率、产量变化比、排放率有关。其中较为明显的变化关系有：废金属指数与大循环率、产量变化比之间都是线性关系，在其他指标不变的情况下，大循环率提高，废金属指数也同比增长；产量变化比提高（表示产量下降越快），废金属指数也同比提高，意味着提高大循环率和降低产量是获得充足废物资源的重要措施。与此同时，废金属指数随中循环率、排放率的变化关系不够直观。

为了更直观地看到废金属指数随各影响参数的变化关系，在分别给定若干参数的某特定数值条件下，基于式（9-6）做图得到图 9-1。

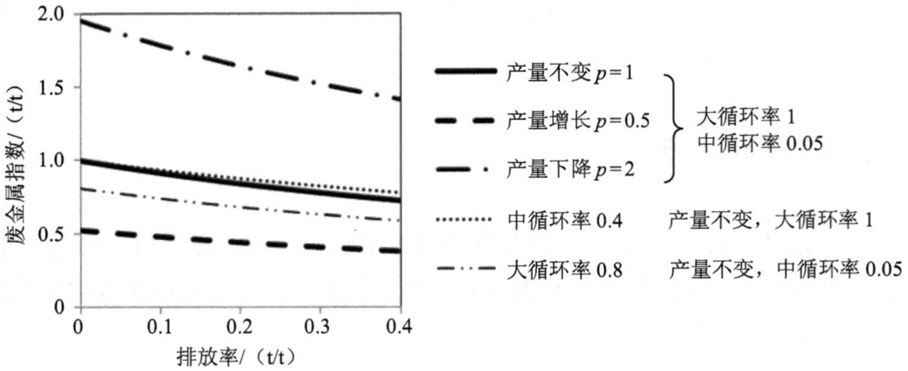

图 9-1 废金属指数随排放率的变化关系

由图 9-1 可见，废金属指数整体上随排放率的增长而降低。在排放率相同的情况下，产量下降区位于产量不变曲线（图中粗实线）的上方，是废金属指数大于或接近 1 的区域，废金属资源较为丰富；而产量增长区位于产量不变曲线的下方，是废金属指数小于 1 的区域，废金属资源较为短缺。在产量不变曲线（图中粗实线）的两侧各有一条细点划线（大循环率为 0.8）和细虚线（中循环率为 0.4），是以产量不变曲线（图中粗实线，大循环率为 1，中循环率为 0.05）为参照曲线，改变大循环率和中循环率的取值而得到的曲线，大循环率为 0.8 的细点划线位于参照曲线（大循环率为 1）的下方，中循环率为 0.4 的细虚线位于参照曲线（中循环率为 0.05）的上方，均表明其他参数不变时，大循环率、中循环率越高，废金属指数也越高。

五、废金属指数计算示例

对于一个国家或地区，在一个历史时期内，金属制品产量随时间的变化在总体上可划分为以下 3 种情况：①保持不变；②持续增长；③逐渐下降。这里示例这 3 种情况下的废铅指数。

这里以铅产品为例。假定以下共同计算条件：①每吨铅产品（按含铅量计算）加工制造中可产生 0.03 t 加工废铅，并于当年返回铅金属冶炼再生企业，作为原料投入生产；②铅产品使用寿命为 4 年，且报废后每吨铅产品形成 0.5 t 折旧废铅，随即返回铅业，作为原料投入生产；③每获得 1 t 铅产品，将在材料生产和加工制造阶段向环境排放 0.005 t 污染物。

根据以上计算条件，可知：$\alpha = 0.5\,\text{t/t}$，$\beta = 0.03\,\text{t/t}$，$\gamma = 0.005\,\text{t/t}$，$P_{2020} = 100\,\text{kt}$，将以上数值代入式（9-4），得到投入生产的资源总量为

$$P_{\text{T}2020} = (1 + 0.03 + 0.005) \times 100 = 103.5\,\text{kt/a}$$

（一）铅产品产量保持不变

例 1 已知某国铅产品产量一直是 100 kt/a，到 2020 年年底已稳定 4 年以上，求 2020 年该国的废铅指数。

解：2020 年可得废铅资源量为

加工废铅量 $100\times0.03=3$ kt/a

折旧废铅量 $100\times0.5=50$ kt/a

故废铅指数为

$$\zeta=\frac{3+50}{103.5}=0.512$$

（二）铅产品产量持续增长

例 2 已知某国铅产量持续增长，2016 年为 80 kt/a，4 年后（2020 年）为 100 kt/a，求 2020 年该国的废铅指数。

解：2020 年可得废铅资源量为

加工废铅量 $100\times0.03=3$ kt/a

折旧废铅量 $80\times0.5=40$ kt/a

故废铅指数为

$$\zeta=\frac{3+40}{103.5}=0.415$$

（三）铅产品产量下降

例 3 已知某国铅产品产量持续下降，2016 年为 120 kt/a，4 年后为 100 kt/a，求 2020 年该国的废铅指数。

解：2020 年可得废铅资源量为

加工废铅量 $100\times0.03=3$ kt/a

折旧废铅量 $120\times0.5=60$ kt/a

故废铅指数为

$$\zeta=\frac{3+60}{103.5}=0.609$$

以上 3 个例题的废铅指数计算结果分别是 0.512、0.415、0.609，造成差异的原因就是铅产品产量变化的情况不同。这也是大多数发展中国家常常出现废金属资源不足、不得不开采矿产资源情况的原因所在。

第四节　循环经济有哪些推进模式

发展循环经济，在不同的空间尺度、不同的产业与管理部门都有不同的体现。主要是在城市及更小尺度的企业层面上构建产业生态园区，在城市尺度社会层面上构建生态产业体系和能源梯级利用系统，在地区、流域、国家尺度进行生态效率管理和循环经济示范区建设。

一、生态园区建设

（一）什么是生态产业园？

生态产业园（Eco-Industry Parks，EIPs）是根据生态系统中物质循环或能量流动原理，把不同工厂或企业连接起来，形成资源共享、副产品或废物互换的产业共生关系的产业聚集场所。生态产业园通过使园区主导企业的废物或副产品成为其他企业的原料或能源，寻求物质资源的闭环循环利用、能量梯级利用和环境废物的最小化。

生态产业园中的产业共生与自然生态系统中物种间共生的最大区别是两者的成因不同：自然生态系统中物种间的共生是物种自然进化的结果，而产业共生多在市场机制作用下发生或通过规划形成。通常，经过规划形成的产业共生系统对环境更加有益。

生态产业园通常在较小的区域尺度上展开。

（二）生态产业园有哪些构建模式？

从国内外的实践来看，通常有以下几种模式来构建生态产业园。

（1）企业主导型：以原有某企业或几个企业为核心，吸引产业生态链上相关企业入园来建设的生态工业园区，如最为经典的丹麦卡伦堡生态工业园（见后文生态产业园示例）；或者以企业集团为主，集团内部企业根据工业生态学和循环经济原理建成的生态产业园区，如中国鲁北石化企业集团所建生态工业园，形成了磷铵副产磷石膏制硫酸联产水泥、海水“一水多用”、盐碱电联产三条高相关度的生态产业链。

（2）产业关联型：将产业关联度较高的相关产业以生态的观念联合在一起，充分发挥互补效应的园区。如以加强农业与工业之间的产业关联、促进可持续工农业发展为主的农业生态产业园。在中国广西贵港形成了以甘蔗制糖为核心，“甘蔗—制糖—废糖蜜制酒精—酒精废液制复合肥”以及“甘蔗—制糖—蔗渣造纸—制浆黑液碱回收”等产业生态链，就是按这一模式建设的生态产业园。

（3）改造重构型：在原有的工业园区、高新技术园区的基础上进行改造，重新构架，创造生态企业集聚的升级生态产业园。

（三）生态产业园示例

以丹麦卡伦堡生态产业园为例。如图 9-2 所示。该生态产业园围绕卡伦堡已有火电厂、炼油厂、石膏板厂和制药厂等几个核心企业，借助物质交换或能源梯级利用，在卡伦堡城市层面形成了煤、粉煤灰、硫等资源的充分利用和蒸汽、余热等能源的梯级利用，也因此成为生态产业园的经典案例。

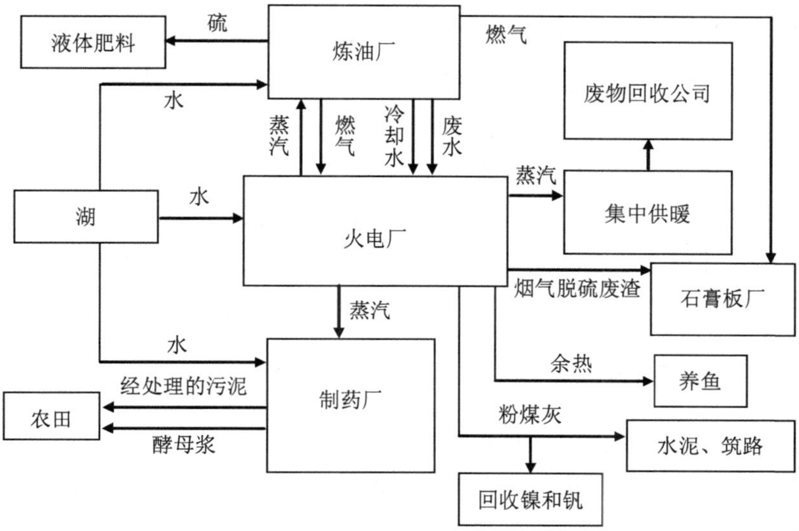

图 9-2　丹麦卡伦堡生态工业系统的资源流

二、生态产业体系构建

（一）生态产业体系规划方法

对产业体系进行生态规划是实现区域产业生态进化的重要途径，也是付诸实施的工作基础。

生态产业体系规划是根据生态学中物质循环原理，结合特定区域的产业系统中的物质流动状况，构建以优势产业或主导产业为核心，以现有上下游产业为枝干的产业网络体系，促进区域产业在物质流动方面向封闭循环理想状况演进的技术手段。

规划生态产业体系，首先需要对研究区域的产业体系进行深入的调研，了解当地的优势产业或主导产业，以及这些产业的主要物质来源、物质流动过程、产业技术水平；了解所用资源在当地的资源支撑能力和环境容量状况。其次，分析物质在整体产业系统中不同生命周期阶段、不同产业子系统之间的流动关系，包括流动方向、数量分配、形态转变、空间转移等，并找出其中的不和谐环节（如在物质流方面产业之间的断点）和因素（如数量上不匹配）。再次，通过引进新型产业、弥补生态产业网络缺陷，提高区域产业间的关联度；适当调整各行业生产规模，促进资源利用的合理分配；通过产品维修与维护手段，促进产品再使用，延长产品的使用寿命，降低产业系统对物质原料的消耗强度；通过报废产品的拆解和部件回用，减少物质原料的消耗数量；通过废物再资源化，减少废物排放数量和自然资源消耗数量。整体上实现“少投入、高产出、低排放”、与外部资源和环境系统协调共融的效果。最后，在构建的生态产业体系框架下，对优势产业的主要物质和产品进行系统管理，包括“为环境而设计”（Design for Environment，DfE）、产品开发与功能替代、绿色制造、生产者责任延伸（EPR）、绿色包装与输运、产品报废后的回收及再资源化等。由于产品不同生命周期阶段分属不同的管理部门，因此要求根据规划的生态产业系统，重新整合管理体系，提升综合管理水平。

与生态产业园相比，生态产业体系往往在比生态产业园尺度稍大的区域层面上开展，因为生态产业体系需要多个不同的企业之间形成产业共生，可在城市尺度上或者城市某功能区尺度上开展建设工作。

（二）生态产业体系示例

以作者承担的某城市生态产业规划项目为例。

通过前期调研，发现电子通信业是该城市的支柱产业之一。在构建电子与信息服务生态产业体系中，以原有的电子工业为基础，联合信息服务业，同时延伸电子工业在其产品使用期间的维修服务功能，补充电子产品的报废回收、用后处置产业，共同构成电子产品的“半生命周期”产业体系。如图 9-3 所示。

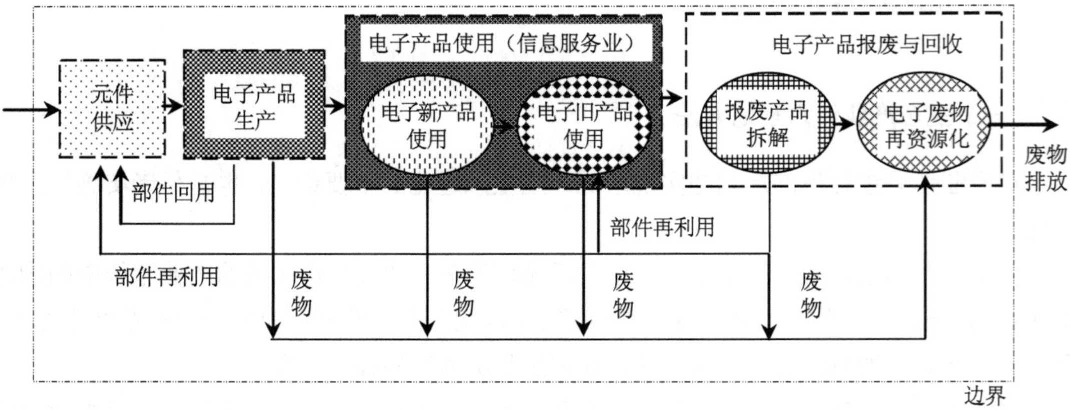

图 9-3 电子与信息服务生态产业体系概念模型

资料来源：毛建素，2006。

图 9-3 表示，完善的电子与信息服务生态工业体系应主要包括电子元件供应、产品生产、产品使用、报废与回收等生命周期阶段。图中采用颜色的深浅程度表示现有产业的完善程度，颜色越深，相关产业部门的发育越完善。该概念模型为下一步提出建设与管理措施提供了重要依据。

若根据电子产品的类别进一步细化，图 9-3 还可分解出计算机与网络产品链、通信等资讯产品链、数字技术产品和“多位一体”的家用智能中心产品链。

三、能源梯级利用

（一）能源梯级利用模式

能源梯级利用（energy cascade use，energy gradient utilization）是能源合理利用的一种方式，是根据能源品位高低，逐级采用不同方式对能源加以利用。例如，在热电联产系统中，高温、中温蒸汽先用于发电，或用于需要高温蒸汽的生产，而低温余热用于向住宅供热。能源品位的高低是指能源可转换为机械功的水平。高品位能源主要包括电力、燃气和液体燃料等，而低品位能源主要是热能、生物能等。通常高品位能源易于向低品位能源转换，并具有较高的能源转换效率，但低品位能源较难向高品位能源转换，其转换需要特定的技术，且转换过程中会产生较多的能量损失。能源梯级利用可以提高整个系统的能源利用效率，是节能的重要措施，是针对能源利用发展循环经济的主要内容。

与物质的循环利用类似，能源的梯级利用也可在企业、社会等不同层面展开。在企业内，通常以生产用能为主，根据不同产品生产过程中所需各工艺的用能要求，规划和设计能源梯级利用流程，使能源在企业内部得到充分利用。在社会层面，是根据所在区域的用能需求，即生产、生活等不同能源用户对用能种类、用能品位、用能数量、用能地点等的要求，整体上设计和规划该地区的能源梯级利用模式、工艺流程和能源输送方式，使能源在特定区域上得到最充分的利用。图 9-4 是一个典型的能源梯级利用模式的示例。

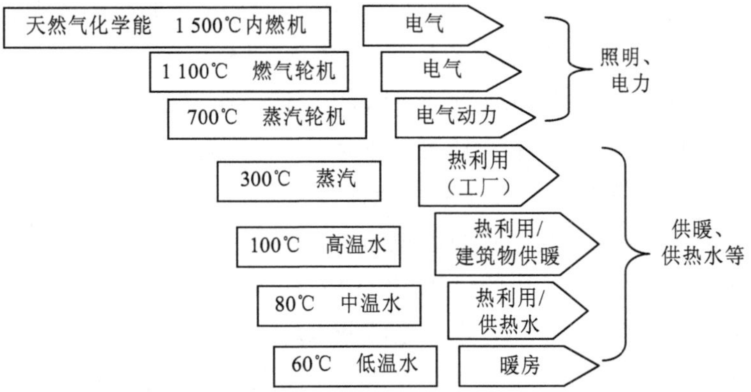

图 9-4　能源梯级利用模式示例

能源的梯级利用往往在一个比生态产业园甚至比生态产业体系更大的区域层面上开展，比如在城市尺度上或者社会层面上开展。

（二）常见的能源梯级利用基本形式示例

能源梯级利用有多种应用形式，这里以热电联产和联合循环发电为例进行简介。

热电联产（co-generation of heat and power，CHP；combined heat and power generation），是指在同一电厂中将供热和发电联合在一起。这一术语的提出是针对传统的火力发电而言的。通常的火力发电只产生一种产品，就是电，其效率仅为35%左右。这意味着每产出1 MJ的电能，就有约2 MJ的热量被白白浪费。若将这部分热量重新用来加热水，完全可以满足电厂附近区域其他工厂和住宅区的取暖和浴用热水的需要。热电联产通常采用蒸汽轮机驱动发电机发电，而将废气用来对现有锅炉装置补充加热，其总效率可达80%。可见，热电联产将普通电厂原本要废弃的热量加以利用，为工业和家庭提供廉价的取暖用热，从而大大地提高了用热效率。热电联产既产电又产热，与热电分产相比具有很多优点：一是降低能源消耗，二是降低污染物排放，三是余热利用减少了电源用量，四是节约用地面积，五是提高供热质量，六是便于资源综合利用，七是改善城市形象，八是减少安全事故。由于热电联产具有许多优点，所以世界各国都在大力发展。

联合循环发电（combined cycle power generation，CCPG）是对电力生产过程中所用的发电机组而言的，是指把燃气轮机循环系统与余热锅炉（heat recovery steam generator，HRSG）及蒸汽轮机循环系统综合在一起的发电系统。该系统将燃气轮机做功后排出的高温废烟气通过余热锅炉回收转换为蒸汽，送入蒸汽轮机发电，或者将部分发电做功后的高温废烟气蒸汽用于供热系统的回水加热。常见形式有燃气轮机、蒸汽轮机同轴推动一台发电机的单轴联合循环，也有燃气轮机、蒸汽轮机分别与发电机组合的多轴联合循环。主要用于发电和热电联产。燃气轮机联合循环机组具有以下独特的优点：①发电效率高。联合循环发电效率可达57%～58%，远高于普通燃煤电厂（其0.75～1 000 MW机组的发电效率仅为20%～48%）。②污染排放少。燃煤电厂锅炉排放的灰尘、二氧化硫、氮氧化物（浓度高达200×10^{-6}）等大气污染物多，必须加装脱硫、脱硝及电除尘等末端处理设备，而联合循环发电厂余热锅炉排放废气基本无灰尘，二氧化硫极少，氮氧化物浓度仅为10×10^{-6}～25×10^{-6}。③运行方式灵活。燃煤电厂启停时间长，适合作为基本负荷运行，调峰性能差。燃机电厂不仅能作为基本负荷运行，还可以作为调峰电厂运行；联合循环发电以多种燃料（油、天然气、煤等）作为能源，便于对用能种类进行调峰。④消耗水量少。在燃气-蒸汽联合循环电厂中，蒸汽轮机发电仅占总容量的1/3，所以用水量一般为燃煤火电的1/3。此外，由于天然气中甲烷（CH_4）中的氢和空气中的氧燃烧可还原成二氧化碳和水，每燃烧1 m^3天然气理论上可回收约1.53 kg水，这部分水足以满足电厂自身的用水需求。⑤占地面积少。由于没有了煤和灰的堆放，又可使用空冷系统，燃气轮机联合循环机组的占地仅为燃煤电厂的10%～30%，大大节省了土地资源。⑥建设周期短。不同类型发电厂的建设周期差异很大，通常燃气轮机需 8～10 个月，联合循环系统需 16～20 个月，而燃煤电厂需要 24～36 个月。此外，联合循环还可用于太阳能热力发电、核电站联合循环发电等。

总之，能源梯级利用可大大提高能源的利用效率，既能节约能源消费、有效保护自然资源，又能减少污染排放、有效改善环境质量，已经成为推行循环经济的重要内容。

四、生态效率管理

（一）生态效率基本规律回顾

在第三章中引入了生态效率的概念，并探求了环境负荷与生态效率的关系，发现为改善资源与环境状况，必须大力提高生态效率。提高生态效率意味着获得相同的服务量时将消耗较少的自然资源，或排放较少的环境废物、污染物。

在第五章中，针对单一产品系统，探求了生态系统变化规律，发现生态效率与物质的大循环率α、产量变化比 p、使用寿命$\Delta\tau$、排放率γ和比性能 F_{P}有关。提高物质的循环率将有利于提高生态效率。

在第七章案例分析环节，以能源为例，分析了工业系统生态效率与其构成行业间的基本关系，发现为提高整个工业系统的生态效率，既需要提高各行业的生态效率，又需要调整工业的行业构成，提高具有较高生态效率的行业在工业中的经济份额。

在实际的经济系统中，诸多企业部门之间的物质或能量流动关系既不是单纯的“串联式”结构，也不是单纯的“并联式”结构，而是彼此交叉、错综复杂的网状结构。但整个系统的生态效率仍与其构成组分以及每一个组分的生态效率密切相关，因此既需要调整与优化系统的结构，也需要提升每一个子系统或组分的生态效率。

生态效率管理可从不同角度、多个层面来开展，比如针对特定物质或特定产品系统或特定产业系统或特定区域等开展研究，是获得科学管理方法和改善对策的重要方法。

（二）工业行业生态效率变化示例

以工业能源消费为例。

为了解不同地区工业能源效率的行业分布特征，选择具有可得数据的若干城市，按照第七章案例分析中的方法，可计算不同地区工业能源效率的行业分布，为区域工业行业管理提供依据。图 9-5 展示了 2007 年我国（不含香港特别行政区、澳门特别行政区、台湾地区数据）和重庆、天津、广州 3 个城市的工业行业能源效率，展现了我国能源效率随工业行业和区域的变化关系。

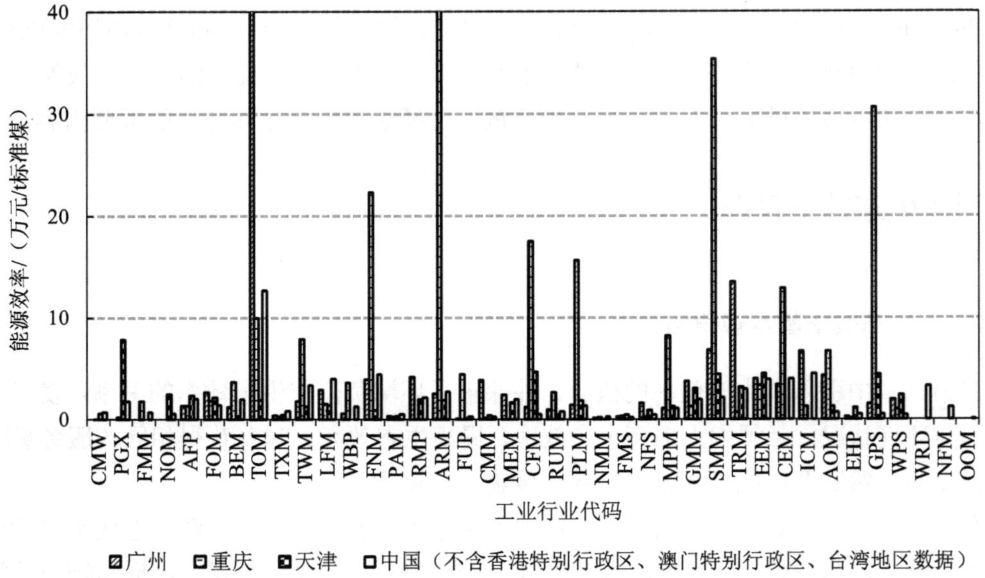

图 9-5　不同地区工业行业能源效率的对比

资料来源：Mao et al.，2010。各行业代码同表 7-2。基于《国民经济行业分类》（GB/T 4754—2002）。

由图 9-5 可见，在我国及广州、重庆、天津 3 个城市中，能源效率较为显著（超过 20 万元/t 标准煤）的工业行业从左到右依次为广州的烟草制品业（代码 TOM），重庆的家具制造业（代码 FNM）、文教体育用品制造业（代码 ARM）、专用设备制造业（代码 SMM）和燃气生产和供应业（代码 GPS）。而天津的各工业行业能源效率均在 10 万元/t 标准煤以下。我国各工业行业中，只有烟草制品业（代码 TOM）的能源效率超过 10 万元/t 标准煤，其他各行业的能源效率均在 10 万元/t 标准煤以下。结果表明，对于不同的城市或地区，最高能源效率将产生于不同的工业行业，并且各工业行业能源效率的数值相差甚大，从相差几十倍到几百倍。同一工业行业的能源效率的数值因城市或地区的不同而明显不同，表现为不同地区工业行业能源效率的不均衡性。工业行业能源效率的不均衡性意味着提高我国工业能源效率工作存在巨大潜力。

五、循环经济示范区

（一）循环经济示范区概述

循环经济示范区是一种以污染预防为出发点，以物质循环流动为特征，以社会、经济、环境可持续发展为最终目标的示范区域。循环经济示范区运用生态学规律，把区域内的社会经济活动组织成若干个“资源—产品—再生资源”的反馈流程，在生产和消费的源头努力控制废弃物的产生，对可利用的产品和废物进行循环利用，对最终不能利用的产品进行合理处理处置，实现物质生产、消费的“低开采、高利用、低排放”，最大限度地高效利用资源和能源，减少污染物排放，促进环境与经济的和谐发展。

与生态产业园相比，循环经济示范区涵盖的内容更丰富、影响范围更广泛，其本质是一种生态经济区，是在区域的层面上，不仅建立企业间的产业网络，而且将第一产业、第二产业、第三产业的物质循环和能量流动同时结合起来，实现区域产业的整体循环。宏观经济政策的调整和法律法规的制定将为循环经济示范区提供有力保障。

循环经济示范区的中心思想是把循环经济的发展与区域的比较优势相结合，注重生态保护和环境治理，通过高新技术的引进等方式，改造现有不合理的区域产业，建设符合地区特定优势的循环经济生产和消费模式。

在循环经济示范区的建设中，“3R”原则是其发展所遵循的原则。“3R”原则是循环经济理论的核心，在任何发展循环经济的方式中，都不能违背该原则，在循环经济示范区的建设中也不例外。输入端的减量化、流程中的再利用、整体资源与废物上的再循环都是不可缺少的。

（二）循环经济示范区构建步骤

我国循环经济示范区构建主要通过以下 4 个步骤完成：示范区规划、硬件建设、软件支撑、管理指标体系构建。

在示范区的规划方面，首先应组建含有领导机构和技术机构的规划队伍，然后进行现状调研，主要分析当地的自然条件、社会背景、生态环境以及现有的经济运行模式。之后确定建设的目标以及具体的方案设计，包括整体框架设计、产业发展规划、生态景观规划、重点项目筛选、法律法规制定等。最后，进行投资和效益分析，主要指建设的投资预算，对社会效益、经济效益、环境效益的分析等。

在硬件建设方面，主要集中在企业、区域和社会三个层面上。在企业层面，要实现清洁生产和排污最小化，改进技术以节能减排，开发利用企业产生的废弃资源。在区域层面，建设生态产业园，运用生态学和循环经济理论，对现有工业园区进行分类指导，建设生态产业园，提升现有经济技术开发区和高新技术开发区的档次和竞争力，引导老工业区的改造，尤其在资源枯竭地区应加快经济转型。在社会层面，应建立资源循环型社会，建立城市生活垃圾以及其他废旧物的分类、回收、再造系统，城市及区域中水回用系统，生态型产业系统，信息系统等，将第一产业、第二产业、第三产业作为整体进行考虑，统一规划三次产业内部和三次产业之间的物质循环和能量流动。

在软件支撑方面，可以从法律法规支撑体系设计和技术支撑体系设计两个方面出发。法律法规为示范区的建设提供了政策上的保障，包括发展循环经济法律法规体系的建设，推动发展循环经济的优惠政策的制定，以及对绿色消费和绿色采购的鼓励。在技术支撑体系中，主要包括环境工程技术、废弃物资源化利用技术和清洁生产技术等。建设循环经济示范区更需要注重开发运用生态工业的关键连接技术，将整个示范区的各个单元连接起来，真正把高新技术应用到实际建设中。

循环经济示范区的管理指标包括 4 类：经济发展指标、循环经济特征指标、生态环境保护指标和绿色管理指标。经济发展指标以当地地区生产总值为主要依据，评估当地的经济增长情况。循环经济特征指标包括资源生产率、循环利用率和最终处理量，分别表征示范区的投入量、生产过程和排放量。生态环境保护指标指环境质量、环境绩效、生态建设、生态环境改善潜力等情况。绿色管理指标是指促进循环经济建设的政策规章管理指标和企业的管理与公众意识指标。

推荐阅读文献

[1] GRAEDEL T E，ALLENBY B R，2003. Industrial ecology[M]. 2nd ed. Upper Saddle River：Prentice Hall.

[2] AYRES R U，1994. Industrial metabolism：theory and policy[M]//The greening of industrial ecosystems. Washington DC：National Academy Press：23-37.

[3] 陆钟武，2002. 论钢铁工业的废钢资源[J]. 钢铁，37（4）：66-70.

[4] 陆钟武，2003. 论铅业的废铅资源[J]. 世界有色金属，7：10-14.

[5] 鲍健强，黄海凤，2009. 循环经济概论[M]. 北京：科学出版社.

[6] 邓南圣，2002. 工业生态学——理论与应用[M]. 北京：化学工业出版社.

[7] 劳爱乐，耿勇，2003. 工业生态学和生态工业园[M]. 北京：化学工业出版社.

[8] 李静江，2006. 企业绿色经营——可持续发展必由之路[M]. 北京：清华大学出版社.

[9] 陆钟武，2003. 关于循环经济几个问题的分析研究[J]. 环境科学研究，16（5）：1-5，10.

[10] 陆钟武，2009. 工业生态学基础[M]. 北京：科学出版社.

[11] 毛建素，曾润，杜艳春，等，2010. 中国工业行业的生态效率[J]. 环境科学，31（12）：269-275.

[12] 王立红，2005. 循环经济：可持续发展战略的实施途径[M]. 北京：中国环境科学出版社.

[13] 张扬，2005. 循环经济概论[M]. 长沙：湖南人民出版社.

[14] 赵涛，徐凤君，2008. 循环经济概论[M]. 天津：天津大学出版社.

[15] MAO J S，DU Y C，CAI H，et al.，2010. Energy efficiencies of industrial sectors for China’ s major cities [J]. Procedia Environmental Sciences，（2）：781-791.

[16] MAO J S，2012. Planning of industrial system[M]//YANG Z F. Eco-cities：a planning guide. CRC Press.

[17] 陆钟武，2008. 穿越“环境高山”——工业生态学研究[M]. 北京：科学出版社.

[18] 陆钟武，2009. 工业生态学基础[M]. 北京：科学出版社.

[19] 钱易，2006. 清洁生产与循环经济：概念、方法和案例[M]. 北京：清华大学出版社.

[20] GRAEDEL T E，ALLENBY B R，2003. 产业生态学[M]. 施涵，译. 北京：清华大学出版社.

[21] 国家环境保护总局，2010. 循环经济示范区规划指南（试行）[EB/OL]. [2010-08-09] .http://www.mep.gov.cn/info/gw/huanfa/200312/t20031231_ 87885.htm.

[22] 毛建素，2006. 城市生态产业规划研究[R]. 北京师范大学博士后研究工作报告. 北京：北京师范大学.

课堂讨论与作业

一、讨论议题

循环经济涉及社会经济各个领域，因此需要每个人置身其中，担负相应责任。这里请思考与讨论以下议题：

我国循环经济已开展20余年。在新征程下，我国循环经济有哪些新任务？ 结合家乡或某特定区域典型问题，讨论如何开展工作？

我国房地产业曾高速增长，目前多地已出现房产过剩情况，讨论建材废弃物资源未来走势如何？

二、课下作业与课堂汇报

选定某重要物质，结合我国近年来的社会经济发展状况，简要分析其资源盈缺水平。

针对课堂讨论议题，查找循环经济案例研究论文，以小组形式在课堂分享。评分标准见表T9-1。

表 T9-1　课堂小组汇报评分表

报告题目	选题过程（满分10分）	研究依据（满分10分）	研究方法（满分10分）	结果结论（满分10分）	总分

第十章　循环经济保障体系

本讲重点：循环经济系统的复杂性和《中华人民共和国循环经济促进法》。

基本要求：了解保障体系的概念，充分把握循环经济系统的复杂性，理解开展循环经济多学科交叉的必要性；掌握《中华人民共和国循环经济促进法》的主要内容，熟悉我国循环经济法律法规体系；了解国内外循环经济法的差异；结合《中华人民共和国节约能源法》和《中华人民共和国环境保护税法》，了解其相关条文对循环经济健康发展的保障作用；思考新时代背景下循环经济保障体系改善建议。

第一节　核心议题的提出

前面章节中弄清了循环经济是怎样的一种经济模式，包括要求其中的物质、能量以及价值具备怎样的流动关系，也了解了从企业到区域不同尺度上大致应采取怎样的方式实施循环经济，所有这些都成为实施循环经济的重要工作目标。然而，如果没有实现这一目标的"渠道"，仍将难以保障人类社会经济复合系统中的这些物质、能量、价值等相关要素达到这一既定目标。因此，建设循环经济保障体系成为实施循环经济的重要途径。如何保障循环经济实施成为本章的核心议题。

要想弄清如何保障循环经济实施，不仅需要明确实施循环经济由谁来做、做什么，更重要的是需要弄清为什么要实施。由此，需要探讨并弄清循环经济中有哪些影响因素，这些因素彼此之间具有怎样的内在联系、如何影响循环经济。在此基础上，建立一个由各种影响因素构成的有机整体，帮助实现循环经济这一既定目标。为此，本章将首先弄清什么是保障、循环经济实施中涉及哪些要素、各要素间联系怎样。从而弄清保障体系的含义，建立循环经济保障体系结构。并且弄清如何保障循环经济实施，分别以国外示例和《中华人民共和国循环经济促进法》谈起。

第二节　循环经济应具有怎样的保障体系

一、什么是保障体系？

（一）保障体系的概念

在《现代汉语词典（第 7 版）》中，“保障”一词具有以下两个方面的含义：①保护（生命、财产、权利等），使不受侵犯和破坏；②起保障作用的事物。通常，“保障”包括三个核心要素：一是要有保障对象，明确保障谁，比如某人或某事；二是要有工作目标，也就是预期要达到的特定功能、目的或状态；三是要有实现的路径和方法，也就是说需要借助怎样的途径来保证实现前面的目标。不难看出，达到某特定目标将涉及多种要素，而且各要素之间蕴含着事物间的内在必然联系，将形成多种相关事物或要素间相互联系、交互动态支撑而构成的具有特定功能的整体，可称为保障体系。

下面借助几个比喻来帮助理解。

比喻 1：运输货物到达目的地所需的交通保障系统。其中的保障对象是要寄送的货物，而工作目标是要保证该货物不受任何损害地被送达另一地点，实现的途径可能是选择某物流公司专业寄送。但具体实施中，为确保实现上述目标，需要组织人力了解货物基本信息，对货物进行必要的包装，以及接货、运输、验货等各环节联系接洽，各阶段必备措施的准备、确定及落实等。可见，将涉及多种人、物要素，并且各要素都与实现系统目标间存在特定的内在联系，是一个有机的整体。

比喻 2：满足特定温湿度和洁净要求的供热通风空调系统。其中保障对象是某一具有特定大小的房间，而工作目标是使房间达到特定的温度、湿度、清洁度，比如要求温度为 27℃±0.5℃、湿度为 65%、清洁度方面为百级洁净车间。实现的途径是采用中央空调净化系统。具体包括制冷系统、供热系统、冷热交换系统、加湿除湿系统、过滤净化系统、送回风管道系统、能源电力供应系统、信息处理与控制系统等，每一种系统还都有相应的设备以及连接各设备的管线通道等设施，以及相应的专业管理人员，从而形成庞大的多种人力、物力联系起来的有机整体。

（二）保障体系示例

不同领域有不同的工作对象和工作目标，也有不同的保障体系。这里以社会保障体系和安全保障体系为例，予以说明。

1. 社会保障体系

社会保障体系的保障对象是社会，工作目标是社会稳定与健康发展。其保障体系是保障社会健康发展的相关各组分相互联系、相辅相成的总体。就我国而言，分别针对不同的人群分为三个层次予以保障。第一是“托底层”。主要是通过最低生活保障、医疗救助、农村“五保”等制度对城乡的贫困家庭和居民给予社会救助，通过社会福利制度对特定群体给予照顾，所需资金全部由政府支出。第二是“主干层”。主要是通过实施权利与义务相联系的社会保险制度，为参保人员提供养老、医疗、失业、工伤、生育等基本保障。政府强制或引导社会保险制度的实施，并承担必要的财政责任。第三是“补充层”。国家鼓励和引导用人单位根据条件，建立企业年金、职业年金和补充医疗保险制度，发展商业保险，以满足不同社会成员的保障需求。总体来看，我国社会保障体系借助社会保险、社会救济、社会福利和优抚安置等措施，维护社会稳定、促进社会公平、满足城乡居民基本生存需求，推动社会经济健康发展，保证社会劳动力的再生产。社会保障体系是社会的“安全网”，对社会稳定、社会发展起着重要的保障作用。

2. 危险化学品事故应急救援力量安全保障体系

危险化学品事故应急救援力量安全保障体系是指在危险化学品事故应急救援中，以救援团队为保障对象，在解决好被困人员以及周边受影响地区的疏散问题的同时，让救援团队得到最大限度的防护为保障目标的一种体系。该体系主要保障目标的实现，需要具有特殊装备的救援人员自身具有良好的处境意识和团队协作能力，也要求提供信息的相关软硬件主体有高效的协同作战能力，以平战结合思想为指导，完善为救援人员服务的体系。

该体系的支撑结构如图 10-1 所示。其中，危险化学品应急管理平台与危险化学品安全监管网络有着密切的协同交互，两者皆属于国家危机管理体制的实体组成，其发展有赖于国家危机管理这一现代宏观管理理念的完善。而承担危险化学品的应急救援力量属于危险化学品应急管理及危险化学品安全监管网络在信息共享空间的重要实体组成，在理论层面存在的这一体系需要各种软硬件保障。图 10-1 中最底层的指挥决策支持、个体防护支持、通信保障支持、智囊技术支持、法律服务支持、风险研判支持以及心理服务支持正是组成危险化学品事故应急救援的相关实体。七项支持类型中，围绕在指挥决策支持周围的通信保障支持、个体防护支持、智囊技术支持和风险研判支持服务于形成良好处境意识，是体系运作的引入点；同时，风险研判支持、智囊技术支持又是连接法律服务支持和心理服务支持的结合点，是体系运作的关键点。

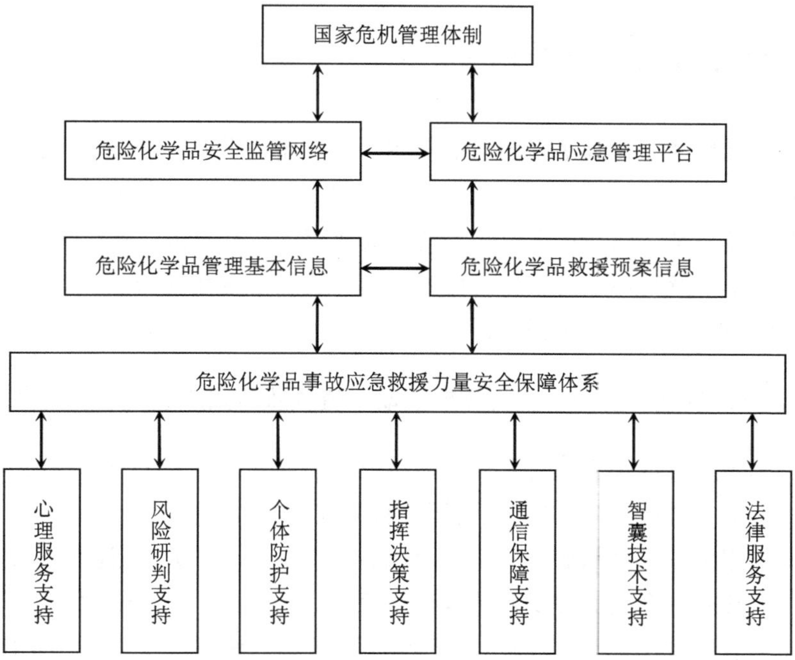

图 10-1　危险化学品事故应急救援力量安全保障体系的支撑结构

资料来源：李春华等，2016。

（三）循环经济实施要素

在循环经济保障体系中，要保障的对象是人类社会经济持续发展所需要的各类物质、能量，保障的工作目标是满足具有一定时空分布特征的人类物质需求，使得所有投入生产的物质原料均来自人类社会经济复合系统，而所有的废料能被人类回收并循环再生，形成物质能够按照图 5-5 在人类社会经济复合系统中全封闭循环流动；而能量方面的管理目标一是要尽可能使用可再生能源，二是优化能源系统，能够按照图 9-4 的能源梯级利用模式最充分地高效利用各类能源。作为实现上述理想模式的过渡状态，目前至少应努力促成物质按照图 5-1 或图 6-1 的半封闭物质流动模式流动。根据第五章、第六章中的分析，不难看出，实现这一宏伟目标的路径将受到物质资源类型、生产技术、人类需求与消费模式等诸多因素的影响，在循环经济保障体系中需要将相关因素按照其内在联系有机地整合为一体，形成能够使这些物质、能量按照既定的模式运转的管理体系。而做到这一点，需要弄清循环经济有哪些影响要素、这些要素如何影响循环经济。只有分析了这些关系，才能建立科学有效的循环经济保障体系。因此，本章中所说的保障体系特指确保循环经济实现的管理体系。

二、循环经济有哪些影响因素？

如前所述，循环经济受到诸多因素的影响，一方面由于循环经济是一门交叉学科，涉及多种学科领域，而不同领域、不同部门分别承担不同的任务，其保障体系也有所不同；另一方面，循环经济是一门新兴学科，目前相关研究尚十分有限，难以囊括循环经济涉及的所有要素。为了了解循环经济有哪些影响要素、这些要素如何影响循环经济，这里借助几个与循环经济有关的实例，来说明循环经济可能的影响因素及其对循环经济的影响。

（一）示例 1：从理论上分析人类需求拉动下资源服务归趋过程涉及的多种流动

经济活动的核心是满足人类特定需求。这里以矿产资源的服务归趋过程为例，分析其中涉及的多种流动，进而辨识循环经济若干内部影响因素。

矿产资源的服务归趋是指矿产资源中金属物质（如铁、铝）、能源物质（如煤、石油、天然气）等从岩石圈到向人类提供某特定最终服务（service）的实现过程，简称服务归趋过程。该过程包括资源获取、材料加工、产品制造和使用等基本环节，如图 10-2 所示。其中，产品的使用过程是物质向人类提供最终服务的过程，而其他过程是物质最终服务的形成过程。从物理属性来看，服务归趋过程既包括物质的空间变化过程，如某油田将地下原油开采出来并加工成汽油，再将汽油经输运管道送往城市各加油站；也包括物质的技术转变过程，如通过裂解将原油制成汽油、天然气等工业产品，物质的功能、形态将发生一系列转变。

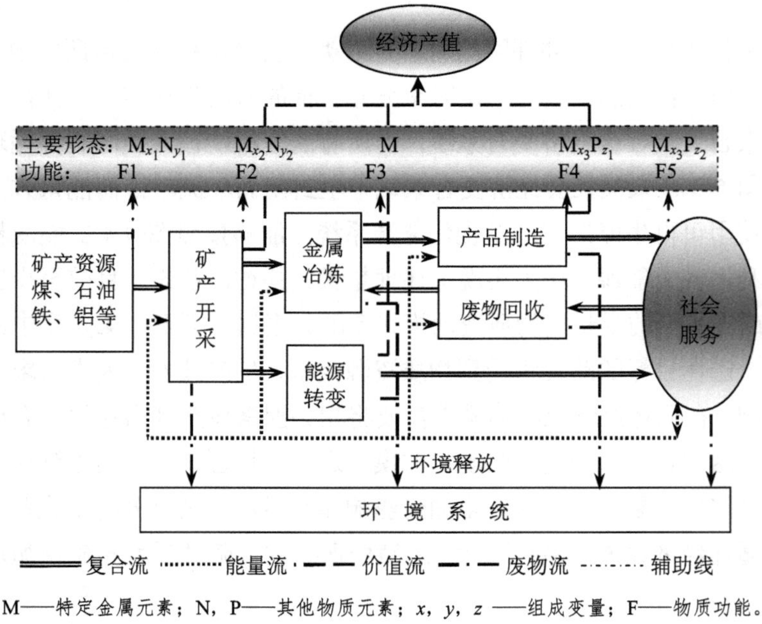

M——特定金属元素；N，P——其他物质元素；x，y，z——组成变量；F——物质功能。

图 10-2 矿产资源服务归趋过程概念框架

资料来源：毛建素等，2013。

与此同时，在矿产资源服务归趋过程中，为实现物质功能、形态等基本转变，需要提供发生这些变化的基本条件，即需要投入相应的能源动力、人力，相应的生产工艺、设备等基础设施，以及各类物质、能源在不同生产部门与使用部门间的交换，从而使得能源流动、价值流动融入物质的服务归趋过程。由于物质既是能量载体，也是价值载体，而各股物质流动间遵守物质守恒定律，使得物质成为连接各股物质流、能量流和价值流的纽带，从而形成了矿产资源服务归趋过程中不同属性、品质的物质流、能量流和价值流间的特定耦合、协同关系。此外，还由于代谢活动，将向外部环境排放诸多废物、余热等。整体来看，矿产资源服务归趋过程是一个多要素、多层次、多成分、多尺度的复杂变化过程，可描述为“一点（服务目标点）、两线（归趋过程技术维轴线和时间维轴线）、三层面（内层、中层、外层）、四品种（物质、能量、价值、时间）”关系框架，如图 10-3 所示。

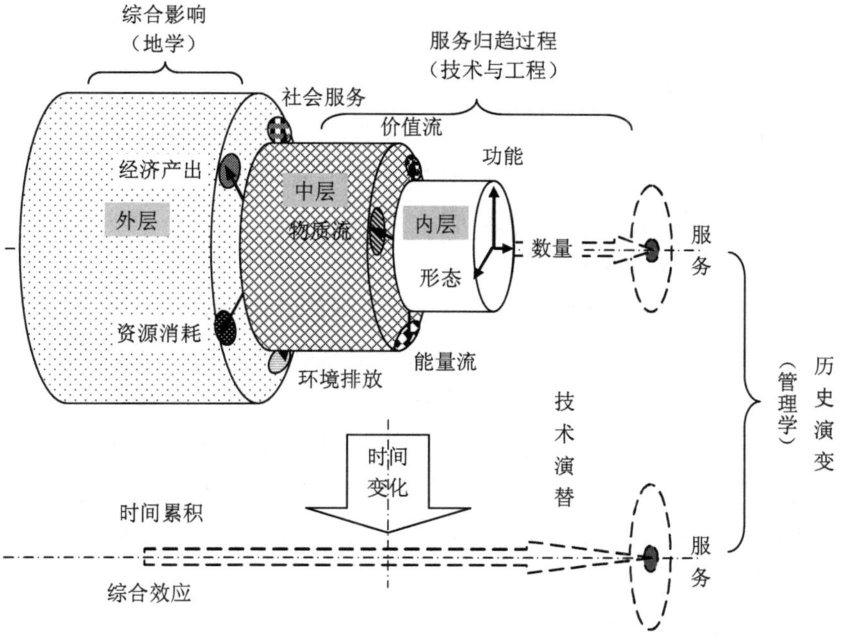

图 10-3 矿产资源服务归趋过程研究框架示意图

资料来源：毛建素等，2013。

就这一过程而言，静态分析中，以人类服务作为矿产资源服务归趋的目标点，以矿产资源开采到实现最终服务的技术归趋过程为技术维轴线。针对特定断面，又进一步分为内、中、外三个层面。其中，内层以物质内在变化为核心，关注物质形态、功能及其数量分配关系；中层关注实现上述物质变化所需要的基本生产条件，关注物质流、能量流、价值流及其间的耦合关系；外层则关注该过程对外部造成了怎样的影响、影响水平如何，关注实现这一过程的外部条件和必然结果。动态分析中，要充分考虑需求的时变性，沿时间维轴线，估算该归趋过程及其综合影响的历史演变过程和所造成的结果，用于探求该过程中技术圈诸要素间的内在作用关系及外部影响规律。案例分析和实证研究中，选择矿产资源的若干典型人类服务，结合特定区域矿产资源利用、产品设计与服务模式及其技术历史演变，实证矿产资源服务归趋过程变化规律，提出管理与改善建议。

（二）示例2：城市循环经济规划实践中的实施保障

管理是保障循环经济的重要途径，规划是对拟实施项目进行综合管理的重要环节。本部分从规划角度，分析保障循环经济实施的外部因素。

如第九章所述，生态城市建设是开展循环经济的重要模式之一。生态城市建设又始于生态城市规划。这里以北京师范大学环境学院完成的某生态城市规划实践中的实施保障为例，展示循环经济实施保障中考虑的管理因素。本案例项目中共列出了以下6项生态城市建设的保障措施。

1. 成立领导小组，明确目标，强化组织协调

生态城市建设是一项跨地区、跨部门、跨行业的系统工程，需要成立以主管市长为组长，由各分支专业主管部门领导为成员的专门领导小组，集思广益，设立生态城市建设目标，做到统一部署、综合决策，统筹部门间分工与协作，逐级签订责任书，形成分级管理、部门协调、上下联动、良性互动的推进机制。

2. 完善政策，健全法律法规

生态城市建设一改传统经济中以经济发展为主导的经济模式，需要借助法律和政策来强化和扭转经济发展中的思想意识。在国家层面，建立以保护生态环境为导向的经济政策，形成有助于规划实施的政策框架体系，从经济支持、政策鼓励、税收调节等多方面，引导社会生产力要素向有利于生态城市建设的方向流动，以保障和推动规划的顺利实施。在地方层面，建立健全与环境保护、生态建设有关的地方法规和制度，规定生态城市建设途径、执行程序与监督机制，明确组织机构及相关人员的职、权、责与奖惩措施，确保规划实施的权威性、严肃性和执行力度。

3. 创新管理机制，提升政府服务能力

充分发挥政府在生态建设方面的宏观调控能力，在发挥市场资源基础配置作用基础上，加强政府在实施指令性管控中的引导作用和综合协调能力，切实解决地方保护、政府职能交叉造成的问题。积极探索跨区域治理模式，建立信息互通、统一行动、联合监督的跨地区协调机制。建立绿色国民经济核算体系，对资源环境进行核算，使有关统计指标能够充分反映经济发展中的资源和环境代价，并将生态环境保护目标纳入政府的国民经济和社会发展年度计划及中长期规划。

4. 拓展融资渠道，加强资金支撑能力

开展生态城市建设，离不开资金的支持。各级政府要加大生态城市建设资金投入，不断扩大其占财政总支出的比例，支持土地、水资源等资源保护和生态环境治理与恢复工作。建立多元投融资机制，鼓励和支持社会资金投向生态城市建设。积极支持生态项目申报银

行贷款、设备租赁融资和国家专项资金，发行企业债券和上市融资。鼓励不同经济成分和各类投资主体，以独资、合资、承包、租赁、股份合作制等不同形式参与生态城市建设。保障充裕的生态城市建设资金。

5. 强化信息支持与宣传教育，提升公共参与管理水平

有效完备的信息是科学管理的依据，而宣传教育又是提高公众认识、付诸行动的前提。生态城市建设要充分运用计算机网络平台，把生态城市运行涉及的各领域数据信息进行集成，积极推动信息资源共享和监测资料综合集成，实施信息公开与发布制度，使政府、企业和公众能够方便快捷地了解城市建设进展。充分利用各级培训、广播电视公共媒体等宣传教育模式，不断提升各级领导及社会公众对循环经济、生态环境保护等的认识水平。并以此为依据，发挥主人翁作用，做出科学合理的决策，融入生态城市建设进程中。

6. 加强人才队伍建设，提升技术创新能力

人才是生态城市建设成功的关键。应围绕生态城市建设的重点领域和核心技术，加快人才培养，同时注重吸引外来人才，积极与国内外高等院校和科研院所建立长期技术合作关系，打造生态城市建设的人才队伍。鼓励技术创新，设立专项基金，支持新技术、新产品的开发与应用。在清洁生产、生态环境保护、资源综合利用与废弃物资源化、生态产业方面，积极开发、引进和推广国内外先进技术成果，实施科教兴市，并制定高新技术有关优惠政策。

由此可见，生态城市建设保障体系中体现了人才要素和管理机制、政策等软环境要素和信息与生产技术等硬件条件要素等多种不同类型的要素。

（三）示例 3：区域内水的循环利用系统

我国北方大部分地区水资源十分匮乏。区域内水资源循环利用成为循环经济的重要形式。这里以某科技支撑项目研究为例，阐述城市层面可能的水资源循环利用模式。

案例城市是某沿海城市，其水资源包括地表水、地下水、海水利用、雨水等。其用水系统包括从一次水生产与供应为起点到末端用户、废水再生的各个环节。研究除了涵盖各类功能区（如生活区、工业区）外，还考虑了城市区域内的农业系统、城市自然水系与其他地区间的联系。在协调农业用水、生活用水、工业用水和生态用水之间关系的基础上，着重关注各功能区排放的水质较差的外排水，利用废水深度处理技术，实现废水的无害化，并将处理后的水外排至环境系统。收集各功能区排放的可用外排水，并设置城市再生水管网，将水输送到水质要求较低的功能区域。开发生活用水生态化技术，因地制宜地补充部分农业用水、生态用水和景观用水，从而形成城市梯级供水多级用水的复合网络体系。如图 10-4 所示。

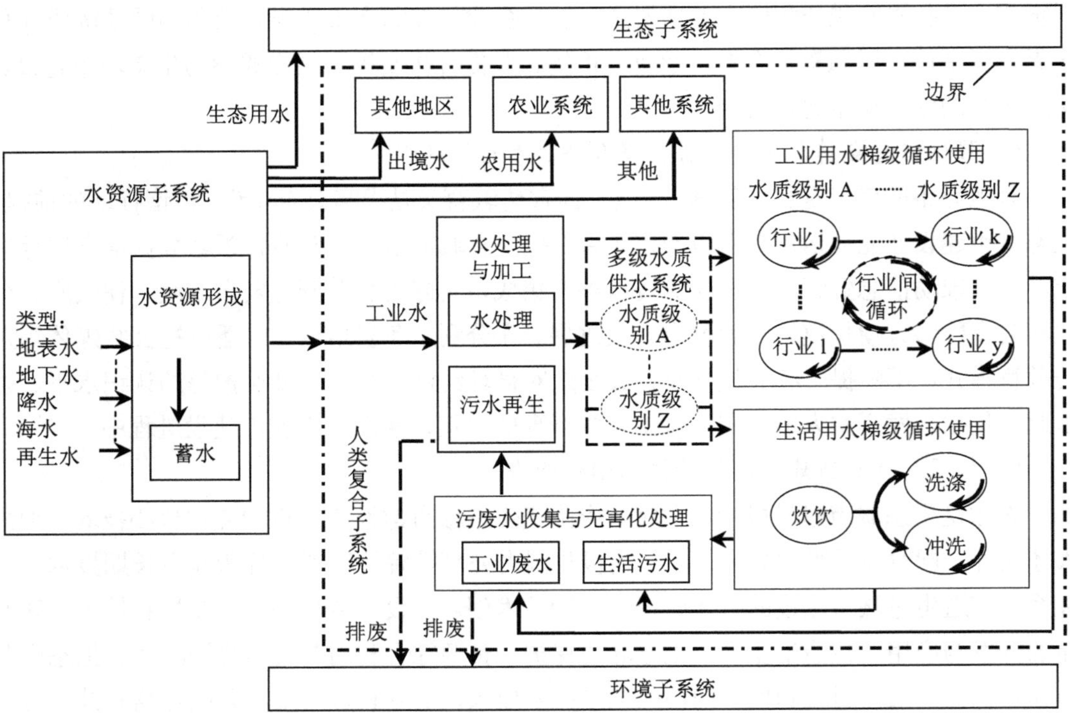

图 10-4 基于水质梯度的多级水资源梯级循环利用模型框架

可见，为了实现城市层面的水资源高效利用，既需要提升城市水资源规划水平，针对特定用水系统规划其自身的水循环利用系统，并针对各用水系统，按不同用水类型的水质要求，规划不同用水系统间的水资源梯级利用系统，也需要准备相应的硬件设备（如废水再生设备）与基础设施（如再生水管道），还需要从新技术研发、设计、系统运行、城市管理等方面进行科学论证和兑现，所有这些都成为城市水系统高效运行的必要保障。

三、循环经济保障体系应具有怎样的结构?

（一）循环经济保障体系的结构

如前所述，循环经济涉及社会经济复合系统的各个领域，具有复杂的多维结构。比如，从系统类型来看，物质的加工转变过程主要发生在产业系统中，而物质形成特定服务功能的产品后，其使用过程发生在社会生活系统中；从物质的来源和最终归趋来看，物质来自自然资源，代谢废物又将最终被排向环境系统，因此将涉及资源的储备、分布以及环境的容量，隶属资源环境系统。从技术角度来看，从来自自然系统中的物质到具备满足人类特定需要的产品，不仅需要借助研发来弄清物质性质改变的途径，还需要借助精心的设计，来保障物质能够按照既定的变化路径实现物质形态、功能等的转变，最后还需要实际的生产过程来实质性地完成这些变化过程。总体来看，将涉及诸多要素，详见图 10-5。其中大部分维度的变化关系都体现在前面章节的研讨中，比如物质类型的选择、物质的生命周期阶段等。另一部分变化关系在前面若干示例中得以体现，如矿产资源服务归趋过程中显示的多学科交叉问题、城市规划实践中体现的多层面行政管理措施问题等。

（二）循环经济保障体系的复杂性

从图 10-5 中可见循环经济保障体系可由多种不同学科领域的子系统组成，结构十分复杂，不仅组成成分多样，而且各成分之间相互联系，从不同的角度影响整个保障体系功能的发挥；与此同时，整个保障体系还将随着社会经济发展而发生结构方面的变化，在循环经济的不同阶段发挥不同的作用，整个循环经济保障体系所发挥的功能也将不同。比如，在循环经济初期，可能以提高循环率为工作重点，管理上也将制定技术或废物回收政策，促进物质循环利用；在循环经济中期，可能将以改善消费模式和降低经济增长速度、稳定发展质量等为工作重点。此外，由于不同地区的自然资源禀赋和环境条件千差万别，其人类社会经济发展水平也不尽相同，使得循环经济发展状况也各具特色，其保障体系相应地也将有不同的呈现，未来发展也难以预测。从而使得循环经济保障体系呈现出显著的复杂性，不仅包含自然系统中的多种要素，而且包含人类社会经济复合系统中的多种要素，结构复杂、功能多样、要素间作用关系各异、时空动态演变，深刻反映人地交互作用关系。

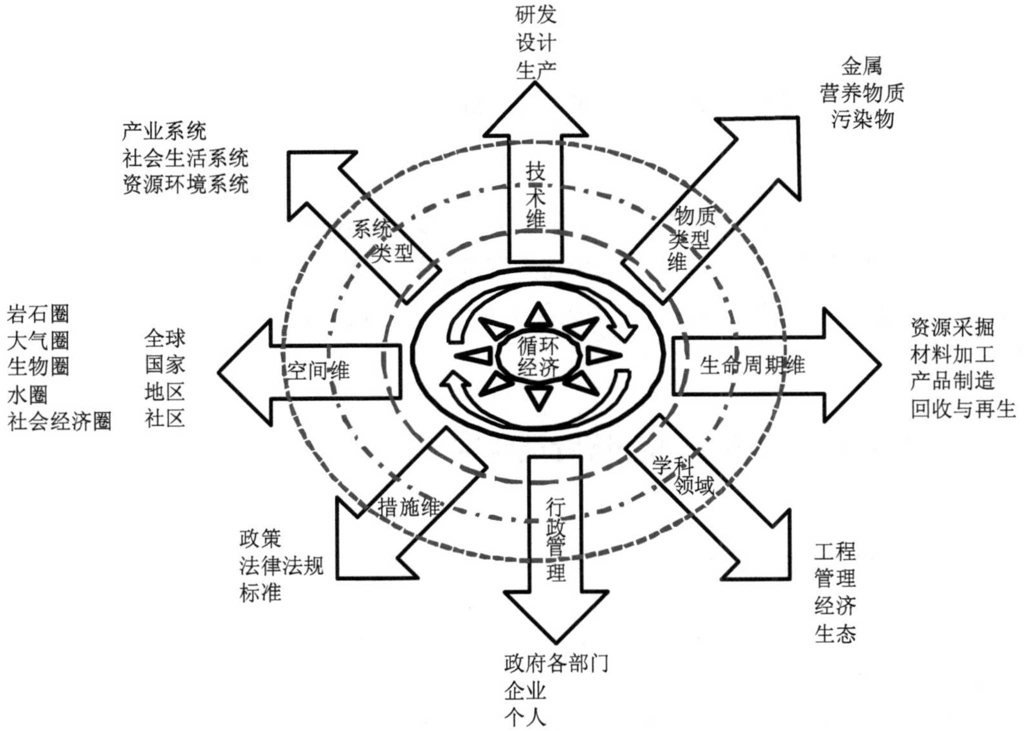

图 10-5　循环经济系统结构与要素间关系的复杂性

既然循环经济保障体系具备了系统复杂性特征，需要借助复杂性科学来揭示其发展演变规律。为便于了解循环经济保障体系未来变化趋势，在此简单介绍复杂性科学。

复杂性科学（complexity sciences）是 20 世纪 80 年代为应对复杂系统问题而形成的一门学科。它是以复杂系统为研究对象，以揭示和解释复杂系统运行规律为主要任务，以提高人们认识世界、探究世界和改造世界的能力为主要目的的一种新兴交叉学科。复杂性科学具有以下基本特征：①深刻认识系统各要素间复杂的非线性作用关系，并认为组成系统的各要素间非线性作用关系是造成系统无限多样性、不可预测性和千差万别的根本原因。②充分认识系统运行结果的不确定性，认为系统运行中存在系统组分与系统功能间的确定关系和不确定关系，确定性和不确定性间相互联系、相互转化，构成了丰富多彩的现实世界。③认为系统自身具备自组织性，即系统本身可自行组织、自行创生、自行演化，能够自主地从无序走向有序，并形成或具有特定的内在有序结构，而系统开放、远离平衡、非线性相互作用、涨落是自组织形成的基本条件。“物竞天择，适者生存”就是自然界中的生物通过生态系统的自身调节而达到的不同物种进化发展的自组织过程。④充分认识作为系统整体所具备而其各组分不具备的属性、特性、行为、功能，即涌现性，也就是说，构成系统的各个组分分别具有各自的属性、特征、行为和功能，而当这些组分组合成为系统整体时，将涌现出截然不同的新属性、新特性、新行为与新功能。复杂性科学将帮助人们更加深刻地认识世界，并获取更有效的方法以解决现实问题。该学科的出现标志着系统科学发展进入一个崭新阶段。相信该学科将在完善循环经济保障体系中发挥重要作用。

第三节　如何保障循环经济实施

为保障循环经济顺利实施，不同国家都从法律、政策、规定等多个管理角度予以保障。其中，法律保障是诸多保障措施中级别最高的管理措施。这里分别以日本和我国为例，介绍日本循环经济发展状况，阐述《中华人民共和国循环经济促进法》中的若干核心规定内容。

一、国外示例：日本循环经济发展状况

（一）日本循环经济的背景

在日本，循环经济最初是为解决日益增多的废弃物而开展的。在 20 世纪 70 年代前后，随着日本经济发展和人口增加，生活垃圾排放量不断增加，导致垃圾填埋场日趋饱和，日本被迫采取措施解决垃圾问题。同时，大量的废弃物也为将废弃物作为二次资源投入使用提供了物质基础。为促进垃圾减量排放和废物循环利用，1991 年，日本颁布了《资源有效

利用促进法》，为废物资源的再生利用提供了法律保障。

伴随循环经济的不断深入，日本针对可再生利用的主要物质类型（如汽车类、食品类、建材类等）陆续出台了循环经济专项法律，具体如表 10-1 所示。循环经济纳入法制轨道，有效地减少了垃圾的数量，提高了废弃物的再生利用率。

比如，在 1998 年《家用电器回收利用法》颁布后，家电生产企业承担了回收和利用废旧家电的义务，电视、冰箱、空调、洗衣机等主要家电的废旧物品都得到了强制回收利用，使电视、冰箱、空调、洗衣机等各种家用电器的回收利用率在 2000 年前后分别达到 55%以上、50%以上、60%以上、50%以上。该法还规定，消费者应当承担家电再生处理的部分费用，同时鼓励各企业积极参加废弃物回收利用。

表 10-1　日本颁布的循环经济相关法律一览

年份	法律名称	法律层次
1970	《固体废弃物管理和公共清洁法》	综合法
1991	《资源有效利用促进法》	综合法
1993	《环境基本法》	基本法
1995	《促进容器与包装分类回收法》	专项法
1998	《家用电器回收利用法》	专项法
2000	《促进循环型社会形成基本法》	基本法
	《食品回收法》	专项法
	《绿色采购法》	专项法
	《建筑材料回收法》	专项法
2001	《多氯联苯废弃物妥善处理特别措施法》	专项法
2002	《汽车循环使用法》	专项法

（二）日本循环经济实施的措施

以日本《促进循环型社会形成基本法》的实施措施为例。

依据《促进循环型社会形成基本法》，并结合 2002 年 9 月约翰内斯堡可持续发展世界首脑会议形成的《约翰内斯堡执行计划》（*Johannesburg Plan of Implementation*），为加速向可持续的生产、消费形态转换，日本政府于 2003 年 3 月制定了《推进循环型社会形成基本计划》。该计划提出了实现循环型社会的数值指标和一系列战略措施。提出到 2010 年循环经济所要达到的 3 个关键指标：资源生产率（资源生产率＝产值/自然资源投入量）要达到 39 万日元/t，比 2000 年提高 40%；循环利用率达到 14%，比 2000 年提高 40%；垃圾最终处置量为 2 800 万 t，相当于 2000 年的一半。此外，每个人每天的生活垃圾比 2000 年减少约 20%，工业垃圾的最终处理量比 1990 年减少约 75%。循环型社会市场规模及就业规模均提高到 1997 年的 2 倍。

日本循环型社会的推动，不仅仅靠的是立法，也依靠社会各界的积极参与。在国家层面，积极制定国家政策方针，制定环境审计制度等奖惩制度；在企业层面，严格按照法律规定处理废弃物，不仅着手开发诸多清洁生产技术，而且积极申请国际ISO 14001环境管理体系认证（到2000年约3 500家企业获得了认证），编制企业环境影响报告书，向社会公众公布企业的环境状况；在产业层面，积极补充社会静脉产业，形成“自然资源—产品—再生资源”的物质循环模式；在区域层面，构建企业间的物质代谢和共生关系，形成生态产业园，力图实现污染物零排放；在社会层面，积极倡导开展循环型社会建设，借助社团组织和媒体的宣传和监督，帮助民众改变传统生活方式，配合处理废弃物，使循环经济理念深入人心。此后，相继在2003年、2008年、2013年和2018年4次修订《推进循环型社会形成基本计划》，体现了日本政府对建设循环型社会内涵理解的不断深化和具体任务的相应调整。例如，2018年修订的《推进循环型社会形成基本计划》将视野扩大到经济、社会层面，提出将循环型社会建设与可持续发展社会建设进行整合、通过循环共生圈给建设地区带来活力、在产品的整个生命周期实现彻底的资源循环等7个方面内容，并提出相应的指标。

（三）日本循环经济的基本特征

日本循环经济的开展具有以下基本特征。

第一，日本循环经济是从不同层面开展的，而且不同层面的侧重点不同。在企业层面，着力开发清洁生产技术，解决环境污染问题和实现能源替换，并开展国际ISO 14001环境管理体系认证活动。在区域层面，着力构建企业之间的工业代谢和共生关系，形成生态产业园。在产业层面，着力发展社会静脉产业，形成“自然资源—产品—再生资源”的物质循环模式。在整个社会层面，以建立循环型社会为目标，通过限制自然资源消耗，实现环境负荷的最小化。另外，日本政府还通过举行内阁会议、相关部长级会议、相关部门联络会议等方式，努力实现各相关部门分别制定的相关政策互为补充，并促进相关部门密切合作。

第二，日本循环经济以废弃物循环利用为核心。日本作为发达国家，国民高收入导致了高消费，也形成了高废弃物排放。将废弃物再资源化既可解决废弃物处置场所和环境污染问题，又缓解了资源紧张局面，成为日本发展循环经济的核心。日本现有的生态产业园都是以废弃物再生利用为主要内容的。参与物资回收、循环利用的废弃物既包括一般废弃物，也包括产业废弃物，如汽车、家电、打印机、墨盒、饮料容器、废纸等。

第三，日本循环经济的开展以技术进步为依托。开展循环经济以来，日本政府拨付大量资金，开展废弃物再资源化技术研究。据报道，日本国会每年拨付的与环境保护有关的预算超过1万亿日元，其中用于废弃物处理和循环再利用的预算为1 500亿日元。在2003年度，各都道用于推进循环型社会的预算共为4 452.33亿日元。2004年度，日本经济产业省相关财政预算为24.7亿日元，其中15.4亿日元用于生态产业园的建设事业；8.8亿日元用于促进汽车、家电和容器包装回收利用；0.5亿日元用于产业开发、社会资本构造物耐久性高度维系系统。此外，政府还对循环型社会公共设施的完善提供财政支持。例如日本北九州生态工业园的验证研究区，通过企业与行政部门及大学的密切协作，将开发尖端的废弃物处理技术与再生利用技术、进行验证性研究的机构集中在一起，成为相关环境技术的开发基地。

二、《中华人民共和国循环经济法》

（一）中国循环经济发展进程

循环经济在我国主要经历以下阶段。

20 世纪 80 年代末，我国积极参与实施联合国环境规划署制定的《清洁生产计划》，工业污染防治开始从末端治理向清洁生产进行战略转移；在发展中国家中首先制定了清洁生产促进法。

20 世纪 90 年代末，从国外引入了循环经济的新理念，并且该理念很快得到了最高领导层的重视。在 2002 年全球环境基金成员国会议上，江泽民同志发表了《只有走以最有效利用资源和保护环境为基础的循环经济之路，可持续发展才能得以实现》的重要讲话。2003 年 3 月，胡锦涛同志指出："要加快转变经济增长方式，将循环经济的发展理念贯穿到区域经济发展和产品生产中，使资源得到最有效的利用。最大限度地减少废弃物排放，逐步使生态步入良性循环，努力建设环境保护模范城市、生态示范区、生态省。"各地纷纷响应，推行循环经济成为全国热潮。2002 年 6 月 29 日，第九届全国人民代表大会常务委员会第二十八次会议修订通过了《中华人民共和国清洁生产促进法》。

2005 年 7 月，国务院正式发布了《国务院关于加快发展循环经济的若干意见》，对我国发展循环经济的目标、重点领域、管理政策等提出了原则性指导方针，要求各级政府和有关部门把发展循环经济作为编制有关规划的重要指导原则，用循环经济理念指导编制"十一五"规划和各类区域规划、城市总体规划，以及矿产资源可持续利用、节能、节水、资源综合利用等专项规划，并制订和实施循环经济推进计划。循环经济成为国家重大发展战略。同年 10 月，国家发展和改革委员会、国家环境保护总局等 6 个部门联合选择了钢铁、有色、化工等 7 个重点行业的 42 家企业，再生资源回收利用等 4 个重点领域的 17 家单位，13 个不同类型的产业园区，开展我国第一批循环经济试点，探索循环经济发展模式，推动建立资源循环利用机制。

2008 年 9 月，《中华人民共和国循环经济促进法》正式颁布，标志着我国循环经济走向正轨。此后相继完成 4 批循环经济试点工作。党的十八大将生态文明建设纳入中国特色社会主义总体布局。2018 年 10 月 26 日，第十三届全国人民代表大会常务委员会第六次会议通过了《关于修改〈中华人民共和国野生动物保护法〉等十五部法律的决定》，其中针对《中华人民共和国循环经济促进法》的修订内容主要体现在 2018 年机构改革后的若干职能部门调整上，将 2008 年版中的“环境保护等有关主管部门”修改为“生态环境等有关主管部门”，将“林业主管部门”修改为“林业草原主管部门”，将“产品质量监督部门”“工商行政管理部门”修改为“市场监督管理部门”等。

（二）《中华人民共和国循环经济促进法》主要规定了哪些内容？

《中华人民共和国循环经济促进法》详细规定了循环经济管理制度、减量化、再利用和资源化、激励措施和法律责任等基本内容，旨在有效促进循环经济发展，提高资源利用效率，保护和改善环境，实现可持续发展。这里分别予以简述。

1. 管理制度

《中华人民共和国循环经济促进法》第二章明确规定了我国推行循环经济基本管理制度。主要内容包括：①发展规划制度。要求各级循环经济发展综合管理部门会同生态环境主管部门编制所在行政区域的循环经济发展规划，报本级政府批准后公布施行。循环经济发展规划应当包括规划目标、适用范围、主要内容、重点任务和保障措施等，并规定资源产出率、废物再利用和资源化率等指标。②总量控制制定。要求县级以上地方人民政府应当依据上级人民政府下达的本行政区域主要污染物排放、建设用地和用水总量控制指标，规划和调整本行政区域的产业结构，促进循环经济发展。新建、改建、扩建建设项目必须符合本行政区域主要污染物排放、建设用地和用水总量控制指标的要求。③评价指标体系制定。要求国务院循环经济发展综合管理部门会同国务院统计、生态环境等有关主管部门，建立和完善循环经济评价指标体系。上级人民政府应根据循环经济主要评价指标，对下级人民政府循环经济发展状况定期进行考核，并将完成情况作为对地方人民政府及其负责人考核评价的内容。④废物回收制度。要求列入强制回收名录的产品或者包装物的生产企业，必须对相关废弃产品或者包装物负责回收；对其中可以利用的，由各该生产企业负责利用；对因不具备技术经济条件而不适合利用的，由各该生产企业负责无害化处置。若生产企业委托销售者或者其他组织进行回收的，或者委托废物利用或者处置企业进行利用或者处置的，受托方应当依照有关法律、法规和合同约定负责回收或者利用、处置。同时要求这类产品和包装物的消费者应当将废弃的产品或者包装物交给生产者或者其委托回收的销售者或者其他组织。⑤监督管理制度。要求国家对钢铁、有色金属、煤炭、电力、石油加工等行业年综合能源消费量、用水量超过国家规定总量的重点企业，实行能耗、水耗的重点监督管理。其中能耗方面按《中华人民共和国节约能源法》的规定执行。⑥统计制度。要求国家建立健全循环经济统计制度，加强对资源消耗、综合利用和废物产生的统计管理，并将主要统计指标定期向社会公布。

2. 减量化

为节约资源和减少废物排放，《中华人民共和国循环经济促进法》明确规定，在技术可行、经济合理的前提下，发展循环经济应当遵循“减量化优先”的原则。

减量化是指在生产、流通和消费等过程中减少资源消耗和废物产生。为实现减量化，采取的措施主要包括以下几个方面：①定期发布鼓励、限制和淘汰的技术、工艺、设备、材料和产品名录。例如，对于大型燃煤工业炉的烟气脱硫，《2008 年国家鼓励发展的环境保护技术目录》中鼓励采用内循环多级喷动流态化烟气脱硫技术。②实施工业节水、海水利用、再生水利用和自来水节约。例如，《中华人民共和国循环经济促进法》中对工业节水做了明确规定：一是在工业企业节水及计量管理方面，要求工业企业按照国家有关节水的产品目录、技术政策，采用先进或适用的节水技术、工艺、设备。二是要求根据国家规定的用水定额或者有关节水指标，制订企业的节水计划。三是要求企业加强节水管理，通过健全企业节水管理制度和管理体系，切实把节水计划和措施落实到位。③矿产资源节约与保护方面，首先要求在开采矿产资源时，应当综合考虑资源、技术、经济、安全、环境等因素，统筹规划，制订合理的开发利用方案，采用合理的开采顺序、方法和选矿工艺。其次，要求采矿许可证颁发机关对申请人提交的开发利用方案中的开采回采率、采矿贫化率、选矿回收率、矿山水循环利用率和土地复垦率等指标依法进行审查；审查不合格的，不予颁发采矿许可证。最后，还要求采矿许可证颁发机关依法加强对开采矿产资源的监督管理，以改变以前重审批轻监督管理的局面。对于共生和伴生矿，该法还规定，在具有实际应用的技术可能性和经济可行性的情况下，矿山企业在开采主要矿种的同时，应当对具有工业价值的共生和伴生矿实行综合开采、合理利用；在暂时不具备实际应用的技术可能性或者经济可行性的情况下，对必须同时采出而暂时不能利用的矿产以及含有有用组分的尾矿，要采取保护措施，防止资源损失和生态破坏。

3. 再利用和资源化

再利用是指将废物直接作为产品或者经修复、翻新、再制造后继续作为产品使用，或者将废物的全部或者部分作为其他产品的部件予以使用。资源化是指将废物直接作为原料进行利用或者对废物进行再生利用。通过将废物再利用和资源化，可大大节约资源并减少废物排放。再利用和资源化是循环经济的重要内容，主要包括区域循环经济、工业废物综合利用、余热余压综合利用、废物回收体系建设等内容。

区域循环经济是相对于单个企业而言的，用于解决更高系统层面上企业自身难以解决的问题，例如产业布局问题、生产要素在不同产业间的配置问题等。《中华人民共和国循环经济促进法》第二十九条规定："县级以上人民政府应当统筹规划区域经济布局，合理调整产业结构，促进企业在资源综合利用等领域进行合作，实现资源的高效利用和循环使用。各类产业园区应当组织区内企业进行资源综合利用，促进循环经济发展。国家鼓励各类产业园区的企业进行废物交换利用、能量梯级利用、土地集约利用、水的分类利用和循环使用，共同使用基础设施和其他有关设施。新建和改造各类产业园区应当依法进行环境影响评价，并采取生态保护和污染控制措施，确保本区域的环境质量达到规定的标准。"因此，在区域循环经济发展中，县级以上人民政府应在区域循环经济整体层面上统筹规划，并使各企业之间形成高效配合模式。各产业园区则需要按照循环经济发展原则，积极促进企业在资源、能源、土地、水以及基础设施等方面的综合利用，并在生产过程中保护当地生态环境。通过努力保障区域循环经济的顺利进行，实现区域资源节约和环境友好、经济增长与人口资源环境协调发展。

工业废物是指在工业生产活动中产生的废物。由于工业产业的多样性，工业废物种类繁多、数量巨大。加强工业废物综合利用可节约资源、减少废物排放，是发展循环经济的重要途径。《中华人民共和国循环经济促进法》规定："企业应当按照国家规定，对生产过程中产生的粉煤灰、煤矸石、尾矿、废石、废料、废气等工业废物进行综合利用。"这项规定要求企业根据经济技术条件，对其生产的工业固体废物加以利用，对暂时不利用或者不能利用的废物要分类存放或者无害化处理。

余热、余压是指在工业生产过程锅炉、窑炉、转炉等设施中产生的尚未被完全利用的热量、压力。余热、余压本身属于能量，是工业生产过程中出现的正常现象。如果不能得到充分利用，将造成巨大的能量浪费。《中华人民共和国循环经济促进法》第三十二条规定："企业应当采用先进或者适用的回收技术、工艺和设备，对生产过程中产生的余热、余压等进行综合利用。建设利用余热、余压、煤层气以及煤矸石、煤泥、垃圾等低热值燃料的并网发电项目，应当依照法律和国务院的规定取得行政许可或者报送备案。电网企业应当按照国家规定，与综合利用资源发电的企业签订并网协议，提供上网服务，并全额收购并网发电项目的上网电量。"可见，此项规定不仅要求生产企业对余热、余压的综合利用，而且要求电网企业收纳收购生产企业利用余热、余压所生产的电力。

废物回收是提高资源利用率、保护环境、发展循环经济的重要途径。《中华人民共和国循环经济促进法》第三十七条规定："国家鼓励和推进废物回收体系建设。地方人民政府应当按照城乡规划，合理布局废物回收网点和交易市场，支持废物回收企业和其他组织开展废物的收集、储存、运输及信息交流。废物回收交易市场应当符合国家环境保护、安全和消防等规定。"可见，该规定明确了国家、地方在废物回收体系建设中的管理作用，也明确了对废物回收交易市场的要求。

随着电子信息产业的高速发展，废电器电子产品等特定产品也随之增多。《中华人民共和国循环经济促进法》第三十八条规定："对废电器电子产品、报废机动车船、废轮胎、废铅酸电池等特定产品进行拆解或者再利用，应当符合有关法律、行政法规的规定。"第三十九条规定："回收的电器电子产品，经过修复后销售的，必须符合再利用产品标准，并在显著位置标识为再利用产品。回收的电器电子产品，需要拆解和再生利用的，应当交售给具备条件的拆解企业。"可见，该规定明确了废电器电子产品再利用和资源化的范围，以及该过程中对企业的资质要求。我国与之相关的法律还有《中华人民共和国固体废物污染环境防治法》《电子废物污染环境防治管理办法》《报废汽车回收管理办法》《防止拆船污染环境管理条例》《废弃电器电子产品回收处理管理条例》等。

4. *激励措施*

为促进循环经济的健康发展，《中华人民共和国循环经济促进法》中明确了将采取的激励措施。主要包括：①设立循环经济专项资金，对相关科技创新提供财政支持。《中华人民共和国循环经济促进法》第四十二条规定："国务院和省、自治区、直辖市人民政府设立发展循环经济的有关专项资金，支持循环经济的科技研究开发、循环经济技术和产品的示范与推广、重大循环经济项目的实施、发展循环经济的信息服务等。具体办法由国务院财政部门会同国务院循环经济发展综合管理等有关主管部门制定。"该规定明确了财政支持的实施主体和支持的内容。②明确重点投资领域并给予金融支持和税收优惠。《中华人民共和国循环经济促进法》第四十五条规定："县级以上人民政府循环经济发展综合管理部门在制定和实施投资计划时，应当将节能、节水、节地、节材、资源综合利用等项目列为重点投资领域。对符合国家产业政策的节能、节水、节地、节材、资源综合利用等项目，金融机构应当给予优先贷款等信贷支持，并积极提供配套金融服务。对生产、进口、销售或者使用列入淘汰名录的技术、工艺、设备、材料或者产品的企业，金融机构不得提供任何形式的授信支持。"例如，2006 年循环经济和资源节约示范项目获得了中央政府重点投资支持。③表彰奖励。《中华人民共和国循环经济促进法》第四十八条规定："县级以上人民政府及其有关部门应当对在循环经济管理、科学技术研究、产品开发、示范和推广工作中做出显著成绩的单位和个人给予表彰和奖励。企业事业单位应当对在循环经济发展中做出突出贡献的集体和个人给予表彰和奖励。"例如，为了促进循环经济产业体系的建立，某市财政每年拿出 100 多万元，奖励在循环经济和节能减排中有突出贡献的企业和重点项目。

5. 法律责任

明确法律责任是推进循环经济发展的强制约束手段。在《中华人民共和国循环经济促进法》中，分别对循环经济的监督管理部门，生产、流通与使用部门，设计部门等作了明确规定。①对于监督管理部门，《中华人民共和国循环经济促进法》第四十九条规定："县级以上人民政府循环经济发展综合管理部门或者其他有关主管部门发现违反本法的行为或者接到对违法行为的举报后不予查处，或者有其他不依法履行监督管理职责行为的，由本级人民政府或者上一级人民政府有关主管部门责令改正，对直接负责的主管人员和其他直接责任人员依法给予处分。"②对于生产、流通与使用部门，《中华人民共和国循环经济促进法》第五十条规定："生产、销售列入淘汰名录的产品、设备的，依照《中华人民共和国产品质量法》的规定处罚。使用列入淘汰名录的技术、工艺、设备、材料的，由县级以上地方人民政府循环经济发展综合管理部门责令停止使用，没收违法使用的设备、材料，并处五万元以上二十万元以下的罚款；情节严重的，由县级以上人民政府循环经济发展综合管理部门提出意见，报请本级人民政府按照国务院规定的权限责令停业或者关闭。违反本法规定，进口列入淘汰名录的设备、材料或者产品的，由海关责令退运，可以处十万元以上一百万元以下的罚款。进口者不明的，由承运人承担退运责任，或者承担有关处置费用。"③对于设计部门，《中华人民共和国循环经济促进法》第五十一条规定："违反本法规定，对在拆解或者处置过程中可能造成环境污染的电器电子等产品，设计使用列入国家禁止使用名录的有毒有害物质的，由县级以上地方人民政府市场监督管理部门责令限期改正；逾期不改正的，处二万元以上二十万元以下的罚款；情节严重的，依法吊销营业执照。”

三、循环经济促进法对比

《中华人民共和国循环经济促进法》是在客观认识我国环境资源问题的基础上，吸收国际先进经验制定的。

《中华人民共和国循环经济促进法》与日本、德国的循环经济立法相比，有很多相同之处，如《中华人民共和国循环经济促进法》第七条至第十一条对国家、县级以上人民政府、企业事业单位、公民和行业协会等的责任规定，就借鉴了日本《环境基本法》和《促进循环型社会形成基本法》的立法逻辑和模式；《中华人民共和国循环经济促进法》规定的循环经济全过程实施制度，如第十五条规定的包装减量化、包装再用和资源化，就借鉴了德国的生产者责任延伸制度。

另外，《中华人民共和国循环经济促进法》还与日本等国家的相关法律存在诸多不同，主要表现为：①《中华人民共和国循环经济促进法》的管理内容更能体现资源与环境并重。如日本《促进循环型社会形成基本法》侧重废物资源利用，而《中华人民共和国循环经济促进法》是资源保护和环境保护并重。既体现一般促进，又体现我国资源节约方面的重点突破。其中，一般促进表现在《中华人民共和国循环经济促进法》“总则”和“基本管理制度”中的政策、目标、原则和管理制度几个方面；重点突破则表现在“减量化”“再利用和资源化”对产品设计、包装、节水、节油、矿产资源节约、建筑材料节约、土地节约、灌溉水节约、政府节约、食物节约、林材节约或者资源的再利用、资源化等提出了原则要求，涵盖了循环经济发展的主要环节和主要方面。②《中华人民共和国循环经济促进法》的管理体系更为完善、制度更加齐全。如借助点、线和面三个层次的责任得以有效统一，并突出了政府的责任。点层次上的责任是指《中华人民共和国循环经济促进法》中第九条和第十条分别明确了企业事业单位和公民的责任；线层次上的责任是指《中华人民共和国循环经济促进法》中第十一条规定了行业协会等的责任；面层次上的责任是指《中华人民共和国循环经济促进法》中第八条明确了县级以上人民政府的责任。关于政府的责任，《中华人民共和国循环经济促进法》除了在第七条、第八条中规定政府的责任外，还在第二章“基本管理制度”中规定了政府的规划责任、产业结构调整责任等。另外，《中华人民共和国循环经济促进法》还在第十四条明确了上级政府对下级政府的循环经济评价和考核制度。③体现了我国在环境和资源方面的基本国情，考虑了我国的环境资源行政管理体制和环境资源管理的实际模式。例如，着力体现了我国经济快速增长的国情，着力体现了促进经济增长、提高资源利用效率及保护和改善环境的服务目标。从深层次上看，强调的是既能满足人们的消费需求，又能控制资源的消费，同时满足人们不断增长的生态和生活环境需求，最终建立环境负荷小但能持续发展的社会。

第四节　循环经济其他相关法律保障示例

《中华人民共和国循环经济促进法》多处提到与“能源消费”“能源效率”“税收”“税务”等相关的事宜，这里延伸性地分享《中华人民共和国节约能源法》《中华人民共和国环境保护税法》中与循环经济相关的若干内容，用于辅助理解循环经济的法律保障。

一、《中华人民共和国节约能源法》对循环经济的保障

（一）《中华人民共和国循环经济促进法》中的能源事项

从《中华人民共和国循环经济促进法》中提取与能源相关的条文和内容，汇总后如表10-2所示。以此查找《中华人民共和国节约能源法》支撑循环经济的相关内容。

表 10-2　《中华人民共和国循环经济促进法》中与能源相关的条文一览表

条文	内容	要点
第十六条	国家对钢铁、有色金属、煤炭、电力、石油加工、化工、建材、建筑、造纸、印染等行业年综合能源消费量、用水量超过国家规定总量的重点企业，实行能耗、水耗的重点监督管理制度。重点能源消费单位的节能监督管理，依照《中华人民共和国节约能源法》的规定执行。	监管的重点行业和内容（能源消耗、节能）
第十七条	国家建立健全能源效率标识等产品资源消耗标识制度。	能源效率标识制度
第二十一条	国家鼓励和支持企业使用高效节油产品。电力、石油加工、化工、钢铁、有色金属和建材等企业，必须在国家规定的范围和期限内，以洁净煤、石油焦、天然气等清洁能源替代燃料油，停止使用不符合国家规定的燃油发电机组和燃油锅炉。	企业使用的产品类型与重点企业
第二十三条	建筑设计、建设、施工等单位应当按照国家有关规定和标准，对其设计、建设、施工的建筑物及构筑物采用节能、节水、节地、节材的技术工艺和小型、轻型、再生产品。有条件的地区，应当充分利用太阳能、地热能、风能等可再生能源。	设计、建设、施工环节
第三十四条	国家鼓励和支持农业生产者和相关企业采用先进或者适用技术，对农作物秸秆、畜禽粪便、农产品加工业副产品、废农用薄膜等进行综合利用，开发利用沼气等生物质能源。	农业废物能源

（二）《中华人民共和国节约能源法》对循环经济的支撑作用

《中华人民共和国节约能源法》于1997年11月首次颁布，后经过2007年修订、2016年

修正、2018 年修正。该法旨在保护和改善环境，减少污染物排放，推进生态文明建设。这里基于表 10-2 中识别的与能源相关的循环经济法律要点，进一步查询《中华人民共和国节约能源法》中的相关法律要求，可得到表 10-3，其中仅显示若干示例。从《中华人民共和国节约能源法》具体内容可知，将进一步延伸落实到相关的技术、标准、销售、使用等关键节点上。

表 10-3 《中华人民共和国节约能源法》中与循环经济相关的条文示例

条款要求类型	《中华人民共和国节约能源法》内容示例		
	条文	《中华人民共和国节约能源法》具体内容	要点
监管的重点行业和内容（能源消耗、节能）	第十三条	国务院标准化主管部门和国务院有关部门依法组织制定并适时修订有关节能的国家标准、行业标准，建立健全节能标准体系。国务院标准化主管部门会同国务院管理节能工作的部门和国务院有关部门制定强制性的用能产品、设备能源效率标准和生产过程中耗能高的产品的单位产品能耗限额标准。国家鼓励企业制定严于国家标准、行业标准的企业节能标准。	节能国家标准、行业标准
	第三十条	国务院管理节能工作的部门会同国务院有关部门制定电力、钢铁、有色金属、建材、石油加工、化工、煤炭等主要耗能行业的节能技术政策，推动企业节能技术改造。	重点行业节能技术
能源效率标识制度	第十八条	国家对家用电器等使用面广、耗能量大的用能产品，实行能源效率标识管理。实行能源效率标识管理的产品目录和实施办法，由国务院管理节能工作的部门会同国务院市场监督管理部门制定并公布。	标识制度管理的产品类型和管理办法
	第十九条	生产者和进口商应当对列入国家能源效率标识管理产品目录的用能产品标注能源效率标识，在产品包装物上或者说明书中予以说明，并按照规定报国务院市场监督管理部门和国务院管理节能工作的部门共同授权的机构备案。生产者和进口商应当对其标注的能源效率标识及相关信息的准确性负责。禁止销售应当标注而未标注能源效率标识的产品。禁止伪造、冒用能源效率标识或者利用能源效率标识进行虚假宣传。	标识管理产品的贸易与销售
企业使用的产品类型与重点企业	第十六条	国家对落后的耗能过高的用能产品、设备和生产工艺实行淘汰制度。淘汰的用能产品、设备、生产工艺的目录和实施办法，由国务院管理节能工作的部门会同国务院有关部门制定并公布。生产过程中耗能高的产品的生产单位，应当执行单位产品能耗限额标准。对超过单位产品能耗限额标准用能的生产单位，由管理节能工作的部门按照国务院规定的权限责令限期治理。对高耗能的特种设备，按照国务院的规定实行节能审查和监管。	产品淘汰制度
	第三十二条	电网企业应当按照国务院有关部门制定的节能发电调度管理的规定，安排清洁、高效和符合规定的热电联产、利用余热余压发电的机组以及其他符合资源综合利用规定的发电机组与电网并网运行，上网电价执行国家有关规定。	技术类型

条款要求类型	《中华人民共和国节约能源法》内容示例		
	条文	《中华人民共和国节约能源法》具体内容	要点
设计、建设、施工环节	第三十五条	建筑工程的建设、设计、施工和监理单位应当遵守建筑节能标准。不符合建筑节能标准的建筑工程，建设主管部门不得批准开工建设；已经开工建设的，应当责令停止施工、限期改正；已经建成的，不得销售或者使用。建设主管部门应当加强对在建建筑工程执行建筑节能标准情况的监督检查。	建筑节能标准
	第三十七条	使用空调采暖、制冷的公共建筑应当实行室内温度控制制度。具体办法由国务院建设主管部门制定。	消费环节（室内温度控制）
农业废物能源	第五十九条	国家鼓励、支持在农村大力发展沼气，推广生物质能、太阳能和风能等可再生能源利用技术，按照科学规划、有序开发的原则发展小型水力发电，推广节能型的农村住宅和炉灶等，鼓励利用非耕地种植能源植物，大力发展薪炭林等能源林。	废物能源转换技术与可再生能源

（三）重点行业循环经济标准示例

《中华人民共和国循环经济促进法》和《中华人民共和国节约能源法》两部法律都把“钢铁”纳入重点监管行业。这里从行业标准角度，分享我国《钢铁工业发展循环经济环境保护导则》（HJ 465—2009）中的若干内容。

1. 钢铁工业提高能源效率途径示例

《钢铁工业发展循环经济环境保护导则》中第 5.5 条规定：“充分利用副产能源和余热余能。合理分配和使用焦炉煤气、高炉煤气和转炉煤气和各种余热余能，做到无放散（不含事故性或工艺性放散）。”包括：

（1）焦炉煤气综合利用：加热炉燃料、制取纯氢、直接还原铁还原剂、城市民用煤气、化工合成气气源（如生产甲醇、二甲醚）。

（2）高炉煤气综合利用：焦炉加热、蓄热式加热炉燃料，掺烧高炉煤气锅炉、全燃高炉煤气锅炉；高炉煤气余压发电（TRT）。

（3）转炉煤气综合利用：炼钢生产的烤包等燃料。

（4）将各种煤气的富余用于燃气蒸汽联合循环发电（CCPP），高效利用可燃气体。

（5）炼焦采用干熄焦，回收红焦显热产生蒸汽（发电）。

（6）烧结矿冷却废气供点火和热风烧结，或供余热锅炉产生蒸汽（发电）。

（7）各种烟气余热利用：球团焙烧烟气直接用于干燥、预热生球；焦炉燃烧废气用于装炉煤干燥；电炉冶炼烟气预热废钢；转炉烟气、加热炉烟气采用预热锅炉产生蒸汽等。

2. 钢铁工业发展循环经济余热余能综合利用指标要求示例

《钢铁工业发展循环经济环境保护导则》中第 6.4 条规定了钢铁工业发展循环经济水、气、固体废物综合利用指标要求。其中与热能综合利用相关的指标示例如表 10-4 所示。

表 10-4 钢铁工业发展循环经济热能综合利用指标示例

序号	指标名称	单位	达标
1	高炉煤气回收利用率	%	≥95
2	转炉煤气回收热量（以煤当量每吨钢计）	kg/t	≥25
3	电炉余热利用量（以煤当量每吨钢计）	kg/t	≥25
4	余热余能回收利用量*（以煤当量每吨钢计）	kg/t	≥45

注：*包括各种副产煤气、干熄焦余热和高炉煤气余压发电等余能以及烧结烟气余热、冶金渣显热和其他低温余热的利用。
资料来源：《钢铁工业发展循环经济环境保护导则》。

3. 钢铁工业发展循环经济余热余能综合利用类先进生产工艺技术示例

《钢铁工业发展循环经济环境保护导则》中还给出了钢铁工业发展循环经济延长产业链中的先进生产工艺技术清单，其中余热综合利用类相关技术示例如表 10-5 所示。此外还有资源综合利用类相关技术清单，感兴趣的同学可自行查询。

表 10-5 钢铁工业发展循环经济余热余能综合利用类先进生产工艺技术清单

序号	技术名称
1	干熄焦技术
2	烧结环冷机余热回收技术
3	高炉煤气燃烧发电技术
4	高炉炉顶煤气余压（TRT）发电技术
5	热-电联产技术
6	全烧高炉煤气锅炉发电技术
7	高炉煤气等低热值煤气燃气-蒸汽联合循环发电（CCPP）技术
8	高炉煤气干式除尘余压压差发电技术
9	高炉渣显热回收技术

二、《中华人民共和国环境保护税法》对循环经济的保障

（一）《中华人民共和国循环经济促进法》和《中华人民共和国节约能源法》中的涉税事项

按照与前述类似的思路，从《中华人民共和国循环经济促进法》和《中华人民共和国节约能源法》中，提取与“税”相关的条文和内容，汇总如表 10-6 所示。以此查找《中华人民共和国环境保护税法》支撑循环经济的相关内容。

表 10-6 《中华人民共和国循环经济促进法》和《中华人民共和国节约能源法》中与税相关的条文示例

法律	条文	内　容	要　点
《中华人民共和国循环经济促进法》	第二十八条	国家在保障产品安全和卫生的前提下，限制一次性消费品的生产和销售。具体名录由国务院循环经济发展综合管理部门会同国务院财政、生态环境等有关主管部门制定。对列入前款规定名录中的一次性消费品的生产和销售，由国务院财政、税务和对外贸易等主管部门制定限制性的税收和出口等措施。	限制一次性消费品
	第四十四条	国家对促进循环经济发展的产业活动给予税收优惠，并运用税收等措施鼓励进口先进的节能、节水、节材等技术、设备和产品，限制在生产过程中耗能高、污染重的产品的出口。具体办法由国务院财政、税务主管部门制定。企业使用或者生产列入国家清洁生产、资源综合利用等鼓励名录的技术、工艺、设备或者产品的，按照国家有关规定享受税收优惠。	产业活动，技术，设备，产品，贸易，税收优惠
《中华人民共和国节约能源法》	第五十八条	国务院管理节能工作的部门会同国务院有关部门制定并公布节能技术、节能产品的推广目录，引导用能单位和个人使用先进的节能技术、节能产品。国务院管理节能工作的部门会同国务院有关部门组织实施重大节能科研项目、节能示范项目、重点节能工程。	技术产品推广目录，项目工程，税收优惠
	第六十一条	国家对生产、使用列入本法第五十八条规定的推广目录的需要支持的节能技术、节能产品，实行税收优惠等扶持政策。	推广目录，税收优惠
	第六十二条	国家实行有利于节约能源资源的税收政策，健全能源矿产资源有偿使用制度，促进能源资源的节约及其开采利用水平的提高。	税收政策
	第六十三条	国家运用税收等政策，鼓励先进节能技术、设备的进口，控制在生产过程中耗能高、污染重的产品的出口。	技术设备贸易税收政策
	第六十六条	国家实行有利于节能的价格政策，引导用能单位和个人节能。国家运用财税、价格等政策，支持推广电力需求侧管理、合同能源管理、节能自愿协议等节能办法。	价格政策

（二）《中华人民共和国环境保护税法》及其相关法律条例对循环经济的支持作用示例

《中华人民共和国环境保护税法》于 2016 年 12 月首次颁布，后经 2018 年修正，旨在保护和改善环境，减少污染物排放，推进生态文明建设。

《中华人民共和国环境保护税法》对循环经济的支持作用主要体现在对废弃物、余热余能等的综合利用主体部门的免税、减税等税收优惠方面。如《中华人民共和国环境保护税法》第十二条规定，纳税人综合利用的固体废物，符合国家和地方环境保护标准的，暂予免征环境保护税。在《中华人民共和国循环经济促进法》中有多条针对电器电子等产品的规定，如第三十八条规定，对废电器电子产品、报废机动车船、废轮胎、废铅酸电池等特定产品进行拆解或者再利用，应当符合有关法律、行政法规的规定，该条强调了废电器电子产品属于循环经济监管中的特定产品；第三十九条规定，回收的电器电子产品，需要拆解和再生利用的，应当交售给具备条件的拆解企业，该条强调了拆解企业的资质。进一步落实到实施中，《废弃电器电子产品回收处理管理条例》中第十八条规定，处理企业处理废弃电器电子产品，依照国家有关规定享受税收优惠。

除了本章分享的若干法律外，还有多部其他法律、条例等从多角度保障循环经济的实施，感兴趣的同学可自行查找资料并学习。

第五节　循环经济保障措施示例

为了贯彻《中华人民共和国循环经济促进法》等法律法规，促进我国重点工业发展循环经济，实现资源能源利用效率最大化，预防和控制重点工业发展循环经济过程中的环境污染，环境保护部曾于 2009 年发布《钢铁工业发展循环经济环境保护导则》（HJ 465—2009）和《铝工业发展循环经济环境保护导则》（HJ 466—2009）两项国家环境保护标准。这里以铝工业为例，分享其发展循环经济的保障措施。

在《铝工业发展循环经济环境保护导则》中，第 7 条规定了铝工业发展循环经济保障措施，具体内容如下：

（1）在贯彻执行现有相关法规、政策的基础上，制订铝工业促进发展循环经济的配套政策和措施，形成发展循环经济的政策、法规支撑体系。加强执法力度，通过国家、地方以及部门法律、法规的实施和执行来保障行业循环经济的发展。

（2）加强宏观调控，提高铝工业工艺装备和技术的升级和进步，提高配置资源能力、技术装备水平、产品竞争力和技术创新等方面。通过联合重组，着力提高产业集中度，实行专业化分工，发挥工艺技术先进的、有实力的大型铝工业企业的骨干作用。在联合重组、技术改造的过程中，坚持淘汰消耗高、效率低、污染严重的落后工艺装备和生产能力。

（3）铝工业应按照循环经济模式建立现代铝工业体系，延长产业链，实行上下游产业联产联营，同时要充分利用资本及体制优势，整合现有产业资源，实现产业聚合效应；适度发展原生铝工业，重点发展多品种氧化铝、铝合金、高端铝加工产品和再生铝工业，通过全球铝资源配置、产地配置、市场配置、循环再利用配置和替代配置，既从根本上解决资源和能源约束矛盾和环境压力，又满足对铝产品不断增长的消费需求。

（4）健全相应法规扶植再生铝产业的发展，加强行业规划和宏观调控，促其健康发展。规范再生铝生产园区的法规和政策，引导拆解和加工企业进入园区共用环保设施，以解决“小、多、散”造成的环境污染；增加科技投入，提高金属回收率；逐步提高技术装备水平，推进企业升级，实现规模生产。

（5）通过引进世界先进铝工业发展技术和人才以及建立“产学研”联盟等方式，建立健全适合铝工业循环经济发展，由替代技术、减量技术、再利用技术、资源化技术、系统化技术等构成的铝工业企业生态支撑技术体系。

（6）提高环境监管能力，建立健全铝工业污染源日常管理、应急响应和事故处理的监测和监控体系。

（7）建设具有高技术含量的信息基础设施和信息管理体系，充分发挥信息在行业管理、信息交流、技术支持、环境咨询等方面的作用。

（8）积极宣传循环经济，树立铝工业循环经济示范企业。

（9）建立公众参与机制和信息公开制度，制定公众参与的鼓励政策，形成公众参与的制度。建立行业的监督体系，强化社会监督机制。

（10）编写年度环境报告书。环境报告书应包括污染物排放达标情况、污染物产生和排放强度变化情况、资源能源减量使用、废物减量排放、污染物监控管理措施及效果评价、废物处理处置等方面内容。

推荐阅读文献

[1] AYRES R U，1994. Industrial metabolism：theory and policy[M]//The greening of industrial ecosystems. Washington，DC：National Academy Press：23-37.

[2] GENG Y，FU J，SARKIS J，et al.，2012. Towards a national circular economy indicator system in China：an evaluation and critical analysis[J]. Journal of Cleaner Production，23（1）：216-224.

[3] LI X N，LI Y F，2011. Driving forces on China's circular economy：from government's perspectives[J]. Energy Procedia，（5）：297-301.

[4] MA S H，WEN Z G，CHEN J N，et al.，2014. Mode of circular economy in China's iron and steel industry：a case study in Wu'an city[J]. Journal of Cleaner Production，64（1）：505-512.

[5] SU B W，HESHMATI A，GENG Y，et al.，2013. A review of the circular economy in China：moving from rhetoric to implementation[J]. Journal of Cleaner Production，42：215-227.

[6] GRAEDEL T E，ALLENBY B R，2003. Industrial ecology[M]. 2nd ed. Upper Saddle River：Prentice Hall.

[7] GRAEDEL T E，ALLENBY B R，2003. 产业生态学[M]. 施涵，译. 北京：清华大学出版社.

[8] 关小虎，2008. 促进循环经济发展的税收政策研究[M]. 北京：中国税务出版社.

[9] 黄欣荣，2006. 复杂性科学的方法论研究[M]. 重庆：重庆大学出版社.

[10] 李春华，刘颖杰，邵高耸，2016. 危险化学品事故应急救援力量安全保障体系研究[J]. 消防科学与技术，35（2）：279-282.

[11] 李华友，任勇，2006. 中国发展循环经济的政策框架[J]. 环境经济，（4）：48-51.

[12] 李云燕，2008. 循环经济运行机制——市场机制与政府行为[M]. 北京：科学出版社.

[13] 刘炜，2009. 科学发展与循环经济模式构建[M]. 北京：中国经济出版社.

[14] 陆钟武，2010. 工业生态学基础[M]. 北京：科学出版社.

[15] 吕丹，2009. 政府主导型循环经济促进机制研究[M]. 北京：中国社会科学出版社.

[16] 任勇，周国梅，等，2009. 中国循环经济发展的模式与政策[M]. 北京：中国环境科学出版社.
[17] 尚红云，周生军，2008. 循环经济发展评价与政策设计[M]. 北京：中国财政经济出版社.
[18] 孙承泳，周景博，2007. 制度创新与循环经济[M]. 北京：经济日报出版社.
[19] 孙佑海，赵家荣，2008. 中华人民共和国循环经济促进法解读[M]. 北京：中国法制出版社.
[20] 陶成波，2010. 绿之路——宁波循环经济优秀案例掠影[M]. 杭州：浙江科学技术出版社.
[21] 徐光磊，张继胜，2014. 信托化第三次金融革命：复杂性科学视角下的金融进化[M]. 北京：中国金融出版社.
[22] 俞金香，2009. 循环经济法制保障研究[M]. 北京：法律出版社.
[23] 张艳纯，2009. 湖南循环经济发展的财政政策研究[M]. 长沙：湖南大学出版社.
[24] 国家环境保护总局，2003. 循环经济示范区规划指南（试行）[EB/OL]. http://www.mep.gov.cn/info/gw/huanfa/200312/t20031231_87885.htm.
[25] 中华人民共和国循环经济促进法[EB/OL]. [2016-08-09]. http://www.gov.cn/flfg/2008-08/29/content_1084355.htm.
[26] 国家环境保护总局赴日考察团，2006. 从理念到行动——日本建设循环型社会的主要做法[EB/OL]. 2006-10-20 [2023-09-13]. 中华循环经济网，http://www.chinace.org.cn/display.asp?id=632.
[27] 毛建素，梁静，徐琳瑜，2013. 矿物资源服务归趋：概念、内涵与议题[J]. 环境科学与技术，36（12）：195-201.
[28] 中华人民共和国节约能源法[EB/OL]. [2018-11-14]. https://www.mee.gov.cn/ywgz/fgbz/fl/201811/t20181114_673623.shtml.
[29] 中华人民共和国循环经济促进法[EB/OL]. [2018-11-14]. https://www.mee.gov.cn/ywgz/fgbz/fl/201811/t20181114_673624.shtml.
[30] 中华人民共和国环境保护税法[EB/OL]. [2018-11-14]. https://www.mee.gov.cn/ywgz/fgbz/fl/201811/t20181114_673632.shtml.
[31] 废弃电器电子产品回收处理管理条例[EB/OL]. [2019-03-18]. https://www.mee.gov.cn/ywgz/fgbz/xzfg/201909/t20190918_734319.shtml.
[32] 环境保护部，2009. 铝工业发展循环经济环境保护导则：HJ 466—2009[S]. 北京：中国环境科学出版社.
[33] 环境保护部，2009. 钢铁工业发展循环经济环境保护导则：HJ 465—2009[S]. 北京：中国环境科学出版社.

课堂讨论与作业

一、讨论议题

循环经济保障体系涉及自然科学、人文科学等多种学科，因此需要从不同角度提供多种保障，才能有效促进循环经济按照既定方向顺利发展。但现实中难免遇到障碍，表明循环经济保障体系仍有改善余地。这里请思考与讨论以下议题：

选定现行《中华人民共和国循环经济促进法》中的某一保障措施，思考其如何对循环经济起到保障作用？

或者结合我国近年循环经济发展状况和党的二十大提出的新征程新任务，思考循环经济保障体系改善建议。

近年来，我国逐渐兴起多种共享服务（如共享单车等），思考其对循环经济的影响。

二、课下作业与课堂汇报

针对课堂讨论议题，以科研小组为单位，进行课下研究，并形成小组报告，以小组形式在课堂分享。由于本议题具有较大的思考空间，因此将个人创新性意见纳入评分系统。评分标准见表 T10-1。

表 T10-1　课堂小组汇报评分表

报告题目	选题过程（满分 10 分）	研究过程（满分 10 分）	表达能力（满分 10 分）	创新性（满分 10 分）	总分

第十一章　可持续发展型企业

本讲重点：可持续发展型企业的概念和产品生命周期评价方法。

基本要求：了解循环经济对企业的要求；充分理解可持续发展型企业的概念和基本特征；掌握产品生命周期环境影响评价框架，理解产品系统的功能、功能单位等重要概念和常用生命周期环境影响类型，熟悉开展清单分析、生命周期环境影响评价的基本过程；结合我国企业工程项目环境影响评价案例，引导学生开展企业环境性能综合评价。

第一节　核心议题的提出

从前面章节分析可见，循环经济具有复杂的结构。从其经济组分来看，企业是构成经济的最小独立核算单位和基本工作单元。在实现循环经济的宏伟目标中，企业承担着实施的重要作用。为此，弄清循环经济对企业有怎样的基本要求，将对循环经济推进具有重要作用。同时，从企业角度来看，要想实现循环经济整体实施目标，企业应具备怎样的条件和特征？从企业在社会经济中发挥的功能来看，企业主要向社会提供具有某特定服务功能的产品或直接提供某种服务，那么这些产品或服务的性能怎样、如何进行评价都关系到企业存活命脉。因此，本章的核心议题是循环经济对企业有怎样的要求以及如何评估企业所提供的产品或服务。

本章将从循环经济对企业的基本要求入手，引出可持续发展型企业的概念，并结合现阶段企业发展所面临的环境瓶颈因素，阐释环境友好企业与可持续发展型企业的关系。然后，围绕企业向社会提供服务这一核心功能，结合产品生命周期评价（life cycle assessment，LCA）国际标准，研讨评价企业环境性能的基本方法。

第二节　什么是可持续发展型企业

一、循环经济对企业具有怎样的要求？

在图 6-1 定点法物质流动分析的循环经济模型框架中，材料生产、产品加工与制造和废物回收与处置三个环节都是与诸多企业相关的，而产品使月环节既是前面材料生产、产品加工与制造环节的工作目标，又是废物回收与处置环节的前提，也与企业行为有着内在的必然联系。因此，企业在循环经济运行中起着举足轻重的作用。

从企业在物质循环流动中的作用来看，企业作为物质人为流动过程中的必经环节，不管其与其他企业间是“串联式”还是“并联式”，或是其他网络连接方式，物质在该企业中的利用效率都将影响整个人为流动过程中的物质利用效率，都需要提高物质在本企业内的利用效率，也都应从不同角度体现循环经济“3R”原则，三要表现在：对于企业内部而言，各生产部门内部和生产部门之间应着重体现资源高效利用；同时，生产部门应与服务部门、社会消费部门建立密切关系，一方面着力维护和延长产品使用寿命，另一方面应着重促进产品用后的废物回收与资源化工作。对于企业外部而言，将实现节资减排，使得整个产业部门对外部环境产生较小的干扰或影响。为了更清楚地描述企业的这一环境影响行为，把对人类环境产生较小的干扰或影响的企业称为环境友好企业（environment-friendly enterprise）。

二、企业应有哪些基本特征?

企业为社会提供特定服务并借此获得一定的经济收益仍然是企业得以生存和发展的必要条件，而在资源环境危机大背景下，企业选择拥有良好的环境性能也将成为企业获得生存机会的必经之路。

（一）经济可持续性

企业的经济可持续性体现在企业经济发展中开始将企业的生态环境影响纳入企业经济发展考虑的范畴，并把生态环境健康发展作为企业经济发展的基础条件。企业经济发展以产品或服务的环境友好性能作为企业竞争力，借助技术创新（包括产品品种、选材、生产工艺、服务形式等），借助优化与其他企业间的物质、能量等内在联系，提升资源利用效率和服务品质来获得更好的经济收益。例如，企业通过生产模块化产品，便于用户在使用过程中更新产品功能或更换易损部件来吸引客户；或选用环境友好材料制作贴近生活环境的产品来赢取客户，从而获得相应的经济收益。

为实现企业的经济可持续性，企业应密切关注国家或区域经济发展动向，了解相关行业、专业政策与规定，适时地将企业自身纳入区域生态产业体系，并与当地其他企业联合、逐步形成产业集群，发挥相应的区域优势。

（二）社会可持续性

满足社会需要是企业的重要工作目标之一。企业的社会可持续性体现在：一是企业要能持续地满足日益增长且不断变化的社会服务需求，如随着人们对手机通信、外观、携带、信息存储等方面性能要求的不断变化，手机已由早期单一的通话设备升级为集通信、视频等多功能于一体的微电脑设备。二是企业借助所生产的产品或提供的服务，来引导、满足、不断改善社会消费。比如，为缓解北京交通拥挤、改善交通状况，经北京市交通委员会批复，共享单车运营企业于 2013 年在北京 7 个区县专门设立了 520 个公租自行车点，投放了 14 000 辆自行车，实现了东城区、朝阳区、丰台区、石景山区 4 个区的公租自行车通存通取，引导市民选择绿色出行消费模式。此外，企业还为社会提供相应就业机会，促进劳动力发展。自循环经济开展以来，我国已经形成庞大的物资回收与再生体系，也为社会提供了大量就业职位。据统计，2021 年居民服务、修理和其他服务业的人员已达 85.9 万人。

（三）环境可持续性

资源与环境是企业发展的基础条件。可持续发展型企业的行为应有利于环境可持续发展。企业的环境可持续性表现在企业的运行应有利于节约自然资源、减少环境废物的排放，应充分体现资源与环境保护战略。比如，用能设备生产企业应着力选择清洁能源作为设备运行动力。太阳能热水器、太阳能汽车等都是很好的例证。而提供大型公共服务的服务型企业应着力改善服务结构和运营模式。比如，近年来，北京交通运输企业着力增设地铁线路来提升公共交通服务能力，促进以公共交通系统代替私家车，同时投放大量自行车来解决交通拥挤问题，从而起到改善环境质量的效果。

三、怎样的企业是可持续发展型企业?

（一）可持续发展型企业的概念

由于资源环境条件的不可逆性，可持续发展之路仍十分漫长，在未来很长一段时间内都将要求企业具有良好的环境性能，“环境友好”这一属性势必成为企业的必要属性。因此，企业发展既要获得社会经济效益，也需承担环境建设使命。把同时利于环境、经济、社会可持续发展的企业称为可持续发展型企业。可持续发展型企业是以循环经济“3R”原则为指导，对企业所提供的产品或服务实施面向资源保护和环境改善的全过程管理，从根本上实现经济效益、社会效益和环境效益“三赢”目标的企业。

（二）可持续发展型企业的内涵

可持续发展型企业体现在企业自身和企业与外部间的联系两大方面。在企业自身方面，可持续发展型企业主要表现在企业内部各工序内和各工序之间的物料循环流动关系，是循环经济在微观层次的基本表现，包括：将生产中流失的物料回收后作为生产原料，返回原来的生产工序中；将生产过程中生产的废料经过适当处理，作为生产原料，或者替代部分生产原料，返回原料生产流程中；将从社会上回收的废旧产品进行废物资源再利用。

企业行为将表现为向社会提供具有特定服务性能且环境友好的产品或服务，包括从材料选择到产品生产制造、产品运输，再到送达最终用户，以及产品报废回收与处置的整个过程的整体改善。在企业与外部间的联系方面，可持续发展型企业将注重与区域内的资源环境条件为一体，积极与区域内其他企业形成资源（物质、能量、信息等）的共享关系，既努力消纳其他企业的废物资源，又将自身无法循环利用的废弃物投入其他企业或部门进行再利用或作为垃圾得到处理，形成具有共生关系的生态产业园或产业群落。从而借助企业自身的环境友好建设，实现企业发展与人类可持续发展相一致。

（三）环境友好企业与可持续发展型企业间的关系

环境友好企业是面向环境改善而发展起来的企业，是在现有企业基础上，着力改善企业产品或服务的环境性能，并将环境友好作为企业发展的必然属性来进行管理和运行的企业。不难看出，环境友好企业侧重环境改善，是可持续发展型企业的初级阶段，也是可持续发展型企业的必经阶段。环境友好企业是为突破资源环境危机约束下企业发展瓶颈的历史选择，也是现阶段构建可持续发展型企业过程中，侧重改善资源环境状况的重要举措。随着资源环境的改善，现阶段的环境友好企业将逐步过渡形成具有实质意义的可持续发展型企业。

第三节　如何评价企业的环境性能

企业作为资源转换部门，在其将生产原料转换为某特定产品的过程中，涉及多种生产原料、能源动力、生产工艺、技术、设备、基础设施等。企业运行中，将产生企业与外部环境间的物质与能量交换，带来一定的环境影响。采用有效、科学的方法，客观地了解这些环境影响，才能谋求措施以改进企业的环境性能。

自 1997 年以来，国际标准化组织（International Organization for Standardization，ISO）陆续颁布了产品生命周期评价方法，为评估产品、特定服务、工艺等的环境性能提供了重要科学方法，也成为了解企业环境性能的重要依据。

本节以产品为例，按照现有的生命周期评价国际标准，阐述评估产品环境性能的基本方法。

一、概述

（一）基本概念

产品是企业向人类社会提供服务的重要形式。在产品的生命周期过程中，企业带来了社会经济与外部环境之间在物质流动、能量流动等方面的必然联系。因此，通过分析产品生命周期过程所产生的环境影响大小，将可了解企业的环境影响水平。

这里所说的产品生命周期（life cycle）是指从原材料获取到产品的生产、使用和废后处置的整个过程，是产品“从摇篮到坟墓”（cradle-to-grave）的整个过程，所经历的每一阶段被称为生命周期阶段（life-cycle stage）。例如，轿车的生命周期主要包括原材料获取（如铁矿开采等），并形成钢材、玻璃、橡胶等多种制备轿车各个部件的工业材料，轿车各部件加工、组装成为轿车，轿车被运送给用户后投入使用，以及使用若干年后报废、回收、拆解、再生处置等环节，完成轿车的整个生命周期过程。

生命周期评价（LCA）是一种评价产品的环境性能和潜在环境影响的技术，其通过编制产品系统相关的输入和输出，并评价与这些输入、输出有关的潜在环境影响。评价的范围涉及产品的整个生命周期。通过产品生命周期评价，其研究结果将主要用于：识别改善产品环境性能的机会；为企业、政府、非政府组织提供战略规划、公共政策制定等方面的决策依据；选择评判产品环境性能好坏的指标；制定产品环境标志、促进市场营销等。

（二）已颁布的国际标准

1993 年，由 ISO 成立环境管理技术委员会，编制生命周期评价国际标准。1997 年，ISO 颁布了生命周期评价的原则与框架，此后相继推出 ISO 14040～ISO 14049 等国际标准，具体如下。

ISO 14040：2006/Amd1：2020 Environmental management—Life cycle assessment—Principles and framework—Amendment 1，代替 ISO 14040：2006 Environmental management—Life cycle assessment—Principles and framework。

ISO 14044：2006/Amd2：2020 Environmental management—Life cycle assessment—Requirements and guidelines—Amendment 2。

ISO 14044：2006/Amd1：2017 Environmental management—Life cycle assessment—Requirements and guidelines—Amendment 1。

ISO 14044：2006 Environmental management—Life cycle assessment—Requirements and guidelines，代替 ISO 14041：1998 Environmental management—Life cycle assessment—Goal and scope definition and inventory analysis；ISO 14042：2000 Environmental management—Life cycle assessment—Life cycle impact assessment；ISO 14043：2000 Environmental management—Life cycle assessment—Life cycle impact interpretation。

ISO/TR 14047：2012 Environmental management—Life cycle assessment—Illustrative examples on how to apply ISO 14044 to impact assessment situations，代替 ISO/TR 14047：2003 Environmental management—Life cycle impact assessment—Examples of application of ISO 14042。

ISO 14048：2002 Environmental management—Life cycle impact assessment—Data documentation format。

ISO/TR 14049：2012　Environmental management—Life cycle assessment—Illustrative examples on how to apply ISO 14044 to goal and scope definition and inventory analysis，代替 ISO/TR 14049：2000　Examples of application of ISO 14041 to goal and scope definition and inventory analysis。

ISO/TS 14071：2014　Environmental management—Life cycle assessment—Critical review processes and reviewer competencies：Additional requirements and guidelines to ISO 14044：2006。

ISO/TS 14072：2014　Environmental management—Life cycle assessment—Requirements and guidelines for organizational life cycle assessment。

ISO/TS 14074：2022　Environmental management—Life cycle assessment—Principles，requirements and guidelines for normalization，weighting and interpretation。

需要说明的是，ISO 网站（https://www.iso.org/standards.html）和全国标准信息公共服务平台（https://std.samr.gov.cn/）的信息显示，ISO 14044：2006、ISO 14044：2017、ISO 14044：2020 三个版本目前都处于“现行”状态。

与此同时，对应 ISO 1404X 系列标准的我国现行国家标准有：①《环境管理　生命周期评价　原则与框架》[GB/T 24040—2008，代替《环境管理　生命周期评价　目的与范围的确定和清单分析》（GB/T 24041—2000）、《环境管理　生命周期评价　生命周期影响评价》（GB/T 24042—2002）、《环境管理　生命周期评价　生命周期解释》（GB/T 24043—2002）]；②《环境管理　生命周期评价　要求与指南》[GB/T 24044—2008，部分代替《环境管理　生命周期评价　目的与范围的确定和清单分析》（GB/T 24041—2000）、《环境管理　生命周期评价　生命周期影响评价》（GB/T 24042—2002）、《环境管理　生命周期评价　生命周期解释》（GB/T 24043—2002）]。

此外，我国还相继颁布了多种产品的生命周期评价标准，如《变压器产品生命周期评价方法》（GB/T 40093—2021）、《电机产品生命周期评价方法》（GB/T 40100—2021）、《工业机器人生命周期风险评价方法》（GB/T 38642—2020）、《电子电气产品的生命周期评价导则》（GB/T 37552—2019）、《绿色制造　机械产品生命周期评价　细则》（GB/T 32813—2016）等。感兴趣的同学可查询参考。

（三）LCA 框架

进行产品生命周期评价，主要包括研究目的与范围的界定、清单分析、环境影响评价和研究结果的解释与讨论四项基本内容，如图 11-1 所示。

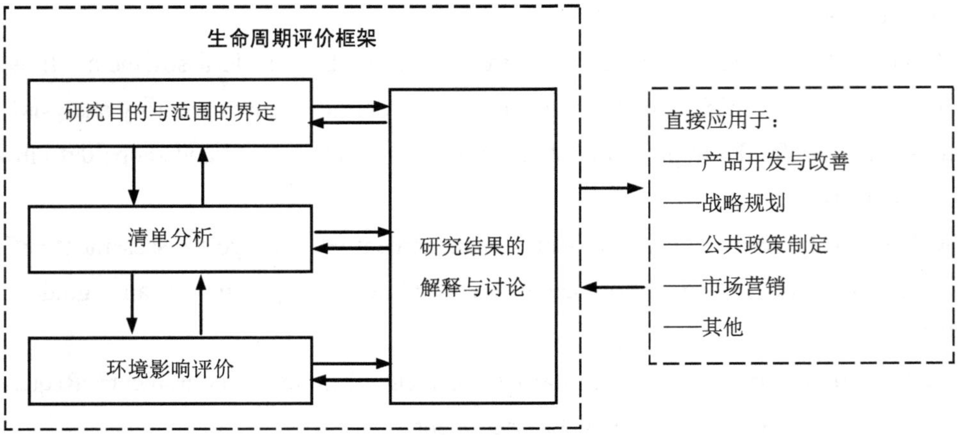

图 11-1 产品生命周期评价的组成

二、研究目的与范围的界定

（一）研究目的的界定

进行产品生命周期评价，首先要明确研究目的。这时，必须清楚地陈述 LCA 研究的应用意图、进行该项研究的理由以及其应用对象。例如，让消费者了解产品所具有的环境性能，或者比较两种具有相同服务功能的产品以做出利于环保的选择等。研究结果的服务对象可以是企业管理者、政府职能部门、产品消费者或科研机构。

（二）研究范围的界定

为保证研究的广度、深度和详细程度与研究目的协调一致，还需要界定 LCA 研究范围。主要包括以下内容。

1. *产品系统的功能、功能单位、参考流*

产品系统的功能（function of the product system）是指产品的服务性能，如纸巾可用于擦干手臂、灯泡用于提供照明。当一个产品具有多种服务功能或可提供多种服务时，应根据 LCA 研究目的，选择某一特定功能进行特定的 LCA 研究。

功能单位（function unit，FU）是对产品系统所提供的服务性能进行定量描述时选定的单位。例如，粉刷面积为 1 万 m^2 的墙壁并维持使用 5 年，可用做涂料产品系统所提供的功能单位。又如，对于某一运输系统而言，可定义“每天运送 1 万人从 A 地到 B 地，连续使用 10 年”作为该服务系统的功能单位。通常，功能单位是由多种物理单位组合而成的综合单位，这与传统的物理单位截然不同。

参考流（reference flow）是度量某一产品系统实现其以功能单位表征的特定数量的服

务功能所需的产品系统内各工序或生产阶段的产出量的参数。例如，当定义“粉刷面积为 20 m^2 的墙壁并维持使用 10 年”作为某涂料产品系统的功能单位时，如果涂料的性能是每升涂料可粉刷 8.7 m^2、可连续使用 5 年，则为实现“粉刷面积为 20 m^2 的墙壁并维持使用 10 年”，需要涂料的数量可计算如下：

$$\frac{20\times10}{8.7\times5}=4.6\ \text{L}$$

也就是说，为完成“粉刷面积为 20 m^2 的墙壁并维持使用 10 年”这一特定数量的服务，需要涂料 4.6 L，是对应于涂料产品系统的参考流。

2. *产品系统及系统边界*

产品系统（product system）是产品的整个生命周期过程中所涉及的各个过程的集合。而产品系统边界（system boundary）是产品系统与其外部环境之间的分界面。通常，产品系统的组成取决于 LCA 的研究目的。对于同一种产品，当其研究目的不同时，所划定的产品系统将有所不同。例如，对于某型钢产品，当用于比较采用铁矿石炼钢和采用废钢资源炼钢两种方式的能源节约水平时，LCA 研究中将涉及两种产品系统，一个是由铁矿石开采、高炉炼铁、转炉炼钢、轧钢等主要工序组成的半生命周期原生钢产品系统，另一个则是由废钢回收、电弧炉炼钢、轧钢等主要环节组成的半生命周期废钢再生产品系统。

3. *环境影响的类型*

进行 LCA 研究时，应根据研究目的，择定产品生命周期中所产生的环境影响类型（impact categories）。ISO 14040、ISO 14044 中将环境影响分成生态破坏、人类健康和自然资源使用三大类。应用中，又将环境影响细分为全球气候变化、臭氧层破坏、酸沉降、富营养化等小类。进行某一具体的 LCA 时，通常选择一种或几种环境影响来进行研究。例如，为确定冰箱制冷剂 HFC-134a 和 R12（CFC-12）哪个更加环境友好，考虑到制冷剂主要影响臭氧层中大气物质组成，因此选择臭氧层破坏作为制冷剂 LCA 研究的环境影响类型。

4. *数据质量要求*

在 LCA 研究范围的界定中，应根据 LCA 研究目的，界定 LCA 中所使用的数据质量，主要包括数据涉及的时间跨度、地域广度、技术覆盖面，数据的准确性、完整性和代表性，数据的来源及其典型性等。比如，针对某生产工艺更新换代的 LCA 研究中，要求研究中所使用的数据必须来源于企业生产实际。

（三）若干示例

1. *示例 1：识别产品功能和功能单位*

为更清楚地理解功能单位这一特殊概念，表 11-1 中给出了几种产品的示例，并对比了产品性能和功能单位的差异。

表 11-1 识别产品功能和功能单位的示例

产品	功能	用于特定 LCA 的产品功能	产品性能	功能单位	参考流
灯泡	照明 加热 其他	提供室内照明	照度 100 lx，使用寿命 1 000 h	实现照度 300 lx 使用 50 000 h	150 只照度为 100 lx、寿命为 1 000 h 的灯泡
饮料瓶	盛装饮料 便于携带 产品形象设计 其他	盛装饮料	每只容量 0.5 L	盛装 50 000 L 饮料	100 000 只容量为 0.5 L的饮料瓶
纸巾	擦干手臂 洁净污物 其他	擦干手臂	每张纸巾擦干 1 只手	擦干 1 000 双手	2 000 张纸巾

2. 示例 2：产品系统示例

如前所述，产品系统是产品的整个生命周期过程中所涉及的各个过程的集合，包括从原材料开采到最终废物处理的所有环节，如图 11-2 所示。

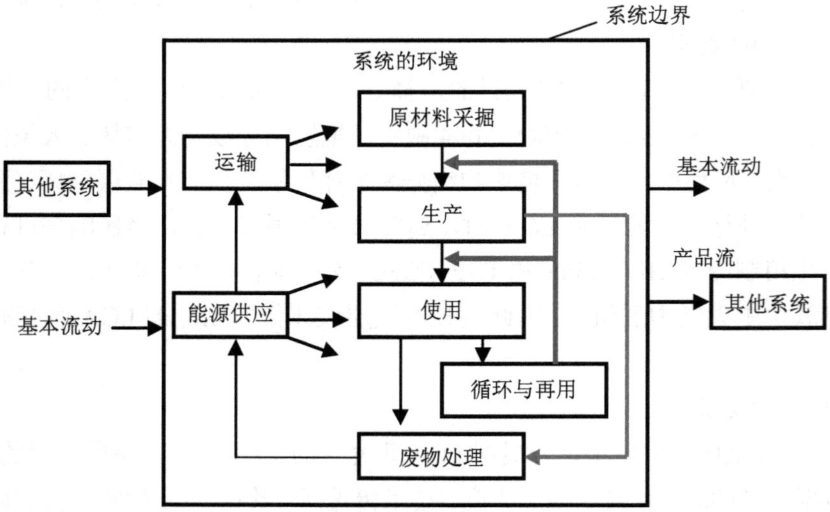

图 11-2 产品系统示意

三、清单分析

（一）工作步骤

清单分析是针对构成产品系统的各个工序编制输入和输出清单，并计算与产品系统的功能单位对应的数据的过程。其基本步骤如图 11-3 所示。

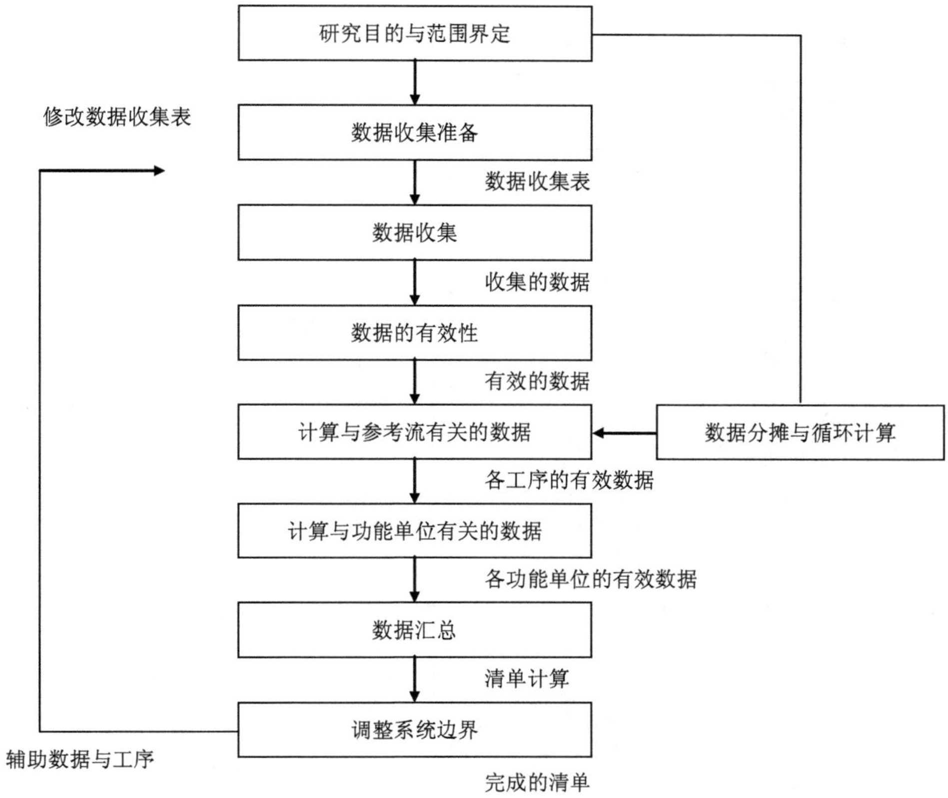

图 11-3　清单分析工作步骤

由图 11-3 可见，生命周期评价中的清单分析主要涉及数据收集和数据计算。

（二）数据收集

为获得产品生命周期评价所需的完备、齐全的数据，通常遵循以下步骤收集数据。

首先要对列入研究范围的产品系统中每一生命周期阶段进行分解，形成相关各企业层面的技术流程图，并详细绘制所包含的各企业内部不同生产车间、不同生产过程的生产工艺流程图，细化到可独立收集实际运行数据的每一个工序，描绘各组成工序在产品生命周期中的作用以及各工序之间的相互关系。图 11-4 是某钢铁厂的工艺流程图和轧钢生产线的工艺流程图。

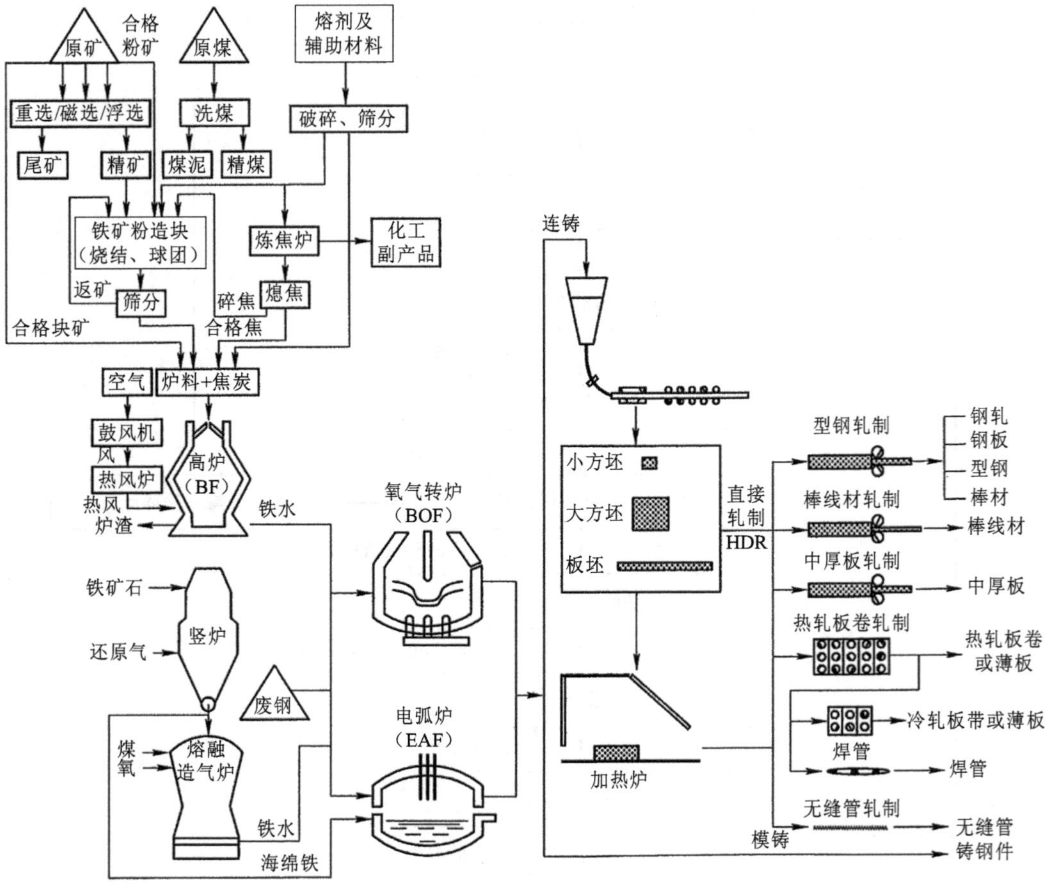

图 11-4 某钢铁生产过程的工艺流程

资料来源：王筱留，2013。

其次，描述每一工序（包括工序名称）在产品生命周期中发挥的作用，并列出所收集数据的类型及计量单位（如表 11-2 所示），从而可针对每一工序进行数据收集。

表 11-2 工序数据收集表示例

填表人		工序名称		工序编号	
填表时间		起止时间		填表地点	
工序描述					
	单位	数量	采样方法描述	数据来源	备注
物料输入					
能量输入					汽油、煤油等
水耗					地表水、地下水
产品					
废气					CO_x、NO_x、SO_x
废水					BOD、COD
固体废物					危险废物、矿渣

工序是收集数据的基本单元。在针对每一工序收集数据时，可先分别列出所需数据的类型（如图 11-5 所示），然后逐项收集相关数据。对于不能到生产现场采集数据的情况，应编写数据收集指导书，描述数据收集和计算方法，以及现场可能产生问题（比如数据短缺、偏差太大等）的处理方法，指导现场人员参考并收集所需数据。

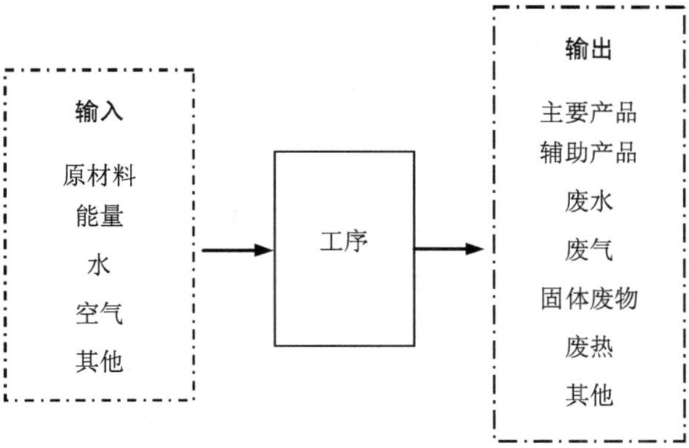

图 11-5 清单分析基本单元

（三）数据计算

数据计算的目的是获得与研究范围中界定的功能单位所对应的数据。为此，要根据收集的数据，计算得到各工序中与参考流对应的数据，然后折算得到与产品系统功能单位对应的数据。

数据计算通常应遵循以下方法：应考虑各数据之间的物理关系（如物质转换关系、转换与分配关系等）；对于同类物质或能源，应采用同种计量单位，能源按标准煤计算；对于不能获得的数据，采用计算、估算等方法填写，并标注所用方法。

比如，表 11-1 中的例子，饮料瓶批量生产时，在饮料瓶成型工艺中，现场数据表明每成型 1 万只 0.5 L 的饮料瓶消耗热量 5 MJ，对应饮料瓶成型工序，则成型 10 万只（与参考流对应）饮料瓶将消耗 50 MJ 热量。依此类推，计算得到对应于 10 万只饮料瓶的各工序的输入输出数据，最后将数据汇总，计算得到整个生命周期对应于 10 万只饮料瓶的数据。由于 10 万只容量为 0.5 L 的饮料瓶对应于所进行 LCA 的功能单位，所以该数据就是饮料瓶产品生命周期所对应于功能单位的数据，即实现盛装 5 万 L 饮料所需要消耗的热量。数据汇总的结果可整理成绝对值的形式，也可进一步整理为相对值的形式，后者更便于看出环境负荷在各环节分布的差异，如表 11-3 所示。

表 11-3 生命周期清单（life cycle inventory，LCI）数据整理结果示例——玻璃瓶生命周期能耗

单位：%

能量消耗工序	电力	热力
原材料开采与冶炼	0.1	2.6
玻璃生产	4.5	14.2
清洗与充注	64.4	61.4
使用（冷藏）	15.9	—
回收（清洗）	0.1	—
废物处理	—	—
标签制作	4.4	8.8
瓶盖（整个生命周期）	10.2	10.5
装箱	0.5	2.5
配送	—	—
运输	—	—
总量	100	100
总量/（kW·h/FU 或 MJ/FU）	78 kW·h/FU	750 MJ/FU

这里仅给出了关于玻璃瓶生命周期能耗方面的清单结果示例。而实际的生命周期评价中的清单结果将涉及多种不同类型（物质、能量、噪声等）数据，都应汇总在表格中，作为清单分析的结果。

四、环境影响评价

产品生命周期环境影响评价（life cycle impact assessment，LCIA）是依据产品生命周期清单分析结果，评价产品（或服务）系统的环境影响大小的阶段。进行产品生命周期环境影响评价，主要涉及环境影响类型与指标的选择，以及将清单分析结果进行归类和特征化表征这 3 个强制性要素。

（一）选择环境影响类型指标和特征化模型

根据前文研究范围界定过程中选择的环境影响类型，分别根据国际研究机构所建立的产生环境影响的各类物质与其形成的环境影响之间的两个关系模型（又称特征化模型），并确定表征环境影响大小的指标，即环境影响类型指标（impact category indicator）。例如，对于气候变化，其特征化模型多采用政府间气候变化专门委员会（IPCC）所构建的温室气体排放与气候变化之间的关系模型，该模型被简称为 IPCC 模型。对于气候变化的环境影响，IPCC 采用了红外辐射强度作为表征气候变化的指标，并使用全球变暖潜力（global warming potential，GWP）来反映不同温室气体对气候变化的影响。表 11-4 展示了清单分

析结果与环境影响指标、特征化模型间的关系。对于其他类型的环境影响，也有专门的国际组织进行研究，构建了相应的指标和模型。

表 11-4　环境影响类型及指标确定过程相关术语示例

术语	示例
LCI 分析结果	温室气体
环境影响类型	气候变化
特征化模型	IPCC 模型
环境影响指标	红外辐射强度（W/m^2）
特征化系数	各种温室气体的全球变暖潜力（kg CO_2 当量/kg 气体）
指标计算结果	CO_2 当量数量（kg）

资料来源：ISO/TR 14047。

（二）将清单分析结果归类

根据研究范围界定中所选的环境影响类型，将 LCI 分析的结果进行分类，并各从其类纳入所属的环境影响类型中。例如，某 LCA 中，选择气候变化和酸雨作为研究的环境影响类型，在分析中得到了 CO_2、CH_4、SO_2、NO_2 几种污染物的排放数量；在这种情况下，在清单结果归类过程中，应将 CO_2、CH_4 的排放数量归类到气候变化，而将 SO_2、NO_2 的排放数量归类到酸雨。

（三）清单结果特征化

一种环境影响类型通常起因于多种环境污染物，例如全球变暖可由 CO_2、CH_4、N_2O 等温室气体引起。为了更有效地统一表征不同污染物的环境影响，通常选择一种典型物质，借助建立其他污染物与该典型物质产生同等环境影响的物质数量间的比例关系，来折算其他污染物的环境影响。而表示同等环境影响下某一物质与典型物质间的数量比例关系的系数称为该物质的特征化系数。特征化系数通常由特定的专门研究机构在构建特征化模型过程中确定。如气候变化问题中，IPCC 定义 CO_2 在 100 年内的全球变暖潜力为 1，其他物质按其对气候变化的影响折算为 CO_2 的当量数。这一折算系数被称为特征化系数。如 CH_4 的全球变暖潜力为 25，N_2O 的全球变暖潜力是 298。将不同的清单分析结果经由各种环境影响特征化系数转化为相应的环境影响数值的过程称为环境影响特征化。该过程可分两步进行：首先选择并使用特征化系数，将分派的 LCI 结果转换成统一的单位，比如将所有温室气体排放数量表达成“CO_2 当量”的数量，并将具有统一单位的计算结果汇总；然后将各类环境影响的计算结果汇总，得到产品生命周期环境影响评价的定量结果。

（四）例题

以表 11-1 中的灯泡为例。

假设每万只照度 100 lx、寿命 1 000 h 的灯泡生命周期中温室气体 CO_2、CH_4、N_2O 的排放量分别为 50 kg、30 kg、10 kg，求实现照度 300 lx、寿命 50 000 h 照明所产生的气候变化影响水平。

解：

不同温室气体具有不同的气候变化环境影响特征化系数，即全球变暖潜力（GWP）。考虑到 CO_2、CH_4、N_2O 的 GWP 值分别为 1、25 和 298，每万只 100 lx、寿命 1 000 h 灯泡的 GWP 应为：

$$50\times1+30\times25+10\times298=3\ 780\text{（kg } CO_2 \text{ 当量/万只）}$$

根据表 11-1 中的估算结果，实现照度 300 lx、寿命 50 000 h 照明所对应的产品参考流为 150 只灯泡，需要计算产品参考流所对应的环境影响数值：

$$3\ 780/10\ 000\times150=56.7\text{ kg } CO_2 \text{ 当量}$$

产品参考流对应的环境影响数值就是实现指定的功能单位所产生的环境影响，可表达为功能单位（FU）的数量——56.7 kg CO_2 当量/FU。

此外，还有一些任选要素。有待以后在专业课程中详述，或参考相关专业书籍。

五、研究结果的解释与讨论

研究结果的解释与讨论阶段是 LCA 的第四阶段，用于解释并讨论 LCA 所得到的结果。在该阶段，研究者应辨识那些可能影响 LCA 研究结果的各种因素，并分析这些因素可能对 LCA 研究结果产生的影响，最后形成 LCA 研究结论与报告。

（一）识别重要事项示例

在识别 LCA 影响因素过程中，应着重检查研究中所用研究方法是否满足研究目的的要求。所选定的产品系统（如所构建的产品系统是否能完成预期的服务性能）、各生命周期阶段组成（如各工序组成）、清单数据类型（如能量、环境排放物；如果丢掉某一类数据，比如噪声数据，将可能得出不同的 LCA 研究结论）、环境影响类型（如矿产资源使用、气候变化）等因素被称为环境影响重要事项。

（二）数据检查与评估

LCA 研究中所用的数据质量直接影响 LCA 研究结果和结论。为了保证研究结果客观有效，需要对研究中所用的数据进行检查和评估。包括以下几个方面。

1. 完整性检查（completeness check）

完整性检查用于确认 LCA 研究中所需的信息或数据具有可得性和完整性，示例如表 11-5 所示。对于检查中发现的遗漏数据，应通过实测、估算等方式予以弥补；对于不必要的数据，可以忽略不计，但要记录忽略的理由。

表 11-5 数据完整性检查示例

工序	任选项目	是否完整	所需的改善行动
材料生产	×	是	—
能源供应	×	是	—
运输	×	?	检查清单
加工	×	否	检查清单
包装	×	是	—
使用	×	?	与其他工序对比并补充数据

2. 敏感性检查（sensitivity check）

敏感性检查用于评价 LCA 研究结果的可靠性，主要分析 LCA 研究结果是否受数据质量、计算方法、环境影响特征化模型等各种因素的影响以及影响程度如何。表 11-6 给出了特征化系数的敏感性检查示例。

表 11-6 特征化系数的敏感性检查示例

GWP 数据输入	方法 A	方法 B	差别
GWP 为 100	2 800	3 200	400
GWP 为 500	3 600	3 400	−200
绝对偏差	800	200	600
相对偏差/%	28.6	6.25	巨大偏差
敏感性/%	28.6	6.25	—

表 11-6 表明，特征化系数对研究结果具有 28.6%的敏感度，是 LCA 敏感性参数。

3. 一致性检查（consistency check）

一致性检查是检查 LCA 研究中所作的假设、所用方法和数据是否与研究目的和范围的界定内容一致。示例如表 11-7 所示。

表 11-7 所用数据的一致性检查示例

检查	方法 A		方法 B		对比	行动
数据来源	文献	可	原始数据	可	一致	无
数据准确性	好	可	差	与研究范围不符	不一致	重新做 B
数据时限	2 年	可	3 年	可	一致	无
技术覆盖面	先进技术	可	现行技术	可	不一致	符合研究目的要求，无行动
时间尺度	最近	可	实际值	可	一致	无
地域尺度	欧洲	可	美国	可	一致	无

六、撰写研究报告

撰写 LCA 研究报告是 LCA 研究过程和结果的全面总结。LCA 研究报告应能公正、完整、准确地将研究结果报告给用户。应主要涵盖以下内容。

（1）研究目的：原因、应用目的、服务对象。

（2）研究范围：产品系统范围、产品功能、功能单位、系统边界、数据类别与数据质量要求、环境影响类型等。

（3）清单分析：数据收集方法、工序的描述、文献来源、数据计算方法、数据的有效性分析等。

（4）环境影响评价：环境影响类型、指标、特征化模型、LCI 结果归类与计算等。

（5）研究结果的解释与讨论：结果重要事项分析、研究质量评估、结论与建议。

对于影响研究结果的各环节，都应公正、完整、准确地报告给用户，以便读者能理解研究的复杂性和可能出现的问题。

评价企业产品的环境影响水平是了解企业行为的环境性能的重要方法。实现企业环境友好是帮助企业走向可持续发展型企业的必要条件，也是企业走向可持续发展的必经阶段。

第四节　企业环境影响评价案例

企业不仅生产某特定产品或服务，有的企业常常完成大型工程项目，其生命周期过程中将造成更为显著的环境影响。尽管现实应用中工程项目的环境影响与产品生命周期的环境影响并非完全一致，但工程项目的环境影响更加直观明了，更便于学生理解和感受企业活动对环境的影响。这里从我国生态环境部公开的企业环境信息报告中择选 2022 年、2023 年的两个案例，分享其环境影响情况。

一、某煤业公司煤矿改扩建项目的环境影响

（一）项目概况

该煤矿位于内蒙古自治区某镇。2007 年，国家环境保护总局批准规模为 1 000 万 t/a 的煤矿建设项目，项目于 2011 年通过竣工环境保护验收。2012 年后，该煤矿擅自将生产能力从 1 000 万 t/a 逐步扩建至 1 800 万 t/a。

该项目设计井田面积约 33.21 km^2，可采储量约 5.35 亿 t，服务年限约 22.9 a。采用斜

井、立井混合开拓方式，采用走向长壁后退式采煤法和综合机械化放顶煤采煤工艺。设计开采 4 个煤层，矿井属低瓦斯矿井。

该项目已建成主斜井（净宽 4.5 m，配备带宽 1.8 m 带式输送机，最大原煤提升能力为 1 932.26 万 t/a）、副斜井（净宽 6 m，净断面 21.2 m^2）、选煤厂（建设规模 1 500 万 t/a，采用重介选煤工艺）、回风立井（净直径 6 m，净断面 28.3 m^2、回风量 228.03 m^3/s）、进风立井（净直径 6 m，净断面 28.3 m^2、进风量 38.33 m^3/s）、原煤仓（共 2 座，单仓容量 3 万 t）、产品仓（6 座，其中 4 座单仓容量 3 万 t，2 座单仓容量 0.5 万 t）、矸石仓（1 座，总容量 0.2 万 t）、矿井水处理站（9 000 m^3/d）、生活污水处理站（720 m^3/d）、危险废物暂存间等公共工程和辅助工程等，产品煤主要依托封闭输煤廊道及铁路专用线外运。该项目拟在现有工程基础上新建一套洗选生产线，洗选能力由 1 500 万 t/a 扩建至 1 800 万 t/a；新建矸石注浆充填系统，包括一期新建矸石充填系统（充填能力 50 万 t/a，预计 2024 年 10 月建成）和二期新建注浆充填系统（注浆充填能力 100 万 t/a，预计 2028 年 6 月建成）。

（二）工程建设可能的主要生态环境影响

1. 生态影响

该项目位于鄂尔多斯黄土高原，属准格尔黄土丘陵沟壑农田草原水土保持生态功能区，井田呈黄土沟峁、丘陵地貌，地带性植被为暖温型典型草原，覆盖度以中、高为主。井田内分布有二级国家级公益林、村庄等保护目标。项目开采后 80%以上的地表将形成地表沉陷，沉陷以轻度、重度为主，将加剧土地沙化，将对二级国家级公益林、村庄等环境保护目标和局部区域生态造成一定不利影响。

2. 水环境影响

矿井范围内无常年性地表水体。项目评价区自上而下主要含（隔）水层包括第四系全新统风积沙层透水不含水层、第四系全新统冲洪积层潜水含水层、第四系上更新统马兰组透水不含水层、新近系上新统红土层隔水层、白垩系下统志丹群孔隙裂隙承压含水层、白垩系下统志丹群底部玄武岩隔水层、二叠系中统石盒子组孔隙裂隙层间承压含水层、二叠系中统石盒子组下部泥岩隔水层、二叠系下统山西组孔隙裂隙层间承压含水层、石炭系上统太原组孔隙裂隙层间承压含水层、石炭系上统太原组下段隔水层、奥陶－寒武纪碳酸盐岩类岩溶裂隙含水层。井田内分布有居民水井、天桥泉域等保护目标，居民水井自第四系全新统冲洪积层潜水含水层取水，煤炭开采对第四系全新统冲洪积层潜水含水层影响较小，但沉陷对居民供水有一定影响；天桥泉域主要含水层为煤层下伏的奥陶－寒武纪碳酸盐岩类岩溶裂隙含水层，煤炭开采对奥陶－寒武纪碳酸盐岩类岩溶裂隙含水层影响较小。矿井水处理站、生活污水处理站、危险废物暂存间等区域若发生渗漏，可能会对土壤环境和地下水环境造成一定不利影响。矿井水、生活污水、煤泥水等若直接排放，将可能对周边水环境造成一定不利影响。

3. 其他环境影响

施工期产生的扬尘、废水、固体废物等，运营期原煤筛分、破碎、转载、矸石充填系统矸石破碎等环节产生的扬尘等，通风机房、破碎等设备产生的噪声等，将可能对周边环境造成不利影响。

为避免该项目的实施对生态、水环境等造成不利影响，环境影响评价单位提出多项生态环境保护措施，减缓和控制项目建设的不利生态环境影响。

二、高速铁路某区段项目的环境影响

（一）项目概况

该项目包括高速铁路正线及相关工程，位于 A 省、B 省、C 省三省内。正线全长 552.8 km，设 15 个车站，相关工程包括 5 个枢纽和其他既有线改造工程。正线按照高速铁路标准建设，为双线电气化客运专线，设计速度目标值为 350 km/h，近期（2030 年）运行列车 91～100 对/d，采用无砟轨道。

（二）项目建设可能的生态环境影响

1. 生态影响

项目经过 A 省平原农业面源污染控制生态功能区、B 省某平原和某三角洲生态区、C 某土壤沙化控制农业生态功能区等多个生态功能区，沿线以人工植被为主，分布有野大豆、乌苏里狐尾藻、野菱、二色补血草等重点保护野生植物和青头潜鸭、白鹤、丹顶鹤、金雕、白肩雕、黑鹳、游隼等重点保护野生动物。项目将占用部分植被及水域，施工、运营等将可能对相关区域野生动物及其生境造成不利影响，新增人工构筑物将可能与原有景观不协调。统筹考虑生态环境保护、经济社会发展等因素，对路线进行比选和优化后，项目以桥梁形式穿越某国家级自然保护区实验区等生态敏感区，以上敏感区内均无站所，除施工便道和施工场地外，无其他临时工程，项目实施将可能对敏感区造成一定不利影响。

2. 噪声及振动影响

项目所处区域范围内分布有声环境敏感目标 429 处、环境振动敏感目标 238 处。受既有铁路和公路交通噪声及其他噪声等的影响，59 处声环境敏感目标现状噪声超标；环境振动敏感目标现状均达标。项目实施将对周边敏感目标造成不利影响，据预测，运营近期不采取措施的情况下有 424 处声环境敏感目标噪声超标；落实拆迁措施后，运营期振动敏感目标均达标。

3. 水环境影响

项目主要以桥梁形式跨越有规划饮用功能的某些河流以及某重要饮水工程。项目实施产生的生活污水、施工废水等若直接排放，将可能对周边水环境造成不利影响。桥梁基础施工、施工机械维修点的冲洗废水和含油废水等，以及污水处理设施、固体废物暂存场所等区域一旦发生渗漏，均可能对土壤环境及地下水环境造成不利影响。

4. 其他影响

项目实施还将产生电磁影响、扬尘污染、固体废物等，可能对周边环境产生一定不利影响。项目以桥梁等形式跨越（穿越）若干遗址等文物保护单位，可能会对文物环境产生一定影响。

为避免该项目的实施对沿线生态、声环境等造成不利影响，环境影响评价单位提出多项生态环境保护措施，项目建设的不利生态环境影响可以得到一定减缓和控制。

推荐阅读文献

[1] 毛建素，李春晖，裴元生，等，2022. 产业生态学[M]. 北京：中国环境出版集团.

[2] 罗榜圣，李安周，2005. 企业环境管理[M]. 重庆：重庆大学出版社.

[3] 葛察忠，蒋洪强，2010. 工业污染控制与环境友好企业[M]. 北京：中国环境科学出版社.

[4] 环境保护部污染防治司，环境保护部环境发展中心，2009. 国家环境友好企业创建工作手册[M]. 北京：中国环境科学出版社.

[5] 李静江，2006. 企业绿色经营——可持续发展必由之路[M]. 北京：清华大学出版社.

[6] 楚爱丽，2010. 循环经济与企业可持续发展[M]. 北京：北京师范大学出版社.

[7] 陆钟武，2009. 工业生态学基础[M]. 北京：科学出版社.

[8] KANNAN R，LEONG K C，OSMAN R，et al.，2007. Life cycle energy，emissions and coast inventory of power generation technologies in Singapore [J]. Renewable & Sustainable Energy Reviews，11：702-715.

[9] 杨建新，等，2002. 产品生命周期评价方法及应用[M]. 北京：气象出版社.

[10] 邓南圣，王小兵，2003. 生命周期评价[M]. 北京：化学工业出版社.

[11] 陈莎，刘尊文，2014. 生命周期评价与III型环境标志认证[M]. 北京：中国质检出版社.

[12] 于随然，陶璟，2012. 产品全生命周期设计与评价[M]. 北京：科学出版社.

[13] 王筱留，2013. 钢铁冶金学（炼铁部分）[M]. 北京：冶金工业出版社.

课堂讨论与作业

一、讨论议题

产品生命周期评价方法不仅可以围绕某一特定产品或某一特定服务来评价其环境性能，还可评价某一生产工序、生产工艺等。这里请选择一种你熟悉的产品或服务，列出环境影响评价的提纲。

或者选择某一你熟悉的企业，讨论企业建设和运行中可能产生的生态环境影响。

借助全国标准信息公共服务平台（https://std.samr.gov.cn/）选择某一感兴趣的产品的生命周期评价标准，分享其主要内容。

二、课下作业与课堂汇报

借助前面的课堂讨论、课下作业和课堂汇报，同学们已经掌握了选题技巧，以及开展特定主题下研究工作的基本思路和方法，还能围绕主题整理为 PPT 形式的小组报告。但很多情况下，很多感兴趣的读者难以亲临现场听取 PPT 汇报，需要借助公开发表的论文来了解研究状况。撰写论文是将研究工作和结果呈现给读者的另一种重要方式。从本节课起，要求同学以论文形式呈现科研工作。本次课的作业是阅读一篇与课堂讨论中所选产品或服务相同且已经发表的 LCA 研究论文，以小组形式在课堂分享 PPT，并缩写成 1 500～2 000 字的论文。要求在呈现论文研究状况基础上，还要包括选题过程和对该论文的见解、感受。评分标准见表 T11-1。

表 T11-1　课堂小组汇报评分表

课堂 PPT 汇报质量（权重 0.5）			论文写作（权重 0.5）			总分
选题过程（满分 10 分）	研究依据（满分 10 分）	结果与结论（满分 10 分）	选题与感受（满分 10 分）	论文缩写（满分 10 分）	表达与规范（满分 10 分）	

第十二章　生态设计

本讲重点：生态设计的概念和产品生命周期各阶段主要技术措施。

基本要求：充分理解生态设计的概念及其与传统设计的差异；了解产品环境性能的主要影响因素；掌握生态材料的概念，熟悉生态材料环境性能评估方法；熟悉产品包装原则和绿色工艺设计途径，了解产品运输、使用、报废等各生命周期阶段的生态设计方法；思考线上营销等现代服务中生态设计对社会经济与资源环境的影响。

第一节　核心议题的提出

前面从循环经济对企业的要求和企业为实现循环经济应承担的角色两个角度，分别阐述了企业应该具备的属性。其中，企业应满足社会特定需要属于社会性能。而企业为了实现这一服务目标，经历了将自然资源转换为具有特定服务功能的产品的过程。在这种生产行为中，企业不仅投入了大量物质资源，而且投入了驱动物质转变的能量等，各种生产设备设施以及大量的人力、生产空间等，意味着物质的价值在生产过程中得以提升，反映出企业的经济性能。而投入生产的物质归根结底来自自然环境，并且生产过程中投入生产的所有物质不可能都转换成最终产品或者被其他部门重新使用，其中未能在人类社会经济复合系统中得以重新使用的物质将最终被排放至环境系统，成为环境中的污染物，从而造成对自然资源与环境系统的影响，使得企业具有环境性能。第十一章在现有企业性能基础上，结合了当今资源环境问题，并面向这一问题的阶段，着重介绍了面向环境性能改善的环境友好企业，并从企业借助产品向社会提供服务的角度，分析了评估企业所生产产品的环境性能的基本方法，即生命周期评价。

毋庸置疑，一旦一种产品投入生产，就意味着要形成特定数量的环境影响。也就是说，产品（或者该产品所提供的服务）生命周期过程中一定数量的环境影响将不可避免。那么，有没有一种办法，在产品（或服务）形成之前，预防、避免或降低该产品投入生产以后可能产生的较大的环境影响呢？如果有，将是什么办法？

所有的工业产品都是起始于设计的。也就是说，设计是产品付诸生产的前提条件。如果在设计阶段能够有效地预知产品未来可能的环境影响，并进行积极预防，无疑将可能从源头上避免相应的环境影响。产品与工艺的设计是产品生产的前提条件，没有好的设计，很难实现企业的环境友好目标。从企业生产的角度讲，生态设计同样是实现企业可持续发展不可缺少的一个重要方面。因此，本章从设计角度，探讨如何避免产品造成较大的环境影响，主要包括生态设计的概念和生态设计主要技术措施两大部分。

第二节 什么是生态设计

一、设计中应考虑哪些环节和影响因素?

设计是产品的孕育过程。在产品的设计阶段，传统的设计者可能主要考虑以下三个基本环节：

（1）面对社会用户，考虑如何实现所需要的特定服务功能以满足用户需要。

（2）面对生产企业，如何借助生产设备、工艺等基础条件，将所需要的服务呈现出来，或者如何生产出具有特定功能的产品。

（3）面对其他经济与产业部门，如何获取生产所需的各类物质原料、能源，以及如何将所转换的产品或服务送至用户。

上述每一环节都受到多种社会人文因素和生产性要素的影响，主要包括以下几方面。

（1）满足消费者的需求：包括产品性能、感官、价位、消费偏好、便于维护维修等因素。不同的消费需求意味着需要设计出不同的产品。如选择交通工具时，某些人可能偏爱豪华气派、功率较大的越野车，而另一些人可能偏爱经济实用、轻便简单的车。

（2）在企业自身生产方面：企业现有生产设备、生产工艺、基础设施等是否具备完成预期产品生产过程的基本条件，人力、财力是否充足，还需要增补哪些新设施或工艺，以及所生产的产品是否符合现行法律法规和设计标准。比如，某汽车厂传统上只生产燃油轿车。如果市场上对电动车的需求渐旺，企业就可能考虑拓展业务，生产电动汽车。在这种情况下，可能需要改进或增设电动车生产车间，特别是需要改变汽车动力车间的基础设施。

（3）在与其他经济与产业部门的关系方面：企业生产所需的生产原料、辅助材料和动力设施是否便于采购、是否易于保管，从哪里采购，价格如何；产品消费群体状况怎样；市场营销的时空范围多大；产品是否便于运输；将采取怎样的包装和怎样的运输工具送至用户；与其他同类产品相比，具有哪些竞争优势；对于发现的不利因素，如何规避和改善。

二、怎样的设计可称为生态设计?

大多数产品的设计是基于原有产品并结合用户的特定需要来改善设计而获得的。进行产品改善时，往往需要新设计的产品具备原产品所不具备的一些新的特性。应用中，把使产品具备某些新特征的设计称为“为 X 而设计”（Design for X，DfX）。这些待改善的新特征用 X 表示，可能是拓宽产品使用范围或更便于携带或更便于部件更换、更加美观等。比如，电视机从 20 世纪 80 年代流行的“大背头”演变为现在的液晶超薄电视机，视觉效果更加清晰，也大大减少了占地面积。

当待改善的产品新特征是为了改善产品的环境性能时，称这种设计是为环境而设计（Design for Environment，DfE）。可见，这类设计是面向环境改善的产品设计，又叫生态设计（eco-design）或绿色设计（green design）。

可见，生态设计是生态优先的设计。生态设计将环境因素纳入设计之中，利用生态学思想，在产品及其生命周期全过程的设计中，综合考虑与产业相关的生态环境问题，设计出对环境友好的且能满足人的需要的一种新的产品设计方法。生态设计要求在产品开发的所有阶段均考虑环境因素，从产品的整个生命周期减少对环境的影响，最终引导产生一个更具有可持续性的生产和消费系统。既实现社会价值，又保护自然价值，促进人与自然的和谐发展。

三、生态设计与传统设计有什么差别?

与传统设计相比，生态设计的服务目标、考虑的范围、设计团队等都有诸多不同。主要有以下差别。

（1）服务目标不同：传统设计为产品生产企业服务，侧亘产品本身的服务性能及其生产过程的设计。而生态设计强调将产品的环境性能纳入产品设计考虑议题，既为产品生产企业服务，也兼顾保护环境的义务和责任。

（2）应考虑的设计范围不同：主要涉及应考虑的环节和影响因素。传统设计主要涉及产品制造这一生命周期阶段。而生态设计的范围从产品本身及其生产扩展到整个生命周期，不仅考虑产品的加工制造部门，而且要考虑材料采掘、产品使用以及废后处置等各个生命周期阶段，具体如图 12-1 所示。而且生态设计充分考虑产品整个生命周期会产生哪些影响以及如何降低这些影响。为此，在设计产品时，需要考虑构成产品的材料是否资源充分、无毒、无害，从资源到产品的物质转换过程所涉及的各工艺和生产过程有无有毒有害气体排放而污染环境，产品使用过程中能耗怎样，运行与维护是否方便，是否便于部件更新，产品报废后是否便于拆解，废物如何实现资源化，以及废物如何无害化处理并减少环境排放。可见，与传统设计相比，生态设计考虑的因素中明显地增加了诸多外部生态资源环境方面的因素。

（3）应考虑的因素中融入了资源环境因素：要求生态设计应与环境改善目标相一致，既要考虑全球性、国家层面的环境管理事项，如全球变暖、生态环境破坏等；也应考虑区域的、局部的小目标，如某地的富营养化、有毒有害物质浓度超标。由于不同国家和地区的资源环境状况差异很大，不同地区的环境改善目标也各不相同。这要求进行产品生态设计时，要因地制宜地将当地环境改善工作目标融入产品环境性能改善目标。例如，对于石油资源充分的地区，产品设计中应优先选择油品作为其生产或产品使用的动力类型；而对于某典型污染物严重超标的地区，设计中应考虑采用其他物质或其他服务形式来替代该物质曾提供的服务。

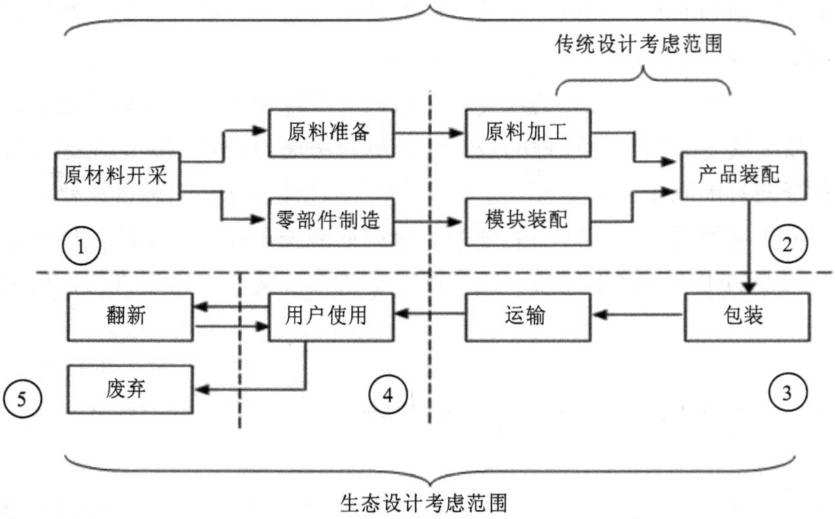

图 12-1 生态设计与传统设计考虑范围的差异

（4）设计团队的专业结构不同：传统设计团队主要由技术设计人员组成。而在生态设计中，由于要兼顾产品的环境性能，而且设计范围更加广泛，因此其设计团队还包括环境、生产原料采购、包装、营销、产品生命周期策划、财务等方面的专家，甚至包括主要生产原料供应商、产品消费者等代表人员。

第三节 有哪些技术措施可降低环境影响

根据前面的分析，在进行产品的生态设计时，应重点地考虑构成产品的生产材料、完成物质转换所需要的生产工艺、产品如何递送到最终用户、如何维护和用后处理等基本环节。下面选择其中若干典型环节，探讨可能的改善环境性能的技术措施。

一、材料选择

在设计产品时，需要考虑构成产品的材料是否资源充分、无毒、无害，从资源到产品的物质转换过程所涉及的各工艺和生产过程有无有毒有害气体排放而污染环境。

（一）材料选择时需考虑的因素

工业材料是构成产品的物质基础，因此选择材料是产品设计阶段应考虑的重要因素之一。毋庸置疑，在选择工业材料时，一方面与传统设计类似，考虑满足产品服务性能对材料的基本要求，包括所选材料应具备拟生产产品所需的物理性能与化学性能（如强度、导电率、折射率、溶解度、光敏性、反应性等），以及材料是否易于获得、经济成本怎样。另一方面，需要在生态设计理念下考虑对材料的生态环境性能方面的要求，包括材料是否属于稀缺材料，其供应是否受到区域性或垄断性限制，材料的加工、生产中是否安全，所需加工工艺中是否涉及有害物质，材料的性能是否安全稳定以及成本怎样。

（二）生态材料（eco-material）

为了更有效地表征工业材料的生态环境性能，有学者提出了生态材料的概念。生态材料是一种在开采和使用过程中消耗较少自然资源、产生较小环境影响、较少受到环境法规约束的材料。对一种材料的生态环境性能，可从自然资源供应、材料再生性能、环境影响等 7 个方面进行评估，方法如表 12-1 所示。

表 12-1 生态材料评估方法

生态材料属性	评估方法
资源供应丰富*	按资源耗竭时间估算：A——小于 25 年，B——25～50 年，C——51～100 年，D——大于 100 年
可由再生资源生产	按再生材料占比：A——全部再生材料；B——50%以上为再生材料；C——50%以下为再生材料；D——全部天然材料
材料形成过程（开采与材料生产）能耗较低	按单位材料（每千克材料）能耗：A——小于 50 MJ；B——50～99 MJ；C——100～200 MJ；D——大于 200 MJ
材料环境影响很小或不存在#	按材料的环境危害指数评定：A——小于 25；B——25～50；C——51～75；D——大于 75
材料的使用不受环境法规的限制	A——环境友好；B——不会受到环境法规限制；C——将来可能受到环境法规限制；D——当前受到环境法规限制
材料具有较长使用寿命	按材料性能在使用中的衰退情况评定：A——材料性能不受使用寿命限制；B——材料性能缓慢退化；C——材料性能中速退化；D——材料性能迅速退化
材料可以被循环再生	按循环率评定：A——完全可循环再生；B——超过 50%可再循环；C——低于 50%可再循环；D——完全不可循环再生

注：*矿产资源的耗竭时间按探明储量的可保证年限估算；#大多数普通化学品的危险指数可从 http://www.scorecard.com 获取。

资料来源：Graedel et al.，2003。

某种材料可能在不同的属性方面具有不同的水平，而不同属性又不在同一维度上。为了更直观地看出材料的生态环境性能，通常可根据以上 7 个方面的评估指标，将材料生态环境性能绘成七点星形图（seven-pointed star diagram）。

需要注意的是，图 12-2 中“再生材料”（recycled）和“可循环再生”（recyclable）含义不同，前者是指将废物资源再生后形成的再生材料，如再生纸、再生金属等，后者是指采用这种物质生产的产品报废后仍可以回收，并作为废物资源被投入材料生产、形成再生材料，如大多数金属物质具有可循环再生性，而纸张中的纤维将随着再生次数增加而变短，其可循环再生性降低甚至失去。具备可循环再生性的物质才可能形成再生材料。

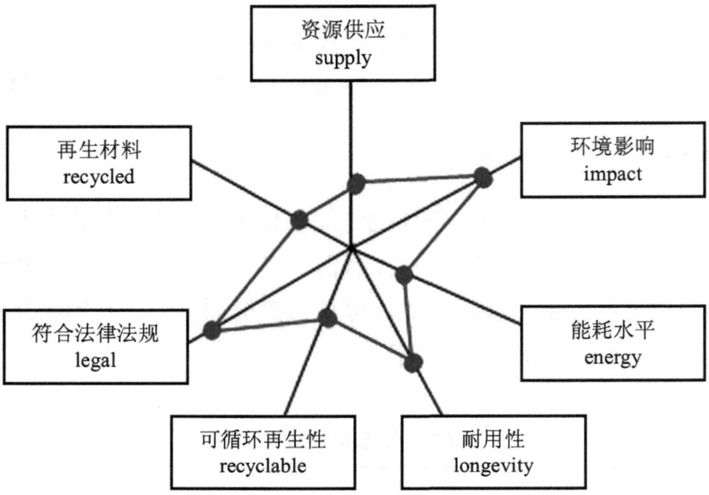

图 12-2　评估生态材料的七点星形图

借助七点星形图，可以了解某一种材料的生态环境性能。通过对比不同材料的七点星形图，可了解不同材料的生态环境性能差异，作为产品生态设计时选择材料的依据。

（三）材料应用基本原则

实际中常常遇到某种材料在某些属性方面具有优势，而在另外一些方面存在劣势的情形，这需要生态设计应用中权衡材料的属性，在不同材料间进行选择。通常遵循以下基本原则：

（1）优先选用可再生材料，减少自然资源开采，如采用再生纸张制作印刷品、采用再生金属制作金属制品等；近些年来，越来越多种类的金属物质都实现了循环再生，并且再生材料占比逐渐上升。伴随循环经济的开展，2020 年全球再生材料占比较 2010 年上升了 10～25 个百分点。表 12-2 是若干金属物质的再生材料占比。

（2）对于稀缺性材料，只应用于特别需要其特殊性质的场合，避免将这类材料用于低附加值的场合。

（3）尽量选用低能耗、低污染、符合国家法律法规规定的材料。如果生产过程必须使用有毒有害物质，则应尽可能就地生产，并做好污染防治措施。表 12-3 给出了列入我国有毒有害物质名录中的若干物质。机动车用铅酸电池被锂电池替代就是物质替代的典型示例。

（4）尽量选择易于废后回收、再利用、再制造或者容易被降解的材料。

（5）对于有毒有害物质或稀缺性物质，可以考虑选用其他物质来替代相应的材料，即材料替代（material substitution），这通常与新资源开发、新技术应用、经济成本降低等因素有关。如近年来逐步推动锂电池替代铅酸电池。

（6）在设计产品或工艺时，应力争减少各种物质材料的用量。如设计轻型和小型化产品、新技术产品或以销售服务替代销售产品等。这种通过提高物质材料的附加值、产品的耐用性能，减少化石燃料的消耗和其他耗散性媒质的使用等，来提高资源效率和劳动效率，进而实现经济增长的战略被称为物质减量化或非物质化（dematerialization）。见推荐阅读文献。

表 12-2 若干金属物质的再生材料占比

单位：%

物质名称	再生材料占比	物质名称	再生材料占比
铝	81	镍	82
铜	34	钢铁	86
铅	58	锌	11

资料来源：基于美国地质勘探局（USGS）2021 年统计数据估算，再生材料占比为再生金属量占金属总产量的百分比。统计数据取自 https://www.usgs.gov/centers/national-minerals-information-center/commodity-statistics-and-information。

表 12-3 国家危险废物示例

废物类别	行业来源	废物代码*	危险废物	危险特色#
HW01 医疗废物	卫生	831-001-01	感染性废物	In
HW02 医药废物	化学药品原料药制造	271-002-02	化学合成原料药生产过程中产生的废母液及反应基废物	T
HW03 废药物、药品	非特定行业	900-002-03	销售及使用过程中产生的失效、变质、不合格、淘汰、伪劣的化学药品和生物制品（不包括列入《国家基本药物目录》中的维生素、矿物质类药，调节水、电解质及酸碱平衡药），以及《医疗用毒性药品管理办法》中所列的毒性药物	T
HW04 农药废物	农药制造	263-009-04	农药生产过程中产生的废母液与反应罐及容器清洗废液	T
HW05 木材防腐剂废物	木材加工	201-002-05	使用杂酚油进行木材防腐过程中产生的废水处理污泥，以及木材防腐处理过程中产生的沾染该防腐剂的废弃木材残片	T
HW06 废有机溶剂与含有机溶剂废物	非特定行业	900-409-06	900-401-06、900-402-06、900-404-06 中所列废有机溶剂再生处理过程中产生的废水处理浮渣和污泥（不包括废水生化处理污泥）	T

废物类别	行业来源	废物代码*	危险废物	危险特色[#]
HW07 热处理含氰废物	金属表面处理及热处理加工	336-002-07	使用氰化物进行金属热处理产生的淬火废水处理污泥	T，R
HW10 多氯（溴）联苯类废物	非特定行业	900-008-10	含有多氯联苯（PCBs）、多氯三联苯（PCTs）和多溴联苯（PBBs）的废弃电容器、变压器	T
HW11 精（蒸）馏残渣	煤炭加工	252-011-11	焦炭生产过程中硫铵工段煤气除酸净化产生的酸焦油	T
HW12 染料、涂料废物	涂料、油墨、颜料及类似产品制造	264-011-12	染料、颜料生产过程中产生的废母液、残渣、废吸附剂和中间体废物	T
HW13 有机树脂类废物	合成材料制造	265-102-13	树脂、合成乳胶、增塑剂、胶水/胶合剂生产过程中合成、酯化、缩合等工序产生的废母液	T
HW14 新化学物质废物	非特定行业	900-017-14	研究、开发和教学活动中产生的对人类或环境影响不明的化学物质废物	T，C，I，R
HW15 爆炸性废物	炸药、火工及焰火产品制造	267-003-15	生产、配制和装填铅基起爆药剂过程中产生的废水处理污泥	R，T
HW16 感光材料废物	印刷	231-002-16	使用显影剂进行印刷显影、抗蚀图形显影，以及凸版印刷产生的废显（定）影剂、胶片和废像纸	T
HW17 表面处理废物	金属表面处理及热处理加工	336-053-17	使用镉和电镀化学品进行镀镉产生的废槽液、槽渣和废水处理污泥	T
HW29 含汞废物	照明器具制造	387-001-29	电光源用固汞及含汞电光源生产过程中产生的废活性炭和废水处理污泥	T
HW33 无机氰化物废物	金属表面处理及热处理加工	336-104-33	使用氰化物进行浸洗过程中产生的废液	T，R
HW37 有机磷化合物废物	基础化学原料制造	261-062-37	除农药以外其他有机磷化合物生产、配制过程中产生的废过滤吸附介质	T
HW49 其他废物	非特定行业	900-044-49	废弃的镉镍电池、荧光粉和阴极射线管	T
HW50 废催化剂	生物药品制品制造	276-006-50	生物药品生产过程中产生的废催化剂	T

注：*采用 8 位数字代码表示危险废物。其中，第 1～3 位为危险废物产生行业代码[依据《国民经济行业分类》（GB/T 4754—2011）确定]，第 4～6 位为危险废物顺序代码，第 7～8 位为危险废物类别代码。

#其危险特性包括腐蚀性（Corrosivity，C）、毒性（Toxicity，T）、易燃性（Ignitability，I）、反应性（Reactivity，R）和感染性（Infectivity，In）。

资料来源：《国家危险废物名录（2021 年版）》。

这里还推荐学生自学我国于 2020 年 2 月发布的《新化学物质环境管理登记办法》，特别注意化学物质允许使用和禁止使用的行业。对于拟出口其他国家或地区的产品，还应避免选用含有国际违禁物质的材料，以免贸易受挫。以上均可作为设计中材料选择的依据。

二、产品包装与运输

（一）产品包装

产品包装是产品制造厂家向客户投送产品前对产品进行保护并便于运输和营销所实施的重要措施。产品送达客户后，意味着包装产品所用的包装材料的使用寿命结束，包装材料成为包装废物。据统计，包装废物体积约占城市固体废物的 1/3。因此，对产品包装进行生态设计，将有利于减少产品生命周期的废物排放。

对产品包装进行面向生态环境的改善又称绿色包装（green package）或无公害包装、环境友好包装（environmental friendly package），是符合环保要求的包装，要求商品包装无害于环境、无害于人类健康。在设计中可以采取以下优先次序选择包装方法：首先尽量不包装，其次尽可能少包装。对于必须进行包装的情况，应遵循以下设计原则：

（1）包装作为产品本身的一个组成部分，避免包装，如冰激凌的包装杯是可食用的冰激凌的一部分。

（2）通过改进老技术或采用新技术，节约和简化包装，避免过度包装，如简化传统食品月饼的包装。

（3）采用可再使用或可再循环再生的材料，如再生塑料制作包装材料。

（4）尽可能采用单一材料，以便废后循环再生。

（5）必须采用多种材料时，应进行特殊的包装结构设计，使得不同材料之间容易分离，以便废后拆解和不同材料分类再生处理。

（二）运输

运输是实现人和物空间位置变化的活动。在人类社会经济活动中，运输贯穿产品的整个生命周期过程。既有最终产品的运输，也有产品生产过程所需各种物料、能源以及废弃物等的运输。运输也是影响环境的重要环节。

为减少运输过程对环境的影响，应主要考虑以下几个方面：

（1）选择高效、清洁的运输方式，减少运输工具产生的污染物排放。

（2）采取有效措施，防止运输过程中物料的撒落和泄漏，如建筑施工车辆运送建筑废物时都采取了建筑垃圾封闭措施。

（3）规范有毒有害物质的装运操作，确保安全。

（4）使用标准化的运输包装。

三、绿色工艺设计

采用绿色工艺是实现绿色产品生产制造的一个重要环节。绿色工艺又称清洁工艺，是一种既能提高经济效益，又能减少环境影响的工艺技术。绿色工艺的实现途径主要有以下几个方面。

（1）改变原材料的投入方式，尽量就地取材利用资源，同时加大再生资源使用，并充分利用具有实用价值的副产品和回收的废旧产品，在工艺设计中考虑并循环利用各种物质材料。例如，在居民生活区设置污水处理系统，直接将处理后的二次水回送小区二次水管道，用于环卫、林草灌溉等使用，从而节省新水，并降低市政污废水处理压力。

（2）改变生产工艺或制造技术。通过对比不同生产工艺的生态环境性能（如表 12-4 所示），可知相同工序下采用不同的生产工艺时可能产生差别巨大的工序能耗。基于这一差别，设计中可从中择优使用环境影响更小的工艺，淘汰效能低下的工艺、设备与技术。例如，通过使用一些多孔材料来吸收烟气中的 SO_2，以降低 SO_2 的大气排放量；还可改善工艺控制方式，如设计出可随生产载荷而自动增减容量的智能控制运行模式，以保障工艺系统节能高效运行，从而将原材料消耗量、废物量、能源消耗、健康与安全风险以及对生态环境的损害减少到最低。

表 12-4　铜冶炼企业单位产品能耗　　单位：kg 标准煤/t

工艺类型	工序、工艺名称	现有（限定值）		新建（准入值）		先进值	
		工艺能耗	综合能耗	工艺能耗	综合能耗	工艺能耗	综合能耗
铜精矿冶炼工艺	铜冶炼工艺（铜精矿-阴极铜）	≤400	≤420	≤300	≤320	≤260	≤280
	粗铜工艺（铜精矿-粗铜）	≤280	≤300	≤170	≤180	≤140	≤150
	阳极铜工艺（铜精矿-阳极铜）	≤320	≤340	≤210	≤220	≤180	≤190
	电解工序（阳极铜-阴极铜）	≤110	≤140	≤90	≤100	≤80	≤90
粗、杂铜冶炼工艺	粗铜工艺（杂铜-粗铜）	—	≤260	—	≤240	—	≤200
	阳极铜工艺（杂铜-阳极铜）	—	≤360	—	≤290	—	≤280
	阳极铜工艺（粗铜-阳极铜）	—	≤290	—	≤270	—	≤220
	铜精炼工艺（杂铜-阴极铜）	—	≤430	—	≤360	—	≤350
	铜精炼工艺（粗铜-阴极铜）	—	≤370	—	≤350	—	≤310

资料来源：《铜冶炼企业单位产品能源消耗限额》（GB 21248—2014）。

（3）对所设计的工艺进行生命周期环境影响评价，了解其工艺系统（包括设备、管道、工质、辅助材料等）在建设、使用、报废等生命周期阶段对自然环境中的空气、土壤、水体造成的影响，并根据环境负荷波及的时空尺度，确定其对生物多样性、人体健康和自然资源的影响。基于工艺的生命周期环境影响评价结果，提出改善设计的方案，从而避免不利于环境的设计付诸生产。对于具有多种不同工艺组成的复杂生产过程，则需要进行整体工艺规划，结合实际生产制造系统的功能需要，尽量规划出物料和能源消耗少、废弃物少、对环境污染少的工艺方案和工艺路线。

（4）采用易维修、模块化、可升级的生产工艺。生产中难免会有设备零部件损坏，在设计工作中应针对易损部件设计出便于部件拆卸、更换的连接方式，或使用更加耐用的材料以延长部件使用寿命。对于需求容量变化较大的产品，宜进行模块化设计，以便用户匹配组合。对于运行管理系统，应设计可升级的软件，尽量与生产系统技术升级相适应。

（5）在整个生产过程的设计中，还要贯彻清洁生产理念，从整个产品生命周期角度进行生产流程设计，通过污染预防，降低环境风险。

（6）设计完成后，针对设计中的生产能力、生产工艺、选用设备、产品和使用的物质材料，逐一进行核对检查，切忌设计中存在已经被列入淘汰目录的生产能力、工艺、设备和产品，以及国际、国内明令禁止使用的物质材料。这里择选我国发布的淘汰目录中的若干示例列入表 12-5，主要是国家经济贸易委员会相继发布的三批《淘汰落后生产能力、工艺和产品的目录》，以及国家发展和改革委员会与原国家环境保护总局联合发布的淘汰落后造纸、酒精等行业生产能力的通知等文件。还有淘汰的落后机电设备、技术装备产品的若干示例，分别见表 12-6 和表 12-7。

表 12-5 落后生产能力、工艺和产品淘汰目录示例

淘汰类型	淘汰的落后生产能力、工艺和产品名称
落后生产能力	年生产能力小于 1 万 t 的化学制浆造纸生产装置#
	年生产能力小于或等于 50 万条的斜交轮胎，或以天然棉帘子布为骨架的轮胎#
	每分钟生产能力小于 100 瓶的碳酸饮料生产线#
	淘汰年产 3.4 万 t 以下草浆生产装置、年产 1.7 万 t 以下化学制浆生产线；排放不达标的年产 1 万 t 以下以废纸为原料的纸厂*
	酒精行业主要淘汰高温蒸煮糊化工艺、低浓度发酵工艺等落后生产工艺装置，以及年产 3 万 t 以下企业（废糖蜜制酒精除外）*
落后生产工艺装备	小混汞碾提金工艺#
	T100、T100A 推土机#
	含氰电镀（2003 年）#
	手工胶囊填充#
	高汞催化剂生产设备（氯化汞含量 6.5%以上）X
	有钙焙烧铬化合物生产装置 X
	采用重铬酸盐钝化技术的电解锰工艺设备（2023 年 12 月 31 日）X
	采用马弗炉、马槽炉、横罐等进行焙烧、简易冷凝设施进行收尘等落后方式炼锌或生产氧化锌工艺装备 X

淘汰类型	淘汰的落后生产能力、工艺和产品名称
落后产品	化油器类轿车及 5 座客车（指生产与销售）#
	PY5 型数字温度计#
	一次冲水量大于 9 L 的便器#
	用普通天然胶塞作为包装的生物制品、血液制品#
	黄包车淘汰工作专项 X

资料来源：#《淘汰落后生产能力、工艺和产品的目录（第三批）》（国家经贸委令第 32 号）；
*《关于做好淘汰落后造纸、酒精、味精、柠檬酸生产能力工作的通知》（发改运行〔2007〕2775 号）；
+《关于全面推进黄标车淘汰工作的通知》（环发〔2015〕128 号）；
X《限期淘汰产生严重污染环境的工业固体废物的落后生产工艺设备名录》（2021 年第 25 号）。

表 12-6 高耗能落后机电设备（产品）淘汰目录示例

序号	淘汰的落后技术装备名称	淘汰原因
1	JD 型深井泵用电动机	结构陈旧，效率低，堵转转矩低
2	交流弧焊机 BX1-135，BX2-500	20 世纪 50 年代仿苏老产品，体积大，较重，耗材多，性能差
3	配电变压器 SL7-30/10～SL7-1600/10，S7-30/10～S7-1600/10	原材料消耗量大，空载损耗高，负载损耗高，运行可靠性较低
4	振动炉排蒸汽锅炉 KZZ2-13	老式振动炉排锅炉，热效率低，污染严重
5	SD50 系列隧道轴流通风机	效率低
6	小型潜水电泵 QY-7	结构陈旧，电机效率低，水泵效率低
7	B-1.3/15 型空气压缩机	结构陈旧，性能落后，能耗高，效率低
8	制冷机 4AJ-15	产品结构陈旧，体积大，性能指标落后
9	481 柴油机	系仿福格森 20 世纪 50 年代的产品，投产 20 余年未做重大改进。出厂标准燃油耗率高

资料来源：《高耗能落后机电设备（产品）淘汰目录（第一批）》（工节〔2009〕第 67 号）。

表 12-7 安全技术装备淘汰产品示例

序号	淘汰的落后技术装备名称	淘汰原因	建议淘汰类型	建议限值范围	代替的技术装备名称
1	煤矿井下油浸变压器和油开关等油浸电气设备	绝缘水平和分断能力低，可靠性差，运转费用高，维护量大，绝缘油存在燃烧的危险，且机电硐室内的油浸设备已淘汰	禁止		干式变压器和真空（或空气）断路器
2	S7 动力变压器	安全可靠性差，且原材料消耗量和能耗大	限制	新产品不使用	S9 及以上动力变压器
3	合成氨半水煤气氨水液相脱硫工艺	没有配套硫黄回收装置，工艺过程控制复杂，危险有害因素及不可预见性危险多，自动化控制程度低，安全性差，易发生泄漏、中毒、爆炸、火灾等安全生产事故	禁止		配套有硫黄回收装置的栲胶湿式脱硫工艺
4	爆竹生产的手工混装药	人与药物直接接触，现场存药量大，极易发生燃烧和爆炸，造成人员伤亡	禁止		机械化混装药

序号	淘汰的落后技术装备名称	淘汰原因	建议淘汰类型	建议限值范围	代替的技术装备名称
5	热处理工艺井式热处理电炉	电炉在“固溶—淬火—回火”转换期间，需要人工将产品用桁车吊出放入另一个炉中，安全性差	禁止		热处理工艺、燃气连续热处理炉
6	未单独设置喷漆间的木质家具制造喷漆工艺	喷漆环节产生的化学毒物容易对其他工艺作业人员产生危害	禁止		设置独立的喷漆间
7	负压氧气呼吸器	使用过程中呼吸器整个系统内的压力是正负交替进行，呼气时系统内的压力高于外界的大气压，而在吸气时系统内的压力又会低于外界的大气压，一旦口鼻具松动或脱落，容易造成人员受有害气体伤害，安全性较低	禁止		正压氧气呼吸器

资料来源：《淘汰落后安全技术装备目录（2015 年第一批）》（安监总科技〔2015〕75 号）。

四、其他环节的设计

（一）由销售产品转为销售服务

从人类需求的实质来看，人类需要的是特定服务，而不是产品。人们购买产品只是因为特定产品具备特定的服务功能。产品是承载服务的媒体。例如，人们购买轿车或购买特定线路的车票，是为了从 A 地到达 B 地，但从企业角度来看，购买轿车属于购买产品，而购买从 A 地到达 B 地的车票属于购买服务。

如果企业能直接向用户提供服务，而不是产品，将可能减少产品生命周期内在不同企业或个体间的转移次数，或者提高相同环境影响下产品系统的服务能力，从而避免或减少特定服务下一些不必要的环境影响。这种向用户直接销售服务的形式被称为“销售服务”，是针对产品销售环节进行生态设计并减少整个产品系统环境影响的重要途径。销售服务的最基本特征是经济活动中所移交的是产品使用权，而不是销售产品所移交的产品所有权。常见的销售服务的例子很多，如保洁公司对特定场所提供保洁服务、复印店为用户复印文件等。

通常，可根据客户与服务场所间的关系将企业所提供的服务分成以下几种类型：①客户前往服务场所，如理发、衣服保养与清理；②企业前往客户所在地进行服务，如房屋保洁、大件电器的维修；③企业和客户维持原地不动，采用远程方式实现服务，如网络远程教育、安全监控等。

随着大型公共设施的建设，越来越多的人将更愿意选择购买服务而不是购买产品，从而使得更多的企业销售服务而不是销售产品，如公共交通、房屋租赁与维护等。

（二）产品使用与废后处理环节

对有些产品而言，其使用过程中所产生的环境影响是其整个产品系统环境影响的主要内容。产品使用阶段的环境影响不可轻视，针对产品的使用阶段的环境性能改善也是生态设计的重要内容。

进行产品使用阶段的生态设计主要应考虑以下内容：

（1）避免设计耗散型产品。耗散型产品指在使用过程中构成产品的所有物质或部分物质将被排放到环境中的产品。常见的耗散型产品包括油墨、涂料、洗涤产品、化妆产品、农药、化肥等。

（2）对产品使用阶段进行节能降耗设计。充分考虑产品使用过程中的能源消费类型，选择清洁能源；考虑能耗数量，进行高中低多档设计，适应不同运行负荷需求；设计产品节能运行模式和自动关机功能，避免能源浪费。

（3）对产品实施延长使用寿命的设计，借助改善产品结构设计提升产品耐用性，采用模块化设计，促进部件的便捷更换和维修维护，延长产品整体寿命。

产品报废后所形成的废物既是环境废物的主要来源，又是废物资源化的重要来源。为便于这部分废物得到重新使用，在产品设计中应对产品的用后处理进行生态设计。主要应考虑产品报废后，构成产品的各个部件是否便于拆解，构成部件的各种材料之间是否容易分离以及这些废物是否便于分类、循环再生。最后，对于不能作为二次资源使用的物质，将如何进行无害化处理以及如何向环境排放等。为了便于产品的废后处理，生态设计中应设计产品的废后处置办法，并将这些办法与对应的产品部件、材料集成在一起，随产品一起生产，并作为产品重要辅助部件随产品送到用户，指导用户的废后处置工作。

推荐阅读文献

[1] 林纯正，刘依德，2013. 智能城市与生态设计[M]. 贾丽奇，彭琳，刘海龙，译. 北京：中国建筑工业出版社.

[2] ROAF S，FUENTES M，THOMAS-REES S，2015. 生态建筑设计指南[M]. 吴小菁，译. 北京：电子工业出版社.

[3] 山本良一，2003. 战略环境经营生态设计——范例 100[M]. 王天民，译. 北京：化学工业出版社.

[4] AYRES R U，2007. On the practical limits to substitution[J]. Ecological Economics，61：115-128.

[5] AYRES R U，JERPEM C J M，VAN DEN B，2005. A theory of economic growth with material/energy resources and dematerialization：interaction of three growth mechanisms[J]. Ecological Economics，55：96-118.

[6] GRAEDEL T E，ALLENBY B R，2004. 产业生态学[M]. 2 版. 施涵，译. 北京：清华大学出版社.

[7] 环境保护部，2016. 国家危险废物名录（2016 年版）解读[EB/OL].（2016-06-21）. http://www.mep.gov.cn/gkml/hbb/qt/201606/t20160621_354844.htm.

[8] 环境保护部，2016. 国家危险废物名录[EB/OL].（2016-06-14）[2016-08-09]. http://www.mep.gov.cn/gkml/hbb/bl/201606/t20160621_354852.htm.

[9] 陆钟武，2010. 工业生态学基础[M]. 北京：科学出版社.

[10] 山本良一，1994. 环境材料[M]. 王天民，译. 北京：化学工业出版社.

[11] 苏达根，钟明峰，2007. 材料生态设计[M]. 北京：化学工业出版社.

[12] 袁长祥，2009. 用能产品生态设计实用指南[M]. 北京：中国标准出版社.

[13] 郑玲，2003. 基于生态设计的资源价值流转会计研究[M]. 北京：经济科学出版社.

[14] 中华人民共和国国家质量监督检验检疫总局，中国国家标准化管理委员会，2014.铜冶炼企业单位产品能源消耗限额：GB 21248—2014[S].北京：中国标准出版社.

[15] 国家经济贸易委员会，2011. 淘汰落后生产能力、工艺和产品的目录（第三批）[EB/OL].（2002-06-02）[2011-08-18]. http://www.nea.gov.cn/2011-08/18/c_131057676.htm.

[16] 国家发展和改革委员会，国家环境保护总局，2007. 关于做好淘汰落后造纸、酒精、味精、柠檬酸生产能力工作的通知 [EB/OL].（2007-10-22）[2022-04-06]. http://www.mee.gov.cn/gkml/hbb/gwy/200910/t20091030_180714.htm.

[17] 环境保护部，公安部，财政部，等，2015. 关于全面推进黄标车淘汰工作的通知 [EB/OL].（2015-10-12）[2022-04-06].http://www.mee.gov.cn/gkml/hbb/bwj/201510/t20151014_314984.htm.

[18] 工业和信息化部，2021.限期淘汰产生严重污染环境的工业固体废物的落后生产工艺设备名录[EB/OL].（2021-09-23）[2022-04-06]. https://www.miit.gov.cn/cms_files/. filemanager/1226211233/attach/202110/41850226e57142ba9be026e6f3c47e0a.pdf.

[19] 工业和信息化部，2009. 高耗能落后机电设备（产品）淘汰目录（第一批）[EB/OL]. [2009-12-04]. http://www.miit.gov.cn/n1146295/n1146592/n3917132/n4061768/n4061782/n4061783/n4061785/c4169975/content.html.

[20] 国家安全监管总局，2015. 淘汰落后安全技术装备目录（2015 年第一批）. [EB/OL]. [2015-07-10]. http://www.chinasafety.gov.cn/newpage/Contents/Channel_5330/2015/0717/254848/content_254848.htm.

课堂讨论与作业

一、讨论议题

本章主要研讨了从设计角度来实现环境改善的主要技术措施。近些年来，作为环境改善的重要源头方法之一，生态设计正逐步渗透进入各个领域，如 2010 年上海世博会上展示了多种低碳建筑设计，2016 年北京举行的国际展览会上推出节能器具、电动车等新产品。

所有这些都标志着生态设计在“开花结果”，形成了诸多宜于环境整体改善的产品，引领人民的消费和生活。请大家选择一种自己熟悉的产品或服务，讨论如何从设计角度改善其环境性能。列出研究提纲。

或者结合现代教育技术下开展的网络教学、线上营销等活动，分析其与传统课堂教学、现场营销的差异，讨论其对社会经济与资源环境的可能影响。

二、课下作业与课堂汇报

上次课开始要求同学们进行论文写作练习。本次作业仍要求同学们继续练习写作并提高写作技巧。

本次课的作业是针对所选产品或服务，或结合课堂上讨论的议题，寻找一篇已经发表的生态设计研究论文，以小组形式在课堂分享 PPT，并缩写成 1 500～2 000 字的短文。仍要求在呈现论文研究状况的基础上，要包括选题过程和对该论文的见解、感受。评分标准见表 T12-1。

表 T12-1　课堂小组汇报评分表

课堂 PPT 汇报质量（权重 0.5）			短文写作（权重 0.5）			总分
选题过程 （满分 10 分）	研究依据 （满分 10 分）	结果与结论 （满分 10 分）	选题与感受 （满分 10 分）	论文缩写 （满分 10 分）	表达与规范 （满分 10 分）	

第十三章　环境友好企业的评估

本讲重点：环境友好企业评估方法和指标体系。

基本要求：了解环境友好企业评估的必要性和评估者应具备的资质；掌握环境友好企业评估指标的概念、计算方法，理解环境友好企业的申报与评估程序；结合我国环境友好企业实践案例，了解环境友好企业创建对我国环境改善的积极作用；思考新时代企业绿色低碳发展评估指标。

第一节　核心议题的提出

前面章节中探讨了如何评估一个企业所提供的产品（或服务）的环境性能，即产品生命周期评价方法；也探讨了避免企业所生产的产品（或提供的服务）及其生产过程的环境性能不良的源头方法，即对产品、服务及其整个生命周期各个环节等进行生态设计。对企业整个活动（包括生产、销售等）进行生态设计是实现企业环境友好的重要前提。然而，即使进行了完整的生态设计，也不能保证企业属于环境友好企业，还需要将完成的生态设计付诸实施，包括产品生命周期的每个阶段；既有企业自身的生产与管理，也有与其他企业或社会组织、管理部门、用户等之间的协商与物质交换。整体看来，企业的行为将对社会、经济、环境产生影响，这一外部效果的好坏将成为鉴别企业运行行为的重要标杆。然而，如何对企业进行环境友好评估呢？这是本章的核心议题。

本章将结合我国环境友好企业构建实践，依次探讨应该由谁评估、评估什么、程序怎样等相关议题。然后，在此基础上，讨论我国现有做法有什么利弊以及下一步应如何改进。另外，环境友好企业是可持续发展型企业的初级阶段，从长远来看，如何借助环境友好企业的评估来进一步推动企业向可持续发展型企业演进？这些议题都值得深思。

第二节　为什么要进行环境友好企业评估

2003 年 5 月，国家环境保护总局发布了《关于开展创建国家环境友好企业活动的通知》（环发〔2003〕92 号）。该通知明确指出，创建国家环境友好企业活动旨在“树立一批科技含量高、经济效益好、资源消耗低、环境污染少、环境与经济‘双赢’的企业典范，以此促进企业开展清洁生产，深化工业污染防治，走新型工业化道路”。从企业层面看，通过创建国家环境友好企业，可以了解企业行为的环境性能，确认企业环境友好程度，梳理和审核企业环境友好建设活动的保障措施，以此推动工业企业走新型工业化道路。

国家环境友好企业是循环经济的核心组分，是我国激励企业环保改善的重要机制，也是对企业环保绩效的最高肯定。开展“国家环境友好企业”创建活动对我国促进工业可持续发展具有深远的意义。

第三节　评估者应具有怎样的资质

一、评估者专业资质

作为评估者，既应满足道德、文化、科研与管理工作的一般要求，同时需要具备评估企业的专业素养，主要包括以下内容。

（1）熟悉环境友好企业在可持续发展战略中的地位和作用：构建环境友好企业是推动可持续发展战略的重要途径。评估者清楚地了解环境友好企业在可持续发展战略中的作用，有利于把握企业生态环境改善的工作目标和方向，权衡企业社会经济与环境改善之间的利弊关系。

（2）熟悉企业行为的技术过程：包括企业所生产的各类产品（终产品、半成品等）以及企业生产过程中所采用的生产技术、工艺、设备及其运行状况；涉及产品、生产技术、工艺、设备的整个生命周期，这是企业评估的工作对象；否则将可能漏掉造成环境影响的关键环节。

（3）熟悉 ISO 14000 环境管理系列标准：严格的企业管理是实现企业环境友好的重要保障。评估者应熟悉环境管理国际标准，并按照这些标准的要求识别企业管理中的不足，并帮助企业提升环境管理水平。

（4）熟悉评估方法：规范的环境友好评估方法是对企业实施环境友好评估的依据。既包括对企业所提供的产品的评估，也包括对所用生产技术、工艺和设备等的评估，还包括对企业社会、经济等方面的贡献的评估。这要求评估者不仅熟悉产品生命周期评价国际标准，还要熟悉企业行为的社会经济影响评估方法。

（5）熟悉评估程序：进行环境友好企业评估时，要按照国家对企业评估的程序要求进行申报和评估，评估者应根据评估程序指导企业按照既定的顺序做出相应准备。

（6）熟悉国家管理法律法规、制度：企业的所有活动都应符合国家和地方的法律、法规。为对企业进行环境友好企业评估，评估者首先应了解国家对企业生产活动相关的所有法律、法规、现行制度，从而审核并帮助企业避免违规活动。

（7）其他：评估者还应密切关注国内外发展动向和发展趋势，帮助企业为未来产品升级、设备改造、技术引进等活动提出前瞻性意见和建议。

为践行绿色发展理念，2018 年，生态环境部组织起草了《中国环境标志产品认证机构授权试点工作办法（征求意见稿）》，针对重型汽车、轻型汽车、工商用制冷设备等若干产品，开展环境标志产品认证机构授权试点工作，明确了授权申请单位应有 5 名（含）以上经中国认证认可协会注册的专职检查员。其中，专职检查员应符合下列条件：

（1）授权申请者的正式职员。

（2）具备两年以上的环境管理实际工作经验（包括生产过程环境管理、污染预防及治理技术、环境工程、环境监测、清洁生产、环境认证、节能减排、环境影响评价、环境监察、环境管理、环境科研和教学及相关标准制修订等工作经历）。

（3）熟练掌握和准确应用环境标志标准，了解产品生产工艺和发展趋势，理解污染物产生的原因，了解污染物减排技术。

（4）熟悉并掌握环境管理相关工具、方法、技术（包括：产品生命周期评价；环境影响评价、排污许可证、污染物排放总量控制等管理制度；清洁生产理念；所属行业正在发展、推广的节能环保新技术、新工艺、新材料；限制或者淘汰能耗高的老旧技术、工艺、设备和材料）。

（5）两年内没有违反认证认可相关规定的记录。

（6）通过环境标志知识考试。

二、我国的评估者

在 2003 年 5 月国家环境保护总局发布的《创建“国家环境友好企业”实施方案（试行）》中指出，所有工业企业均可以自愿向登记所在地省级环境保护行政主管部门提出申请，经由省级环境保护行政主管部门审核推荐、国家环境友好企业考核专家组现场考核验收、公示、国家环境保护总局审定等程序，完全符合有关要求的企业可以获得“国家环境友好企业”称号。可见，国家环境友好企业的管理者是省级环境保护行政主管部门和国家环境保护总局，而评估者是国家环境友好企业考核专家组。

在开展国家环境友好企业评估工作的初期，国家环境保护总局曾委托中华环保联合会（All-China Environment Federation，ACEF）中华环境友好评估中心进行国家环境友好企业评估的组织工作。中华环保联合会是由国家环境保护行政主管部门主管的一个非营利性、全国性社会组织。中华环保联合会是为促进政府与社会之间的充分沟通，于 2005 年经国务院批准、在民政部注册，由热心环保事业的人士、企业、事业单位自愿结成的组织。中华环境友好评估中心负责接收国家环境友好企业申报、组织专家组考察、开展验收等工作。

2013 年，中华环保联合会发布《关于发起成立“中国环境友好企业联盟”的通知》（中环联字〔2013〕73 号），呼吁符合国家环境友好企业要求和愿意创建国家环境友好企业的企业成立“中国环境友好企业联盟”，以促进企业积极开展清洁生产，深化工业污染防治，走循环发展、绿色发展、低碳发展的可持续发展道路。

为推动“双碳”管理，国家市场监督管理总局、生态环境部等主管部门陆续出台多项节能产品、环境标志产品等的认证机构名录，为相关企业的认证管理提供了申报渠道。如2019 年 4 月，国家市场监督管理总局发布《市场监管总局关于发布参与实施政府采购节能产品、环境标志产品认证机构名录的公告》，明确了参与实施政府采购环境标志产品认证机构为中环联合（北京）认证中心有限公司、中标合信（北京）认证有限公司、中环协（北京）认证中心、天津华诚认证有限公司等（参见 http://www.ccgp.gov.cn/zcfg/bwfile/201904/t20190403_11853998.htm）。同年 9 月，生态环境部发布《关于授权中环协（北京）认证中心等机构在政府采购中使用中国环境标志标识的通知》，授权中环协（北京）认证中心、中标合信（北京）认证有限公司、天津华诚认证有限公司使用中国环境标志标识（参见 https://www.mee.gov.cn/xxgk2018/xxgk/xxgk06/201908/t20190821_729535.html）。

第四节　如何进行环境友好企业评估

2003 年 5 月国家环境保护总局发布《关于开展创建国家环境友好企业活动的通知》（环发〔2003〕92 号）时，还同时发布了《创建“国家环境友好企业”实施方案（试行）》、《“国家环境友好企业”指标解释》、《环境标志产品认证范围》和《国家环境友好企业申请表》4 个辅助文件。其中，在《创建“国家环境友好企业”实施方案（试行）》中明确指出，该活动的实施对象是具有独立法人资格的所有工业企业，还规定了企业应具备的基本条件、申报和审批程序、表彰与复查监管过程。该方案和《“国家环境友好企业”指标解释》共同成为指导我国国家环境友好企业评估的基本方法。

一、指标体系制定原则

一套科学的环境友好社会评价指标体系是客观评价和反映环境友好社会建设水平的重要依据。但是环境友好社会系统极其复杂、层次众多，且各子系统之间既有相互作用，又有相互之间的输入和输出。因此，需要在众多的指标中，将那些灵敏的、可度量且内涵丰富的主导性指标挑选出来，作为评价因子。通过对环境友好企业的内涵、构成及建设途径进行分析，结合构建指标体系的一般原则来选择指标，从而建立一整套评价指标体系。一套科学的环境友好评价体系需要满足以下基本原则。

（1）特征性原则：目前有关社会建设的评价指标体系有很多，如可持续发展指标体系、生态城市指标体系等。与之相比，环境友好企业更侧重企业生产活动对自然环境的友好程度，以及自然环境对企业生产的友好响应，因此其评价指标体系必须具有自身特征。

（2）科学性原则：指标体系要全面地反映环境友好企业的各个方面，符合其内涵与目标，同时紧密结合环境友好企业的构成和建设途径，并能够反映环境友好企业建设的真实状况。

（3）可比性原则：指标体系要在考虑不同类型行业以及不同地区企业在经济发展水平、社会文化、资源环境现状等方面差异的基础上，尽可能地选择具有共性的综合指标，保证评价结果在地域上可比。

（4）可操作性原则：要选择能反映环境友好企业特征的主要指标以形成体系，筛选一些与主要指标关系密切的从属指标，使指标体系简洁明晰、便于应用；同时，指标应具有可测性和可比性，定性指标也应有一定的量化手段与之相对应，定量指标应可通过国家统计部门发布的数据直接或间接进行计算。

（5）系统性与层次性相结合原则：环境友好企业是环境友好社会的一个子系统。评价体系既要反映企业子系统与社会中其他各子系统的特性，又要反映环境友好社会这个多系统、多层次的动态复合系统的整体发展情况，使评价目标和评价指标有机地联系起来，企业子系统与社会其他子系统组成一个具有整体性的、层次分明的大体系。

二、国家环境友好企业指标体系

2003 年，国家环境保护总局从环境、管理和产品 3 个方面为“国家环境友好企业”设置了严格的指标要求，主要包括稳定达到并遵守各有关的环境保护法律、法规和标准的要求；自觉实施清洁生产，采用先进的清洁生产工艺，并建立完善的环境管理体系；产品的安全、卫生和质量应符合有关标准要求，不得使用有关法律、法规、标准和我国签署的国际公约中禁用的物质。在环境标志产品范围内的产品要符合环境标志产品认证标准的要求。这些要求具体体现为 20 项指标，具体如表 13-1 所示。该指标体系是国家环境友好企业的主要审核依据。

表 13-1　国家环境友好企业评价指标体系

指标类别	评估指标
环境指标	企业排放污染物总量达标率
	企业单位产品综合能耗
	单位产品水耗
	单位工业产值主要污染物排放量
	企业废物综合利用率
	企业环境管理认证水平
管理指标	企业实施清洁生产水平
	企业新、改、扩建项目“环境影响评价”和“三同时”制度执行率

指标类别	评估指标
管理指标	企业环保设施运转率
	企业固体废物和危险废物处置率
	厂区绿化覆盖率
	企业排污口规范程度
	企业排污权有效性
	企业排污费缴纳状况
	企业环境行为良好
	企业环境管理标准化水平
	企业周围居民和企业员工对企业环保工作满意率
	企业自愿继续削减污染物排放量
产品指标	产品及其生产过程中所含禁用物质情况
	产品安全、卫生和质量水平

三、指标体系解释示例

准确地理解环境友好评价指标体系中各项指标的含义，是企业进行环境友好改进的重要条件，也是创建国家环境友好企业的前提。国家环境保护总局在发布《关于开展创建国家环境友好企业活动的通知》时，也发布了《“国家环境友好企业”指标解释》。这里选择表 13-1 中若干指标分别进行解释。

（一）环境指标示例

（1）企业排放污染物总量达标率：指企业排放的废气、废水、噪声、固体废物、放射性废物符合国家或地方规定的排放标准并达到相应控制指标的水平，用百分比表示。国家要求申报国家环境友好企业的企业的污染物排放总量指标达标率为 100%。

注意这里提到了总量达标，是兼顾了污染物的“数量”和“品质”，都应符合环境控制管理的要求。数量方面的“总量控制”是根据区域环境目标的要求推算达到该目标所允许的污染物最大排放量，然后将该量分配到各个污染源，该方法是国家对污染物总量进行控制管理的方法。与此相对，还有控制污染源排放口排出污染物的浓度来控制环境质量的方法，称为“浓度控制”管理方法。

（2）企业单位产品综合能耗：指企业生产 1 t 某产品按标准煤折算的综合能源消耗（g 标准煤）。国家要求申报国家环境友好企业的企业的单位产品综合能耗达到国内同行业领先水平，即单位产品综合能耗（g 标准煤/t）不高于同行业的能耗水平。例如，某企业单位烧碱生产综合能耗（离子膜法 30%）为 294.52 kg 标准煤/t，电厂火力发电标准煤耗为 292.57 g 标准煤/(kW·h)，分别比全国平均水平低 3.08 kg 标准油/t 和 20.24 g 标准煤/(kW·h)。

（3）企业废物综合利用率：指企业通过回收、加工、循环、交换等方式，从生产过程

产生的“三废”[废水（液）、废气、废渣]中提取或者使其转化为可以利用的资源、能源和其他原材料的“三废”量，表达为

$$企业废物综合利用率=\frac{报告期内企业综合利用的废物量}{报告期内企业废物产生量}\times 100\% \quad (13\text{-}1)$$

国家要求申报国家环境友好企业的企业的废物综合利用率不低于同行业领先水平。

例如，湖南某公司在其某个钢炼铁项目中大力发展循环经济，对炼铁产生的各种物质进行了综合利用，固体废物综合利用率已达到98%。

（4）企业环境管理认证水平：指企业获得 ISO 14001 环境管理体系认证，或参照 ISO 14001 环境管理体系标准建立了完善的环境管理体系。国家要求申报国家环境友好企业的企业出具有效的 ISO 14001 环境管理体系认证证书，或提供已建立完善的环境管理体系的所有相关材料。

（二）管理指标示例

（1）企业实施清洁生产水平：指企业自觉实施清洁生产，采用先进的清洁生产工艺的程度。包括企业现有生产能力、工艺和产品不属于国家明令限期淘汰目录范围之内（参见后文淘汰目录示例），请符合资质要求的清洁生产审核机构和人员进行过清洁生产审核，并实施了清洁生产审核提出的所有无费、低费和中费方案，部分高费方案，取得了良好环境效益和经济效益。国家要求申报国家环境友好企业的企业提供清洁生产审核报告和清洁生产方案实施情况总结报告。

（2）企业新、改、扩建项目“环境影响评价”和“三同时”制度执行率：指企业新、改、扩建项目符合国家关于建设项目环境保护的规定，近三年内未违反国家建设项目“环境影响评价”和“三同时”等制度，并经审批项目的环保部门验收合格。要求企业新、改、扩建项目“环境影响评价”和“三同时”制度执行率达到100%，并经环保部门验收合格。

这里需要补充的是，“三同时”制度指《中华人民共和国环境保护法》第四十一条规定的：“建设项目中防治污染的措施，应当与主体工程同时设计、同时施工、同时投产使用。”详见本书第十四章“企业环境管理”。

（3）企业排污口规范程度：指企业排污口按环保要求进行了规范化整治并符合要求，排污负荷大的主要排污口分别安装废水和废气污染物在线监控装置，目前主要监控指标为废水排放量、COD、氨氮、pH 和废气排放量、SO_2、烟尘、粉尘等。国家要求申报国家环境友好企业的企业设立排污口规范化标志牌，安装并正常运行主要污染物在线监控设备。例如，某煤矿在创建国家环境友好企业时，对企业所有排污口进行了规范化整治，设置了规范的标志牌，如图 13-1 所示。

（a）噪声排放源标志牌

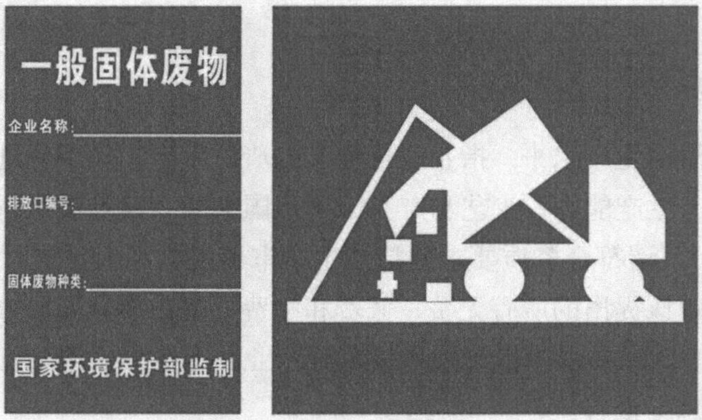

（b）一般固体废物标志牌

图 13-1 矿井排污口规范化标志牌

（4）企业排污权有效性：指企业按照环保法规要求进行排污申报登记，在实施排污许可证的区域执行排污许可证制度，领取并遵守排污许可证。国家要求申报国家环境友好企业的企业出示排污申报登记有关材料和排污许可证正本，以及按许可证排污的有关台账。

（5）企业排污费缴纳状况：指企业按照国家法律规定，按时足额向环保部门缴纳排污费。排污费包括污水排污费、废气排污费、固体废物及危险废物排污费、噪声超标排污费。国家要求申报国家环境友好企业的企业出示按时足额缴纳排污费的有关资料。

（6）企业周围居民和企业员工对企业环保工作满意率：指企业周围居民和企业员工对企业的生产和生活环境是否满意。通常由考核组现场问卷调查方式来获取这一指标，要求调查人数不少于 200 人。国家要求申报国家环境友好企业的企业周围居民和企业员工对企业环保工作的满意率达到 90%以上。这里需要补充的是，该项指标的执行中涉及 “公众参与”，公众参与是指社会群众、社会组织、单位或个人作为主体，在其权利义务范围内有目的的社会行动。

（三）产品指标示例

（1）产品及其生产过程中所含禁用物质情况：指国家要求申报国家环境友好企业的企业的产品符合以下要求，一是产品及其生产过程中不得含有或使用国家法律、法规、标准中禁用的物质，二是产品及其生产过程中不得含有或使用我国签署的国际公约中禁用的物质。

（2）产品安全、卫生和质量水平：指国家要求申报国家环境友好企业的企业所生产的产品要在产品安全、卫生和质量方面符合国家、行业或企业相关标准的要求。同时，对于列入环境标志认证范围（见表 13-2）的产品，按照环境标志产品认证标准要求进行考核，已经获得环境标志的产品不再考核。

根据 2021 年生态环境部《关于〈环境标志产品认证管理办法（试行）〉是否有效的问题的回复》，确认于 2008 年 9 月 27 日发布的《中国环境标志使用管理办法》（环境保护部公告 2008 年第 48 号）现行有效，其中明确了中国环境标志是由生态环境部确认、发布，并经国家工商行政管理总局商标局备案的证明性标识。

表 13-2 环境标志产品认证范围示例

产品名称*	产品范围*	标准号#	标准名称#
再生纸制品	以废纸生产的再生纸和装饰及建筑材料	HJ/T 205—2005	环境标志产品技术要求 再生纸制品
无汞镉铅充电电池	各类充电电池	HJ/T 238—2006	环境标志产品技术要求 充电电池
洗涤剂	织物洗涤剂、餐具洗涤剂及工业净洗剂（水基型）	HJBZ 8—1999	洗涤剂
无汞干电池	各类干电池	HJ/T 239—2006	环境标志产品技术要求 干电池
包装制品	替代不易降解的塑料膜类、袋类包装制品和纸塑复合包装制品	HJ/T 209—2005	环境标志产品技术要求 包装制品
软饮料类	不含乙醇的饮料制品	HJ/T 210—2005	环境标志产品标准 软饮料
儿童玩具	为 14 岁以下儿童设计或明显为他们使用的玩具	HJBZ 16—1996	儿童玩具
卫生杀虫气雾剂	低毒、高效、安全的卫生杀虫气雾剂	HJBZ 20—1997	卫生杀虫气雾剂
无氟氯化碳工商用制冷设备	除家用制冷设备和车、船用制冷设备外的各类制冷设备	HJ/T 235—2006	环境标志产品技术要求 工商用制冷设备
家用微波炉	额定电压不超过 250 V 的家用微波炉	HJ/T 221—2005	环境标志产品技术要求 家用微波炉
微型计算机及显示器	电脑主机和显示器	HBC 15—2002	微型计算机、显示器
替代卤代烷灭火器	ABC 干粉灭火器、AFFF 水成膜泡沫液、CO_2 灭火器、水系灭火器、惰性气体、HFC、HCFC 等灭火剂制造的灭火器	HJ/T 208—2005	环境标志产品技术要求 灭火器

产品名称*	产品范围*	标准号#	标准名称#
黏合剂	室内外建筑装饰装修用黏合剂、木材加工用黏合剂、水基型纸塑复合薄膜用黏合剂、制鞋用和地毯用黏合剂	HJ/T 220—2005	环境标志产品技术要求 胶黏剂
建筑用塑料管材	替代铸铁管和镀锌管的建筑用塑料管和塑料-金属复合管和管件	HJ/T 226—2005	环境标志产品技术要求 建筑用塑料管材
无 CFCs 泡沫塑料	除一次性发泡餐具外的发泡塑料产品	HJ/T 233—2006	环境标志产品技术要求 泡沫塑料
气雾剂	无 CFCs 气雾剂产品，不含杀虫气雾剂	HJ/T 222—2005	环境标志产品技术要求 气雾剂
一次性餐饮具	以生物降解、光生物降解和易于回收材料制成的一次性餐饮具	HJ/T 202—2005	环境标志产品技术要求 一次性餐饮具
水性涂料	以水为溶剂或分散介质的涂料及其相关产品	HJ/T 201—2005	环境标志产品技术要求 水性涂料
壁纸	以纸为基材的壁纸	HBC 23—2004	壁纸
卫生陶瓷	洗面器、坐便器、净身器、洗涤槽、蹲便器、浴缸等卫生陶瓷	HJ/T 296—2006	环境标志产品技术要求 卫生陶瓷
低污染型摩托车	发动机排量大于 50 ml，设计车速大于或等于 50 km/h 的两轮和三轮摩托车	HJBZ 38—1999	低污染型摩托车

资料来源：*国家环境保护总局.关于开展创建国家环境友好企业活动的通知[EB/OL].（2003-05-23）. https://www.mee.gov.cn/gkml/zj/wj/200910/t20091022_172194.htm。

#中国环境标志产品认证范围（55 种）.（2004-10-10）. http://www.cepf.org.cn/regulations/200907/t20090723_156589.htm。

对于列入表 13-1 而未解释的指标，可网上下载相关文档或阅读推荐文献。文件中还明确指出，以上各指标中的数据或资料多数需要由企业统计或提供，所在省级环境保护行政主管部门核实，考核组专家考核验收并认定。

四、淘汰目录示例

如前所述，构建国家环境友好企业要求企业不得使用有关法律、法规、标准和我国签署的国际公约中禁用的物质。在环境标志产品范围内的产品要符合环境标志产品认证标准。近些年来，我国为防治环境污染，促进生产工艺、装备和产品的升级，多个国家部委相继出台规定，淘汰落后的生产装备和产品。这里提供若干示例，帮助同学们了解相关情况。

（一）落后生产能力、工艺和产品淘汰目录示例

1999 年以来，国家经济贸易委员会相继发布了三批《淘汰落后生产能力、工艺和产品的目录》，淘汰违反国家法律法规、生产方式落后、产品质量低劣、环境污染严重、原材料和能源消耗高的落后生产能力、工艺和产品。其中，第三批淘汰目录涉及了消防、化工、冶金、黄金、建材、新闻出版、轻工、纺织、棉花加工、机械、电力、铁道、汽车、医药、

卫生共 15 个行业、120 项内容。若干示例可参见表 12-5。

（二）高耗能落后机电设备（产品）淘汰目录示例

为进一步推动工业领域节能减排，加快淘汰落后生产能力和落后高耗能设备，工业和信息化部于 2009 年发布了《高耗能落后机电设备（产品）淘汰目录（第一批）》（工节〔2009〕第 67 号），涉及电动机、电焊机、调压器、锅炉、风机等九大类 272 项设备（产品）。要求各生产单位和使用单位抓紧落实该目录中所列设备（产品）的淘汰工作，生产单位应停止生产，使用单位应尽快更换高效节能设备（产品）。各级节能监察机构应加强对该目录中所列设备（产品）停止生产和淘汰情况的监督检查工作。若干示例参见表 12-6。

（三）落后安全技术装备淘汰目录示例

在安全技术装备方面，为加快淘汰落后的安全技术装备，提升企业安全生产保障水平，增强防范和应对重特大事故能力，国家安全监管总局发布了《淘汰落后安全技术装备目录（2015 年第一批）》（安监总科技〔2015〕第 75 号公告），淘汰了煤矿、危险化学品与烟花爆竹行业、冶金、职业健康、应急救援五大领域共 30 项设备。若干示例可参见表 12-7。

除此之外，上海、北京等地还出台了更为严格的地方淘汰目录。这些淘汰目录是评估企业环境友好水平的重要参考依据。

五、考核要求

对企业进行考核，要求申报国家环境友好企业的企业应满足以下基本考核要求：

（1）遵守环境保护法律法规、符合国家政策是最基本的考核要求。企业需要遵守环境保护法律法规，自身建设发展应与国家和地方的产业政策、环保政策以及城市总体规划和环境保护规划相符合。

（2）企业需要做到环保设施稳定运转，污染物排放稳定达标，达到总量控制和削减要求。

（3）企业需要做到资源能源消耗低，清洁生产成效显著。也就是说，企业需要积极开展清洁生产审核，实施的清洁生产措施和方案有显著成效，并且达到国家清洁生产先进企业基本要求。

（4）企业的生产工艺和设备科技含量高，产品与环境友好。企业采用清洁生产和环境友好的工艺和技术，主要生产技术设备达到国内先进水平及以上，开发并推广与环境友好的技术和产品。

（5）企业的创建过程要切实有效，实现经济和环境“双赢”。也就是说，企业需要严格执行创建工作方案，积极发展循环经济，以取得显著的成效。

（6）企业的环境信息应公开化，与公众实现互动。企业需要定期公开环境信息，使员工和周围居民了解并满意企业环保工作。

（7）企业应主动承担对环境保护的社会责任。这就要求企业积极促进环境保护，倡导有利于节约资源和环境保护的生产方式和生活方式，积极推动区域环境质量的改善，参与有关环境保护的社会公益事业。

（8）企业应坚持资源持续改进，不断改善环境绩效。这就要求企业建立健全有效的清洁生产持续推行制度，继续削减污染物排放量。

第五节 如何申报与评审

一、申报基本条件

环境友好企业的申报本着企业自愿的原则，但企业需要符合以下基本条件：①企业生产经营符合国家法律法规要求；②企业生产的产品符合国家与质量、安全和环境友好相关的要求；③企业近三年没有受到环保部门的处罚和周边居民、社会团体的环境问题投诉。这三点是企业申报环境友好企业必须满足的基本条件，因此只有企业在自查完全符合以上要求的条件下，才可以提出申请。

对一般企业而言，做到以上三点基本要求并不困难，但若想创建国家环境友好企业，需要做的努力远远不够，企业还需要使整个企业对创建工作的重要性有所认识，并且通过在企业内部实行一些环境友好措施，达到一定的环境绩效，为在更大范围内实施更高级别的环境友好企业建设奠定基础。同时，企业还需要以国家创建环境友好企业的指标体系为基础，创建国家环境友好企业的自评标准等一系列针对企业自身的标准，并制定一系列实施措施，在实施过程中由专门的评估小组对环境绩效进行评估。

例如，国家环境友好企业中钢铁行业的典范济南钢铁股份有限公司在申报环境友好企业之前，首先贯彻落实党的十六大提出的走新型工业化道路的重要举措，并通过一系列企业活动，对员工及周边社区进行环境保护等的宣传教育。2004 年 5 月，企业召开了创建国家环境友好企业的启动大会，随即成立创建国家环境友好企业领导小组和工作小组，制订了相关整改方案以及自查自评标准等。这些举措为申报国家环境友好企业起到了很好的基础作用。

二、申报程序

企业申报环境友好企业，需根据企业生产或服务类型，向具有该产品或服务的授权评估资质的机构[如中环联合（北京）认证中心有限公司]提出书面申请。这里仍以中华环保联合会（All-China Environment Federation，ACEF）中华环境友好评估中心（CEC）的申报程序为例，该中心要求申报企业提交环境友好企业评估申请表（一式三份）、企业技术报告和企业自查情况报告。

（一）申请表

环境友好企业评估申请表主要包括企业情况介绍、企业环境及管理指标情况、省级环保部门审查情况和行业协会审核意见 4 个组成部分。在企业情况介绍中，主要是介绍企业类型、企业所涉及的环境影响，以及企业所遵循的与业务有关的环境法规等内容。在企业环境及管理指标情况中，与企业创建情况有关的内容最多，包括企业排污状况（如表 13-3 所示）、企业环境保护工作进展（如表 13-4 所示）、企业目前的环境成就及对未来环境表现的承诺（如表 13-5 所示）、公众参与情况（如表 13-6 所示）等内容。企业目前的环境成就和对未来环境表现的承诺这部分内容要求每个申请企业证明其目前的环境成就，并就未来的改善做出承诺，要求至少针对两个主要污染物描述改善环境表现的承诺，企业还可以对未来可以取得的其他环境绩效做补充说明。

表 13-3　企业排污状况

污染物名称	实际排放浓度	国家标准值	排放总量/（t/a）	企业总量控制指标值/（t/a）

表 13-4　企业环境保护工作进展

<table>
<tr><td colspan="8">一、遵守法规记录</td></tr>
<tr><td rowspan="2">1. 企业持续遵守法规状况</td><td colspan="3" rowspan="2">企业是否在三年内做到了持续遵守法规</td><td>是</td><td colspan="2" rowspan="2">如果企业曾有违规行为，则该违规行为的时间</td><td rowspan="2"></td></tr>
<tr><td>否</td></tr>
<tr><td rowspan="2">2. 三年内有无严重环境污染事故</td><td>有</td><td rowspan="2">如有，何时发生</td><td rowspan="2"></td><td rowspan="2">3. 三年内有无重复环境信访事件</td><td>有</td><td rowspan="2">如有，给出每次信访事件的时间</td><td rowspan="2"></td></tr>
<tr><td>无</td><td>无</td></tr>
<tr><td colspan="8">二、污染控制与清洁生产</td></tr>
<tr><td colspan="2" rowspan="3">4. 单位产品水耗</td><td colspan="2" rowspan="3"></td><td colspan="2" rowspan="3">属何种水平</td><td>国际先进水平</td><td></td></tr>
<tr><td>国内先进水平</td><td></td></tr>
<tr><td>国内一般水平</td><td></td></tr>
<tr><td colspan="2" rowspan="3">5. 单位产品综合能耗</td><td colspan="2" rowspan="3"></td><td colspan="2" rowspan="3">属何种水平</td><td>国际先进水平</td><td></td></tr>
<tr><td>国内先进水平</td><td></td></tr>
<tr><td>国内一般水平</td><td></td></tr>
<tr><td colspan="2" rowspan="3">6. 单位工业产值污染物排放量</td><td colspan="2" rowspan="3"></td><td colspan="2" rowspan="3">属何种水平</td><td>国际先进水平</td><td></td></tr>
<tr><td>国内先进水平</td><td></td></tr>
<tr><td>国内一般水平</td><td></td></tr>
<tr><td colspan="2" rowspan="3">7. 废物综合利用率</td><td colspan="2" rowspan="3"></td><td colspan="2" rowspan="3">属何种水平</td><td>国际先进水平</td><td></td></tr>
<tr><td>国内先进水平</td><td></td></tr>
<tr><td>国内一般水平</td><td></td></tr>
</table>

<table>
<tr><td>8. 工业固体废物处理处置率</td><td></td><td>9. 危险废物安全处置率</td><td></td></tr>
<tr><td>10. 环保设施完好率</td><td></td><td>11. 环保设施运转率</td><td></td></tr>
<tr><td>12. 主要排污口是否安装污染物在线监控设施</td><td></td><td>13. 监控设施正常运转率</td><td></td></tr>
<tr><td rowspan="2">14. 是否通过清洁生产审核</td><td>是</td><td rowspan="2">通过时间及证书号</td><td rowspan="2">正在审核之中，预计完成时间：</td></tr>
<tr><td>否</td></tr>
<tr><td></td><td></td><td></td><td></td></tr>
<tr><td colspan="4">三、环境管理</td></tr>
<tr><td>15. 新、改、扩建项目“环境影响评价”制度执行率</td><td></td><td>16. 新、改、扩建项目“三同时”制度执行率</td><td></td></tr>
<tr><td>17. 是否进行了排污申报登记</td><td></td><td>18. 是否有排污许可证</td><td></td></tr>
<tr><td>19. 是否按规定缴纳排污费</td><td></td><td>企业年缴排污费金额</td><td></td></tr>
<tr><td rowspan="2">20. 企业有无专门的环境管理机构</td><td>有</td><td rowspan="2">机构名称</td><td rowspan="2"></td></tr>
<tr><td>无</td></tr>
<tr><td rowspan="2">21. 企业有无专门的环境管理制度</td><td>有</td><td rowspan="2">22. 有无完整的环境保护档案</td><td>有</td></tr>
<tr><td>无</td><td>无</td></tr>
<tr><td rowspan="2">23. 是否通过 ISO 14000 认证</td><td>是</td><td rowspan="2">通过时间及证书号</td><td rowspan="2">正在审核之中，预计完成时间：</td></tr>
<tr><td>否</td></tr>
<tr><td>24. 厂区绿化与美化</td><td colspan="2"></td><td>绿化率：</td></tr>
<tr><td rowspan="3">25. 周围居民对企业环保工作的满意情况</td><td colspan="3">很满意</td></tr>
<tr><td colspan="3">基本满意</td></tr>
<tr><td colspan="3">不满意</td></tr>
<tr><td rowspan="3">26. 企业员工对企业环保工作的满意情况</td><td colspan="3">很满意</td></tr>
<tr><td colspan="3">基本满意</td></tr>
<tr><td colspan="3">不满意</td></tr>
<tr><td colspan="4">四、产品指标</td></tr>
<tr><td rowspan="2">27. 企业主要产品是否通过环境标志认证</td><td colspan="3">有</td></tr>
<tr><td colspan="3">无</td></tr>
<tr><td colspan="4">如有，请列出产品名称及通过时间：</td></tr>
</table>

表 13-5　企业目前的环境成就及对未来环境表现的承诺

<table>
<tr><td>主要污染物</td><td colspan="2"></td></tr>
<tr><td rowspan="2">目前的水平</td><td>绝对值（数量/单位）</td><td></td></tr>
<tr><td>单位产品产生量（数量/单位）</td><td></td></tr>
<tr><td rowspan="2">未来（三年后）的水平</td><td>绝对值（数量/单位）</td><td></td></tr>
<tr><td>单位产品产生量（数量/单位）</td><td></td></tr>
<tr><td>取得上述成就的方法</td><td colspan="2"></td></tr>
</table>

注：主要污染物是指对当地环境有重大影响的污染物。

表 13-6　公众参与情况

企业如何获得社会的关注？ 将如何努力提高企业的公众形象？	
企业怎样对群众焦点问题做出反应？	
如果企业有对周围居民产生影响的环境行为， 是否会预先通知群众？ 如果是，通过什么手段来通知？	
企业是否因环境问题而被举报或上访？ 如果是，请列出事由及次数	
企业目前是否处在环境纠纷中？ 如果是，请指出是何起纠纷	
企业通过何种方式将自身环境表现公布于众（网站、报纸、电视节目等）	

（二）企业技术报告

企业技术报告包括文字报告、活动图片和音像资料三部分。其中，活动图片和音像资料要突出企业环境保护的特点。文字报告内容需要包括：①企业基本概况，包括单位名称、地理位置及图、生产规模、投产时间、经营状况、近年来的主要环保荣誉及环保贡献等；②生产工艺及污染物产出情况，要有企业生产的工艺流程图；③针对企业生产的产品或服务情况，逐一对照并介绍企业满足《环境友好企业基本条件及考核办法》、产品标准等的基本考核条件情况，如电力企业还要遵循《“中华环境友好电力企业”评估标准》，空调产品要满足《“中华环境友好空调”评估标准》；④企业所履行的社会责任，包括目前的环境保护工作成就，以及对未来环境、社会贡献方面的承诺及公众满意度；⑤相关证明材料，包括企业营业执照、企业绿色采购证明材料、相关获奖材料及其他证明材料等；⑥企业环保工作自我评述。

（三）企业自查情况报告

企业自查情况报告主要是对照《中华环境友好企业基本条件及考核办法》进行自查打分，并用文字阐述企业目前存在的不足及努力方向。

三、评审及其他

（一）评审程序

首先，中华环境友好评估中心对企业申报材料进行初审；然后，对于初审合格的企业，中华环境友好评估中心将组织专家组进行审核；经专家组审核认为具备条件的企业，中华环境友好评估中心组织专家对企业进行现场评估和验收，并形成现场评估意见；对通过现场评估和验收的企业，中华环境友好评估中心报请中华环保联合会审定批准并授予申报企业“中华环境友好企业”称号；经中华环保联合会批准后，中华环境友好评估中心正式向申请企业回复评审意见及最终结果。最后，中华环保联合会对审定通过的企业授予“中华环境友好企业”的称号，并颁发证书。中华环保联合会将定期发布中华环境友好企业评估公告，企业可以通过这种途径了解企业的评审情况。

（二）其他事项

创建环境友好企业对于企业的未来发展有很好的促进作用，获得“环境友好企业”称号的企业将获得以下奖励：①“中华环境友好企业”的授牌、命名和新闻发布会；②中华环保联合会向全社会推荐该企业或产品。

与此同时，为了保证企业发展行为持续、稳定地满足“环境友好企业”的要求，中华环境友好评估中心还将定期对通过审查的企业和产品进行复查，以保证其稳定达到中华环境友好企业评估标准的要求。如连续三次未能通过中华环保联合会组织的复查，将取消其“中华环境友好企业”的称号，并在国内主要媒体上进行公告。如2005年松花江重大水污染事件，经查是由于吉林石化公司双苯厂一车间发生爆炸，造成约 100 t 苯类物质（苯、硝基苯等）流入松花江，造成了江水严重污染。事后，中石油吉化分公司的“国家环境友好企业”称号被迅速撤销。

环境友好企业的评估与认证有力推动了企业及其产品的生态性能升级，对我国 21 世纪第一个十年的环境改善起到了积极作用。尽管中华环境友好评估中心已于 2016 年前后陆续被中华环保联合会内的各专业组织取代，但其曾实施的环境友好企业评估工作仍具有借鉴意义。

第六节　案例分析——济南钢铁股份有限公司

一、创建工作概况

（一）企业基本情况

济南钢铁股份有限公司（以下简称“济南钢铁”）是济南钢铁集团总公司的核心企业，由始建于 1958 年的山东济南钢铁集团有限公司演变而来，坐落于济南市东郊王舍人镇工业区。2005 年，济南钢铁的钢产量位居中国第六，拥有从焦化、原料、烧结、球团、炼铁、炼钢到轧钢完整的生产工艺系统。产品以中板、中厚板、热轧薄板、冷轧薄板、圆钢、螺纹钢为主，该公司是全国最大的中厚板生产、出口企业。

（二）环保工作基础

早在 2003 年，济南钢铁便通过了 ISO 9000 质量管理体系、ISO 14000 环境管理体系和职业健康安全管理体系三体系认证。2004 年，国家发展改革委、国家环境保护总局等六部委确定济南钢铁为全国循环经济第一批试点企业之一。2008 年，济南钢铁荣获“国家环境友好企业”“全国绿化模范单位”“中国钢铁工业清洁生产环境友好企业”等荣誉称号。

（三）创建工作目标

面对资源和环境约束加剧的压力，加快转变济南钢铁发展方式，促进济南钢铁由大变强，是实现工业持续发展的紧迫要求。济南钢铁顺应内外部形势发展，制定了“精确、高效、和谐”发展战略，目标是把济南钢铁建成高技术含量、高附加值、国内一流、国际先进的板材精品基地。

（四）创建工作启动

2004 年 5 月，济南钢铁集团总公司召开了创建环境友好企业启动大会，由集团总经理发布了关于创建环境友好企业的决定，成立了创建环境友好企业领导小组和工作小组，宣读了创建环境友好企业整改令，制订了创建环境友好企业整改方案、创建环境友好企业自查自评标准等，标志着济南钢铁正式启动创建环境友好企业工作。

（五）创建工作管理

在环境友好企业创建中，济南钢铁采用了分别由专家、集团最高管理者、集团安全环保处和集团内二级企业单位控制的“四级控制”和企业内审、最高管理者自审和专家外审的“三级评审”的管理模式。每个环节都形成企业资料汇编，并下发督促整改，达到公司上下与内外多方位控制的目的。

二、创建工作重点

在 2004—2007 年的创建工作过程中，济南钢铁把污染治理、实施清洁生产、发展循环经济作为重点，开展了以下工作。

（一）废物资源化工作

2004—2007 年，济南钢铁在创建国家环境友好企业工作中，先后确定并完成了持续改进的近百余个项目。包括生产物料废弃物的综合利用项目，如焦化厂 3 号、4 号和 5 号焦炉的推焦除尘工程，第一烧结厂成品除尘和球团厂料仓除尘改造；废水综合利用项目，如生活水处理工程、第一炼铁厂高炉煤气洗涤回水系统项目、1 号～6 号高炉冲渣水改造和高炉区域回水系统改进项目、工业用水零排放项目；余热废能回收利用项目，如 1 号高炉浊环水系统降温改造项目、余热蒸汽冷凝水回收利用项目等。在这些项目中，通过将矿粉、焦炭等除尘灰用作烧结配料，将高品位炼钢除尘污泥造球直接用于炼铁生产，将品位较低的炼铁除尘污泥送到矿业公司精选、生产铁精粉等，实现了烟粉尘等废物的资源化。通过废物资源化，济南钢铁不仅减少了资源使用和废物排放，还获得了可观的经济收益。就 2006 年而言，济南钢铁共收集各类除尘灰 79.8 万 t，其中包括含铁粉尘 41.9 万 t，焦粉 28.7 万 t，炼钢炼铁污泥 8.8 万 t，石灰粉近 5 000 t，年收益约 1.2 亿元。

（二）实施清洁生产

实施清洁生产是环境友好企业建设的核心内容。济南钢铁通过以下几个方面进行了企业清洁生产工作。

选用清洁工艺：济南钢铁以节能降耗、挖潜增益为目的，以模仿创新为主要手段，实施了“四全一喷”，即炼铁全熟料、炼钢全精炼、全连铸、轧钢全一火成材，提高高炉喷煤量，完成了企业生产工艺的节能优化。借此，济南钢铁淘汰了落后工艺，缩短了工艺流程，提高了生产组织的集约化程度，实现了节能型的全流程结构的初步优化。

选择清洁资源：济南钢铁坚持精料方针，实施“三高两低”，即炼铁高风温、高喷煤、高系数、低休风率、低焦比，尽可能地把无用的非金属杂质、有毒有害成分排除在冶炼工序之外，把废品、次品阻止在轧钢工序之前。实施精料方针重点在铁前系统，从源头抓起，优化矿点，优化配料结构和焦化、烧结工艺，提高入炉品位，降低排渣量。从源头上减少能源、资源的消耗，减少废弃物的产生。精料方针延伸到铁后工序，主要是降低炼钢石灰、钢铁料消耗，以无缺陷铸坯确保钢坯热送，为轧钢提供优质坯料。

采用清洁生产技术：钢铁企业用水中，95%以上用于工艺冷却降温和环保除尘。济南钢铁在工业用水上采取“按水质分类、小半径循环、分区域闭路”的创新思路，根据各工序不同的工艺特点，采用不同的水质、水温处理技术，把污水消化在工艺之中，取得了明显效果。在加强工业用水综合治理的同时，济南钢铁建设了生活区污水处理厂，日处理能力为 7 200 t，处理后的水用于生产和绿化。

（三）发展循环经济

济南钢铁循环经济的道路走过了三个阶段：第一阶段是以关注成本为主的内涵挖潜、节能降耗阶段；第二阶段是以关注产品质量为主的清洁生产阶段；第三阶段是以关注资源、环境为主的循环经济的初级阶段。三个阶段从低级逐步走向高级，循序渐进，逐步实施了循环经济理念指导下的企业改进。主要包括以下几个方面。

技术创新：济南钢铁不断加大创新投入。1996—2005 年，自主开发了 120 多项节能清洁工艺技术，形成专利 117 项，共获得省部级以上科技进步奖 77 项。主要包括干法熄焦技术、湿磨焦粉配煤炼焦技术、焦化工艺热导油代替蒸汽技术、钢渣水淬技术等。其中，干法熄焦技术研究与应用和热能资源高效梯级利用获得国家科技进步二等奖。技术创新是济南钢铁发展循环经济的支撑力量。

管理创新：济南钢铁以资源能源的高效利用为核心，引入市场机制、价格机制，不断健全和完善相关的规章制度，有效地引导了各单位珍惜资源能源，促进了高效利用。如在水资源的管理中，将新水价格定为 4.5 元/m^3、净环水价格定为 0.5 元/m^3、浊环水价格定为 0.35 元/m^3。与此同时，不断完善创新激励机制，对在创新中做出突出贡献的人员给予重奖，为解决企业关键性技术难题、突破“瓶颈”制约发挥了积极作用。借鉴国际先进管理经验，引入卓越绩效管理模式，提升企业综合管理水平，促进资源能源的高效利用和环境负荷的不断削减。

资源高效利用：济南钢铁实施源头削减的精料方针，最大限度地减少非金属杂质进入冶炼工序，探索精炼、精轧，提高轧钢成材率。2000—2005 年，轧钢成材率提高 4.43 个百分点。围绕工业用水，实施了“分质供应、分级处理、小半径循环、分区域闭路”的高效利用模式，优化了用水结构，减轻了末端治理的压力，降低了企业水耗。

能源高效转化：济南钢铁通过改进工艺和优化结构，实现能源高效利用。例如，在国家重点项目管线钢工程中，独创了 120 t 转炉到中厚板生产线的钢坯在线直送新工艺，高温钢坯直接送到中厚板加热炉，大大提高了工序热能转换效率。又如，济南钢铁自主创新建成的国内第一套干法熄焦装置，改变了过去水熄焦浪费资源、能源和污染环境的状况，实现了热能转换效率、焦炭质量、环境质量、经济效益的“四个提高”。借助全流程能源系统的结构优化，实施了连铸坯高效全热送热装、加热炉高效全蓄热化、中厚板全倍尺高效轧制的“三全”和“煤气结构调整”“煤气热值调整”的“两调”节约煤气方法。到 2005 年，干熄焦发电、燃气-蒸汽联合循环发电、高炉煤气余压回收透平发电（top gas pressure recovery turbine，TRT）的发电总量已达 7.3 亿 kW·h。

代谢物高效再生：济南钢铁将钢铁生产流程中产生的渣、尘、水、汽等中间排放物视作资源，通过实施煤气闭路、钢渣和含铁尘泥闭路、工业用水闭路、余热蒸汽闭路的“四闭路”，将企业代谢废物化整为零，就地治理，就地转化，就地使用，不仅投资省、见效快、易于实施，而且运行成本低，既削减了污染，又增加了效益。例如，济南钢铁围绕冶金炉渣和含铁尘泥的治理问题，研发并实施了钢渣水淬工艺，将水淬渣配入烧结料，实现了炉渣和含铁尘泥的全部利用。

三、创建成效

2004 年济南钢铁开展环境友好企业创建工作以来，加大了投资力度，做到了增产不增污，环境指标逐年改善，空气质量不断提高，使 2006 年成为自 2000 年以来企业效益最好、环境最美的一年。

（一）环境效益和经济效益

通过环境友好企业创建工作，2006 年济南钢铁的吨钢综合能耗达到 603 kg 标准煤，万元增加值能耗比上年降低 3.86%，节能总量达 26.5 万 t 标准煤，低于 2006 年我国重点大中型钢铁企业吨钢综合能耗平均值（645.12 kg 标准煤）。2007 年上半年，济南钢铁吨钢综合能耗降到了 593 kg 标准煤，居世界先进水平。

在这一过程中，2006 年全公司 17 个主要生产工序中有 15 个达到特等工序能耗标准，消灭了二等及二等以下工序。第一炼钢厂、第三炼钢厂实现了负能炼钢。全公司 17 个主要生产工序的万元增加值能耗达到了 6.316 t 标准煤，比上年降低 0.235 t 标准煤，降低了 3.6%，全年节能总量可达 25 万 t 标准煤，超额完成与山东省政府签订的全年节能 13.33 万 t 标准煤的责任目标；吨钢综合耗新水降到 3.61 m^3，较上年降低 0.26 m^3。利用余热余能发电 10.9 亿 kW·h，比上年增加 4.4 亿 kW·h，提高了 69%。

在环境友好企业创建过程中，企业污染物排放量逐年减少。其中，废水外排量从 2000 年的 1 895 万 t 下降至 2006 年的 1 498 万 t，下降了 21%；吨钢外排水量由 2000 年的 5.7 t 降至 2006 年的 1.34 t，下降了 76%；废水中悬浮物、COD、石油类的排放量分别从 2000 年的 2 637 t、1 218 t、127 t 下降到 2006 年的 889 t、940 t、43 t，分别下降了 66%、23%、66%；废气中烟（粉）排放量从 2000 年的 17 969 t 下降到 2006 年的 7 879 t，下降了 56%；吨钢外排尘量由 2000 年的 5.4 kg 下降至 2006 年的 0.63 kg，下降了 88%；吨钢二氧化硫排放量由 2000 年的 2.0 kg 降至 2006 年的 1.05 kg，降低了 47%。环境负荷的削减大大减弱了环境的压力，使环境质量明显改善。表现为空气质量逐年提高，2006 年与 2000 年相比，厂区空气质量指标二氧化硫、二氧化氮、总悬浮颗粒物、一氧化碳、大气降尘年均值分别下降了 21%、37%、49%、72%、46%。

循环经济成套技术对外输出也取得实质进展。干熄焦技术输出到印度某公司、广西柳州钢铁（集团）公司等 7 家国内外企业，烧结发电技术输出到江苏沙钢集团、淮钢特钢有限公司等 4 家企业，饱和蒸汽发电技术输出到唐山燕山钢铁公司，煤调湿技术、热闷渣技术、加热炉余热回收等技术的对外输出前景也令人鼓舞。发展循环经济项目为降低成本、缓解环境压力发挥了重要作用。

（二）环境友好企业创建特色

特色之一是形成了以钢电联产为主要内容的济南钢铁循环经济特征。在企业实施“三全两调”（即连铸坯高效全热送热装、加热炉高效全蓄热化、中厚板全倍尺高效轧制，煤气结构调整和煤气热值调整）。

在节余煤气的基础上，以中低热值混合煤气为燃料，2004 年建成了燃气-蒸汽联合循环发电一期工程，2006 年二期工程建成投产。两期工程装机容量为 543 MW，年可发电 31.3 亿 kW·h。燃气-蒸汽联合循环发电无废气、无废渣、无污染，每年可减少高炉煤气排放 30 亿 m^3、焦炉煤气 7 亿 m^3，每年可减排二氧化硫 1.45 万 t、二氧化碳 150 万 t。2007 年年初，济南钢铁燃气-蒸汽联合循环发电项目在联合国正式注册成功，该项目成为我国冶金行业第一个注册成功的燃气-蒸汽联合循环发电项目。该项目每年 CO_2 核证减排量约 150 万 t，是冶金行业开发的燃气-蒸汽联合循环发电项目中 CO_2 减排量最大的项目。此外，济南钢铁还先后建成了炼钢蒸汽余热发电、烧结机余热发电等项目，其中炼钢蒸汽余热发电和烧结机余热发电为国内首创。

通过环境友好企业创建活动，济南钢铁从社会责任和价值创新的视角，重新认识钢铁企业在社会和自然环境中的角色定位，通过不断的技术开发和功能演变，验证了钢铁企业可以从排放污染大户发展到清洁生产、绿色制造、消纳自身和社会的废弃物的环境友好企业，而且钢铁企业作为社会循环经济链条上的重要一环，因其独特的优势，还可以实现社区友好、社会友好，从而达到企业效益、社会效益、环境效益的和谐统一。

推荐阅读文献

[1] 《创建资源节约型环境友好型钢铁企业》编委会，2006. 创建资源节约型环境友好型钢铁企业[M]. 北京：冶金工业出版社.

[2] 葛察忠，蒋洪强，2010. 工业污染控制与环境友好企业[M]. 北京：中国环境科学出版社.

[3] 国家环境保护总局，2003. 关于开展创建国家环境友好企业活动的通知 [EB/OL].（2003-05-23）[2016-08-09]. http://www.zhb.gov.cn/gkml/zj/wj/200910/t20091022_172194.htm.

[4] 环境保护部污染防治司，环境保护部环境发展中心，2009. 国家环境友好企业创建工作手册[M]. 北京：中国环境科学出版社.

[5] 李静江，2006. 企业绿色经营——可持续发展必由之路[M]. 北京：清华大学出版社.

[6] 梁凡杰，2005. 企业环境管理：企业环境管理与行政审批[M]. 北京：中国环境科学出版社.

[7] 谢作渺，2008. 环境友好型经济发展模式[M]. 北京：中央民族大学出版社.

[8] 张英华，张建宇，2010. 企业环境友好运营的理论与实践[M]. 北京：经济科学出版社.

[9] 国务院，2021. 国务院关于加快建立健全绿色低碳循环发展经济体系的指导意见[EB/OL]. [2021-02-02]. https://www.mee.gov.cn/zcwj/gwywj/202102/t20210222_821923.shtml.

[10] 国家发展和改革委员会，生态环境部，工业和信息化部，2023. 电解锰行业清洁生产评价指标体系[EB/OL]. [2023-01-15]. https://www.mee.gov.cn/xxgk2018/xxgk/xxgk10/202302/t20230217_016683. html.

[11] 国家发展和改革委员会，生态环境部，工业和信息化部，2023. 烧碱、聚氯乙烯行业清洁生产评价指标体系[EB/OL]. [2023-01-15]. https://www.mee.gov.cn/xxgk2018/xxgk/xxgk10/202302/t20230217_1016683.html.

课堂讨论与作业

一、讨论议题

国家环境友好企业创建活动是我国污染防治过程中采用的一项有效措施，也是我国企业发展中重视环境改善的重要历史阶段。党的十八大以来，生态文明建设日新月异，对企业的要求也进一步提升，企业发展不断向绿色、循环、低碳纵深推进。特别是在党的二十大报告中，习近平总书记提出了“推动绿色发展，促进人与自然和谐共生”，提出推动经济社会发展绿色化、低碳化，实现我国高质量发展。这对企业提出了更新更高的要求。为此，请同学们参考推荐文献《国务院关于加快建立健全绿色低碳循环发展经济体系的指导意见》、《电解锰行业清洁生产评价指标体系》和党的二十大以来的重要文件精神，研讨以下议题：

（1）面向党的二十大提出的绿色低碳发展新要求，应如何改进企业评估指标体系？

（2）选择某一熟悉的企业开展社会实践活动，了解企业现状，分析其与环境友好企业间的差距，以及与绿色低碳发展要求的差距，提出改进意见和建议。

（3）结合中华环保联合会近年来的重要工作，分享其工作进展，并提出改进意见。

二、课下作业与课堂汇报

与前面几章的课堂讨论议题相比，这次议题不仅需要学生走出课堂、亲临现场开展调研，还需要综合运用课堂所学知识，辨识企业运行实际中存在的问题，并思考和尝试解决问题，具有很大的挑战性和创新性。从本次课起，开始锻炼学生的知识综合运用能力和创新思维能力，要求学生积极思考，能提出个人的独特想法和意见。本次课的作业是选择上述某一项议题，在调研基础上，撰写调研报告，并以小组形式在课堂分享 PPT，并缩写成 3 000 字的短文。评分标准见表 T13-1。

表 T13-1　课堂小组汇报评分表

报告题目	逻辑性（满分 10 分）	知识综合运用（满分 10 分）	创新性（满分 10 分）	表达能力（满分 10 分）	总分

第十四章　企业环境管理

本讲重点：企业环境管理的一般要求和环境管理体系。

基本要求：了解企业管理的一般要求，熟悉企业管理者素质和环境管理要点；了解环境管理体系国际标准和国内标准的构成；掌握 ISO 14001 中的重要专业术语和标准中的核心内容；了解我国企业环境管理的主要改善措施；借助钢铁工业发展循环经济产业链案例，开展感兴趣的企业的产业链构建活动。

第一节　核心议题的提出

从前面研讨中我们获知，可持续发展型企业应能持续地向社会提供优质的产品（或服务），并在提供产品（或服务）的过程中持续地获取应有的经济收益，同时在企业活动中能持续地改善环境质量。在现有环境“瓶颈”下，企业的发展尤应侧重环境性能的改善，因此环境友好企业成为现阶段企业改善的工作重点。构建环境友好企业，不仅需要关注企业所生产的产品（或服务），要求尽可能地降低其全生命周期的环境影响（第十一章提供了评价方法），而且要求通过生态设计，在产品设计阶段，就预先避免产品投产后造成企业服务不良（第十二章提供了生态设计的措施），此外还要借助企业的评估来确定企业环境友好建设的效果（第十三章提供了环境友好企业评估方法）。然而，即使企业知道了如何改进其环境性能，但仍不能保证企业自愿地、主动地将改善环境性能的做法付诸行动。在这种情况下，就需要借助企业管理手段，将企业纳入履行环境改善职责的轨道上。因此，本章的课程议题是如何对企业进行综合管理。

对企业进行管理将涉及由谁来管理、管理什么、如何进行管理等相关议题。本章将从循环经济对企业要求的角度出发，分别研讨环境管理者应具备的素质，企业环境管理与传统企业管理相比在管理内容和范围方面的变化，国际上通用的环境管理方法体系以及现行主要管理措施。

第二节　对企业有哪些管理要求

企业作为资源转换部门，是人类与环境间发生交互作用的界面，其环境行为直接影响着环境质量。对企业进行环境管理，既是污染物源头管理，又是资源保护的源头管理，是从根本上解决资源环境问题的有效途径。对企业进行环境友好改善是企业环境管理的重要模式。

一、对企业管理的一般要求

为实现企业环境友好，需要改变企业片面追求经济效益的做法，树立保护环境工作目标，以产品或服务的全生命周期为管理范围，以全员参加为基础，通过预防污染和健全环境管理体系，达到经济与环境同步持续发展，实现生产者、消费者和社会共同受益，这种管理方法被称为全面环境管理（Total Environmental Management，TEM）。

全面环境管理要求企业在管理目标与思想观念、管理职能、管理方法等多方面都要改变。表现在以下几个方面。

（1）转变思想观念：从注重经济收益转向经济收益与社会效益、环境效益并重，在考虑企业经营中追求经济收益的同时，要充分考虑企业运营中对外部环境的影响以及对社会的贡献。从污染治理转向污染预防，企业通过将环境管理的重点放在企业污染预防方面，把环境问题的“事后处理”转移到“事先预防”上，从“治理污染”转为“预防污染”。树立为社会奉献的思想，把企业全面环境管理融入造福人类、造福子孙后代的历史使命中。

（2）全员参加环境管理：将环境管理的内容分散到全企业的各个职能部门和岗位，所有员工都从各自工作角度，挖掘污染预防和污染削减的措施，并将其纳入企业整体环境改善战略中。同时，要制定各职能部门和各层次人员的环境责任，明确任务、作用、职责和权限，规定环境目标、指标和方案，各司其职，密切配合，形成一个严密的环境管理整体工作系统。

（3）综合运用多种管理方法：建立健全数据信息系统，定量地客观考核企业运行水平；贯彻 ISO 14000 环境管理体系，按照“计划—执行—检查—处理”的循环工作程序进行管理；不断将科学技术新成果运用到企业环境管理中，如检测仪表、在线监测与管理等。

二、企业管理者素质

企业管理者是指在企业管理活动中，通过计划、组织、控制、激励和领导等方式来协调企业的人力、物力、财力资源，以期达成企业设定目标的人员。企业管理者掌握着企业发展所需资源的配置权力，决定了企业发展方向，是企业发展的目标确认者、计划制订者、工作指导者，在企业中扮演着重要角色。

外部环境恶化对企业发展形成了巨大挑战，同时也向企业管理者提供了变革企业管理模式的机遇。企业管理者从传统的管理企业内部资源、谋求最优经济产出，演变成适应环境变化要求并寻求持久竞争优势。在这种情况下，企业管理者不仅应具备管理企业自身人、财、物等资源的能力，而且要高瞻远瞩，树立带领企业保护环境的志向，对企业进行环境性能改善，将企业建设成为环境友好企业。企业管理者或者从管理、组织、资金投入等层面直接支持并切实推动企业环境管理措施的实施，或者专门设立企业环境管理者，负责该企业运营、生产等各项活动中所涉及的环境事宜。毋庸置疑，企业管理者和企业环境管理者的素质高低将对企业的环境行为起到关键作用。

为构建环境友好企业，企业管理者和企业环境管理者应具备以下基本素质。

（1）推进可持续发展战略的使命感：企业管理者应充分认同可持续发展战略，并将企业的环境友好建设视为企业应担当的历史使命。

（2）管理与领导才能：管理者的影响力，包括权力性的影响力和非权力性的影响力。既要借助企业规章制度约束员工行为规范，又要借助素质培训来提升员工环境保护的自觉意识，增强企业管理者的执行力。

（3）学习与创新能力：不断提高应对外部事物的能力，包括适应社会进步、经济发展、市场变化等人为因素对企业的要求，以及适应资源环境变化对企业的要求。要求企业管理者不断学习，通过创新，推动企业技术进步。

（4）团队组织能力：企业管理者应有能力去感召、带动、影响整个团队为达到企业既定目标共同努力，而不是依靠自己孤军奋战去实现企业目标。

（5）个人的自我控制力：面对诱惑、压力，要正确对待并处理好经济效益与环境效益之间的关系。

（6）敏锐的应变能力：了解外部政治、经济、法律、社会等的变化，扬长避短，充分利用有利机会，促进企业发展。

（7）坚韧的毅力和意志力：企业发展中常常风险与机会并存。遇到诸多困难（如商业风险、市场风险、政策风险、信用风险等）时，要求企业管理者面对风险有清醒的认识，积极采取措施，坚定信念向既定目标奋进。

三、环境管理重点

对企业进行环境管理，应明确主要面对哪些环境问题、这些环境问题是如何形成的、应重点关注哪些行业或领域以及拟管理的企业处于怎样的角色。下面借助环境污染问题，示例锁定环境管理重点的过程。

（一）示例 1：借助污染物普查确定重点污染物和重点领域

防污治污是环境管理的工作重点之一。污染物普查是弄清有哪些污染物、污染物来自哪些部门等问题的重要方法。

我国于 2007 年开展了第一次全国污染源普查，首次基本摸清了全国各类污染物的排放情况。我国于 2017 年开展了第二次全国污染源普查。与第一次污染源普查结果相比，第二次污染源普查中，重点污染物削减 25%以上，示例如表 14-1 所示，可见环境压力明显减小。

表 14-1　第一次全国污染源普查和第二次全国污染源普查结果对比

序号	污染物名称	单位	污染物排放量*		削减比例#/%
			2007 年	2017 年	
1	化学需氧量	万 t	3 028.96	2 143.98	29.22
2	氨氮	万 t	172.91	96.34	44.28
3	总氮	万 t	472.89	304.14	35.68
4	总磷	万 t	42.32	31.54	25.47
5	动植物油	万 t	—	30.97	—
6	石油类	万 t	78.21	0.77	99.02
7	挥发酚	t	—	244.10	—
8	氰化物	t	—	54.73	—
9	重金属+	t	900	182.54	79.72
10	二氧化硫	万 t	2 320.00	696.32	69.99
11	氮氧化物	万 t	1 797.70	1 785.22	0.69
12	颗粒物	万 t	—	1 684.05	—

注：* 数据来源：《第二次全国污染源普查公报》和《第一次全国污染物普查公报》。
2007 年与 2017 年的污染物排放量之差/2007 年污染物排放量。
+ 包括铅、汞、镉、铬、类金属砷。

同时，第二次全国污染源普查还锁定了我国重点污染物的源头工业领域：在化学需氧量、氨氮和总氮排放量方面，位居前 3 位的行业都是农副食品加工业、化学原料和化学制品制造业、纺织业，三者合计分别占这 3 种污染物工业排放总量的 44.85%、46.29%和 49.52%，但排序稍有差异。在化学需氧量排放方面，农副食品加工业位居第一，而氨氮和总氮排放量是化学原料和化学制品制造业高居首位。在总磷排放量方面，位居前 3 位的行业是农副食品加工业、化学原料和化学制品制造业、食品制造业，三者合计占工业排放总量的 55.61%。在石油类排放量方面，位居前 3 位的行业是汽车制造业、金属制品业、石油煤炭及其他燃料加工业，三者共占工业排放总量的 40.85%。在挥发酚和氰化物的排放量方面，位居前 3 位的行业都是石油煤炭及其他燃料加工业、化学原料和化学制品制造业、黑色金属冶炼和压延加工业，三者合计分别占挥发酚和氰化物工业排放总量的 92.00%和 76.89%。在重金属排放量方面，位居前 3 位的行业是有色金属矿采选业、金属制品业、有色金属冶炼和压延加工业，三者合计占重金属工业排放总量的46.76%。在此基础上，可针对源头重点工业行业，有的放矢地实施防污控污，促进环境整体状况改善。

此外，第二次全国污染源普查还特别统计了七大流域（长江、黄河、珠江、松花江、淮河、海河、辽河）的水污染物排放和重点区域（京津冀及周边地区、长三角地区、汾渭平原地区）的大气污染物排放情况。其中，七大流域的污染物排放量分别为化学需氧量1 957.48万t、氨氮85.64万t、总氮272.27万t、总磷28.49万t、动植物油28.00万t、石油类0.69万t、挥发酚203.55 t、氰化物46.84 t、重金属154.94 t。重点区域的大气污染物排放量分别为二氧化硫179.08万t、氮氧化物602.47万t、颗粒物363.48万t、挥发性有机物417.87万t。这些数据是区域管理的重要依据。

（二）示例2：筛选重点工业行业

在区域环境管理中，常常需要权衡经济发展与环境保护之间的关系，而经济发展和环境保护都与当地民生密不可分。在这种情况下，可借助专家评议、公众参与等机制，选出关注的社会经济与环境保护事项，并对各事项赋权打分，然后对相关行业部门进行排序，筛选重点的工业行业。

例如，在某流域筛选重点工业行业的生态规划中，经过调研，选择了经济产出、用水消费、废水及其污染物排放三大影响因素，并确定了以上三类要素的权重分别为经济产出占0.3、用水消费占0.3、废水及其污染物占0.4（废水排放、COD、氨氮各占0.13），对各工业行业按其排序赋分加权，确定该流域十大工业行业，结果如表14-2所示。这十大工业行业在工业产值、用水量和氨氮排放方面占该流域总量的75%左右，而在废水排放和COD排放方面均占92%，因此这十大工业行业是该流域环境管理的重点工业行业。

表14-2 重点工业行业筛选示例

工业行业	工业产值/亿元	用水量/10^6 t	废水排放量/10^6 t	COD排放量/万t	氨氮排放量/t
某流域	448.60	106.41	67.35	1.77	96.05
造纸及纸制品业	39.34	36.09	29.17	1.62	0.08
化学原料及化学制品制造业	30.02	5.83	2.05	—	8.53
交通运输设备制造业	80.27	2.86	2.44	—	—
纺织业	30.36	22.97	17.85	—	—
电气机械及器材制造业	74.32	1.98	1.03	—	—
皮革、毛皮、羽毛（绒）及其制品业	13.58	9.75	7.67	—	57.02
橡胶制品业	13.38	1.26	0.95	—	—
非金属矿物制品业	18.72	0.42	0.15	—	—
化学纤维制造业	7.05	0.69	0.28	—	—
通信设备、计算机及其他电子设备制造业	25.66	0.57	0.48	—	3.90
十大行业总量	332.7	82.42	62.07	1.62	69.53
十大行业占比	74%	77%	92%	92%	72%

第三节 如何对企业进行规范化管理

一、环境管理体系概述

健全的环境管理体系是有效解决诸多环境问题的重要保障。为促进全球环境质量整体改善，国际标准化组织（ISO）陆续出台了环境管理体系 ISO 14000 系列国际标准，旨在加强组织（公司、企业）的环境意识、管理能力和保障措施。

20 世纪末以来，ISO 14001（对应我国国家标准 GB/T 24001）中第 3.1.1 款定义了管理体系（management system）：组织用于建立方针、目标以及实现这些目标的过程的相互关联或相互作用的一组要素。体系的要素包括组织的结构、角色和职责、策划和运行、绩效评价和改进。而环境管理体系（environmental management system，EMS）是用于管理环境因素、履行合规义务（compliance obligations），并应对风险和机遇的一种管理体系。其中，合规义务指的是组织必须遵守的法律法规要求，以及组织必须遵守或选择遵守的其他要求。合规义务可能来自强制性要求，例如适用的法律和法规，或来自自愿性承诺、社会组织的和行业的标准、合同规定、操作规程、与社团或非政府组织间的协议。

在企业中实施 ISO 14000 并依此建立环境管理体系，旨在指导企业保护环境，适应不断变化的环境状况，促进社会经济与环境协调发展。主要有以下实施途径：①预防或减小环境影响，以保护环境；②减轻环境对组织的潜在不利影响；③帮助组织行为合乎法律法规要求（即合规义务）；④提升组织的环境绩效；⑤运用生命周期观点，控制或影响组织的产品和服务的设计、制造、交付、消费和处置的方式，防止环境影响被无意地转移到生命周期的其他阶段；⑥实施环境友好的且可巩固组织市场地位的可选方案，以获得资金和运营收益。

我国政府十分重视国际环境管理体系在我国的实施，从 1996 年开始，就开展了环境管理体系试点认证工作，有效地减少了资源与能源消耗，降低了企业的生产成本，同时保护了环境。

二、ISO 14000 标准系列

现有环境管理体系国际标准如表 14-2 所示，包括环境管理体系、环境审核（environmental auditing，EA）、环境标志（environmental label，EL）等环境管理领域内的诸多议题，系统地规定了环境管理中所用术语、环境审核的方法、评估结果的呈现等。从各标准发挥的功能看，ISO 14001 和 ISO 14004 属于基本标准，ISO 14010～ISO 14099 是支持技术类标准。

表 14-3 列出了现行环境管理国际标准和我国国家标准。与本教材第一版相比，最显著的变化是新增了与“水足迹”“物流成本核算”“温室气体管理”等相关的标准。ISO 14000 系列标准是指导各类企业取得正确的环境行为的重要依据。

我国目前尚未发布与温室气体管理国际标准一一对应的国家标准，但已颁布温室气体排放核算、测定等系列标准，这里汇总列入表 14-4，供需要的同学参考使用。

表 14-3　现行环境管理标准一览

标准类别	标准号	国际标准号	标准名称	我国国家标准号
环境管理体系（EMS）	14001～14009	ISO 14001：2015	环境管理体系　要求及使用指南	GB/T 24001—2016
		ISO 14002-1：2019	环境管理体系　针对环境主题领域应用 GB/T 24001 管理环境因素和应对环境状况的指南　第 1 部分：通则	GB/T 24002.1—2023
		ISO 14002-2：2023	环境管理体系　针对环境主题应用 ISO 14001 管理环境要素和应对环境状况的指南　第 2 部分：水	—
		ISO 14004：2016	环境管理体系　通用实施指南	GB/T 24004—2017
环境审核（EA）	14010～14019	ISO 19011：2018	管理体系审核指南	GB/T 19011—2021
		ISO 14015：2001	环境管理　现场和组织的环境评价（EASO）	GB/T 24015—2003
环境标志（EL）	14020～14029	ISO 14020：1998	环境管理　环境标志和声明　通用原则	GB/T 24020—2000
		ISO 14021：1999	环境管理　环境标志和声明　自我环境声明（Ⅱ型环境标志）	GB/T 24021—2001
		ISO 14024：1999	环境管理　环境标志和声明　Ⅰ型环境标志　原则和程序	GB/T 24024—2001
		ISO 14025：2006	环境标志和声明　Ⅲ型环境声明原则和程序	GB/T 24025—2009
环境绩效评价（environmental performance evaluation，EPE）	14030～14039	ISO 14031：2013	环境管理　环境绩效评价　指南	GB/T 24031—2021
		ISO 14034：2016	环境管理　环境技术验证	GB/T 24034—2019
生命周期评价（LCA）（详见第十一章）	14040～14074	ISO 14040：2006	环境管理　生命周期评价原则与框架	GB/T 24040—2008
		ISO 14044：2006	环境管理　生命周期评价要求与指南	GB/T 24044—2008
		ISO/TR 14047：2012	环境管理　生命周期评价　ISO 14044 环境影响评价应用示例	—
		ISO 14048：2002	环境管理　生命周期评价　数据文件格式	—
		ISO/TR 14049：2012	环境管理　生命周期评价　ISO 14044 目的与范围界定和清单分析应用示例	—

标准类别	标准号	国际标准号	标准名称	我国国家标准号
生命周期评价（LCA）（详见第十一章）	14040～14074	ISO/TS 14071：2014	环境管理　生命周期评价　关键性评审过程和评审员能力：对 ISO 14044：2006 的附加要求和指南	—
		ISO/TS 14072：2014	环境管理　生命周期评价　组织生命周期评价的要求和指南	—
		ISO/TS 14074：2022	环境管理　生命周期评价　标准化、加权和解释的原则、要求和准则	—
物流成本核算	14050～14059	ISO 14050：2002	环境管理 术语	GB/T 24050—2004
		ISO 14051：2011	环境管理　物质流成本核算　通用框架	GB/T 24051—2020
		ISO 14052：2017	环境管理　物质流成本核算　在供应链中的实施指南	GB/T 24052—2022
水足迹	14046、14073	ISO 14046 手册	ISO 14046：环境管理　水足迹　中小型企业实用指南	—
		ISO/TR 14073：2017	环境管理　水足迹　如何应用 ISO 14046 的解释性示例	—
温室气体管理	14060～14097	ISO/TR 14062：2002	环境管理　将环境因素引入产品的设计和开发	GB/T 24062—2009
		ISO 14063：2006	环境管理　环境信息　指南和示例	GB/T 24025—2009
		ISO 14064-1：2018	温室气体　第 1 部分：组织层面温室气体排放与清除的量化报告指导规范	—
		ISO 14064-2：2019	温室气体　第 2 部分：项目层面温室气体减排或强化清除的量化、监测报告的指导规范	—
		ISO 14064-3：2019	温室气体　第 3 部分：温室气体声明的验证与核实指导规范	—
		ISO/TR 14069-3：2013	温室气体　组织温室气体排放的量化和报告　ISO 14064-1 应用指南	—
		ISO 14080：2018	温室气体管理相关活动　气候行动方法的框架和原则	—
		ISO 14083：2023	温室气体　运输链运行温室气体排放的量化和报告	—
		ISO 14090：2019	适应气候变化　原则、要求和指导方针	—
		ISO 14091：2021	适应气候变化　脆弱性、影响和风险评估的准则	—
		ISO/TS 14092：2020	适应气候变化　对地方政府和社区的适应性规划的要求和指导	—
		ISO 14093：2022	资助当地适应气候变化的机制　基于绩效的气候恢复补偿　要求和准则	—
		ISO 14097：2021	温室气体管理和相关活动　气候变化相关投融资活动的评估报告的原则与要求框架	—

表 14-4 我国温室气体排放核算、测定相关国家标准一览

我国国家标准号	标准名称
GB/T 32150—2015	工业企业温室气体排放核算和报告通则
GB/T 32151.1—2015	温室气体排放核算与报告要求 第 1 部分：发电企业
GB/T 32151.2—2015	温室气体排放核算与报告要求 第 2 部分：电网企业
GB/T 32151.3—2015	温室气体排放核算与报告要求 第 3 部分：镁冶炼企业
GB/T 32151.4—2015	温室气体排放核算与报告要求 第 4 部分：铝冶炼企业
GB/T 32151.5—2015	温室气体排放核算与报告要求 第 5 部分：钢铁生产企业
GB/T 32151.6—2015	温室气体排放核算与报告要求 第 6 部分：民用航空企业
GB/T 32151.7—2015	温室气体排放核算与报告要求 第 7 部分：平板玻璃生产企业
GB/T 32151.8—2015	温室气体排放核算与报告要求 第 8 部分：水泥生产企业
GB/T 32151.9—2015	温室气体排放核算与报告要求 第 9 部分：陶瓷生产企业
GB/T 32151.10—2015	温室气体排放核算与报告要求 第 10 部分：化工生产企业
GB/T 32151.11—2015	温室气体排放核算与报告要求 第 11 部分：煤炭生产企业
GB/T 32151.12—2015	温室气体排放核算与报告要求 第 12 部分：纺织生产企业
GB/T 33755—2017	基于项目的温室气体减排量评估技术规范 钢铁行业余能利用
GB/T 33756—2017	基于项目的温室气体减排量评估技术规范 生产水泥熟料的原料替代项目
GB/T 33760—2017	基于项目的温室气体减排量评估技术规范 通用要求
GB/T 34286—2017	温室气体 二氧化碳测量 离轴积分腔输出光谱法
GB/T 34287—2017	温室气体 甲烷测量 离轴积分腔输出光谱法

三、国际标准内容示例

《环境管理体系 要求及使用指南》（ISO 14001）是 ISO 14000 系列标准的核心。该标准采用了基于计划（Plan）、执行（Do）、检查（Check）与处理（Action）的 PDCA 方法构建环境管理体系。其中，计划（Plan）是为组织建立环境管理目标和所需的环境管理过程；执行（Do）是实施计划的过程；检查（Check）是依据环境方针（包括其承诺）、环境目标和运行准则，对环境管理过程进行监督、测量，并报告相关结果；处理（Action）是采取措施以便持续改进。PDCA 方法可为组织提供循环渐进的过程，进而实现组织的持续改进，可应用于整个环境管理体系及其每个单独要素的管理。ISO 14001 的基本内容结构见表 14-5，这里选择其中的若干重要条款进行描述，并给出其示例，以便理解。

表 14-5 ISO 14001 环境管理体系基本内容与示例

一级条款	二级条款	三级条款	示例
3 术语和定义	3.1 与组织和领导作用有关的术语	3.1.4 组织；3.1.6 相关方	示例 1
	3.2 与计划有关的术语	3.2.5 目标	
	3.3 与支持和运行有关的术语		
	3.4 与绩效评价和改进有关的术语		

一级条款	二级条款	三级条款	示例
4 组织所处的环境	4.1 理解组织及其所处的环境		
	4.2 理解相关方的需求和期望		
	4.3 确定环境管理体系的范围		
	4.4 环境管理体系		
5 领导作用	5.1 领导作用与承诺		
	5.2 环境方针		
	5.3 组织的角色、职责和权限		
6 计划	6.1 应对风险和机遇的措施	6.1.1 总则	
		6.1.2 环境因素	示例 2
		6.1.3 合规义务	
		6.1.4 措施的计划	
	6.2 环境目标及实现其的计划	6.2.1 环境目标	示例 3
		6.2.2 实现环境目标的措施的计划	
7 支持	7.1 资源		示例 4
	7.2 能力		
	7.3 意识		
	7.4 信息交换	7.4.1 总则	
		7.4.2 内部信息交流	
		7.4.3 外部信息交流	
	7.5 文件化信息	7.5.1 总则	
		7.5.2 创建和更新	
		7.5.3 文件化信息的控制	
8 运行	8.1 运行计划和控制		
	8.2 应急准备和响应		示例 5
9 绩效评价	9.1 监视、测量、分析和评价	9.1.1 总则	
		9.1.2 合规性评价	
	9.2 内部审核	9.2.1 总则	
		9.2.2 内部审核方案	
	9.3 管理评审		
10 改进	10.1 总则		
	10.2 不符合和纠正措施		示例 6
	10.3 持续改进		

（一）示例 1——术语：组织、目标、相关方

1. 标准条款

组织是环境管理的对象，是造成环境影响的活动的主体。ISO 14001 第 3.1.4 款定义"组织"（organization）是为实现目标（objective），由职责、权限和相互关系构成自身功能的一个人或一组人。组织包括但不限于个体经营者公司、集团公司、商行、企事业单位、政府机构、合股经营的公司、公益机构、社团，或上述单位中的一部分或结合体，无论其是否具有法人资格、公营或私营。

每一个组织都有其拟实现的目标。ISO 14001 第 3.2.5 款定义“目标”为要实现的结果。目标可能是战略性、战术性或运行层面的。目标可能涉及不同的领域（如财务、健康与安全以及环境的目标），并能够应用于不同层面（如战略性的、组织层面的、项目、产品、服务和过程）。目标可能以其他方式表达，例如预期结果、目的、运行准则、环境目标，或使用其他意思相近的词语，如指标等。

为实现其特定目标，一个组织会做出一系列决策、开展一系列活动，这使组织内部或组织外部受到这些决策和活动的影响。ISO 14001 第 3.1.6 款定义“相关方”（interested party）为能够影响决策或活动、受决策或活动影响，或感觉自身受到决策或活动影响的个人或组织。相关方可包括顾客、社区、供方、监管部门、非政府组织、投资方和员工。“感觉自身受到影响”意指已使组织知晓这种感觉。

2. 应用举例

为落实“以人为本”，提升教育质量，我国应用现代教育技术，近年来实施了在线开放教学模式，使学生能按需择学，随时随地可学。特别是疫情期间，在线教学有效避免交叉感染，也缓解了因地域、时间等带来的矛盾。从环境管理角度来看，可把提供在线教育的机构看作环境管理的“组织”，如爱课程、学堂在线等社会开放平台。环境管理的目标可设定为线上教学较传统线下教学所减少的感染量，或其他环境影响。在线上教学活动中的相关方主要包括在线平台、在线学员、线上课程管理与维护人员、国家教育管理部门、学员家庭等。

（二）示例 2：环境因素

1. 标准条款

环境因素（environmental aspect）是一个组织的活动、产品和服务（包括纳入计划的或新开发的）中能与环境发生相互作用的要素。ISO 14001 中第 6.1.2 款关于环境因素的规定如下：组织应在所界定的环境管理体系范围内，确定其活动、产品和服务中能够控制和能够施加影响的环境因素及其相关环境影响。此时应考虑生命周期管理。确定环境因素时，组织必须考虑：①变更，包括已纳入计划的或新开发的，以及新的或修改的活动、产品和服务。②异常状况和可合理预见的紧急情况。组织应运用所建立的准则，确定那些具有或可能具有重大环境影响的环境因素，即重要环境因素。适当时，组织应在其各层次职能部门间沟通其重要环境因素。组织应保持以下内容的文件化信息：环境因素及其相关环境影响，用于确定其重要环境因素的准则；重要环境因素［可能导致与不利环境影响（威胁）或有益环境影响（机会）相关的风险和机遇］。

2. 环境因素和环境影响的关系示例

在考虑的诸多环境因素中，将重点关注重要环境因素，即具有或能够产生重大环境影响的环境因素。环境因素与环境影响（environmental impact）密切相关。表 14-6 是环境因素和环境影响的关系，以便应用中仔细区分两者的不同。

表 14-6 环境因素和环境影响的关系

环境因素	环境影响
锅炉烟尘的排放	空气污染
废水的排放	水污染
煤的消耗	自然资源消耗
厂内噪声的排放	噪声污染
废弃含油的抹布	土地污染

3. 应用举例——某公司重要环境因素评价原则及清单

评价重要环境因素是从调查识别出的环境因素中，找出对环境有重大影响或潜在重大影响的环境因素，即重要环境因素。首先，对公司形象影响范围广、不符合环保法律法规和其他要求、社区强烈关注的环境因素可直接确定为重要环境因素。其次，在考虑影响范围、影响程度、发生频次、法规符合性、社会关注度、可节约程度等因素基础上，可采取评分法确定重要环境因素。表 14-7 是某机械制造公司重要环境因素清单。

表 14-7 某机械制造公司重要环境因素清单

序号	重要环境因素	环境因子、物质组分	涉及部门	活动、产品、服务	环境影响	时态	状态	适用的法律法规及其条款号	评价等级	建议控制措施
1	机床渗油	机油、润滑油	各机加工车间	设备渗漏	污染土地	现在	正常	《中华人民共和国固体废物污染环境防治法》第四章、《国家危险废物名录》	B	环境管理方案、运行控制程序
2	固体废物	工业垃圾、生产垃圾、生活垃圾	铸造分厂、锅炉房、各车间、办公区	熔渣、炉渣、切屑、有机物类废弃物等		现在	正常	《中华人民共和国固体废物污染环境防治法》第四章	B	环境管理方案、运行控制程序
3	火灾、爆炸事故的发生		各车间、油库、化工、油漆库、乙炔氧气瓶存放处			将来	紧急	《机关、团体、企业、事业单位消防安全管理规定》第3～5条、第18～21条、第23～26条、第30～33条、第36条、第38～40条、第45条	A	应急准备及响应控制程序、运行控制程序
4	减少生产用水、生活用水、电消耗	水、电	动力处备用水、电部门	生产用水、电；生活用水、电	水资源、电消耗	现在	正常	《××市水资源管理办法》第1～3条、第5条、第6条、第9条、第12条、第14条、第16～18条、第21条、第25条、第27条、第28条	A	环境管理方案、运行控制程序

序号	重要环境因素	环境因子、物质组分	涉及部门	活动、产品、服务	环境影响	时态	状态	适用的法律法规及其条款号	评价等级	建议控制措施
5	铸造烟尘	烟尘	铸造分厂	熔炼、冲天炉排放	污染空气	现在	正常	《中华人民共共和国工业炉窑大气污染物排放标准》第四节第二条	B	环境管理方案、运行控制程序

（三）示例 3：实现环境目标的计划

ISO 14001 中第 6.2.1 款规定了环境管理目标的要求：组织应针对其职能和所在管理中的层级，依据最高管理者对组织环境绩效（与环境因素管理有关的可度量的结果）的管理意图和方向建立环境目标。建立环境目标时必须考虑组织开展的活动中有关的重要环境因素及其相关的合规义务，还要考虑其风险和机遇。所建环境目标应可度量、能够监测、便于交流和按需更新等，以上信息都应建档管理。

ISO 14001 中第 6.2.2 款规定了实现环境目标的计划的要求：组织应确定要做什么、需要什么资源、由谁负责、何时完成、如何评价结果等内容，还要确定实现其环境目标的过程中所用的监测方法、监测指标，以及相关措施融入其业务的方法。

某机器制造公司××年的环境目标和计划方案如表 14-8 所示。

表 14-8　某机器制造公司××年环境目标和计划方案示例

序号	环境因素	目标	计划方案	
			监测指标	实施措施
1	机油渗漏	不对土地造成污染	不污染土地	生产部、环境安全处监督设备维修车间对设备渗油、漏油情况进行定期检查，并考核评分；设备维修车间要对全公司设备进行定期的检查，发现问题及时修复；对上年度维修的设备要进行复查，发现问题要及时上报
2	水资源、电消耗	减少水、电消耗	水量消耗比上年度减少 1 万 t，电量消耗与上年度持平	对工频炉、树脂炉、空压站用水情况进行定期监控，坚持生产循环用水，提高废水处理回收利用的能力，达到 1 000 t/a；对烘缸水压试验系统进行监控和维护，增加回收循环利用水的能力，达到 2 000 t/a；加强和完善用水计量工作，确保用水数据的准确性、合理性，实现年减少水量 1 000 t；对锅炉内所有用水设施进行更新节水工艺改造，实现年减少水量 3 000 t；加强用电管理，加快用电设施的改造，努力提高用电效率，进一步完善用电计量装置和用电成本分摊责任，减少电能的浪费；动力处对各部门用水、电量情况进行统计、下发，确保火、电受控
3	铸造冲天炉烟尘排放	烟尘排放达标	排烟中烟尘浓度控制在 200 mg/m^3 以下，烟气黑度为林格曼级 1 级	改造冲天炉除尘设施，对高温烟气采用二级除尘方式，第一级降低烟尘温度，去除大颗粒粉尘，第二级采用袋式除尘器

（四）示例 4：资源、能力、意识

ISO 14001 第 7.1～7.3 款有关资源、能力和意识的规定如下：组织应确定并提供建立、实施、保持和持续改进环境管理系统所需的资源。在人力方面，该标准第 7.2 款规定了工作人员的能力，要求组织应确定其管理范围内对组织的环境绩效和履行合规义务具有影响的人员应具备的能力，确保这些人员经过适当教育、培训或实践过程中能够胜任所承担的工作。该标准第 7.3 款还规定了工作人员的环境意识，要求组织应确保在其管理范围内的工作人员知道其环境方针，知道与其工作相关的重要环境因素和实际或潜在的环境影响，知道其对提升企业环境绩效的可能贡献，同时要知道如果违背环境管理体系要求将导致和承担的后果。

例如，生产车间管理人员要了解：①该车间生产的具体产品和活动；②该车间组织机构、人员构成及相应职责；③该车间基础设施、生产加工设备、环保设施等情况；④该车间的环境因素、其中的重要环境因素及其运行控制状况；⑤该车间的管理重点工序、责任人工作能力和素养等。

（五）示例 5：应急准备和响应

ISO 14001 第 8.2 款规定了应急准备和响应的要求：组织应建立、实施并保持对识别的潜在紧急情况进行应急准备并做出响应所需的过程。组织应做到：①通过计划的措施，做好响应紧急情况的准备，以预防或减轻其所带来的不利环境影响；②对实际发生的紧急情况做出响应；③根据紧急情况和潜在环境影响的程度，采取相适应的措施以预防或减轻紧急情况带来的后果；④可行时，定期试验所计划的响应措施；⑤定期评审并修订过程和计划的响应措施，特别是发生紧急情况后或进行试验后；⑥适当时，向相关方（包括在组织控制下工作的人员）提供与应急准备和响应相关的信息和培训。组织应保持必要程度的文件化信息，以确信过程能按计划得到实施。

例如，某机械制造公司制订的应急计划包括以下内容：①防火灾应急计划；②防毒气、乙炔爆炸应急计划；③防油品、危险化学品泄漏污染应急计划[按照不同危险化学品的物质安全数据表（Material Safety Data Sheet，MSDS）编制]；④污水处理设施突发事件应急计划；⑤重要环保设施突发事件应急计划。

（六）示例 6：不符合和纠正措施

ISO 14001 第 10.2 款规定发生不符合环境管理体系要求的情况时，组织应做到：①对不符合事项做出响应，采取措施控制并纠正不符合环境管理要求的事项，对已发生的后果进行处理，包括减轻不利的环境影响；②通过评审不符合事项、辨识不符合事项发生原因、确定是否存在或者可能发生不符合事项等活动，来评价是否需要采取措施消除不符合事项；③实施所需的任何措施；④评审所采取的纠正措施的有效性，纠正措施应与所发生的

不符合环境管理体系的事项所造成的影响（包括环境影响）的重要程度相适应；⑤必要时对环境管理体系进行变更。除此之外，组织应保留文件化信息，作为不符合事项定性和采取的补救措施及其后续处理结果的证据。

例如，某公司环境治理过程的记录可包括以下内容：抱怨记录；培训记录；过程检测记录；检查、维护和校准记录；有关供方与合同方记录；偶发事件报告；应急准备试验记录；审核结果；管理评审结果；外部进行信息交流的决定；环境法律法规要求记录；重要环境因素记录；环境会议记录；环境绩效信息；对法律法规符合性的记录；和相关方的交流。

第四节　有哪些改善措施

从企业环境管理措施方面，研讨改善企业行为的措施。以下从绿色产品认证、生产者责任延伸、绿色营销、环境管理制度建设几个方面进行研讨。

一、绿色产品认证

（一）绿色产品与环境标志

绿色产品是指生产过程及产品本身具有节能、节水、低污染、低毒、可再生、可回收等性质的一类产品。绿色产品符合可持续发展原则，也是绿色科技应用的最终体现。

为促进绿色产品的广泛应用，政府规定了绿色产品的认证管理模式。对于符合可持续发展原则，按照特定生产方式完成生产过程的绿色产品，在通过国家产品管理专门机构的认定后，可授权使用环境标志；同时，产品的生产企业将获得环境标志产品认证证书。

绿色产品与环境标志密不可分，环境标志是绿色产品认证的结果表现。环境标志又称生态标志、绿色标志、环境标签等，是由政府环境管理部门依据有关的法规、标准，向一些产品颁发的一种张贴在产品上的图形，用于标识该产品从生产到使用以及回收的整个过程都符合规定的环境保护要求，对生态环境无害或危害极小，并易于资源的回收和再生利用。图 14-1 是中国环境标志和某企业的绿色产品认证证书示例。应用中，可通过观察某产品是否标有环境标志来辨认该产品是否属于绿色产品。

（a）环境标志

（b）认证证书

图 14-1 中国环境标志与认证证书示例

（二）环境标志制度

环境标志制度是政府对产品进行环境管理的重要手段。主要表现为对企业生产的产品实施环境标志认证。这一制度要求由国家指定的机构或民间组织依据环境产品标准（也称技术要求）及有关规定，对产品的环境性能及生产过程（包括产品从设计、生产、使用到废弃处理处置乃至回收再利用的全过程）进行确认，并以标志图形的形式告知消费者哪些产品符合环境保护要求、对生态环境更为有利。

环境标志制度的制定依据分别是国际标准 ISO 14020 环境标志系列、ISO 14001、ISO 14004，以及国内标准 GB/T 24020 系列、GB/T 24001、GB/T 24004，参见表 14-3。

环境标志制度主要涉及认证的执行主体、认证依据和环境标志发放三个核心环节。在我国，现在执行的是环境保护部于 2008 年 9 月发布的《中国环境标志使用管理办法》（环境保护部公告 2008 年第 48 号），该文件明确了中国环境标志是由环境保护部确认、发布，并经国家工商行政管理总局商标局备案的证明性标识。21 世纪初，环境保护部环境认证中心是环境标志制度的执行主体，是经环境保护部授权，代表国家对绿色产品进行权威认证并授予产品环境标志的机构。

2021 年 4 月发布的《中共生态环境部党组关于十九届中央第五轮巡视整改进展情况的通报》明确“加快中国环境标志认证市场化改革”；2022 年 8 月，生态环境部发布《关于政协十三届全国委员会第五次会议第 00414 号（工交邮电类 047 号）提案答复的函》，提到生态环境部将加强与工业和信息化部、市场监管总局的沟通协调，立足职能，合力推动构建统一的绿色产品认证体系，发布绿色产品标识、评价标准清单和认证目录。进行环境标志认证的主要依据是与产品质量和环境标志相关的国际标准与国家标准，可参见表 13-2 中列出的环境标志产品认证范围示例。最后，向符合绿色产品标准的产品发放环境标志，既是对产品环境性能的肯定，也是企业对其产品申请绿色产品认证的工作目标和结果表现。

发放环境标志的最终目的是保护环境，体现在以下两个方面：一是通过环境标志向消费者传递一个信息，告诉消费者哪些产品有益于环境并引导消费者购买、使用这类产品；二是通过消费者的选择和市场竞争，引导企业自觉调整产品结构，采用清洁生产工艺，使企业环保行为遵守法律、法规，企业生产对环境有益的产品。

二、生产者责任延伸

（一）生产者责任延伸的概念

为促进环境整体改善，将企业的责任由原来单纯的产品设计和生产责任延伸到产品的维护或报废回收及废物处理等方面，称为生产者责任延伸（Extended Producer Responsibility，EPR）。借助生产者责任延伸制度，要求企业对其生产的产品承担全生命周期的环境保护责任，在服务社会的同时履行保护环境的义务。特别是在产品的回收、循环再利用及最终处置几个阶段。

（二）EPR 责任主体及责任分配

由于在产品生命周期中，产品生产、运输、使用等涉及多个管理者，因此生产者责任延伸中的责任主体会不断变化，主要包括生产者、销售者、消费者和政府。不同责任主体承担着不同的责任。

生产者的责任包括：①生产无毒无害产品责任。2016 年国家发展改革委、中宣部等部门联合发布的《关于促进绿色消费的指导意见》指出 “健全生产者责任延伸制，推动生产企业减少有毒、有害、难降解、难处理、挥发性强物质的使用”。②负责产品的回收与利用。可由生产者设置专门的产品回收与再生部门来完成废弃物循环再生，也可以将该责任分派给第三方，比如由销售商回收废后产品，生产者仅负责循环利用。③信息责任。生产者有义务在其产品说明书或产品包装上说明商品的材质及回收途径等事项。在《关于促进绿色消费的指导意见》中要求企业主动披露产品和服务的能效、水效、环境绩效、碳排放等信息，推动实施企业产品标准自我声明公开和监督制度。④分担废弃产品的回收处置费用。可根据回收企业处理废弃物的成本、处理速度、处理能力和生产者的产品产量等因素决定，按比例在生产者和回收者之间进行分配。

销售者应承担回收废旧产品、收取销售费用、退还押金、选择并储存回收的废旧产品等相关责任。与此同时，还应承担所售产品的环境信息告知义务，在销售产品时，告知消费者相关产品信息、消费者返还责任等事项。

消费者的责任首先是把废旧产品交给逆向回收点或指定地点，其次是分担废旧产品的回收处理费用。通常，消费者可有 3 种付费方式：第一种是预先支付，在购买产品时，处理费用已经预先附加到产品价格中；第二种是丢弃付费，消费者在决定丢弃时支付一定费用，这种模式可以鼓励消费者延长产品的使用寿命、减少丢弃数量，但容易出现不当的丢弃问题；第三种是押金方式，被广泛运用于饮料瓶、电池和轮胎等产品上。

政府作为 EPR 制度的制定者和推动者，其责任主要是制定 EPR 法律制度及相关技术规定，包括产品的分类标准、报废标准、回收拆卸的技术规范等；制定 EPR 政策，包括实施政府绿色采购和绿色消费政策等；建立企业绩效评价体系，将 EPR 制度的执行情况作为评价的重要内容；对 EPR 制度进行监督等。

（三）示例：中国 EPR 制度发展历程

2007 年，我国颁布实施《再生资源回收管理办法》，其中明确规定生产企业应当通过与再生资源回收企业签订收购合同的方式来交售生产性废旧金属，标志着生产者责任延伸制度被纳入我国废旧物资管理体系。2008 年，生产者责任延伸制度相关内容被正式写入《中华人民共和国循环经济促进法》中。

《中华人民共和国循环经济促进法》第十五条明确规定："生产列入强制回收名录的产品或者包装物的企业，必须对废弃的产品或者包装物负责回收；对其中可以利用的，由各该生产企业负责利用；对因不具备技术经济条件而不适合利用的，由各该生产企业负责无害化处置。"如果生产者委托销售者或者其他组织进行这些废弃产品或者包装物的回收，或者委托废物利用或处置企业进行利用或处置的，受托方应当依照有关法律、法规的规定和合同的约定，负责回收或者利用、处置。

不难看出，根据《中华人民共和国循环经济促进法》，EPR 制度的实施对象是强制回收的产品或包装物。2009 年 2 月，国务院出台《废弃电器电子产品回收处理管理条例》，将电子废物的回收处理纳入法制化轨道。2010 年，将废弃电视机、电冰箱、洗衣机、空调、电脑等"四机一脑"列入第一批处理目录。2015 年，发布《废弃电器电子产品处理目录（2014 年版）》，新版目录加入了移动通信手持机、传真机、复印机等产品，进一步扩大了《废弃电器电子产品回收处理管理条例》的实施范围。2015 年，国务院印发的《生态文明体制改革总体方案》中明确了对复合包装物、电池、农膜等低值废弃物实行强制回收。

我国在选择 EPR 制度的实施方式时，要针对不同产品或包装物具体问题具体分析，确保实施 EPR 制度获得环境与经济的双重效益。对于环境危害性较大的废弃物，应采用法律规定强制实行生产者责任延伸，同时运用适当经济手段，赋予相关主体适当的责任和义务；对于环境危害性小、再生利用价值高的废弃物，可以通过自愿方式，或者借助市场机制引导生产者或其他社会主体进行回收和再利用。例如，2009 年国务院出台的《废弃电器电子产品回收处理管理条例》中明确了多渠道回收、基金补贴、集中处理等原则；2012 年颁布的《废弃电器电子产品处理基金征收使用管理办法》中，要求向电器电子产品生产者（包括进口电器电子产品的收货人或其代理人）收缴基金，用于废弃电器电子产品回收处理费用的补贴。基金补贴制度的实施有效推动了电器电子产品生产企业参与电子废物回收处理活动，相关生产企业已经在全国布局建设电子废物回收处理网络，大大提升了电子废物处理能力。

2016 年，国务院办公厅印发《生产者责任延伸制度推行方案》，率先确定对电器电子、汽车、铅酸蓄电池和包装物 4 类产品实施生产者责任延伸制度，通过开展产品生态设计、使用再生原料、规范回收利用、加强信息公开等，推动生产企业切实落实资源环境责任。工业和信息化部培育包括纺织印染企业在内的一批绿色供应链管理企业，推动印染纺织企业与上下游企业联动，加强印染助剂包装桶等包装及产品的回收利用。生态环境部于 2018 年发布的《关于政协十三届全国委员会第一次会议第 3529 号（工交邮电类 267 号）提案答复的函》中提到，由工业和信息化部会同有关部门组织实施电器电子产品生产者责任延伸试点工作，并发布首批 17 家电器电子产品生产者责任延伸试点单位。2020 年修订实施的《中华人民共和国固体废物污染环境防治法》第六十六条明确提出，国家建立电器电子、铅蓄电池、车用动力电池等产品的生产者责任延伸制度。

三、绿色营销

（一）绿色营销的概念

绿色营销（green marketing）是指企业通过产品市场交换过程来满足人们绿色消费需求、履行环境保护责任的活动，包括产品定价、分销以及售后服务等一系列经营活动，又被称为绿色市场营销。

在开展绿色营销活动时，企业将以市场需求为导向，以绿色营销为中心，以企业盈利并兼顾环境保护为目的，对企业所生产的产品（或提供的服务）进行缜密的构思、精心的设计、清洁的制造，考虑产品废后回收的销售，从而将企业自身利益、消费者利益和环境保护利益三者统一起来。

（二）绿色营销的特点

尽管绿色营销是传统营销的延伸与扩展，但绿色营销与传统营销相比，无论是营销观念还是营销组合策略，都显示出自身独特的、崭新的内涵。与传统的营销方式相比，绿色营销具有以下特点：

（1）营销具有鲜明的“绿色”标志。企业在市场调查、产品开发、产品定价、分销和售后服务等整个过程中，都和维护生态平衡、重视环境保护、提高人们生活质量的“绿色”观念紧密相扣，并贯穿于营销活动的始终。

（2）综合性特点。绿色营销对生态营销观念和社会营销观念进行综合，促进企业进一步适应消费者利益和人类共同愿望，代表了企业生存发展的机理和企业未来的走向。

（3）绿色营销的基础是消费者的“绿色”意识。基于消费者追求提高生活质量、改善生活环境的心理，唤起消费者的怀旧情绪和返璞归真的渴望，激发消费者对健康、安全和清洁环境的需求，进而产生了绿色产业、绿色产品和绿色营销。

（4）绿色营销的目标是实现资源的永续利用，保护和改善生态环境。绿色营销要求生产者尽可能地减少使用非再生资源，较多地开发使用再生资源，防止环境污染，维护生态平衡。

（5）绿色营销的基础在于绿色产品和绿色产业。绿色产品的使用和生产可以推动自然资源的开发及原材料产业、技术及工艺设备的研制、产品的销售和使用等，形成以“绿色”技术为基础的复合产业。企业一般从事绿色产业中的一个或几个产品的生产及销售。

（6）绿色标准及标志呈现世界无差别性。绿色产品的标准尽管各国有异，但都是要求产品质量、产品生产和使用、消费和处置等方面符合环境保护的要求，对生态环境和人体健康无害。

（7）绿色营销手段的特点主要是企业通过模仿自然界的协调机制，代表人类行为追求与自然界的融合发展，即所谓“天人合一”，从而树立企业的“绿色形象”，促进产品销售和企业发展。

（三）绿色营销市场主体及行为

生产者和消费者是绿色营销的市场主体，在此用经济学的观点对这两个市场主体的行为做简要的分析。

1. 生产者

生产者是市场主体，在绿色营销中有3项任务：生产绿色产品、销售绿色产品、保护环境质量。生产者在生产产品的同时，会产生废水、废渣、废气等；如果不能二次利用这些废物，就要花费一定成本对其进行处理，否则这些废物就会污染环境。所以，生产者对废物处理应有一定的投入，这部分投入是可以计入成本的。然而，在现实中，许多生产者没有对废物处理进行环境友好性的经济投入，结果是对环境欠账太多，导致环境污染，造成环境质量恶化。绿色营销的目的就是期望生产者将环境保护理念贯彻到其产品生产和营销中，伴随着企业发展，环境质量得到逐步改善。

2. 消费者

在绿色营销中，消费者具有双重任务：一是追求绿色消费、律己消费行为，以此减少消费者在其消费行为中的环境影响；二是分担企业为提高环境质量的经济投入。这是因为环境质量与消费者密不可分，一方面，污染的空气、恶化的水质和环境噪声等会影响人体健康；另一方面，这些环境污染还会造成生产力损失，如因粮食减产、供给不足而导致物价上升，结果造成个人直接的福利损失。因此，在其他条件不变的情况下，消费者的福利与环境质量成正比关系。改善环境质量将有利于提高消费者的福利水平。消费者通过选购绿色产品，间接地促进了环境质量的改善，帮助自身提高了环境福利水平。

从以上分析可见，不论是生产者还是消费者，都可通过绿色营销，履行其对环境保护的责任，支付其对环境改善的经济投入，有力推动环境保护战略的实施。

除此之外，政府在绿色营销方面也发挥着引导和保障作用。例如，在 2016 年颁布的《关于促进绿色消费的指导意见》中明确鼓励绿色产品消费，要求继续推广高效节能电机、节能环保汽车、高效照明产品等节能产品，到 2020 年，能效标识 2 级以上的空调、冰箱、热水器等节能家电的市场占有率达到 50%以上。加大新能源汽车推广力度，加快电动汽车充电基础设施建设，发挥不可或缺的管理作用。

四、环境管理制度建设

制度是一个社会组织或团体要求其成员共同遵守的规章、条例、规则、办法等的总称。为了规范企业环境行为，我国已经形成了环境影响评价、排污许可管理等多项制度。这里选择几项简单介绍。

（一）环境影响评价制度

环境影响评价制度是针对可能产生环境影响的工程建设，在其规划前，对其活动可能造成的周围地区环境影响进行调查、预测和评价，并提出防止环境污染和破坏的对策，以及制订相应方案的制度。环境影响评价制度是实现经济建设、城乡建设和环境建设同步发展的主要法律手段。对建设项目不但要进行经济评价，而且要进行环境影响评价，科学地分析开发建设活动可能产生的环境问题，并提出防治措施。

进行环境影响评价，通常遵循以下程序：①由开发者委托具有环境影响评价资质的专门机构进行环境调查和综合预测，形成环境影响报告书。②公布报告书，广泛听取公众和专家的意见。对于不同意见，有的国家规定要举行“公众意见听证会”。③根据专家和公众意见，对方案进行必要修改。④主管部门最后审批，确定是否允许相应的工程建设工作。

通过环境影响评价，可以为建设项目合理选址提供依据，防止由于布局不合理给环境带来难以消除的损害；通过环境影响评价，可以调查清楚周围环境的现状，预测建设项目对环境影响的范围、程度和趋势，提出有针对性的环境保护措施；环境影响评价还可以为建设项目的环境管理提供科学依据。

我国于 2003 年 9 月开始实施《中华人民共和国环境影响评价法》，该法详细规定了规划项目和建设项目的环境影响评价管理办法，以及规划编制机关、审批机关和项目建设单位应承担的法律责任。

2014 年修订后的《中华人民共和国环境保护法》第十九条规定：“编制有关开发利用规划，建设对环境有影响的项目，应当依法进行环境影响评价。未依法进行环境影响评价的开发利用规划，不得组织实施；未依法进行环境影响评价的建设项目，不得开工建设。”对“建设项目未依法进行环境影响评价，被责令停止建设，拒不执行的”，第六十三条规定“除依照有关法律法规规定予以处罚外，由县级以上人民政府环境保护主管部门或者其他有关部门将案件移送公安机关，对其直接负责的主管人员和其他直接责任人员，处十日以上十五日以下拘留；情节较轻的，处五日以上十日以下拘留”。

（二）环境保护责任制度

环境保护责任制度是要求排放污染物的企事业单位明确污染物排放中的单位负责和环境保护岗位等相关工作人员的责任的制度。借助该项制度，督促排放污染物的企事业单位和其他生产经营者采取有效措施，防治在生产建设或者其他活动中产生的废气、废水、废渣、医疗废物、粉尘、恶臭气体、放射性物质以及噪声、振动、光辐射、电磁辐射等，避免这些污染物对环境造成污染和危害。环境保护责任制度已在我国大气污染防治、水污染防治等多个领域得以贯彻执行。2014 年修订后的《中华人民共和国环境保护法》第四十二条规定：“排放污染物的企业事业单位，应当建立环境保护责任制度，明确单位负责人和相关人员的责任。”并要求“重点排污单位应当按照国家有关规定和监测规范安装使用监测设备，保证监测设备正常运行，保存原始监测记录。严禁通过暗管、渗井、渗坑、灌注或者篡改、伪造监测数据，或者不正常运行防治污染设施等逃避监管的方式违法排放污染物。”

（三）“三同时”制度

“三同时”制度是指一切新建、改建和扩建的基本建设项目（包括小型建设项目）、技术改造项目、自然开发项目，以及可能对环境造成损害的其他工程项目，其中防治污染和其他公害的设施及其他环境保护措施，必须与主体工程同时设计、同时施工、同时投产。

“三同时”制度是我国出台最早的一项环境管理制度，最早出现于 1973 年经国务院批转的《关于保护和改善环境的若干规定》中，继而被纳入 1979 年颁布的《中华人民共和国环境保护法（试行）》中。2014 年修订后的《中华人民共和国环境保护法》第四十一条规定：“建设项目中防治污染的设施，应当与主体工程同时设计、同时施工、同时投产使用。防治污染的设施应当符合经批准的环境影响评价文件的要求，不得擅自拆除或者闲置。”“三同时”制度贯穿规划和建设项目从可行性论证、初步设计、施工、试生产到最终的竣工验收整个过程，是一种事前保障措施。

（四）排污许可管理制度

排污许可管理制度是指凡是需要向环境排放各种污染物的企事业单位或生产经营者，都必须事先向环境保护部门提出申请，经审查批准并获得排污许可证后方能向环境排放污染物的制度。

排污许可证制度是国际通行的一项环境管理制度。2001 年，国家环境保护总局颁布的

《淮河和太湖流域排放重点水污染物许可证管理办法（试行）》是我国第一部流域层面的排污许可证管理规定。继而，《中华人民共和国水污染防治法》《中华人民共和国大气污染防治法》等环保法律法规均明确规定了排污许可证制度。2014 年修订后的《中华人民共和国环境保护法》第四十五条规定："实行排污许可管理的企业事业单位和其他生产经营者应当按照排污许可证的要求排放污染物；未取得排污许可证的，不得排放污染物。"第五十五条规定："重点排污单位应当如实向社会公开其主要污染物的名称、排放方式、排放浓度和总量、超标排放情况，以及防治污染设施的建设和运行情况，接受社会监督。"此外，第六十三条规定，对于"违反法律规定，未取得排污许可证排放污染物，被责令停止排污，拒不执行的"企业事业单位或其他生产经营者，"除依照有关法律法规规定予以处罚外，由县级以上人民政府环境保护主管部门或者其他有关部门将案件移送公安机关，对其直接负责的主管人员和其他直接责任人员，处十日以上十五日以下拘留；情节较轻的，处五日以上十日以下拘留"。2014 年 7 月，废止《环境污染治理设施运营资质许可管理办法》。

准确核定企业污染物排放量是许可证管理的核心工作。我国陆续建立了一整套较为完善的企业排污总量核查核算方法和污染治理设施运行监管体系，对"六厂（场）一车"重点污染源（火电厂、水泥厂、钢铁厂、污水处理厂、造纸厂、畜禽养殖场、机动车）全面推行全口径总量减排核算，根据治污设施运行情况、资源能源消耗情况等核定污染物排放量，力求更为准确地掌握企业的实际排污状况，取得了积极成效。

2020 年 12 月，国务院第 117 次常务会议通过了《排污许可管理条例》。该条例规定实行排污许可管理的企业事业单位和其他生产经营者应当取得排污许可证；未取得排污许可证的，不得排放污染物。同时规定，根据污染物产生量、排放量、对环境的影响程度等因素，对排污单位实行排污许可分类管理等。2022 年 4 月，生态环境部发布《尾矿污染环境防治管理办法》，该办法自 2022 年 7 月 1 日起施行。与此同时，自 2018 年至今，陆续发布了排污许可申请和核发的系列技术规范，包括总则和锅炉、电池工业、水泥工业等多种典型工业行业。例如，2023 年 8 月，生态环境部发布《排污许可证申请与核发技术规范 工业噪声》（HJ 1301—2023）。这一系列标准的发布，对加强我国大气、水、土壤污染防治，落实相关污染物治理措施和企业主体责任，完善排污许可技术支撑体系发挥着重要作用。

此外，《中华人民共和国环境保护法》中还规定了重点污染物排放总量控制制度、环境监测制度、环境保护目标责任制和考核评价制度等。这些制度都是进行企业环境综合管理的重要依据。

第五节 企业环境管理示例

从企业环境管理措施方面，示例企业环境管理应用。

一、示例 1：限定企业能耗水平

金属冶炼业一直是能源消费大户。针对金属冶炼企业实施能耗限额管理，将有力促进企业技术革新，达到节能减排的效果。我国已经陆续制定并颁布重点企业的相关技术标准。在第十二章介绍了“绿色工艺设计”，并在表 12-4 中示例了铜冶炼企业单位产品能耗。这里针对铅冶炼企业，示例我国设定的单位产品综合能耗限额，如表 14-9 所示。从中可见，新标准较旧标准的单位产品能耗降低了 13%～35%，意味着能源效率提升了 15%～54%。

表 14-9 铅冶炼企业单位产品综合能耗限额 单位：kg 标准煤/t

工序、工艺	《铅冶炼企业单位产品能源消耗限额》（GB 21250—2007）			现行标准《铅冶炼企业单位产品能源消耗限额》（GB 21250—2014）		
	现有企业	新建企业	先进值	现有企业	新建企业	先进值
粗铅工艺	≤460	≤400	≤330	≤400	≤260	≤250
铅电解精炼工序	≤170	≤140	≤120	≤140	≤110	≤105
铅冶炼工艺	≤650	≤540	≤470	≤540	≤370	≤355

二、构建工业产业链

为了保护环境，发展循环经济，实现资源能源利用效率最大化，我国相继制定并发布了《综合类园区发展循环经济环境保护导则》《钢铁工业发展循环经济环境保护导则》《铝工业发展循环经济环境保护导则》《盐化工行业发展循环经济环境保护导则》4 项国家环境保护标准。这里以《钢铁工业发展循环经济环境保护导则》为例，分享其中的钢铁工业发展循环经济产业链示意图，如图 14-2 所示，可从中感受钢铁工业不同企业之间物质、能量的内在联系。例如，从物质联系来看，高炉接受上游烧结、球团企业的含铁物料，物料在高炉内高温氧化熔化形成铁水，流向下游的铁水预处理车间，高炉铁渣被送往水泥厂用作生产水泥的原料。与此同时，高炉燃烧所需能源来自焦化厂的焦炭。高炉产生的高炉煤气被送往发电厂等企业进行综合利用。整体来看，通过钢铁工业构建循环经济产业链，可达到节约资源、能源和减少废物排放的显著效果。

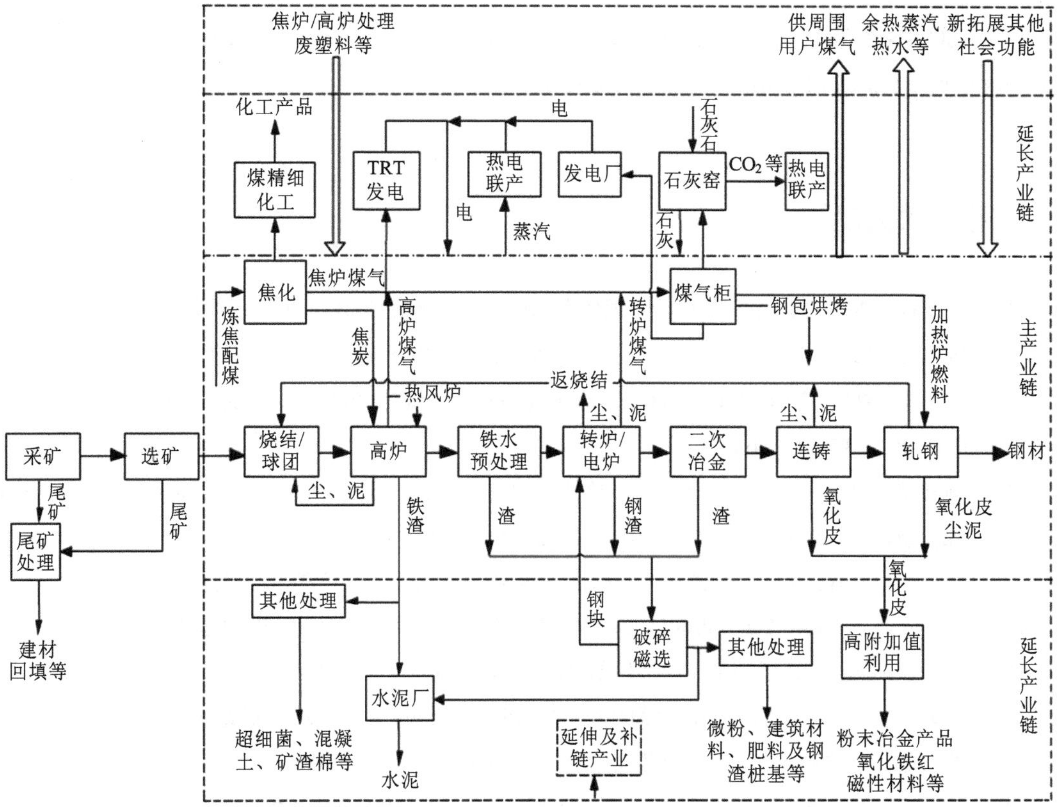

图 14-2　钢铁工业发展循环经济产业链示意图

资料来源：《钢铁工业发展循环经济环境保护导则》（HJ 465—2009）。

三、遵循循环经济国际标准

根据 ISO 网站信息，显示出 7 项循环经济专有国际标准，已于 2020 年发布 1 部，其余 6 部正在编制中，具体名称如下：

（1）ISO/CD 59040 Circular Economy—Product Circularity Data Sheet；

（2）ISO/DIS 59020 Circular Economy—Measuring and assessing circularity；

（3）ISO/DIS 59010 Circular Economy—Guidance on the transition of business models and value networks；

（4）ISO/DIS 59004 Circular Economy —Terminology，Principles and Guidance for Implementation；

（5）ISO/CD TR 59031 Circular Economy—Performance-based approach—Analysis of cases studies；

（6）ISO/CD TR 59032.2 Circular Economy—Review of business model implementation；

（7）ISO/TS 21331：2020 Graphic technology and deinked pulp—Guidance for assessing the deinking performance of printed paper products。

推荐阅读文献

[1] 党继祥，2007. ISO 14001 环境管理体系标准的理解和实施[M]. 西安：西北大学工业出版社.

[2] 国家发展改革委，中宣部，科技部，等，2016. 关于促进绿色消费的指导意见 [EB/OL].（2016-06-20）[2016-08-09]. http://www.mep.gov.cn/gzfw_13107/zcfg/hjjzc/gjfbdjjzcx/qtjjzc/201606/t20160623_355542.shtml.

[3] 国务院，2015. 生态文明体制改革总体方案[EB/OL].（2015-09-22）[2016-08-09]，http://www.mep.gov.cn/xxgk/hjyw/201509/t20150922_310133.shtml.

[4] 华常春，2010. 工业企业清洁生产技术与应用[M]. 南京：江苏科学技术出版社.

[5] 季任天，于俊嶙，2007. ISO 14001：2004 标准理解与实施[M]. 北京：中国计量出版社.

[6] 李艳萍，2005. 论延伸生产者责任制度[J]. 环境保护，（7）：13-18.

[7] 刘英，张根保，张丹，2001. 全面环境管理与清洁化生产[J]. 江苏机械制造与自动化，（4）：10-13.

[8] 罗榜圣，李安周，2005. 企业环境管理[M]. 重庆：重庆大学出版社.

[9] 毛孝明，焦志锋，刘伟明，2010. 环境管理体系法规及标准手册[M]. 2 版. 北京：中国标准出版社.

[10] 齐敏，2008. 提高企业管理者素质，适应外部环境要求[J]. 辽宁教育行政学院学报，（3）：113-115.

[11] 钱勇，2004. OECD 国家扩大生产者责任政策对市场结构与企业行为的影响[J]. 产业经济研究（2）：9-18.

[12] 任文举，李忠，2006. 生产者责任延伸制度理论及实践[J]. 经济师，（4）：30.

[13] 万后芬，2001. 绿色营销[M]. 北京：高等教育出版社.

[14] 王干，2006. 论我国生产者责任延伸制度的完善[J]. 现代法学，（4）：167-173.

[15] 王景伟，2005. 欧盟废弃电子电气设备 EPR 体系介绍[J]. 家电科技，（1）：35.

[16] 王蕾，刘艳，2009. 环境管理体系最新标准应用实例[M]. 北京：化学工业出版社.

[17] 王敏华，2009. 管理体系与认证[M]. 北京：中国计量出版社.

[18] 王兆华，2006. 基于生产者责任延伸制度的我国电子废弃物管理研究[J]. 北京理工大学学报（社会科学版），（8）：49-51.

[19] 温素彬，薛恒新，2005. 面向可持续发展的延伸生产者责任制度[J]. 经济问题，（2）：11-14.

[20] 中国质量认证中心，合肥工业大学，2009. 消费类产品绿色评估的方法与应用[M]. 北京：中国标准出版社.

[21] 邹定春，2011. 常用环保法律解读与实践[M]. 北京：中国环境科学出版社.

[22] 环境保护部，2009. 钢铁工业发展循环经济环境保护导则：HJ 465—2009[S]. 北京：中国环境科学出版社.

[23] 生态环境部，国家统计局，农业农村部，2020. 第二次全国污染源普查公报[EB/OL]. [2020-06-08]. https://www.mee.gov.cn/home/ztbd/rdzl/wrypc/zlxz/202006/t20200616_784745.html.

[24] 生态环境部，国家统计局，农业农村部. 第一次全国污染源普查公报[EB/OL]. [2010-02-06]. https://www.mee.gov.cn/gkml/hbb/bgg/201002/W020100210 571553247154.pdf

[25] 环境保护部，2009. 钢铁工业发展循环经济环境保护导则：HJ 465—2009[S]. 北京：中国环境科学出版社.

课堂讨论与作业

一、讨论议题

本章从企业管理的角度研讨了环境改善对企业的要求，包括管理者素质、管理内容与范围、基本管理方法和措施等。多年来，我国发生了多起环境污染事件，反映出在企业环境管理方面的诸多不足。本次课堂讨论中，请选择我国某一典型环境污染事件，根据课程内容，以小组形式讨论该事件的发生原因，并提出改善企业环境管理的措施或建议。列出该议题的研究提纲。

或者参考钢铁工业发展循环经济产业链案例，针对感兴趣的企业，按照企业涉及的主要物质或能源，构建企业发展循环经济的产业链。

或者在企业基础上，进一步思考循环经济生态园区、生态市、生态省的规划方案。

二、课下作业与课堂汇报

从上次课已经开始要求学生走出课堂、开展实况调研，并综合运用课堂所学，思考和尝试解决问题。本次课的作业仍用于锻炼学生的综合应用能力和解决问题的能力，尤其希望学生能综合运用整个课程所学，对拟解决的问题提出自己独特的创新性想法。本次课的作业是根据课堂讨论中选定的典型环境污染事件和议定的研究提纲，开展调研，形成 3 000 字左右的研究报告，并以小组形式在课堂分享 PPT。评分标准见表 T14-1。

表 T14-1　课堂小组汇报评分表

报告题目	逻辑性（满分 10 分）	知识综合运用（满分 10 分）	创新性（满分 10 分）	表达能力（满分 10 分）	总分

课程结业论文

“循环经济与可持续发展型企业”面向可持续发展，围绕循环经济，研讨了十余项课程议题，以期引导学生学会如何提出问题、如何开展研究、如何整理和汇报研究结果，为培养学术型人才服务。在课程结业之际，请同学们任选课程中所研讨的某一课堂议题，自拟题目，撰写一篇 3 000 字左右的论文。要求所写的论文能综合反映科研的整个过程，以及课程知识的综合应用与创新能力。推荐论文格式参照刊物《环境科学》的稿件格式要求。评分标准见表 T14-2。课程结业论文是个人论文，占课程总成绩的 50%。

表 T14-2　课程结业论文评分表

报告题目	选题过程及研究依据（满分 10 分）	研究方法、结果、结论（满分 10 分）	课程知识综合应用与创新（满分 10 分）	表达规范（满分 10 分）	总分